新版　ある法学者の人生　フーゴ・ジンツハイマー

久保敬治著

はしがき

本書は、一九八六年に公刊した『ある法学者の人生　フーゴ・ジンツハイマー』（三省堂）の新版としてまとめたものである。

フーゴ・ジンツハイマーに関する私の著作としては、同書と、一九九五年に同書のいわば逆翻訳出版としてドイツで刊行した Hugo Sinzheimer-Vater des deutschen Arbeitsrechts : Eine Biographie, hrsg. von Peter Hanau, Köln : Bund-Verlag, 1995, Schriftenreihe der Otto-Brenner-Stiftung 60, さらに一九八六年版に若干の補論を加えた一九九八年の『フーゴ・ジンツハイマーとドイツ労働法』（信山社）第一章、第二章がある。したがって本書はジンツハイマーについての第四番目の作品ということになるが、ほぼ二〇余年来、結論を急がずに、文献、資料の検討とそれについての思考を、ひたすら納得のいくまでつみ重ねてきたジンツハイマー研究のマイ・ラスト・ワークが本書ではないかと思っている。仕事はオーソドックスに、備えは周到に、そうして命を削って激しくぶち当たっていくという方針を自分なりにつらぬいてきたジンツハイマー論であった。一介の研究者としてそれで十分であった。

法律的人間学、人間的社会主義論を頑固に一貫させたのがジンツハイマーであった。思想のなかに一貫した整合性があることが、思想家の資格である。ジンツハイマー論という仕事にとり組んできた私には、そのことが何にもまして重みを増してきたのであった。

本書をまとめる一つの決定的契機となったのが、本書付章の資料となっているメーンザー女史から一九九九年七月に送付を受けた膨大なボリュームのトランスクリプションであった。父ジンツハイマーの強烈な個性を受けついでいると思われるグランドマザー・ローヤーであるメーンザー女史（一九一四年生れ）の同トランスクリプション上の語りは、ジンツハイマーについてのかけがえのない人間ドキュメントであった。

はしがきとして書きとめておかねばならないことは、他にもある。しかし、それは一九八六年版のあとがき、一九九八年版のはしがきと重複することになるので、ここではさしひかえたい。

ジンツハイマー研究の、さらにこれまでの研究生活のいわばマイ・ラスト・ナンバーとなるであろう本書の執筆という闘いにおいて全面的な協力をえた四人の同僚諸君のことは記録にとどめておかねばならない。ニューヨーク在のメーンザー女史との書信による連絡にあたっては、神戸大学教授浜田冨士郎君のみが頼りであった。私のアト・ランダムに口ずさむ資料を丹念に収集していただいたのが西尾幸雄君であった。一九三七年に立命館出版部より刊行された滝川幸辰『随想と回想』のうちに一九二二年当時のジンツハイマーに関する記述があることも、同君から教示を受けたことである。原稿執筆及び校正について、完全論者を自称する私の意図に完璧なまでに答えていただいたのが北九州大学助教授中内哲君であった。一九九五年夏にハイデルベルク大学を訪問されたさいに、ラートブルフ遺蔵書のうちにジンツハイマーのラートブルフ宛の一九三〇年、一九三二年の二通の書簡のあることを発見され、帰国後の同年九月中旬にそのコピーを送付されたのは、職業能力開発大学校名誉教授常盤忠允君であった。本文中にも言及しているが、それはドイツの関係者にとっては未知の資料である。断言しておきたい。ここまで書きつらねると、晩年期のジンツハイマーをささえた心友であったアムステルダム大学のヨハン・ファルクホフ教授のことが念頭をよぎる。

一九九八年版につづいて本書の公刊を快諾いただいた信山社渡辺左近氏には、心をこめて感謝の念をささげたい。何とか将来に残るような作品、そうしたかつての宮地三洋ラグビーのようなタテ突進一本槍で進んできた私の終章となるであろう作品を受けいれていただいた同氏の厚意には身に沁みるものがある。思いはつきない。

二〇〇〇年一二月

久保敬治

目次

目次

目次

主要参考文献略称（イタリック及びゴシックは本文引用の際の略称）

Heinz *Potthoff, Probleme des Arbeitsrechtes.* Rechtspolitische Betrachtungen eines Volkswirtes, 1912.

Die *Deutsche Nationalversammlung* im Jahre 1919-1920, hrsg. von Eduard Heilfron, 1920.

Heinrich Hoeniger u. a.（Hrsg.）, *Jahrbuch des Arbeitsrechts,* Bde. 1-12, 1922-1932.

Politischer Almanach. Jahrbuch des öffentlichen Lebens, der Wirtschaft und der Organisations, hrsg. von Maximilian Müller - Jabusch, 1923, 1924, 1925, 1926, 1927, 1928, 1929, 1930.

Jahrbuch für Sozialpolitik, hrsg. vom Staatssekretär des Reichsarbeitsministeriums, 1928, 1929, 1930, 1931.

Lujo *Brentano, Mein Leben* im Kampf um die soziale Entwicklung Deutschlands, 1931.

Internationales Handwörterbuch des Gewerkschaftswesens, hrsg. von Ludwig Heyde, Bde. 1-2, 1931-1932（Nachdruck 1992）.

F. O. H. *Schulz*（Hrsg.）, *Jude und Arbeiter.* Ein Abschnitt aus der Tragödie des deutschen Volks, 1934.

Hugo *Sinzheimer, Jüdische Klassiker* der deutschen Rechtswissenschaft, 1938, 2. Aufl., 1953.

Franz Boese（Hrsg.）, *Geschichte des Vereins für Sozialpolitik* 1872-1932, 1939.

Theodor *Fritsch, Handbuch der Judenfrage*, 44. Aufl., 1939.

Festschrift zum 275 jährigen Bestehen der Universität Kiel, hrsg. im Auftrage der wissenschaftlichen Akademie der NSD＝Dozentenbundes der Universität von Paul Ritterbusch u. a., 1940.

Neue Zürcher Zeitung 1933-1944. Siebzig Leitartikel von W. Bretscher, 1945.

Ludwig *Curtius, Deutsche und Antike Welt.* Lebenserinnerungen, 1950.

Erich *Döring, Geschichte der deutschen Rechtspflege* seit 1500, 1953.

Geleitwort von Franz Böhm, in : Hugo Sinzheimer, Jüdische Klassiker der deutschen Rechtswissenschaft, 2. Aufl., 1953, S. XI.

Willi *Emrich, Bildnisse Frankfurter Demokraten,* 1956.

Ernst *Fraenkel, Hugo Sinzheimer*. Ein Vortrag, JZ (Juristen Zeitung) 1958, S. 457.

Franz Josef *Furtwängler, ÖTV.* Die Geschichte einer Gewerkschaft, 2. Aufl., 1959.

Dokumente zur Geschichte der Frankfurter Juden 1933-1945, hrsg. von der Kommission zur Erforschung der Geschichte der Frankfurter Juden, 1963.

Arbeitsrecht und Politik. Quellentexte 1918-1933, hrsg. von Thilo Ramm, 1966.

Otto *Antrick, Die Akademie der Arbeit* in der Universität Frankfurt am Main. Idee-Werden-Gestalt, 1966.

IG Metall (Hrsg.), 75 *Jahre Industriegewerkschaft* 1891 bis 1966 - Vom DMV zur IGM, 1966.

Johan *Valkhoff, Hugo Sinzheimers Arbeiten* in der Emigration, RdA (Recht der Arbeit) 1967, S. 81.

Die *Justiz* in der Weimarer Republik. Eine *Chronik*, hrsg. von Thilo Ramm, 1968.

Einführung von Otto Kirchheimer, in : Die Justiz in der Weimarer Republik. Eine Chronik, 1968, S. 7.

Ulf *Hientzsch, Arbeitsrechtslehren im Dritten Reich,* 1970.

Johan *Valkhoff, Recht, Mensch und Gesellschaft*. Zur Transformation gesellschaftlichen Kräfte in Rechtsnormen, 1972.

Paul Kluke, Die Stiftungsuniversität Frankfurt a. M. 1914-1932, 1972.

Thomas *Blanke* (Hrsg.), Kollektives Arbeitsrecht. *Quellentexte zur Geschichte des Arbeitsrechts in*

Deutschland, 1975.

Hugo *Sinzheimer, Arbeitsrecht und Rechtssoziologie*. Gesammelte Aufsätze und Reden, hrsg. von Otto Kahn - Freund - Thilo Ramm, Bde. 1-2, 1976.

Otto *Kahn-Freund, Hugo Sinzheimer*, in : Hugo Sinzheimer, Arbeitsrecht und Rechtssoziologie. Gesammelte Aufsätze und Reden, Bd. 1, 1976, S. 1.

Hugo *Sinzheimer — Gedächtnisveranstaltung zum 100. Geburtstag*. Mit Beiträgen von Spiros Simitis u. a., 1977.

Wolfgang *Luthardt* (Hrsg.), *Sozialdemokratishe Arbeiterbewegung und Weimarer Republik.* Materialien zur gesellschaftlichen Entwicklung 1927-1933, Bd. 2, 1978.

The Study of Labour Law — *Some Recollections by Sir Otto Kahn-Freund,* Industrial Law Journal 1979, p. 197.

Heinrich Potthoff, Gewerkschaften und Politik zwischen Revolution und Inflation, 1979.

Thilo *Ramm, Otto Kahn-Freund und Deutschland,* in : In memoriam Sir Otto Kahn-Freund, 1980, S. XXI.

Thilo *Ramm*, Die *Arbeitsverfassung der Weimarer Republik*, in : In memoriam Sir Otto Kahn-Freund, 1980, S. 225.

Otto *Kahn-Freund, Autobiographische Erinnerungen* an die Weimarer Republik. Ein Gespräch mit Wolfgang Luthardt, KJ (Kritishe Juritz) 1981, S. 183.

Josephus J. M. van der *Ven, Ius humanum*. Das Menschliche und das Rechtliche, 1981.

Gerhard *Beier, Aufklärung, Romantik und Realismus*. 60 Jahre Akademie der Arbeit, Mitteilungen des

Akademie der Arbeit Neue Folge, Bd. 32, 1981, S. 1.

Gerhard *Beier, Geschichte und Gewerkschaft*. Politisch-historische Beiträge zur Geschichte sozialer Bewegungen, 1981.

Kathinka *Dittrich* - Hans *Würzner*, Die *Niederlande und das deutsche Exil* 1933-1940, 1982.

August *Rathmann*, Ein *Arbeiterleben*. Erinnerungen an Weimar und danach, 1983.

Thilo *Ramm, Nationalsozialismus und Arbeitsrecht,* in : Redaktion KJ (Hrsg.), Der Unrechts-Staat, Bd. I, 2. Aufl., 1983, S. 82.

Kurt *Tucholsky, Justitia schwooft!* Schriften zum deutschen Justizalltag, 1983.

Universitäten und Hochschulen in Deutschland, Österreich und der Schweiz, hrsg. von Laetitia Boehm - Rainer A. Müller, 1983.

Karlheinz *Muscheler, Hermann* Ulrich *Kantorowitz*. Eine Biographie, 1984.

Alfons *Söllner,* Ein (un) deutsches Juristenleben — *Franz Neumann zum* 80. *Geburtstag*, in : Redaktion KJ (Hrsg.), Der Unrechts-Staat, Bd. II, 1984, S. 51.

Joachim *Perels* (Hrsg.), Recht, Demokratie und Kapitalismus. *Aktualität und Probleme der Theorie Franz Leopold Neumanns*, 1984.

Gerhard *Oberkofler*, Studien zur *Geschichte der österreichischen Rechtswissenschaft,* 1984.

Rainer Erd (Hrsg.), Reform und Resignation mit Franz Leopold Neumann, 1985.

Theo *Rasehorn, Justizkritik in der Weimarer Republik*. Das Beispiel der Zeitschrift "Die Justiz", 1985.

Gerhard *Beier, Arbeiterbewegung in Hessen,* 2. Aufl., 1985.

Akademie für Deutsches Recht 1933-1945. Protokolle der Ausschüsse, hrsg. von Werner Schubert, 1986—（継続刊行中）.

Udo Beer, Die Juden, das Recht und die Republik, 1986.

Knut Wolfgang Nörr, Grundlinien des Arbeitsrechts der Weimarer Republik, ZFA（Zeitschrift für Arbeitsrecht）1986, S. 403.

Wolfgang Luthardt, Sozialdemokratische Verfassungstheorie in der Weimarer Republik, 1986.

Hubert *Rottleuthner, Drei Rechtssoziologien* : Eugen Ehrlich, Hugo Sinzheimer, Max Weber, in : Erk Volkmar Heyen（Hrsg.）, Historische Soziologie der Rechtswissenschaft, 1986, S. 227.

Hubert *Rottleuthner, Einführung in die Rechtssoziologie*, 1987.

Ingo *Müller, Furchtbare Juristen*. Die unbewältigte Vergangenheit unser Justiz, 1987.

Protokolle über die Plenarverhandlungen des vorläufigen Reichswirtschaftsrats, Bde. 1-3, hrsg. von Werner Schubert, 1987.

60 Jahre Berliner Arbeitsgerichtsbarkeit 1927-1987, hrsg. vom Gesamtrichterrat der Berliner Gerichte für Arbeitssachen, 1987.

Ursula Postma, In Memoriam Hugo Sinzheimer, in : Anne Frank war nicht allein. Lebensgeschichte deutscher Juden in den Niederlanden, 1988, S. 210.

Theo Rasehorn, Der Untergang der deutschen linksbürgerlichen Kultur, beschriebenen nach den Lebensläufen jüdischen Juristen, 1988.

Knut Wolfgang Nörr, Zwischen den Mühlsteinen. Eine Privatrechtsgeschichte der Weimarer Republik, 1988.

KJ（Hrsg.）, *Streitbare Juristen*. Eine andere Tradition, 1988.

Rainer *Erd, Hugo Sinzheimer. Aufruf zur Befreiung des Menschen*, in : KJ（Hrsg.）, Streitbare Juristen, 1988, S. 282.

Rachel *Heuberger* - Helga *Krohn, Hinaus aus dem Ghetto*. Juden in Frankfurt am Main 1800-1950, 1988.

Hans-Peter Benöhr, Hugo Sinzheimer, in : Juristen an der Universität Frankfurt am Main, hrsg. von Bernhard Diestelkamp - Michael Stolleis, 1989, S. 67.

Studien zur Frankfurter Geschichte. Ein Jahrhundert Frankfurter Justiz, hrsg. von Horst Heinrichs - Karl Stephan, 1989.

Gerd *Kleinheyer* - Jan *Schröder*（Hrsg.）, *Deutsche Juristen aus fünf Jahrhunderten*, 3. Aufl., 1989.

Horst *Göppinger, Juristen Jüdischer Abstammung* im Dritten Reich, 2. Aufl., 1990.

Roland Dubischar, Zur Entstehung der Arbeitsrechtswissenschaft als Scientific Community, RdA 1990, S. 83.

Thomas *Bohle, Einheitliches Arbeitsrecht* in der Weimarer Republik. Bemühungen um ein deutsches Arbeitsgesetzbuch, 1990.

Rudolf *Wassermann*, Justiz kann aus der Geschichte nicht aussteigen. *Studien zur Justizgeschichte*, 1990.

Franz Walter, Sozialistische Akademiker - und Intellektuellenorganisationen in der Weimarer Republik, 1990.

Susanne *Knorre, Soziale Selbstmitbestimmung* und individuelle Verantwortung. Hugo Sinzheimer. Eine politische Biographie, 1991.

Ernst C. *Stiefel* - Frank *Mecklenburg, Deutsche Juristen im amerikanischen Exil* 1933-1950, 1991.

Helmut *Heiber, Universität unterm Harkenkreutz*, Teil 1（Der Professor im Dritten Reich）, 1991.

Tillman Krach, Jüdische Rechtsanwälte im Preussen. Über die Bedeutung der freien Advokatur und ihre Zerstörung durch den Nationalsozialismus, 1991.

Andreas Fijal, Die Geschichte der Juristischen Gesellschaft zu Berlin in den Jahren 1859 bis 1933, 1991.

Helmut *Coing* u. a. (Hrsg.), Wissenschaftsgeschichte seit 1900. 75 *Jahre Universität Frankfurt*, 1992.

Philipp *Lotmar*, Schriften zu Arbeitsrecht, Zivilrecht und Rechtsphilosophie, *hrsg. von* Joachim *Rückert*, 1992.

Joachim *Rückert*, Freie und sozial : Arbeitsvertrags-Konzeptionen um 1900 zwischen Liberalismen und Sozialismen, *ZFA* 1992, S. 225.

125 *Jahre Polizeipräsidium Frankfurt* am Main. Ein Streifzug durch die Frankfurter Polizei- und Justizgeschichte 1. Okt. 1867 bis 1992.

Franz Jürgen *Säcker* (Hrsg.), *Recht und Rechtslehre im Nationalismus*. Ringvorlesung der Rechtswissenschaftlichen Fakultät der Universität zu Kiel, 1992.

Entwürfe zu einem Deutschen Arbeitsvertragsgesetz, hrsg. von Thilo Ramm, 1992.

Rudolf Morsey (Hrsg.), Das Ermächtigungsgesetz vom 24. März 1933, 1992.

Hans-Peter Benöhr, Hugo Sinzheimer — Mitgründer des Arbeitsrechts, in : Deutsche Juristen jüdischer Herkunft, hrsg. von Helmut Heinrichs u. a., 1993, S. 615.

Franz Mestitz, Hugo Sinzheimer und das Arbeitsrecht — einst und jetzt, ZNR (Zeitschrift für Neuere Rechtsgeschichte) Nr. 1-2/1993, S. 35.

Joachim *Rückert,* Philipp Lotmar — Römisches Recht, Rechtsphilosophie und Arbeitsrecht im Geist von

Freiheit und Sozialismus, in : *Deutsche Juristen jüdischer Herkunft*, hrsg. von Helmut Heinrichs u. a., 1993, S. 331.

Siegfried *Heimann* - Franz *Walter, Religiöse Sozialisten und Freidenker* in der Weimarer Republik, 1993.

Manfred *Rehbinder, Rechtssoziologie,* 3. Aufl., 1993（4. Aufl. は未入手）.

Karl Heinz *Roth, Intelligenz und Sozialpolitik* im Dritten Reich, 1993.

Ernst *Holthöfer,* Beiträge zur *Justizgeschichte der Niederlande, Belgiens und Luxemburgs* im 19. und 20. Jahrhundert, 1993.

Clare *Cushman*（edit.）, The *Supreme Court Justices*. Illustrated Biographies 1789-1993, 1993.

Lujo Brentano, Das Arbeitsverhältnis gemäss dem heutigen Recht. Geschichtliche und ökonomische Studien, hrsg. von Thilo Ramm, 1994.

Thilo *Ramm, Pluralismus ohne Kodifikation*. Die Arbeitsrechtswissenschaft nach 1945, in : Rechtswissenschaft in der Bonner Republik, hrsg. von Dieter Simon, 1994, S. 449.

Bernd Rüthers, Arbeitsrecht und Ideologie, in : Festschrift zum 100 jährigen Bestehen des Deutschen Arbeitsgerichtsverbandes, 1994, S. 39.

Wilhelm *Brauneder,* Studien I : *Entwicklung des öffentlichen Rechts*, 1994.

Roderich *Wahsner, Arbeitsrecht unterm Hakenkreutz*, 1994.

Ursula *Ratz*, Zwischen *Arbeitsgemeinschaft und Koalition*. Bürgerliche Sozialreformer und Gewerkschaften im Ersten Weltkrieg, 1994.

Andrea *Nunweiler,* Das *Bild der deutschen Rechtsvergangenheit* und seine Aktualisierung im Dritten Reich,

1994.

Monica *Kingreen, Jüidsches Landleben* in Windecken, Ostheim und Heldenbergen, 1994.

Keiji Kubo, Hugo Sinzheimer — Vater des deutschen Arbeitsrechts. Eine Biographie, hrsg. von Peter Hanau, 1995＝久保ドイツ語版ジンツハイマー。

Martin *Becker, Arbeitsvertrag und Arbeitsverhältnis* in Deutschland. Vom Beginn der Industrialisierung bis zum Ende des Kaiserreichs, 1995.

Karl *Maly*, Das Regiment der Parteien. *Geschichte der Frankfurter Stadtverordneten-Versammlung*, Bd. II (1901-1933), 1995.

Jörg J. *Bachmann, Zwischen Paris und Moskau* 1933-1939, 1995.

Walter *Pauly* (Hrsg.), *Hallesche Rechtsgelehrte jüdischer Herkunft*, 1996.

Hans *Hattenhauer*, Die *geistesgeschichtlichen Grundlagen des deutsches Rechts*, 4. Aufl., 1996.

Barbara Strenge, Juden im preussischen Justizdienst 1812-1918, 1996.

100 *Jahre ÖTV*. Die Geschichte einer Gewerkschaft und ihr Vorläuferorganisationen, hrsg. von ÖTV, 1996.

Renate *Heuer* - Siegbert *Wolf* (Hrsg.), Die *Juden der Frankfurter Universität*, 1997.

Hugo Daniel *Sinzheimer* Honorarprof., Rechtsanwalt, Rechtsphilosoph, Soziologe, Politiker, in : Renate *Heuer* - Siegbert *Wolf* (Hrsg.), Die *Juden der Frankfurter Universität*, 1997, S. 353.

Christoph *Gusy*, Die *Weimarer Reichsverfassung*, 1997.

Bernhard *Diestelkamp, Justiz in der Weimarer Republik*, in : Peter Krüger - Anne C. Nagel (Hrsg.), Mechterstädt — 25. 3. 1920, 1997, S. 11.

Eberhand *Dorndorf, Markt und Moral in der Rechtsfertigung des Arbeitsrechts* bei Sinzheimer und Lotmar, in : Die Entstehung des Arbeitsrechts in Deutschlands, hrsg. von Hans G. Nutzinger, 1998, S. 231.

Simone *Ladwig-Winters, Anwalt ohne Recht*. Das Schicksal jüdischer Rechtsanwälte in Berlin nach 1933, 1998.

Karsten *Steiger, Kooperation, Konfrontation, Untergang*. Das Weimarer Tarif- und Schlichtungswesen während der Weltwirtschaftskrise und seine Vorbedingungen, 1998.

Marcus *Röttger*, Der *Hochverrat in der höchstrichterlichen Rechtsprechung* in der Weimarer Republik, 1998.

Melissa *Müller*, Das *Mädchen Anne Frank*. Die *Biographie*. Mit einem Nachwort von Miep Gies, 1998.

Jürgen Bast, Totalitärer Pluralismus. Zu Franz L. Neumanns Analysen der politischen und rechtlichen Struktur der NS-Herrschaft, 1999.

Michael *Stolleis, Geschichte des öffenlichen Rechts in Deutschland*, Bd. 3, 1999.

Ludwig *Schäfer*, Juristische Lehre und Forschung an der *Reichsuniversität Strassburg* 1941-1944, 1999.

Knut Wolfgang Nörr, Binärer Korporatismus, ZFA 1999, S. 329.

Horst Klein, Wirtschaftsdemokratische Auffassungen in der Geschichte der Arbeiterbewegung, Beiträge zur Geschichte der Arbeiterbewegung, 1999, S. 14.

Festschrift zum 30-jährigen Bestehen der Bibliothek der Friedrich-Ebert-Stiftung, hrsg. von der Bibliothek der Friedrich-Ebert-Stiftung, 2000.

森山武市郎「フィーリップ・ロトマール教授と労働法学」**明治大学政経論叢**二巻三号（一九二七）。

滝川幸辰『**随想と回想**』中の「フランクフルト大学」（一九三七）。

孫田秀春『労働法学の開拓者たち―労働法四〇年の思い出』（一九五八）。
東京大学出版会『**ラートブルフ著作集**』（一九六〇―一九六七）。
常盤敏太『ラートブルフ』（一九六七）。
ペーター・**ゲイ**／到津十三男訳『**ワイマール文化**』（一九七〇）。
ゾントハイマー／河島幸夫＝脇圭平共訳『**ワイマール共和国の政治思想**―ドイツ・ナショナリズムの反民主主義思想』（一九七六）。
清水誠編『**ファシズムへの道**―ワイマール裁判物語』（一九七八）。
D・**バイエルヘン**／常石敬一訳『**ヒトラー政権と科学者たち**』（一九八〇）。
平野敏彦「ドイツ自由法運動の生成と展開―H・カントロヴィッチを中心として」**法学論叢**一〇六巻四号（一九八〇）～一〇七巻六号（一九八〇）。
平井正『**ベルリン一九一八―一九二二**』（一九八〇）、『**ベルリン一九二三―一九二七**』（一九八一）、『**ベルリン一九二八―一九三三**』（一九八二）。
ヘルマン・**ヘラー**／安世舟訳『**ドイツ現代政治思想史**』（一九八一）。
久保敬治「ドイツ労組リーダー論」**日本労働協会雑誌**二七二号（一九八一）～二七五号（一九八二）。
H・**キルヒァー**／小川真一訳『**ハイネとユダヤ主義**』（一九八二）。
栗原優『**ナチズム体制の成立**―ワイマール共和国の崩壊と経済界』（一九八三）。
ハンス・ヨーゼフ・**シュタインベルク**／時永淑＝堀川哲共訳『**社会主義とドイツ社会民主党**―第一次大戦前のドイツ社会民主党のイデオロギー』（一九八三）。
ジョーゼフ・W・**ベンダースキー**／宮本盛太郎他共訳『**カール・シュミット論**―再検討への試み』（一九

八四)。
E・**マティアス**/安世舟＝山田徹共訳『**なぜヒトラーを阻止できなかったか**―社会民主党の政治活動とイデオロギー』(一九八四)。
山本晴美『**思想史の現在**』(一九八五)。
久保敬治『ある法学者の人生　フーゴ・ジンツハイマー』(一九八六)＝**三省堂ジンツハイマー**。
広渡清吾『**法律からの自由と逃避**―ヴァイマル共和制下の私法学』(一九八六)。
エティ・**ヒレスム**/大社淑子訳『**エロスと神と収容所**―エティの日記』(一九八六)。
西谷敏『**ドイツ労働法思想史論**』(一九八七)。
西村稔『**知の社会史**―近代ドイツの法学と知識社会』(一九八七)。
ミープ・**ヒース**/深町眞理子訳『**思い出のアンネ・フランク**』(一九八七)。
ヘンリー・パクター/蔭山宏＝柴田陽弘共訳『ワイマール・エチュード』(一九八九)。
ヤン・ベルク他/山本尤他共訳『ドイツ文学の社会史　上、下』(一九八九)。
シャルロッテ・**ミュラー**/星乃治彦訳『**母と子のナチ強制収容所**―回想ラーフェンスブリュック』(一九八九)。
ポール・**ジョンソン**/阿川尚之他共訳『**ユダヤ人の歴史**　上、下』(一九九〇)。
久保敬治『**労働協約法の研究**』(一九九五)。
矢辺学「**孫田労働法学の一断面**」専修総合科学研究五号(一九九七)。
ラウル・**ヒルバーグ**/原田一美他共訳『**ヨーロッパ・ユダヤ人の絶滅**　上、下』(一九九七)。
久保敬治『フーゴ・ジンツハイマーとドイツ労働法』(一九九八)＝**信山社ジンツハイマー**。

常盤忠允「ラートブルフ資料その三―**ジンツハイマーの書簡**」中央大学法学新報一〇五巻一二号(一九九九)。
エディス・**フェルマンス**/樋口真理訳『**エディスの真実**―ナチ占領下を生きぬいた少女』(一九九九)。
ヘルター・**ナートルフ**/小松はるの゠小松博共訳『**ユダヤ人女医の亡命日記**―ベルリン―ニューヨーク一九三三―一九四五』(一九九九)。

序　章

1　労働法の父フーゴ・ジンツハイマー

一九八一年に、私はつぎのように述べたことであった。「学問が洋の東西をとわず人類の共通財産であり、理論はその創造者をいつか離れ客観的存在になるとはいえ、ジンツハイマーの人間像については、わが国ではほとんど知られるところがない。彼の人間性そのものに奇妙なほど関心のそそがれていないわが労働法学界なのである。ジンツハイマー理論に容易に客観性と普遍性をあたえるというドグマ従順性の存在が、このような傾向をうみだしている理由の一つなのかもしれない。しかしそうはいっても、ジンツハイマーという人間をつかむことは難しいことである。人間については、書かれなかった部分の方が圧倒的に多いとはいえ、彼の人間像にせまることを可能にするための『書かれたもの』が、残念ながら、ほとんどない状況である」(1)。自己抑制のやや欠乏したと思われる表現ではあるが、本書は前世紀の七〇年代から第二次大戦の終結にいたるまでのドイツ史の激動の時代に生きたフーゴ・ジンツハイマーという人間の精神形成の過程とその行動の軌跡を、彼とほぼ同時代にあるいはその前後に生きた数多くの人びとを媒介として引きだし、その人間像にまで肉迫していくことを意図したものである。

ワイマール・ドイツ時代に実務的労働法学者として活躍した弁護士にヘルマン・マイジンガー（一八八四―一九五七）という人がある。彼は、使用者団体センター・ドイツ使用者団体連盟（ＶＤＡ）の事務局長もつとめ、法廷において労組側弁護士ジンツハイマーとしばしば対峙したのであったが、第二次大戦後にバイエルン州労働裁判所長官に就任した翌年の一九五二年に出版した著作において、ジンツハイマーを「労働法の父」とたたえ、その労働法理論を全面的に受けとめようとしたのであった。(2)ジンツハイマーを労働法の父と呼んだのは、ドイツの学統ではマイジンガーが最初であると思われるが、このフレーズは、その後、ドイツ労働法学界においてほぼ定着しているのである。しかしドイツ労働法理論の展開過程においてかつてのジンツハイマー理論の果した創造的足跡を追い、ジンツハイマー作品の包括的分析から労働法の父としての評価を確認していくという作業になると容易ではない。それに成功しているのはおそらくオットー・カーンフロイント（一九〇〇―一九七九）が一九七六年にまとめた論稿「フーゴ・ジンツハイマー論」であろう。(3)カーンフロイントが、ジンツハイマー門下の一人としてエルンスト・フレンケル（一八九八―一九七五）とならびジンツハイマーにもっとも近い関係にあったことは、いずれ詳しく記録することである。右の論稿は、一九七五年一二月一日に開催せられたジンツハイマー生誕百年の集いにおいて行った講演をもとにして翌年にまとめられたものであるが、それは主要なジンツハイマー作品をパノラマのごとく整理し、ドイツ労働法の創造者像を見事に提示している。そこまで描けたという感があるのは、第二次大戦後にイギリス労働法学を代表する顔となったカーンフロイントの卓越した学才にのみよることではない。また、師と弟子という縦軸の結びつきがジンツハイマーとカーンフロイントの両者にあったことにもっぱらもとづくものではない。両者の人間対人間としての結びつきという横軸の関係が深くかかわっているものであろう。したがってジンツハイマー労働法理論自体についての根底的な検討という作業は、本書では除外したのであった。

ジンツハイマーと彼をめぐるいくたの人びとの行動状況、思想状況を筆にしていく過程において、特定の人物に興味をおぼえ、あるいは感傷と批判とが交錯することもあった。それはできうる限り抑制すべきものであったかもしれない。しかしそれを抜きにしては、人間像にせまることはできないであろう。

本書においては、ジンツハイマーの青年・壮年期、熟年期、晩年期という章別を組んだことである。どんな人間にも、年齢による節目があるという理由によるものであるが、彼の場合には、偶然にも、年齢による節目と歴史変動の節目とが一致しているのである。

(1) 久保・労働協会雑誌二七二号二八頁。
(2) ヘルマン・マイジンガーが一九五二年に刊行した意欲的な労働法の原理書である Reliefbild des

Arbeitsrechts の三八頁以下においてである。彼はジンツハイマーと社会的立場を異にしていたにもかかわらず、ジンツハイマーとハインツ・ポットホフ（一八七五―一九四五）とが共同責任編集者となって一九一四年二月に創刊した労働法の理論雑誌アルバイツレヒトの最終段階号、すなわち一九三三年四・五月合併号から同年七月号までは責任編集者となり、同誌の幕引人の役を受けたのであった。このマイジンガーのジンツハイマーに対する賛辞については、ジンツハイマーの高弟の一人であったエルンスト・フレンケルが一九五八年二月八日に行ったジンツハイマー追悼の講演の最初に言及していることである。

（3）　この論稿は、カーンフロイントとハーゲン大学教授であったティロ・ラム（一九二五―　）が共同編集者となって一九七六年に刊行したいわばジンツハイマー著作集の第一巻の巻頭に掲げられている。同著作集とは、参考文献にあげている Sinzheimer, Arbeitsrecht und Rechtssoziologie である。

2　ジンツハイマーの年譜

ジンツハイマーの人間的実像に近づくためには、まず人名辞典的スタイルにしたがい、彼の年譜をやや詳しく紹介しておくことが必要であろう。(4)

フーゴ・ダーニエル・ジンツハイマー（Hugo Daniel Sinzheimer）。法律学者、弁護士、政治家。一八七五年四月一二日にライン河畔の古都ヴォルムスにおいて出生し（生家はヴォルムス駅近くのカルメリター通 Carmeliterstr. 三番地）、一九四五年九月一六日にオランダのハールレム近くの町ブルーマンデールのオーバヴェーン地区（プリンス・マウリツラーン Prins Mauritslaan 一〇二番地）にて死去する。

父レーオポルト（一八三八―一九一七）は、ヴォルムスにてコート製造会社を経営する富裕なドイツ系ユダヤ人であり、ユダヤ教徒であった。母はフランチスカ。フーゴは末子であり、兄三人、姉一人。雑誌編集者となった長兄ザーロモン（一八六五―一九一七）のみカトリックに改宗し、ジークフリートと改名する。次兄ルートヴィヒ（一八六八―一九二二）は、ルーヨ・ブレンターノ（一八四四―一九三一）門下の社会政策学者であった。フーゴとその妻パウラ（一八九〇―一九六〇）との間には、男一人、女三人の子女があり、長女ゲルトルート・メーンザー（一九一四― ）は、ニューヨーク市で弁護士のかたわら、ロー・スクールにおいて家族法の講義を担当している。一九三三年三月末日と翌四月一日に一家はあげてフランクフルトを離れ、同年五月上旬にオランダに亡命する。一九三三年七月一四日の国籍剥奪法により、三七年四月一四日にドイツ国籍を剥奪される。

一八九三年に大学入学資格試験に合格し、しばしの間事務員として働いた後、一八九四年夏学期から、ミュンヘン、ベルリン、フライブルグ、マールブルグ、ハレの各大学にて法律学、経済学を学ぶ。一九〇一年にハイデルベルグ大学より学位号を授与される。一九〇三年には弁護士を開業し、フランクフルトのオペラハウス近くのゲーテ通二六番地の一に事務所を設ける（当時のフランクフルトの人口三四万)。

ベルリン大学に在学中の一八九五年に自由主義左派の色彩をもった学内政治団体・国家学連盟に加入する。弁護士開業直前にはフリードリヒ・ナウマン（一八六〇―一九一九）の創設した国民社会連盟（National-Sozialer Verein）に入党する。同連盟が一九〇三年に解散した後、テーオドール・バルト（一八四九―一九〇九）とルードルフ・ブライトシャイト（一八七四―一九四四）の両者が一九〇八年に設立した民主連合（Demokratische Vereinigung）のオリジナル党員となる。右の連盟、連合とも自由主義左派のミニ政党であった。またその前後に、一八九二年に結成され、第一次大戦において反戦運動のセンターとなったドイツ平和協会（Deutsche Friedensgesellschaft）にも加盟する。第一次大戦勃発直後には、民主連合を脱退し、社会民主党に加入する。ついで自由労組系の最強組織となっていた金属工労組（ＤＭＶ）の法律顧問に就任する。一九一七年にはフランクフルト市会議員に選出され、三三年三月末日に亡命のためフランクフルトを離れるまでその地位にあった。

一九一四年以降、フランクフルトの労働者教育委員会の主力メンバーとなり、夜間労働学校における講義を担当する。一九〇二年には学位論文である『賃金と相殺』を、一九〇七・八年には『団体的労働規範契約』を、一九一六年には『労働協約立法―法における社会的自己決定の理念』をそれぞれ刊行する。またその間の注目すべき小冊子としては、一九〇九年の『私法学における社会学的方法論』、一九一三年の『われわれは労働協約立法を必要とするか―労働協約の法的諸問題』、一九一四年の『ドイツの統一労働法の基本理念と可能性』がある。一九一四年二月には、当時デュッセルドルフにおいて弁護士を開業していたハインツ・ポットホフと共同責任編集者となり、アルバイツレヒト誌を発行する。

一九一八年一一月九日から翌年四月一日までの激動期に、プロセイン邦警察の管轄下にあったフランクフルト市の警察長官に就任し治安の回復にあたる。一九一九年一月一九日の制憲国民議会選挙には、ヘッセン邦第一九選挙区から選出される。一九二一年のメーデーの翌日に発足したフランクフルト大学付置の労働学院（Akademie der Arbeit）の設置、運営の推進者となり、同学院が三三年四月に閉鎖されるまでその運営委員会の委員、講師であった。労働学院の発足直前に、フランクフルト大学の正客員教授（ordentlicher Honorarprofessor）に就任する。

共和主義裁判官協会の機関誌ユスティーツ（司法）が一九二五年一〇月に創刊されたさいには、グスタフ・ラートブルフ（一八七八―一九四九、当時キール大学）、ヴォルフガング・ミッターマイアー（一八六七―一九五六、当時ギーセン大学）とともに編集協力者となる。その創刊号に無記名で「われわれの欲するもの」という巻頭論文を執筆し、同時に時評を連載する。

一九二三年三月三〇日にカッセル近くの町ホーフガイスマールに集った社会民主党右派グループ（ホーフガイスマール・グループ）のリーダーの一人となる。このグループにより一九二八年五月三一日にマンハイム近くの町ヘッペンハイムにおいて開催された会議においても、ラートブルフとならび主催者となる。

一九一八年以後の熟年期の代表的著作には、一九二二年の『労働法原理―概説』、一九二七年の『労働法原理』がある。

ヒトラー政権出現後の一九三三年三月上旬に行われたライヒ議会選挙の直後には、フランクフルト警察により逮捕され保護拘禁処分に付される。三月末日には釈放されるが、その日の夕刻に直ちにザール地域に向け出発し、五月上旬にはアムステルダムに亡命の地をもとめる。ルーベンス通三六番地に居住する。同年一〇月にはアムステルダム大学の法社会学特任教授に就任するが、四月下旬にはフランクフルト大学を休職処分になり、九月上旬には罷免処分になっていたのであった。三六年二月にはオランダ最古の大学であるライデン大学に移り、労働法特任教授となる。しかし三七年にはハイデルベルグ大学により学位号を剥奪される。四〇年五月のドイツ軍の侵攻によるオランダの降伏後約二年間は不安と恐怖の亡命生活を送っていたが、四二年八月には、ゲシュタポの全面的指揮下に入っていたオランダ警察により逮捕され、オランダ北部のウエステルボルグ収容所に収監されることとなっていた。しかし幸いにも釈放される。ただちにアムステルダム北西にあるブルーマンデールの南部地区における潜伏生活に入る。オランダの解放の四箇月後、その潜伏先の寓居において衰弱のため七〇年の生涯を閉じる。アムステルダム大学の再開の前夜であった。

オランダ亡命時代の代表的著作には、一九三五年の『法社会学の課題』、一九三八年の『ドイツ法律学のユダヤ人の著名学者』、一九四九年の『立法の理論―法における発展の理論』の三部作がある。最後の『立法の理論』は、オランダ時代のジンツハイマーを物心両面からささえたアムステルダム大学のヨハン・ファルクホフ教授（一八九七―一九七五、経済法・法社会学）が同大学の同僚ジョルジュ・ファン・デン・ベルク教授（一八九〇―一九六六、憲法）の協力をえて、遺稿を整理し、『法社会学の課題』の場合と同じく、ハールレムの著名な出版社ティエンク・ウィリンクから刊行したものである。

右の年譜のうちとくにコメントしておきたい箇所がある。実は三省堂ジンツハイマー（一九八六年）をまとめた過程においては、オランダに亡命の地をもとめた後のジンツハイマーに関するドイツの文献はきわめて貧弱であり、また明らかに誤謬であると思われる記述が少なくなかったのであった。そこで同書においては、つぎのように書き下したのであった（八頁）。

「ジンツハイマーについての人名辞典的記述のうち、『ジンツハイマーはオランダの全面降伏後、ゲシュタポに逮捕され、暫時の保護拘禁処分の後にテレージエンシュタット強制収容所に連行され、第二次大戦終了までそこに収監されていた』と書かれているものが少なくないのである。このテレージエンシュタット（チェコ語ではテレジン）はチェコの作家ヤロスラフ・ハーシェク（一八八三―一九二三）の傑作として知られる『二等兵シュベイク』にも軍法会議の所在地として出てくるチェコの城塞都市であり、[5]東ドイツのドレースデンからプラハにむかう鉄道のほぼ中間に位置する。一九四一年一一月に、特権的階層に属していたユダヤ人を送りこむ一方、チェコ、オランダ等に在住のユダヤ人をアウシュヴィッツ、トレブリンカ、マイダネック等のポーランドの死の収容所に移送するための通過キャンプとして、強制収容所が同地に建設されたものであった。ワイマール労働法学の実務的エキスパートであり、有能な行政官でもあったゲオルク・フラトウ（一八八九—一九四四）は、一九四三年八月に夫人とともに亡命地オランダで逮捕され、オランダ最大規模のウエステルボルグ強制収容所をへてテレージエンシュタット収容所に収監されるが、まもなくアウシュヴィッツに移送され、四四年一〇月にそこで悲惨な死をとげる。フラトウは、いずれ取りあげなければならない。一九三八年一一月九日から一〇日にかけての悪名高き水晶の夜事件の直後にベルリン北方のザクセンハウゼン強制収容所に収監されたフラトウを釈放させ、ドイツ軍侵攻まで手厚く保護したのは、アムステルダム大学の心友ファン・デン・ベルグ教授であった。彼がファルクホフと協力してジンツハイマーの遺稿を『立法の理論』として完成させたことは前述した。このファルクホフは、「亡命時代のフーゴ・ジンツハイマーの研究」という愛情をこめた一九六七年の論文において、ドイツ軍占領下のジンツハイマーの屋根裏潜伏生活について語っているのである。[6]またカーンフロイントの前掲「フーゴ・ジンツハイマー論」のうちにも、『立法の理論』の原稿を隠れ家において執筆したというコメント[7]がある。さらに、ユダヤ系法律家がナチス体制下においてたどらざるをえなかった経過についてまとめた『ナチズムとユダヤ人法律家』という本が一九六三年に刊行されている（参考文献に掲げるように一九九〇年に改訂第二版が刊行される）。シュトゥットガルト上級地方裁判所の裁判官であったホルスト・ゲッピンガー（一九一六―一九九六）という人が書いたものであるが、そのうちにおいても、屋根裏潜伏の事実を述べ、強制収容所に移送された子女があった旨書きとどめている。[8] 右の強制収容所移送説と地下潜伏説との二つの事実関係であるが、本書では、ファルクホフがオランダ時代のジンツハイマーの心の友であり、ジンツハイマーの死後も『立法の理論』の出版を故人に対する名誉ある義務[9]であるとして全力を傾けたことにみられるように魂の友でもあったということに加え、カーンフロイントのジンツハイマーに対する密着した関係を考慮し、後者の潜伏説を逡巡なくとったのであった」。

一九八五年ごろまでのとくにドイツの人名辞典におけるテレージエンシュタット移送説が「完全に」誤った記述であることを、「正面から」断定した文献は一九八五年ごろには皆無であったのであった。しかし一九八〇年代後半ごろから漸く広がりと同時に深みをみせているジンツハイマー・ルネッサンスの過程では、テレージエンシュタット移送説の誤謬があることが明記されることとなった。[10] だがその間にあっても、依然としてテレージエンシュタット収容所移送説をとる誤った記述がみられる。たとえば、社会民主党史の著名な研究者を編集者として一九九五年に刊行された人名辞典『一八六七年―一九三三年間のライヒ議会、ラント議会における社会民主党の議員録』においてである。[11] ジンツハイマーがラートブルフとならんでワイマール期の社会民主党の知性を代表する双璧であっただけに、このようなミステークは絶対に許されないことである。[12]

（4）ジンツハイマーの履歴について参考になる人名辞典として、つぎのものをあげておきたい。一つは、ミュンヘンの Institut für Zeitgeschichte とニューヨークの Research Foundation for Jewish Immigration とが共同編集者となって一九八〇年、八三年に出版した全三巻よりなる Biographisches Handbuch der deutschsprachigen Emigration nach 1933 である。二つは、フランクフルト大学のユダヤ人著作目録文庫の主任のポストにあるレナーテ・ホイアーとフランクフルト在のジャーナリストであるジーグベルト・ヴォルフの両者が編集し一九九七年に刊行した Juden der Frankfurter Universität の三五三頁以下である。後者は、二〇〇〇年現在ではもっとも詳細な完備した内容となっており、参考文献にもあげておいたものである。そこには、三省堂ジンツハイマーのドイツ語版（一九九五年）も参照文献として掲げられている。これに関連して三省堂ジンツハイマーにおいては、「実は、ドイツの温泉保養地として知られるバーデン・バーデンの近くにジンツハイム（Sinzheim）という小さな町がある。一九八二年末現在の人口は約七、八〇〇人となっている。しかしジンツハイマーの出自とジンツハイム町との間には、何の関係もない」と記述しておいたのであった（一〇頁）。正解であった。その後の調査でジンツハイマー家の出自地がハイデルベルグの南東に位置するジンスハイム（Sinsheim 一九九六年末の人口は約二七、〇〇〇人）であることが明らかになったからであった。信山社ジンツハイマー四七頁。

（5）辻恒彦訳『二等兵シュベイク』（一九六八・三二 新書）一九一頁。

（6）Valkhoff, Hugo Sinzheimers Arbeiten, S. 81.

（7） Kahn-Freund, Hugo Sinzheimer, S. 29.
（8） Horst Göppinger, Der Nationalsozialismus und die jüdischen Juristen, S. 137.
（9） Sinzheimer, Arbeitsrecht und Rechtssoziologie, Bd. 2, S. 245.
（10） 参考文献に掲げたKnorre, Soziale Selbstmitbestimmung, S. 21 Anm. 50には〝Die Angabe im Handbuch der deutscher Emigration, Sinzheimer sei im KZ Theresienstadt gewesen, ist nach allen Anhaltspunkten falsch.〟とある。そのことを含め、ズザンネ・クノーレ女史（一九六一―　）と著者とのジンツハイマー研究に関する文通については、信山社ジンツハイマー四六頁、一一八頁参照。
（11） 信山社ジンツハイマー四五―六頁。
（12） ホルスト・ゲッピンガーについてとくにコメントしておきたい。ゲッピンガーは一九三九年一二月から四五年四月までの間兵役に服した。戦後キール大学、ミュンヘン大学で法律学を学んだ後に裁判官となり、シュトゥットガルト上級地方裁判所に勤務中にまとめた労作が一九六三年の『ナチズムとユダヤ人法律家』であった。その改訂第二版が参考文献に掲げたように『第三帝国におけるユダヤ人出自の法律家』というタイトルのもとに一九九〇年に刊行される。九六年に死去したゲッピンガーについては、*New Juristische Wochenschrift* 一九九七年一五号九九六頁に記録がある。

3　ジンツハイマーと同世代の人びと

序章としては、これ以上深入りすることは避けねばならない。ただジンツハイマーと生年を同じくする若干の人たちをあげておく必要があろう。これによって、彼の生きた時代というものが漠然ながら把握できるであろうからである。ワイマール労働法学を代表する一員とされるハインツ・ポットホフ、一九二一年暮に初体面した孫田秀春が辛辣に「父親オットー・フォン・ギールケ（一八四一―一九二一）の眼光炯々たる碩学の風丰などとは凡そかけはなれた凡庸の存在に見えた。しかし風采はどうでも学者としては有名な幾多の著述もあり、老ギールケほどではないにしても相当の存在ではあったようである」[13]と指摘している民法学者ユーリウス・フォン・ギールケ（一八七五―一九六〇）、価値哲学の上に論理学の体系を樹立しながら第一次大戦開戦の翌年に大学教授から下士官となって戦場に消えたユダヤ人の哲学者エーミール・ラスク（一八七五―一九一五）、ワイマール時代に首都ベルリンをかかえ全ドイツの面積、人口とも五分の三をしめるプロイセン州において、オットー・ブラウン（一八七二―一九五五）とともに一九三二年七月のパーペン・クーデター[14]にいたるまで社会民主党の牙城を守ったカール・ゼーヴェリング（一八七五―一九五二）、さらには亡命知識人のなかでもナチスに対し憎悪の集中砲火を浴びせつづけたトーマス・マン（一八七五―一九五五）が、いずれも一八七五年生れとなっている。右のうちポットホフは、一九四五年五月のドイツの無条件降伏の直前にベルリンにおいてソ連軍兵士によって射殺されたとされているので、ジンツハイマーと生年、没年を同じくしていることになる。ただ彼は、学問的にも、思想的にも、さらに人間的にも、ジンツハイマーに比しはるかに劣るというのが、私のポットホフ評価である。

わが国の代表的な法律学者でジンツハイマーと生年、没年をほぼ同じくするのは、美濃部達吉（一八七三―一九四八）、立作太郎（一八七四―一九四三）である。またわが労働法学のパイオニアの双璧ともいえる末弘厳太郎（一八八八―一九五一）と孫田秀春（一八八六―一九七六）と生年をほぼ同じくするドイツの労働法学者をあげれば、エァヴィーン・ヤコービ（一八八四―一九六五）、アルトゥル＝フィーリップ・ニキシュ（一八八八―一九六八）、アルフレート・フーク（一八八九―一九七五）、ゲオルク・フラトウということになろう。ヴァルター・カスケル（一八八二―一九二八）は、ジンツハイマーとフークのとの中間の生年である。ハンス・C・ニッパーダイ（一八九五―一九六八）の生年にほぼ相当する者は、常盤敏太（一八九九―一九七八）である。

(13)　孫田『労働法の開拓者たち』一〇四頁。

(14)　ワイマール時代の社会民主党指導者のうちでもっとも傑出した政治家の一人がプロセイン州首相オットー・ブラウンであったのであり、同州内相カール・ゼーヴェリングとともに社会民主党のイニシアチブを掌握していた。しかし一九三二年七月二〇日に、パーペン内閣は、大統領緊急命令にもとづいて全プロセインを戒厳令下におくとともに同州政府を罷免する。

第一章　青年期・壮年期のジンツハイマー

I　ジンツハイマーとヒューマニズム

1　生誕の町ヴォルムスと人間ジンツハイマー

ドイツにおけるユダヤ人の古い中心地として知られ、一一世紀ごろに既にユダヤ人墓地とシナゴーグができていたライン河畔の古都ヴォルムスにおいて、ジンツハイマーは富裕なユダヤ人の子弟として一八七五年に生誕したのであった。コート製造会社を経営していた父は、一八九〇年にはヴォルムスにおいて公民権を有する一六番目のユダヤ人となったのであった。

ジンツハイマーと生年をほぼ同じくし、一八九四年から九五年にかけてともにミュンヘン大学、ベルリン大学に学び、ジンツハイマーと若き日の心温まる交情を深めた者に、ルートヴィヒ・クルティウス（一八七四―一九五四）という人がある。後にローマのドイツ考古学研究所長となった情感豊かな考古学者であった。彼には、読むというより読ませられてしまうというすぐれた回想録がある。一九五〇年刊行の『ドイツと古代世界―回想録』である。そこには、ルーヨ・ブレンターノ、グスタフ・シュモラー（一八三八―一九一七）、ゲオルク・ジンメル（一八五八―一九一八）にはじまり、労働法学者アルトゥル＝フィーリップ・ニキシュの厳父アルトゥル・ニキシュ（一八五五―一九二二）の後をつぎライプツィヒのゲヴァントハウス管弦楽団の総指揮者となったヴィルヘルム・フルトヴェングラー（一八八六―一九五四）等々が登場する。そのなかにつぎのような一節がある。一八九四年度のミュンヘン大学での冬学期のさなか交友を深めつつあったジンツハイマーが、ある日彼の秘密を打明けてくれたこと、それは彼がユダヤ人であること、ドイツにおける反ユダヤ主義について彼が語りかけてくれたこと、それについて全く不知であったこと(1)。ジンツハイマーは、たとえばハンス・ケルゼン（一八八一―一九七三）のように、さらにはカール・マルクス（一八一八―一八八三）のように(2)、改宗ユダヤ人の出自ではない。彼の長兄ザーロモンのみ前述のように改宗しているに過ぎない。しかし彼が反ユダヤ主義に直接言及したのは、亡命中の代表的著作『ドイツ法律学のユダヤ人の著名学者』においてのみであった。学生クルティウスが感銘を受けたのは、出自というものを超越した全人的なものへのジンツハイマーの限りない愛情であったのである。右の著作をはじめとしてとくにオランダ亡命時代の彼の作品には、すぐれた知性、豊かな感性、炎のようなヒューマニズムが渾然と一体をなしている感がある。しかしそれは、青年期からの彼の精神構造の中核をなすものであった。『ドイツ法律学のユダヤ人の著名学者』の西ドイツにおける一九五三年再刊にあたって序文をしたためたフランクフルト大学教授フランツ・ベーム（一八九五―一九七七、商法・経済法）は、いわれなき苦痛、誹謗をうけたジンツハイマーがそのことに感情的反撃を一切加えることなく、ユダヤ系の代表的法律学者が学問的ガイストに徹していたことを冷静に叙述していることに、心からの賛辞をささげ、ジンツハイマーが真のヒューマニストであったことを強調する。(3) リベラル左派の人であったベームは、ナチスのユダヤ人迫害を批判した故に、一九四〇年大学を休職処分になり、国内亡命の状態に追いこまれたのであった。

わが国の法律学者のうちジンツハイマーに接したと思われる常盤敏太には、つぎのような指摘がある。人間ジンツハイマーをよくとらえていると思われる。「温厚そのものの如き態度、英国的な紳士を思わしめる話しぶりは、どうして理論においてかくシャルフであり得るかを疑うほどであるが、すべては彼の賢明に帰することができよう。社会事実から彼は根本的にマルクシスムスを考え直して、彼の学問を建設した、といわれるほどであって、ロシヤや日本のマルクシストのように無批判な宗教的マルクス信仰から事を起したのではない。……彼の人間味がレーニズムと合流することを拒んだのであろう(4)」。

壮年期を過ぎ熟年期に入ったジンツハイマーに相前後して傾斜し、その門下に入った者に、さきに掲げたエルンスト・フレンケル、オットー・カーンフロイントのほか、『ビヒモス―ナチズムの構造と実際』（一九四二年）で知られるフランツ・ノイマン（一九〇〇―一九五四）、『国際政治』（初版は一九四八年）という代表的著書のあるハンス・モーゲンソー（一九〇四—一九八〇）、一九八〇年以降、とくにジンツハイマー労働法理論のいわば琴線に触れた論文を残したフランツ・メスティッツ（一九〇四—一九九四）がある。ジンツハイマー・シューレに属する彼等のそれぞれの思想、学問、さらには第三帝国を境としてたどらざるをえなかった人生軌道については、後に詳しく検証する。彼等をしてジンツハイマー・シューレたらしめたものは、年長者と後輩、師と弟子という縦軸の関係にのみよるものではない。さきにも示唆したように、本質的な人間関係にくいこんだ横軸の結びつきが、それぞれジンツハイマーとの間にあったからにほかならない。ヒューマニスト法律家としてのジンツハイマーはドイツでは稀にみる熱情家であり、フランスの偉大な弁護士、政治家、研究者であったジャン・ジョーレス（一八五九—一九一四）、アリスティド・ブリアン（一八六二—一九三二）、レオン・ガンベッタ（一八三八—一八八二）に比肩すべきものであるというエルンスト・フレンケルの言葉にも、それが秘められているというべきである。前述した一九五八年二月八日のジンツハイマー追悼の集いにおける彼の講演のなかにおいてである。[5]さらに七五年一二月一日開催のジンツハイマー生誕百年の集いにおけるカーンフロイント講演とそれにもとづく翌年の前掲論稿におけるつぎのような要旨の一節は、子弟関係を超越した人間関係が彼とジンツハイマーとの間にあったからこそいえたものであろう。そのことを痛切に感ずる。「ジンツハイマーの思想と活動は一貫して人間の尊厳におかれる。それは、ジンツハイマーの精神生活、政治生活のアルファであり、オメガーであった[6]」と。一九八〇年に出版のカーンフロイントの追悼論文集の実質的な編集を引受け、晩年のカーンフロイントにもっとも近かった人にボッブ・ヘップル（一九三四―）がある。ロンドン・カレッジ教授であり、イングランド・ウエルズ産業審判所委員長も兼ね、イギリス労働法学のエキスパートの一人である。その彼が質問者となって一九七六年に行われた対談のなかに、「一九一九年にフランクフルト大学に入学し間もなくジンツハイマー・ゼミナールに属した私は、ジンツハイマーのすぐれた知性と人間性に圧倒された」という趣旨のカーンフロイントの言葉がある。(7) カーンフロイントの死去の約三年前のことである。それだけにジンツハイマーのイメージが絶対的なものとして迫ってくるのである。

ジンツハイマーのこのような人間性は、彼の書評の態度にもあらわれている。ワイマール労働法学における実証主義的立場の代表者として知られるカスケル（彼もユダヤ系であった）と根本的に異なるところである。ジンツハイマーの一九二一年の著書『労働法原理―概説』に対するカスケル書評の要旨をこころみに掲げてみよう。「ジンツハイマーの本書は、法律学の作品としては評価に値しない。それは、労働法の固有の法原理を樹立しようとしてきたこれまでの法実証主義の立場を放棄し、空虚な法社会学的方法によるという誤謬をおかしている。その内容も貧弱そのものである」(8)。こういう批判は、みずからの精神的未熟を露呈したものであり、空しさのみが残る。カスケルと同じく法実証主義の立場によるとはいえ、ニッパーダイのつぎのような要旨の書評が良識者のとるべき態度といえる。「ジンツハイマーの社会学的方法論による本書は、魅力的であり、刺戟的であり、溌剌としているが、それは、社会政策学者による労働法から労働法学者による労働法へという軌道を逆行させるものである」[9]。ジンツハイマーがこの両者の批判に対し、アルバイツレヒト誌一九二二年四月号上の「労働法学における社会学的及び法実証主義的方法論について」と題する長文の論稿で、謙虚な態度を堅持しつつ、きわめてクールに、そうしてつよい確信をもって答えていることのみ書きとめておこう。ジンツハイマーの書評にあたっての姿勢を端的に示すものには、たとえば、彼の壮年期の著作『労働協約立法』と同じく一九一六年に出版されたスイスの司法官試補ロマン・ボース（一八八九―一九五二）の『スイス法上の共同労働契約』に対する書評[10]がある。それは、同書に対するギールケの書評とともに、ジンツハイマーの労働協約研究に関するところで記録することであろう。

カーンフロイントは、一九七六年の前掲論稿において、ジンツハイマーが「国家のロマン主義的・神秘主義的擬人化」という伝統的なドイツ国家法思想を一貫して容認した姿勢に言及する[11]。私はこの点について、ヒューマニストなるが故のユートピアン的側面が人間ジンツハイマーにも存在していたと解したい。フランツ・ベームは前掲の一九五三年序文において、ジンツハイマーが「思想家、教職者、政治家として社会主義的ユートピアン」であったと指摘しているが[12]、それを語るものであろう。しかしここで注意しておきたいことがある。ユートピアという言葉を空想と解してはならないことである。ジンツハイマーのユートピアン的側面といい、社会主義的ユートピアンというのは、理想主義的側面、社会主義的理想家の意味であることを強調しておきたい。

（1）　Curtius, Deutsche und Antike Welt, S. 127-8.

（2）　あるいは周知のことでもあろうが、マルクスの父ハインリヒは、マルクス家がユダヤ教ラビの出ながら、カールの生れる前年の一八一七年にプロテスタントに改宗する。

（3）　Geleitwort von Franz Böhm, S. XXI-XXII. ベームは一九五八年二月八日に開催されたジンツハイマー追悼の集いにおいて、フレンケルについでジンツハイマーについて語ったのであった。キリスト教民主同盟結成当初からの党員であり、フライブルク大学教授、ヘッセン州の文教相をへて一九四七年にフランクフルト大学に招請された。ベームはまた、一九五三—五七年、一九六一—六五年の間、キリスト教民主同盟所属の連邦議会議員でもあった。

ジンツハイマーがユダヤ人出自ということについてどのように考えていたのか、それは窺い知れぬことである。ジンツハイマー労働法学を継承したカーンフロイントが晩年に「私の生涯におけるもっとも重要な事実は、ユダヤ人出自ということである」と告白していること（Ramm, Otto Kahn-Freund und Deutschland, S. XXI）、カーンフロイントと同じジンツハイマー・シューレのフランツ・ノイマンが、一九二三年の学位請求にあたって、その履歴をしたためるさいに「私フランツ・レーオポルト・ノイマンは一九〇〇年五月二三日にカトヴィッツで生まれる。私はユダヤ人である」という自虐意識のにじんだ記載をしていることを思うと（信山社ジンツハイマー三頁）、深い謎が残るといわなければならないであろう。

（4）　常盤『ラートブルフ』四二頁。わが国の初期労働法研究集団の一人に森山武市郎（一八九一—一九四八）がある。森山は、一九二七年の論文において「ジンツハイマーは、フランクフルト大学で労働法講座を担当して居る人で、私の恩師である。……カスケルと異ってその研究には深い基礎がある」としたためている。森山・明治大学政経論叢一六四頁。あるいはジンツハイマーと直接に接する機会をもったのかもしれない。森山は、末広、孫田等とともに、一九二〇年六月にスイスのベルンでもたれたオイゲン・エールリヒ（一八六二―一九二二）招待の集いのメンバーでもあった。孫田『労働法の開拓者たち』一八頁。

常盤、森山の両者に対し、ジンツハイマーという人間の一面について的確な記録を残している者に滝川幸辰（一八九一―一九六二）があること、一九二二年冬学期にはフランクフルト大学で滝川はジンツハイマーの労働法講義を聴講していること、ジンツハイマーの紹介でフランクフルトの法曹人と知り合いになることができたことが、一九三七年刊行の滝川『随想と回想』で語られているのである（信山社ジンツハイマー一六六―八頁参照）。

森山武市郎については、つぎの資料がある。野間繁「森山武市郎論」明治大学新聞学会刊行『明治大学人とその思想』（一九六七）所収。

（5）Fraenkel, Hugo Sinzheimer, S. 459.

（6）Kahn-Freund, Hugo Sinzheimer, S. 2.

（7）Some Recollections by Sir Otto Kahn-Freund, p. 197.

（8）*Recht und Wirtschaft,* Januar 1922, S. 70.

（9）*Neue Zeitschrift für Arbeitsrecht,* Januar 1922, S. 45.

（10）Der Gesamtarbeitsvertrag, *Arbeitsrecht,* November 1917, S. 126.

（11）Kahn-Freund, Hugo Sinzheimer, S. 8.　西谷『ドイツ労働法思想史論』二五三頁。

（12）Geleitwort von Franz Böhm, S. XXIII.

2　ジンツハイマーの写真その一と風貌

左には、三省堂ジンツハイマーにおける記述をまずそのまま再録しておきたい（二二頁）。「さきにはユーリウス・フォン・ギールケに対する孫田秀春の風貌評価を掲げた。人間を全体としてつかむためにはいわば風貌評価説は意味のある対応の方法であろう。大河内一男『社会政策四十年・追憶と意見』（一九七〇）二二六頁にも、『余談になりますが、学者の顔つきとか、風貌とかいうことが彼を研究する上に大事だということをぼくは非常に感ずる』というくだりがある。人間は、それぞれ他人の知りえない謎をかかえた存在である。したがっていかなる社会分野の人間であれ、その全体像にせまるためには、風貌評価という見方にも、一定の価値を認めねばならないであろう。そのためにジンツハイマーの写真の入手を期待したのであるが、一九一九年二月六日にワイマール国民劇場に召集せられた制憲国民議会の議事録上の写真と、[13]参考文献にあげた『ヘッセンにおける労働者運動』に収録の写真をともかく入手しえたのであった。（三省堂ジンツハイマーの）表紙のとびらに掲げたのは、後者のものである。前者の国民議会議員当時の写真を掲げるには技術上かなり困難と思われるので割愛した」。

同書の刊行段階において貧困であったのは、とくにオランダ時代のジンツハイマーに関する研究資料のみではなかったのである。彼の写真を掲げる文献がなかったことは、極端にいえば、西ドイツ労働法学上、ジンツハイマーの存在自体が無視という状況に近かったことによるともいえようか。右の

『ヘッセンにおける労働者運動』に収録の写真は、後述のフランクフルト大学付置労働学院における横向きの写真であったのであった。

しかし前述もしたように、一九八〇年後半ごろから顕著になってきた社会科学の分野におけるルネッサンス的ともいうべき歴史研究の台頭現象とともに、ドイツ労働法学史、ドイツ法学史におけるジンツハイマーのスタンスについての本格的研究があらわれるにいたった。それとともに、ジンツハイマーの写真が多くの文献に掲げられるようになった。そのうち、八〇年代の後半から文献上いわば「吹き替えて」あらわれているのが、一九一八年一一月八日にジンツハイマーがフランクフルト市警察長官のポストについてまもない当時の写真である。それを掲げているものには、たとえば参考文献にあげておいたKJ, Streitbare Juristen のしおりがあり、また同じく参考文献にあげておいたHeuberger-Krohn, Hinaus aus dem Ghetto がある。この写真は、ジンツハイマーを含めた盛装の三人が一九一八年一一月下旬ごろフランクフルト市内を散策中のスナップショットからジンツハイマーのみを抜き出したものであるからである。

しかし久保ドイツ語版ジンツハイマー（一九九五）の巻頭に掲げた写真は、ドイツの関係者には全く不知であった。それは、ドイツ語版ジンツハイマーの出版計画の進行中に常盤忠允教授から提供を受け、一九八八年一〇月末日に手にしたものであった。私のジンツハイマー研究という闘いに当って同教授から受けた感動的な友情については、後の「ジンツハイマーのラートブルフ宛書簡」の項で受けとめたい。この写真は、一九三〇年刊行の『国家と人間』(Staat und Menschheit. Ideengeschichte des Verlags Dr. Walther Rothschild, hrsg. von Otto Bettmann) という本に掲げられていたものであるが、その次第についての常盤教授の証言をそのまま再録しておきたい。(14) カッコ内の一部は著者久保の付したコメントである。

「久保先生は、同書(三省堂ジンツハイマー、一九八六年)刊行後も同書のジンツハイマーの写真が横顔だということもあって、余りお気に入らなかったようだ。それがはっきりしたのは同書独訳の問題が浮上してきてからであるが、ドイツ側にジンツハイマーの写真がなかったことも手伝っていた。筆者は個人的にジンツハイマーの写真を所蔵していた。それはドクター・ヴァルター・ロートシルト(Dr. Walther Rothschild)(15) 書店刊行の『国家と人類』(一九三〇年)という、A4版のやや古めかしい本の中にあったものを複写したものである(書店名にまで「ドクター」という称号をつけるのは、これが姓の本質的一部をなすというこの国の伝統に根ざすとはいえ、如何にもドイツ的である。以下単にロートシルト書店と表記)。この本はロートシルト書店創立二五周年を記念した出版物であって(以下では記念本と略記)、同書店がこの二五年間に追求しようとしてきた歴史、法律、文化および政治の各分野での中心的テーマとそれに対応した出版物を、その著者達をも併せまとめて整理したものである。

ロートシルト書店は、わが国でもドイツ法、とくにワイマール期のそれに関心をもたれた人々ならその名前だけでも承知している「司法」(ユスティーツ)という雑誌の発行元であり、ジンツハイマーは、ラートブルフ、ミッターマイアーと並んで共同編集者としてその発行の中心人物だったから、彼の顔写真は記念本には不可欠であったに違いない。

ドクター・ヴァルター・ロートシルトは、その名前から知られる様に、国際的財閥と知られるロスチャイルド一族の家系に属する。記念本の表紙にも、その名の通りの「赤い楯」の紋章が打ち出されている。だからユダヤ人であるジンツハイマーの写真はあるが、協力者ではあってもそうでないラートブルフ、ミッターマイアーの写真はないのであろう。

とはいえ、ドイツ側がジンツハイマーの写真はもとより、この記念本の存在すら引き出せなかったことは、我々にドイツ近代史の大きな裂け目を示しているように思われるのである。一九三三年五月一〇日、既に権力を掌握したナチスは、非ドイツ的文化の絶滅を叫んで悪名高き焚書を全国的に展開した。公立、私立両図書館、大学等に収蔵されたユダヤ系著書の作品を中心にベルリンだけで二万冊以上（ただし、講談社版『二〇世紀全記録』では二千冊以上）の書籍が一晩の中に焼却されたと喧伝された。その中でこの記念本も個人蔵のものを除いて姿を消したのである。筆者の手許にあったこの記念本は、ラートブルフの弟子であった常盤が一九三四年、帰国に際してラートブルフから譲り受けた彼の蔵書の中に含まれていたものであるが、右でふれたような関係でロートシルト書店と深い関わりのあったラードブルフに贈呈されたものだったのであろう。掲載されている二〇葉の顔写真（経営者のロートシルトは別として）は、すべてユダヤ系の学者である。

その様な因縁を背景に、同書独訳書（ドイツ語版ジンツハイマー、一九九五年）では、この記念本からとったジンツハイマーの写真が巻頭を飾ることとなったのである。もちろん、出典は明示されている」。

(13) 制憲国民議会の議事録として参照したのは、参考文献に掲げたDeutsche Nationalversammlungである。それは、ローマ法、民法学者であり、ベルリン商科大学員外教授より司法省顧問に就任したエードゥアルト・ハイルフローン（一八六〇—一九三八）という人が編集したものであるが、その第二巻に、政党別の各議員の写真が掲げられている。

(14) 常盤忠允「資料研究と人間性」久保喜寿記念随想集（一九九七）五〇頁。信山社ジンツハイマー一四四頁も参照。

(15) ヴァルター・ロートシルト（一八七九—一九六七）の略歴を提供しておこう。ロートシルトはボン大学その他で法律学を学び、一九〇五年に法律出版社を設立する。一九三八年にスイスをへてイギリスに亡命し、四〇年にはアメリカに移住し、バークレーで法律学院を設置経営する。六七年にカリフォルニアの海辺行楽地カーメルで死去する。『国家と人間』に掲載の法律学者の撮影を行ったのは、ロートシルトと同じくユダヤ人であったオット・ベットマン（一九〇三—？）という人であった。一九三五年にアメリカに移住し、記録写真家として活躍する。

3　ジンツハイマーの写真その二

一九九九年六月一七日のことである。ジンツハイマーの長女であり、現役のグランドマザー・ローヤーであるゲルトルート（ガートルード）・メーンザー夫人からジンツハイマーの写真がその日著書のもとに届いたのであった。本書付章のメーン・ゲストである同夫人が、六月上旬にニューヨークを立ち毎年の行事となっているスイスでの休暇にでかけるにあたって、書面にそえて送付してきたのである。避暑地はスイス東南部のイン川上流の深い谷間を占めるエンガーディン地方のジールス・バーゼルギア（Sils Baselgia）であった。ジールス・バーゼルギアは近接のジールス・マーリア（Sils Maria）とならび同地方の最高の避暑地として知られ、一八八一年から八八年にかけて、ニーチェがこのジールス・マーリアに毎年滞在したことでも有名である。「ツァラトゥストラ」第二部は、一八八三年七月にジールス・マーリアで一気呵成に書かれたものであった(16)。

メーンザー夫人が父ジンツハイマーのもっとも愛する写真をアルバムからはぎとった跡がそのまま残っていた。著者への最高の至福のプレゼントであったと思う。それはしかるべき場所に納めなければならない。本書の**写真1**に掲げたのはそのためである。一九二〇年代のジンツハイマーであった。

写真2は、ジンツハイマーの潜伏地であったオランダのブルーマンデールがカナダ軍により一九四五年五月五日に解放された日から、ジンツハイマーが同地で同年九月一六日に死去するまでの間において撮影されたジンツハイマーとパウラ夫人である。第三章で記述するところであるが、一九四二年八月から、ジンツハイマー夫妻は、三女ウルズラ（一九二二—一九九八）とともに、アムステルダム北西に位置するブルーマンデールの南部地区オーバーヴェーンにおいて潜伏生活に入ったのであった。

ウルズラは四九年に成人学校の教員であったオランダ人と結婚し、オランダ国籍を取得し、アムステルダムに近接する古都ハールレムに居住することとなった。隠れ家のあったオーバヴェーン地区のプリンス・マウリッツラーン一〇二番地の前で、ウルズラが両親を撮影したものと思われる。当時、撮影者のウルズラは二三歳、ジンツハイマーは七〇歳、パウラ夫人は五五歳であった。後述するように、一九九一年七月、著者はプリンス・マウリッツラーンに歩を向けたことであった。この写真は、参考文献にあげた Ursula Postma, In Memoriam、即ちウルズラ追想記に掲げられたものである。

写真3は、メーンザー夫人がスイスのジールス・バーゼルギアに出発する直前に、友人に託して送付されてきたものであった。私のドイツ語版ジンツハイマーを手にされた夫人である。一九九九年四月中旬にニューヨーク市郊外の夫人の別荘において撮影されたスナップショットである。

(16)　ニーチェ／氷上英廣訳『ツァラトゥストラはこう言った』（一九六七・岩波文庫）上巻の解説二六二頁。

写真1　1920年代の Sinzheimer、本文参照

写真2　オランダ解放後のSinzheimerとPaula夫人、
1945年5月～7月ごろ、本文参照

写真3　久保ドイツ語版ジンツハイマーを手にされた
Mainzer 女史、1999年 4 月、本文参照

Ⅱ　学生時代とルーヨ・ブレンターノ

1　一八七〇年代のドイツ

エッカーマン『ゲーテとの対話』第三部の一八二八年一〇月二三日編において、ゲーテは、「ドイツが統一されないという心配は、私にはない。立派な道路ができて、将来鉄道が敷かれれば、きっとおのずからそうなるだろう。しかし何をおいても、愛情の交流によって一つになってほしい。つねに、外からの敵に対して団結してほしいものだ。ドイツのターレルやグロッシェンが全国で同一の価値を持つために、統一してほしいよ。私の旅行鞄が全部で三十六の国を通るたびに開かれないでも済むように、統一してほしいな」と語っている(1)。民族的統一国家を持つことはドイツ人にとって悲願であった。一八六六年七月のケーニヒグレーツの戦勝と、これにつづく七〇年九月のセダン会戦の勝利によって、ドイツ人は、はじめて、不完全ながら統一国家を形成するにいたったのであり、ドイツが国家として国際政治に登場するのは、一八七一年のヴィルヘルム帝国の確立によってである。ジンツハイマーの生誕した一八七五年は、このような国家的統一という現実により、ナショナリズムがあらゆる分野に浸透しつつあった年代であった。たとえば、一八七二年一〇月上旬のアイゼナハ集会による社会政策学会の設立にその軌跡をみることができるのではないか。同学会は、ドイツ資本主義の展開にともなって発生し先鋭化してきた社会問題を漸く達成させられた国民的統一の攪乱としてとらえ、それを国民国家という枠内での政策問題として解決しようとする場であったからであった(2)。したがって、ドイツの社会科学の歴史に記念すべき名を残すことになった同学会は、一九〇一年一月上旬にベルリンにおいて社会改良協会が組織され、実務は社会改良協会に、理論は社会政策学会にという分業体制が敷かれるまでは、国家の体制枠内における社会政策の理論と実務との両面を担当することになるのである。ヴィルヘルム帝国の成立という政治の現実に経済学、特に新歴史派経済学がたくみに対応したのが、社会政策学会の発足であったのであった。また、法律学の分野において法実証主義と呼ばれる思想がヴィルヘルム帝国の成立前後から二〇世紀のはじめにかけて決定的となり、概念法学的実証主義が大学の法学教育全体を支配するにいたったことも、国家統一という現実への法律学の対応を語るものであった。

ジンツハイマーの生れた一八七五年における社会主義運動史上のメーン・イベントは、ラサールの労働者協会とマルクス、エンゲルスの系列につらなるベーベル、リープクネヒトを中心とするアイゼナハ派の両者による社会主義労働者党の結成であった。五月下旬におけるゴータ合同会議である。しかしほぼ二年後の七七年一月の第三回ライヒ議会選挙においては、七四年の第二回選挙に比して議席数をわずかに伸ばしたに過ぎず（九議席から一二議席）、その努力は微々たるものに過ぎなかった。また国家の倫理的性格を強調し議会主義を通じて社会主義を実現していこうとする旧ラサール派と、ドグマ狂という批判を免れなかった旧アイゼナハ派との両者の溝は容易に埋めうるものではなかった。

一般党員の知的関心も、いちじるしく低水準にとどまっていたのである。合同前のアイゼナハ派の場合でおいてすら、一八四八年の共産党宣言の名が一般党員に漸く知られるようになったのは、一八七二年以降であったといわれる。(3) 初等教育すら十分に受けていない社会階層に属する一般党員へのイデオロギーの浸透は困難であり、ラサール派においても、同様であった。しかし周知の一八七八年一〇月の社会主義者取締法(4)によって、社会主義労働者党の活動はすべて禁止されることとなった。同法の別名「例外法」の語るように、ヴィルヘルム帝国は、社会主義政党、さらには労働組合を例外状態におく政治土壌の上に歩みを進めることになる。

（1）『エッカーマン・ゲーテとの対話（下）』（一九六九・岩波文庫）二三五頁。
（2）西村『知の社会史』一五二頁。
（3）シュタインベルク『社会主義とドイツ社会民主党』二三頁、九七頁。
（4）一八七八年の五月、六月とつづいた皇帝ヴィルヘルム一世狙撃事件を直接の契機として制定された時限立法であった社会主義者取締法は、四回更新され、一八九〇年まで存続する。しかし同法下において社会民主党は、ライヒ議会選挙において着実に票数、議席数とも伸ばし、また同党の指導する自由労組は、西ヨーロッパ最大の規模に成長するという皮肉な結果となったのであった。

2　学生ジンツハイマーの知性と感性

ジンツハイマーがミュンヘン大学に入学したのは、一八九四年夏学期であった。それまでの幼年期、少年期の家庭環境、ギムナジウムの課程修了まで過したヴォルムスの思い出、後にルーヨ・ブレンターノ門下の社会政策学者となった七歳年長の次兄ルートヴィヒとの語らいといった点は、その人間形成の過程について何らかのイメージをつかむために不明のまま残したくないのである。それについて知るべき資料はない。しかしルートヴィヒ・クルティウスの前掲回想録のうちには、二〇歳前後のジンツハイマーが見事にえがきだされている。前述のように読みはじめるとつい引き込まれてしまうクルティウスの筆致のせいであろう。つぎに次兄ルートヴィヒについては、ブレンターノが八七歳の生涯を閉じた一九三一年に出版された『ドイツの社会的発展のための戦いにおけるわが生涯』と題する回想録にコメントされている。しかし晩年のブレンターノのミスであるが、ルートヴィヒとフーゴとを取違えている箇所がある。のみならず、ルートヴィヒとフーゴの関係についての記述はそこにはない。ブレンターノとルートヴィヒ・ジンツハイマーとの間柄については、社会政策学会の展開ともからませて後に言及することにしたい。

ここでしばらく若き日のジンツハイマーについてのクルティウスの回想録のくだりを適宜モディファイして追うことにし、それについて必要なコメントも書き加えることにしよう。

「ミュンヘンの近くのアウクスブルクに生まれた私（クルティウス）が同地のギムナジウムの課程を終え、大学入学資格試験に合格し、しばらくイタリア旅行を楽しんだ後、ミュンヘン大学（法学部）の入学手続をしたのは一八九四年冬学期のはじまる一一月上旬であった。そこでいち早く傾斜し次第に心酔していったのは、一八九一年冬学期から一九一四年退職にいたるまでミュンヘン大学の教壇に立ったルーヨ・ブレンターノの大教室における講義であった。広い額、波状の黒髪、金ぶちの眼鏡の奥にただよう黒みがかった眼光のブレンターノに魅せられた満席の教室は静まりかえり、彼の少しかん高いが朗々とした声がひびきわたっていた。ブレンターノの講義の中心をなすものは労働問題であったが、一言も漏らさずにその講義を聴くために大教室の最前列に席をとったのである」。

「ブレンターノの講義のさい隣席にいたある学生があった。ブレンターノを私と同じく畏敬していた彼は、いつも洗練された服装をし、ちぢれた黒い髪、とがった鼻、精悍なあご、人を射つめるような褐色の眼をした感受性のするどい青年であった。富裕な家の子弟として、安いとはいえないペンションに居を構えていた彼と友人としての交流をはじめ、夕方には大学の近くのテレージエン通にあるカフェ・シュテファーニエでしばしば語らいの時をもったことであった。彼は造形美術や音楽には関心をもたなかったが、文学、演劇には造詣の深いものがあった。ゲーテについては私よりはるかに知識をもっていた。彼はヤコブセン（一八四七―一八八五）の作品のすばらしさについて述べ、ドイツの詩人、小説家、劇作家のうち、アルノ・ホルツ（一八六三―一九二九）、ヨハネス・シュラーフ（一八六二―一九四一）、リヒャルト・デーメル（一八六三―一九二〇）、デートレフ・フォン・リーリエンクローン（一八四四―一九〇九）について論じ、さらにミヒャエル・コンラート（一八四六―一九二七）の創刊したドイツ新文学の機関誌ディ・ゲゼルシャフト（一八八五―一九〇二年の間刊行）の最新号のでるのをわくわくしつつ待っているのだと語ったのである。ねすみ色のダブルコートを着用した彼とはまたミュンヘンの街なかでしばしば会ったことである。いかにもドイツ的な生一本の風貌をし、そうして不屈の強靱な思考力をひめたこの友につよい影響をうけ、ロマン主義的な漠然とした尚古主義にとらわれていた私は、彼によって容赦なく引きさかれるような思いであった。友情を深めるにつれ、彼は自分の秘密を語るようになった。それは彼がユダヤ人だということである。ドイツにおける反ユダヤ主義についての彼の語らいは、この問題に関する私の不知を啓蒙せしめたのであった。ユダヤ人については、子供のころアウクスブルクにおいて、『ユダヤ人め、ユダヤ人め、ヘップ、ヘップ、ヘップ』と叫びつつ大衆デモが行われていたことに恐れをいだいたに過ぎない程度の私であった(5)。彼は、ユダヤ人なるが故のうかがい知れない心の傷をいだいていたように思われたのであった。このすばらしい友人から、ある日、私がまだ購入さえしていなかったニーチェの『黎明』(一八八一年)の第一版の贈呈を受けたのである。そうして、ニーチェの黎明を読まない者は近代的人間たる資格のないこと、そうして黎明のうちには、テーオドール・フォンターネ(一八一九—一八九八)の最近(一八九五年)刊行した鋭い人間感覚にささえられた小作『エフィ・ブリースト』に相通ずるものがひめられていることを語ってくれたのであった(6)。その彼とは、その若き日の友とは、一九一八年のドイツ革命時にフランクフルトの警察長官をつとめ、ついでフランクフルト大学教授となり、一九三三年には、アムステルダム大学教授に就任したフーゴ・ジンツハイマーなのである」。

クルティウスの叙述をたどりつつ感ずるのは、西欧の一流教養人の抜群の知性と豊潤な感性とを形成した土壌ともいうべきものの存在である。さらに、若き学生ジンツハイマーについてのクルティウスの記録を追ってみることにする。

「一八九五年夏学期からジンツハイマーとともにベルリン大学に移ったのであったが、私はグスタフ・シュモラーのゼミナールに入ったのであった。社会科学界の大御所的存在であったシュモラーのゼミナールには、後にそれぞれの分野においてエキスパートとなったエリート学生が集中していたのであった。後にボン大学経済学教授（一九一八―三七年の間）となったアルトゥル・シュピートホフ（一八七三―一九五七）、ハレ大学哲学教授（一九〇八―四八年の間）となったパウル・メンツァ（一八七三―一九六〇）等である。しかしシュモラーの講義は、ミュンヘン大学におけるブレンターノ講義に比すると精彩がなく、学生も期待をよせていなかったのである。ただその講義のさい注意をひくものがあった。当時においてきわめて少数にとどまっていた聴講生の中年女性が私の隣席をしめていたことである。エリーザベト・グナウク＝キューネ（一八五〇―一九一七）である。社会政策研究者として既に『婦人の大学教育』（一八九一年）、『婦人運動の原因と目標』（一八九三年）の著書もあった彼女は、プロテスタント婦人同盟のリーダーの一人でもあり（後にカトリックに改宗）、製本工労組にも所属していたのである」。

「ベルリンではジンツハイマーと毎週水曜日に昼食を共にし、さらに食後にはウンター・デン・リンデンのカフェ・バウアーに足をむけたのであった。彼との話題の中心は社会問題であったが、二人はベルリン郊外で開催の社会民主党の集会を定期的にたずねてからは、『理論をもて遊ぶべきではない』という共通認識ができつつあった。カフェ・バウアーでは、二人が席をとると、いつもボーイが新聞を私達のところに持ってきてくれたのであった」。

これにつづいて、クルティウスが招待ハイキングに参加のためにジンツハイマーに借金を申込むというくだりがある。ジンツハイマーとクルティウスがよく利用した右のカフェ・バウアーは、ウィーンのカフェ様式を一八六七年にベルリンにおいて最初に取入れた店であったことを書きとめておこう。かつてのベルリンの案内書にはかならず出てくる一流のカフェであった。

クルティウス回想録を読むにつれ、古き良き時代の大学生活の豊かさに感銘をうける。ジンツハイマーのミュンヘン大学入学からかぞえて四年後の一八九八年の夏学期に同大学の学生となったラートブルフの回想録『心の旅路』における学生時代の記録をみても同様である(7)。クルティウスが、ジンツハイマーが、そしてラートブルフが若し今日の大衆大学の状況を見たと仮定すれば、おそらく絶望感におそわれるのではないか。だが考えてみれば、ヴィルヘルム帝国の発足した一八七一年のドイツの大学学生数は、人口一〇〇万あたりわずか三二〇人に過ぎず、三〇年後の一九〇一年においてすら人口一〇〇万あたり六四〇人で、約二倍になっているに過ぎない(8)。彼等の意識を支配するものがエリート主義であったのも当然であったであろう。一八七一年前後から今世紀初頭にかけ、ドイツの大学人は権威主義的国家観に傾斜し、大学の講堂においてさえカイザーに敬意をあらわすのが通常であったといわれ、またヴィルヘルム帝国記念日である一月一八日には、毎年、記念講演が開催されたといわれる。[9] だがドイツ・アカデミーのこのような体質は、ワイマール共和体制下においても底流となっていたことは後にまた指摘する。学生団においても同様であった。学生団のうちでも超保守主義的団体として知られたケーゼン学生団が組織せられたのは、一八五五年五月下旬のことであった。[10] しかしクルティウスの学生生活回想記録には、このような雰囲気をうかがわせるものがない。クルティウスは、そうしてジンツハイマーは、教養と文化の担い手としての大学のなかで、ドイツ・アカデミズムの伝統に対し若き日の熱情を傾けていたのではなかろうか。

（5）　ヴュルツブルクに端を発し、南ドイツ地方に飛火し、やがて全ドイツにひろがり暴威をふるった一八二〇年前後における反ユダヤ的暴動をヘップ・ヘップ運動（Hepp-Hepp-Bewegung）という。「ユダヤ人め、ユダヤ人め、ヘップ、ヘップ、ヘップ」（Jud, Jud, hepp, hepp, hepp!）という合言葉のもとに、ユダヤ人商店は掠奪、破壊の対象となり、また多くのシナゴーグは焼き払われる。キルヒァー『ハイネとユダヤ主義』六五頁参照。ヘップ・ヘップ運動の時代と、ジンツハイマーとクルティウスがギムナジウムに在学したと思われる時代のドイツにおけるユダヤ人の人口は、つぎのようになっている。一八一六年（総人口約二、四〇〇万、ユダヤ人約三〇万）、一八九〇年（総人口約四、四二〇万、ユダヤ人約四六万五、〇〇〇）。

（6）　フォンターネの『エフィ・ブリースト』（Effi Briest）を愛読書にあげるドイツの知識人は少なく

ない。一九八四年五月二三日に西ドイツの第六代目の大統領に選出されたキリスト教民主同盟のリヒャルト・フォン・ヴァイツゼッカー（一九二〇―　）も、大統領就任のインタビューで愛読書の一つにそれをあげているのである。『罪なき罪』という訳名による岩波文庫版（一九四一）がある。

(7)　『ラートブルフ著作集』一〇巻三五頁。

(8)　ハンス＝ウルリヒ・ヴェーラー／大野英二＝肥前栄一共訳『ドイツ帝国一八七一―一九一八年』（一九八三）一九一頁。一八七一―七六年、一八八一―八六年、一八九二―九三年のドイツ諸大学の登録学生数に関する詳細な表示については、西村『知の社会史』三七九頁参照。ジンツハイマー、クルティウスが在学した一八九四―九五年当時のミュンヘン大学の学生数であるが、一九〇〇年ごろには飛躍的に増大して四、五〇〇〇人となったという記録があるので（Universitäten und Hochschulen, S. 277）、ほぼこれに近い数字であったのではなかろうか。右の『ドイツ帝国一八七一―一九一八年』は一九九九年に復刊新版がでている。

(9)　ベンダースキー『カール・シュミット論』一二頁、ゾントハイマー『ワイマール共和国の政治思想』一一五頁。

(10)　ヘラー『ドイツ現代政治思想史』六九頁訳注三〇。

3　ブレンターノへの傾倒

クルティウス、ジンツハイマーがミュンヘン大学の大教室で接したルーヨ・ブレンターノはその講義中に五〇歳の誕生日を迎えたのであった（一八四四年一二月一八日生れ）。[11]歴史法学派の創始者サヴィニ（一七七九―一八六一）と姻戚関係にあり、現象学の先駆者フランツ・ブレンターノ（一八三八―一九一七）を兄にもつ環境下に生れたブレンターノは、ベルリン大学在学中にエンゲル法則で知られるエルンスト・エンゲル（一八二一―一八九六）のゼミナールに加わったころから社会問題へ関心をいだくようになる。そうして一八六八年八月に師エンゲルとともに、オランダを通過して、イギリスの機械工業の調査の目的をもってイギリスに渡り、短期滞在の予定を延ばし、翌年五月まで滞在する。その成果であった『現代の労働組合』一・二巻（一八七一・七二年）は、当時のドイツで不知に近かったイギリスの労働組合、とくに合同機械工組合（Amalgamated Society of Engineers）の研究書であり、労働問題の先駆的研究者としての学界における地位を決定づけるものであった。[12] 一八七二年一〇月の社会政策学会創設以来のいわゆる自由派のリーダーとしてのその輝かしい学界軌道、国家権力の全能に対する懐疑的な基本姿勢を前提としたその社会政策論及び労働組合論については、すぐれた業績があるので、[13] 本書では言及は一切避ける。ただつぎのような指摘のみしておきたい。

一八九〇年は、ドイツ労働運動史上エポック・メーキングな年であった。宰相ビスマルク解任の原因となった一月二五日のライヒ議会における社会主義者取締法存続案の否決、二月二〇日のライヒ議会選挙における社会民主党票の飛躍的増大、[14] メーデーの全国規模における開催、九月三〇日の社会主義者取締法の正式撤廃、一〇月中旬における社会民主党の「合法的」なハレ大会の開催（この大会で社会民主党という党名を採用）、一一月一六日のベルリンにおける労組センター・ドイツ労働組合総委員会（ＧＧＤ）結成大会の開催、がそれであった。事態は労働運動にとって好転するかにみえた一八九〇年であった。しかし九四年一二月上旬には、実質的なスト禁圧立法としての刑法改正案（監獄法案の名で呼ばれる）がホーエンローエ宰相によってライヒ議会に提案される。[15]それは、ジンツハイマーがブレンターノの大教室における講義に傾斜を深めていたさなかであった。ジンツハイマーがベルリン大学を後にし、フライブルク、マールブルク、ハレの諸大学に在学していた一八九六年以後には、政治結社の規制立法であった結社法を労働組合にも拡大適用することをねらった小社会主義者取締法案ともいうべき結社法改正案が一八九七年七月中旬に、ついでピケッティングを規制し、いわゆる就労希望者の保護を目的とした工業労働関係保護法案（懲役法案の名で呼ばれる）が九九年五月下旬に、同じくホーエンローエ宰相によってライヒ議会に上程されるにいたった。しかし強力且つ反動的な組織として知られた一八七六年二月結成のドイツ工業者中央団体（Zentralverband Deutscher Industrieller）をはじめとする使用者団体サイドの期待に反し、両者ともライヒ議会によって否決される。したがってブレンターノの講義は、反団結法案のあいつぐ提案という流れを深刻に受けとめたパトスをひめたものであったであろう。それが、若き日のジンツハイマー、クルティウスの豊かな感性をとらえたのであった。

労働関係への国家権力の介入を排除する社会政策自由主義派のリーダーであったブレンターノが右のような流れに正面から反論を展開したのが、一八九九年懲役法案を焦点にすえた同年一〇月二日の講演「労働希望者の保護」であった。ゲッティンゲンで開催の前掲国民社会連盟の党大会の席上なされたものである。そうしてそれは、一八九二年一月に創刊された社会政策関係の実務雑誌ゾツィアーレ・プラクシスの一八九九年八月一〇日号から九月二八日号までに連載の「消極的及び積極的労働組合政策」というタイトルの彼の論文に基づいたものであった。同九九年末には、右の講演は『反動かそれとも改良か—懲役法案反対のために』というタイトルの冊子として国民社会連盟の出版部から刊行せられる。そうしてこの懲役法案のライヒ議会上程直前の五月上旬には、反団結法案の撤回をメーン・テーマに設定したドイツ労働組合総委員会傘下の自由労組のフランクフルト大会が開催される。ホーエンローエ宰相及び反労組政策の実質上の推進者内務次官アルトゥル・ポザドウスキー（一八四五—一九三二）の攻撃と労働組合擁護を骨子とするブレンターノ講演及びブレンターノ冊子は、社会民主党、労働組合の実践理論となったものであった。しかし同種の法案は一九〇〇年代に入っても用意せられる。一九一二年二月二八日にミュンヘン大学の社会科学サークルとミュンヘン国民経済協会の共催でなされたブレンターノ講演「労働希望者の保護」も、ブレンターノの持論の展開であった。

右の記述のうち、ジンツハイマーに関連して注釈を加えておきたいことが三つある。一つは、一八九九年一〇月のブレンターノ講演のなされた国民社会連盟の党大会に関してである。同連盟は、ジンツハイマー年譜のところでふれたように、彼が弁護士開業直前に入党した自由主義左派のミニ政党であり、ワイマール体制下の中核政党の一つとなったドイツ民主党（ＤＤＰ）の初代党首にその死の直前に就任した前掲フリードリヒ・ナウマンによって一八九六年に創設せられ、一九〇三年まで存続した市民階級と労働者階級の統合をめざしたものであった。ナウマンは、また「貧者の牧師」として知られた神学者でもあった。二つは、ブレンターノは、社会政策学会創設当時は、シュモラー等とともに、自由主義の中心政党でありビスマルク体制の与党的存在であった一八六七年結成の国民自由党（Nationalliberale Partei）に所属していたが、右の講演のなされた一八九九年当時には、いかなる政党にも属していなかったことである。三つは、一九一二年二月のブレンターノ講演の主催者の一員となったミュンヘン大学関係者の社会科学サークルのことである。ジンツハイマーの法社会学上の方法論を決定づけたと思われる壮年期の作品である一九〇九年冊子『私法学における社会学的方法論』は、一九〇九年五月二四日になされた同サークル主催の彼の講演に加筆し、ミュンヘン大学の社会科学関係双書の一つとして刊行せられたものであった。

クルティウス回想録には、ベルリン大学時代にジンツハイマーとともに社会民主党の地区集会をたずね、そうして理論をもて遊ぶべきではないといった共通認識がめばえるようになったというくだりがある。そのことは、さきに記述した。ブレンターノ講義に深い感銘を受けた彼等ではあるが、何といってもエリート階層に属していたジンツハイマーたちであった。ベルリン大学時代に自由主義左派の色彩をもった学内政治団体・国家学連盟に加入したというあたりが、青年ジンツハイマーの階層的限界であったであろう。理論派であると同時に実践派でもあったといわれるブレンターノにしたところが、当時における社会民主党との接触は想像もできないことであった。一にぎりの指導者たちの革命のきまり文句と、労働者を中心とする一般党員の理論感覚の欠如という状況に支配される社会民主党では、知的エリート階層を党へ吸引することは望みうべくもなかったのであった(19)。第一次大戦勃発直後に社会民主党に入党したジンツハイマーが、フランクフルトの労働者教育にエネルギーをそそぐにいたったのも、このような伝統的な社会階層状況の打開という意図が基本的にあったからにほかならない。

(11)　一八九八年夏学期にミュンヘン大学に学んだラートブルフがもっともつよい感銘を受けたのも、ブレンターノの講義であった。『ラートブルフ著作集』別巻一七二頁。ラートブルフの後年の社会民主主義者としての信念への最初の契機をなすものであった。また、ラートブルフの盟友ヘルマン・カントロヴィッチ（一八七七―一九四〇）も、一九〇一年冬学期から翌年の夏学期にかけてミュンヘン大学に在学中にブレンターノのゼミナールに参加し、その社会的自由主義に感化される。Muscheler, Hermann Kantorowicz, S. 20.

(12)　ブレンターノは、『現代の労働組合』（Die Arbeitergilden der Gegenwart, 1.-2. Bde., 1871-1872）刊行に先立ち、ドイツに帰った直後に、イギリスの研究者との共同調査の結果を英文にまとめイギリスに送っている。その共同調査書であるEnglish Gilds, edited by Toulmin Smith - Lucy Toulmin Smith - Lujo Brentano, London, 1870）には、それが収録されている。

(13)　西谷『ドイツ労働法思想史論』一八七頁以下。

(14)　この一八九〇年二月の第八回ライヒ議会選挙における社会民主党の獲得票数は第一位であるにか

かわらず、議席数が第五位にとどまったのは、実質的には多額納税者に有利であり、低額納税者には不利な選挙制度であったいわゆる三級選挙法の故であった。同法の詳細については、大内宏一「プロイセン選挙権改革と国民自由党」早稲田大学社会科学研究三二巻三号（一九八六）七五五頁参照。

(15)　一八九〇年代から今世紀はじめにかけての労働組合の規制法案の詳細については、久保『ドイツ労働法の展開過程』（一九六〇）二二七頁以下参照。一八九〇年三月にビスマルクが解任された後、第一次大戦勃発までに宰相の地位についたのは、カプリーヴィ、ホーエンローエ、ビュロウ、ベトマン＝ホルヴェークの四人であった。いずれもビスマルクにはとうてい匹敵しえない政治家であった。

(16)　*Soziale Praxis* は、オーストリアの社会民主党員であり、機関誌編集者としてすぐれた才覚をもっていたハインリヒ・ブラウン（一八五四―一九二七）によって一八九二年一月一日に創刊される。当初は *Sozialpolitisches Centralblatt* というタイトルであった。そうして、一九〇一年一月に社会改良協会が設立されるとともに同協会の機関誌となり、一九四三年一二月まで存続する。ブラウンは、ワイマール共和制下で社会民主党所属の国民議会・ライヒ議会議員をつとめた弟のアドルフ・ブラウン（一八六二―一九二九）と協力し、社会民主党の機関誌 *Die Neue Gesellschaft, Neue Zeitung* のほか、*Annalen für soziale Politik und Gesetzgebung* の編集にもあたる。

(17)　ヴィルヘルム帝国の一八七一年憲法は、責任内閣制を採用せず、帝国宰相のみ国政に対し責任を負う体制をとっていた。そうして宰相の直属の機関として官房がおかれていたが、官房の職務の増大にともない、多くの次官（Staatssekretär）がおかれるようになる。それは、議院内閣制下の大臣とは異なり、宰相の補助機関であった。

(18)　ブレンターノの一九一二年講演は、同年に『労働希望者の保護』としてミュンヘンの国民経済協会の双書として刊行せられる。

(19) 第一次大戦前における労働者むけの図書館の貸出しカードを通じて、社会民主党の一般党員と労働者層の意識構造の分析を行った文献が、シュタインベルク『社会主義とドイツ社会民主党』二四九頁以下である。

4　学位論文とルードルフ・シュタムラー

ジンツハイマーは、一九〇一年にはハイデルベルク大学に『賃金と相殺』というテーマの学位請求論文を提出し、学位称号を受ける。それはジンツハイマーの処女作として、翌年に法律書の出版社として著名なベルリンのカール・ハイマン社から刊行される[20]。そのアルバイトを完成したのは、最終の在学先であったハレ大学であったが、そこで彼は、ハレ大学に一八八五年から一九一六年にいたるまで在職した法哲学者ルードルフ・シュタムラー（一八五六―一九三八）に親しく接触したのであった。右の処女作の刊行にさいして一九〇二年三月にしたためられた序文には、シュタムラーへの深い謝意が記録されている。それから約三六年後の一九三八年にシュタムラーが死去した翌年に、亡命人ジンツハイマーは「法哲学における形式主義について」と題する論文において、法と経済についてのシュタムラー理論をたたえ、晩年のジンツハイマーがかかえていた最大の課題であった立法理論に関連させ、法は社会経済の論理的条件であり形式であるというシュタムラー理論をあらためて分析、検証しようとしたことであった(21)。

(20) Lohn und Aufrechnung—Ein Beitrag zur Lehre vom gewerblichen Arbeitsvertrag auf reichsrechtlicher Grundlage, 1902.

(21) Über den Formalismus in der Rechtsphilosophie—Eine Betrachtung zum Tode Rudolf Stammlers, *Zeitschrift für freie deutsche Forschung* (Paris), 1939, S. 30. ジンツハイマーは、シュタムラーを終生にわたって敬愛する。その理由の一つには、シュタムラーが法律学者のうちでいち早くマルクスの価値を認めた一人であったこと、そうして一八九六年の『唯物史観による経済と法—社会哲学的一研究』によりマルキシズムの克服をこころみたことがあげられるであろう。ジンツハイマーの右の一九三九年論文でも、このシュタムラーの一八九六年作品に言及しているのである。

Ⅲ　次兄ルートヴィヒと社会政策学会、社会改良協会の発足

1　次兄ルートヴィヒ・ジンツハイマーとブレンターノ

ブレンターノ門下の社会政策学者にルートヴィヒ・ジンツハイマーという研究者が存在し、ブレンターノの前掲回想録にもその名が登場すること、社会政策学会の双書にもルートヴィヒの執筆しあるいは編集した冊子のあること、ルートヴィヒの関心は実態調査にあり、理論派ではないこと、一八六〇年八月に発足したドイツ法曹会議の今世紀初頭の大会の参加者リストには、フーゴとならんでルートヴィヒの名がみられること、さらにルートヴィヒの編集した社会政策学会双書には、多作派として

のスタートを既に切っていたハインツ・ポットホフも執筆していること等は、早い段階で判明していたことであった。そうしてルートヴィヒがおそらくフーゴの兄ではなかろうかというのが私の予想するところであった。ところがフランクフルトの労働学院の主事である社会政策学者ディーター・デューリングを介して、労働学院の講師である著述家ゲールハルト・バイアー（一九三七―　）から、一九八二年一一月九日付のつぎのような書信を受けとるにいたった。バイアーは、労働運動史専攻のシャープな研究者として注目されている人である。(1)

「フランクフルト労働学院の主事であるドクター・ディーター・デューリングを通じて、ルートヴィヒ・ジンツハイマーに関するあなたの質問状を受領しました。最近出版の Biographisches Handbuch der deutschsprachigen Emigration nach 1933, Bd. I, 1980 のジンツハイマーの項に彼の係累が記載されていますが、フーゴの次兄としてルートヴィヒの名があがっております。まさにあなたの推測どおりであります。ルートヴィヒは有名なフーゴの影に全くかくれているのは致し方ないと思いますし、あなたが指摘されたルートヴィヒの著作は今日全く評価されておりません。私の著書『歴史と労働組合』（一九八一年）にあなたが注目されたことは驚きであります。……」。

フーゴより七歳年長のルートヴィヒの学位論文となったのは、『ドイツにおける大量生産企業の発展の限界について』であった。それは、ブレンターノとミュンヘン大学財政学教授ヴァルター・ロッツ（一八六五―一九四二）とが共同編集のミュンヘン大学経済学双書の一つとして一八九三年に刊行されたものである。(2) 同書の一八九三年一〇月付の序文では、ミュンヘン大学における学位請求論文に本テーマをえらびそれを完成させたことにつき、恩師ブレンターノへの深甚な謝意を表している。「わが父母に心からの謝意を捧ぐ」との同書のとびらの文言とあわせ、いかにも処女作らしい感じを受ける。

ブレンターノが、その師エンゲルとともに、一八六八年八月に調査のためイギリスに渡ったことについては既述した。ブレンターノの二三歳のときである。彼の生涯を通じての自由主義的国家観は、このイギリス滞在の経験が主要な媒介項をなしていると考えられる。彼は、一八九六年三月にはロンドンの Royal Economic Society の招請に応じ再度イギリスに渡ったのであった。五一歳のときであった。そのさいに、学位論文の刊行後イギリスに留学しロンドンに滞在中であったルートヴィヒの紹介により、一八七八年にウイリアム・ブース（一八二九―一九一二）の組織した救世軍の会合に出席したという記述がその回想録にみられる。(3) イギリスに留学したルートヴィヒのイメージのなかには、若き日のブレンターノがあったのかもしれない。またその留学には、ブレンターノの何らかの助言があったことも想像される。

ルートヴィヒのイギリスからの帰国後の社会政策学会を足場とした研究動向については後に取りあげることにして、右のようなブレンターノとルートヴィヒの師弟関係から、つぎのような推測が年代的にも可能になってくるのではないか。その一つは、フーゴがまずミュンヘン大学を選び一八九四年夏学期に入学したのは、ブレンターノのもとで修練を積み、前年には彼のもとで学位論文をまとめ刊行した兄ルートヴィヒの助言があったのであろうということであり、大学入学資格試験合格前後から、ブレンターノについての内面的な知識を既に兄ルートヴィヒから折りにふれ提供されていたであろうということである。二つは、学生ジンツハイマーはクルティウスと席をならべてブレンターノ講義を期待と感激をもって受けとめていたのみならず、兄とともにあるいは兄を介してブレンターノに直接接触する機会があったであろうということである。前掲のジンツハイマー・シューレに属する人たちにとどまらず、多くの者の確信をもって指摘するところは、ジンツハイマー労働法理論に対するブレンターノの決定的影響である。そのことを考慮しても、右のような推測は成り立つであろう。だが、兄ルートヴィヒ、弟フーゴのそれぞれ残した作品からは以上のことは一切知ることはできない。クルティウスのような、そうしてブレンターノのような回想録がジンツハイマーにはない以上、所詮は、立証できない推測の世界のことなのである。

（1）ゲールハルト・バイアーの代表的著作であり、ジンツハイマーのいわば人間的社会主義理論を検討するにあたっての中心的文献の一つとなったのは、参考文献に掲げた Beier, Geschichte und Gewerkschaft である。

（2）Ueber die Grenzen der Weiterbildung des fabrikmässigen Grossbetriebes in Deutschland, 1893. ブレンターノ門下のロッツは、ブレンターノの助手等をへて、一八九三年ミュンヘン大学の員外教授、九七年にミュンヘン大学教授となる。彼は、貨幣制度、銀行制度についての権威者であったが、社会政策学会のメンバーでもあり、社会問題にもつよい関心をもっていたのであった。

（3）　Brentano, Mein Leben, S. 194.　ルートヴィヒのイギリス留学の成果と思われるものに、つぎの作品がある。Der Londoner Grafschaftsrat. Ein Beitrag zur städtischen Sozialreform, Bd. 1, 1900.

2　ルートヴィヒと社会政策学会、フーゴと社会改良協会

社会政策学会は、その創設後いくたの分裂の危機に直面しつつも、一八八〇年代に入ってくると、労働問題のみならず、典型的な中産階級問題にもタッチしはじめてきたのであるが、さらに九〇年代から今世紀初頭にかけては、経済政策、財政政策、自治行政等をも射程に入れるようになった。ルートヴィヒが同学会の中堅メンバーとして活躍しはじめたのは、この段階である。いわば実態調査派に属する彼は、一九〇一年九月下旬に開催の社会政策学会ミュンヘン大会では、地方公共団体レベルの社会政策の調査実施について提案を行っている。同年一二月二二日にベルリンで開催の同学会理事会ではこの提案は見送りとなったが、一九〇三年三月一三日の理事会では、それが採択される。そうして学会の大御所シュモラーを委員長とする専門委員会が設置され、ルートヴィヒも同委員会に加わったのであった。(4)さらに彼は、一九〇七年九月下旬のマクデブルク大会、一九〇九年九月下旬のウィーン大会でも、調査テーマ（地方公共団体レベルの選挙）、研究テーマ（社会政策の将来）について提案を行う一方、右の一九〇七年大会で実施の決定した「大工業の各種産業部門における労働者の淘汰と適応」の調査のための専門委員会にも加わっている。(5)シュモラー、ブレンターノ等につぐ社会政策学会

の代表者の一人であるハインリヒ・ヘルクナー（一八六三—一九三二）をリーダーとする委員会であった。また一九〇二年には『労働者住宅問題』と題する著書も刊行し、一九〇〇年代初期に研究者としての活躍が頂点に達している。労働者をはじめとした低所得層の住宅状況の改善は、社会政策学会の結成当初からの緊急課題の一つであった。[6] したがってブレンターノも、一九〇四年には『ミュンヘンの住宅状況と住宅改造』を、ついで一九〇九年には『ミュンヘンを対象にした労働者住宅問題』を刊行している。このことからも、ブレンターノとルートヴィヒの緊密な師弟関係が推察される。さらにルートヴィヒの没年の一九二二年には、『知的労働者』に関する社会政策学会の双書が一五二巻の一（著述業と出版社）、一五二巻の二（ジャーナリストと造形美術者）として刊行され、ルートヴィヒは、前者の編集責任者として序論的執筆を行っているのであるが、ポットホフが後者の一五二巻の二において、「著述家の労働法」というタイトルで執筆していることも注目しておきたいことである。ポットホフと社会政策学会との関係については、一九三三年以後の彼の問題姿勢ともあわせて後述することである。

ルートヴィヒの著作を通読すると、一九八二年一一月のバイアー書簡における指摘が決して不当ではないということを確認できる。さらにルートヴィヒとフーゴとの学問上の何らかの接点をさぐりだそうとしても、ルートヴィヒの関心領域からみておよそ問題になりようがない。そうしてフーゴはブレンターノへの理論的傾斜にもかかわらず、社会政策学会に加入したことはなかった。彼は一九〇一年一月に創立の社会改良協会の会員であったのであるから、その点は一つの問題である。[7] これについては、あるいはつぎのような経過が関係しているかもしれない。ブレンターノをリーダーとした社会政策学会の左派グループは、「社会政策における進歩」をテーマに、フランクフルトで集会を開催すべく一九一二年一〇月中旬に準備の会合をライプツィヒでもつにいたった。その時点でのフランクフルト集会の参加予定者は、ブレンターノ、マックス・ウェーバー（一八六四—一九二〇）のほか、ジンツハイマー、ポットホフ、ラートブルフ等三五名であった。しかしライプツィヒ準備会合で、ブレンターノとウェーバーとの間に参加者資格その他についての対立が表面化し、ブレンターノがフランクフルト集会を支持しない旨を言明したため、結局同集会は流産に終わったという事件があった。[8] ただ後にも取りあげるドイツ法曹会議の一九〇〇年代初頭の参加者リストをみると、興味をひく記録がある。同法曹会議の一九〇八年九月中旬のカールスルーエ大会（二九回）、一九一〇年九月上旬のダンツィヒ大会（三〇回）、一九一二年九月上旬のウィーン大会（三一回）には、ルートヴィヒとフーゴの兄弟が名をつらね、フーゴは弁護士（住所はフランクフルト）、次兄ルートヴィヒも弁護士（住所はヴォルムスの近くの町グリューンシュタット）という肩書きとなっている。実は、一九〇二年に刊行の前掲『労働者住宅問題』では、ルートヴィヒの肩書きはミュンヘン大学私講師なのである。大学私講師から法的知識階層の底辺と評価されていた弁護士に転換したのであろうか。そうだとすれば、ブレンターノの愛した弟子の一人であったと思われる彼が何故そうなったのであろうか。一九一四年に七〇歳に達したブレンターノが同年にミュンヘン大学を退職したことは、ルートヴィヒの学界人としての地位に決定的にマイナスになったのではなかろうか。しかし一九二二年に刊行の『知的労働者』のタイトルの下には、「ルートヴィヒ・ジンツハイマー　ミュンヘン大学」となっている。そうだとすれば、彼はミュンヘン大学にたとえば非常勤としての地位を保持していたのであろうか。さらに弁護士としてのルートヴィヒとフーゴとの両者の間には、業務上の何らかの接触があったのであろうか。こういった多くの疑問が残る。そうしてひとつひとつの疑問が、たくさんの想像を生みだしてくる。しかしそれは、ミステリー世界の問題であるというほかはないであろう。

右の双書『知的労働者』の刊行されたのは一九二二年八月上旬であり、その刊行に全力を傾けたルートヴィヒは、その直後に五四年の人生の幕を閉じたのであった。

さきには、一九〇一年一月に社会改良協会が発足し、以降、社会政策学会との間にいわば分業体制ができあがったこと、一八九二年一月にハインリヒ・ブラウンを編集責任者として創刊されたゾツィアーレ・プラクシス誌は、一九〇一年以後は同協会の機関誌となったことについて言及した(9)。同協会は、一八九〇年三月下旬にベルリンにおいて創立された労働者保護立法国際協会のドイツ支部として一九〇一年一月六日にできたものであり、シュモラー、ブレンターノ、アドルフ・ワグナー（一八三五―一九一七）以下の社会政策学会の主要会員と実務家を個人会員とし、それにドイツ労働組合総委員会加盟の諸労組を中心とした労働者団体を団体会員として加えたものであった。同協会とフーゴ・

ジンツハイマーとの関係については、つぎに掲げる三つの大会のところで取扱うことにしたい。労働協約立法に関するジンツハイマー報告を中心議題に一九一三年一一月下旬に開催された社会改良協会デュッセルドルフ大会、労働争議仲裁制度の改革、社会政策の経済的価値をメーン・テーマに設定した一九二九年一〇月下旬の同協会マンハイム大会、国家政策の推移過程における社会政策をメーン・テーマに一九三三年一月下旬に開催された同協会ハノーファー大会。最後のハノーファー大会は、ヒトラー政権の成立の二日前という危機、不安、混迷の予感の交錯するなかでもたれたものであった。

(4) ルートヴィヒ提案にもとづくこの地方公共団体レベルの社会政策調査の結果は、社会政策学会双書一二八巻の一～一三〇巻の五として、一九〇八年から一二年にかけて刊行される。

(5) この「大工業の各種産業部門における労働者の淘汰と適応」の調査結果は、社会政策学会双書一三三巻の一～一三五巻の四として、一九一〇年から一二年にかけて刊行される。

(6) **Becker, Arbeitsvertrag und Arbeitsverhältnis, S. 158.**

(7) 社会政策学会の有力会員は社会改良協会の発足にあたってその原始会員になっていること、またブレンターノとならんでジンツハイマーの集団主義的労働法理論に決定的なインパクトを与えたギールケが、社会政策学会の創設当時からの会員であるといわれていること、さらに亡命人ジンツハイマーの代表的著作の一つである『ドイツ法律学のユダヤ人の著名学者』一二人のうちの一人であり、ドイツにおける商法学の最初の教授であったレーヴィン・ゴルトシュミット（一八二九―一八九七）が、商法学における経済学の意義を強調するその立場から、早い段階において社会政策学会で積極的な活動をしていること等を考慮しても、ジンツハイマーが同学会に未加入のままであったことは謎である。

（8）　中村貞二『マックス・ウェーバー研究』（一九七二）三四九頁。
（9）　社会改良協会の機関誌ゾツィアーレ・プラクシスの刊行一〇〇周年を記念して、一九九三年三月上旬に、同協会の後継団体である社会進歩協会（一九四九年一月設立）主催のもとに集会が開催される。社会改良協会及びゾツィアーレ・プラクシス誌の概要については、社会進歩協会の機関誌 *Sozialer Fortschritt* の一九九三年三月号、六月・七月合併号に要領よく記録されている。

Ⅳ　弁護士活動とドイツ法曹会議

1　弁護士ジンツハイマー

ジンツハイマーが一九〇一年にハイデルベルク大学に『賃金と相殺』というテーマの学位請求論文を提出し、学位を授与されたこと、同称号は、一九三七年にナチス・モデル大学化した同大学によって剝奪されたこと、一九〇三年には弁護士となり、フランクフルトの中心街にあるゲーテ通に事務所を設けたことは、既述した。

一八一二年（三月一一日）のプロイセン王国ユダヤ人解放令によって、ユダヤにも漸く教員や地方官吏になりうる途が開かれる。しかし国家官吏その他の公職、たとえば教授職については、国王の勅令に留保されたままであった。そのため一八一九年に惹起したのが、ヘーゲル哲学の信奉者であり、ドイツ比較法学の創設者として知られるエードゥアルト・ガンス（一七九七―一八三九）のベルリン大学教授資格取得申請事件であった。[1] ユダヤ教徒の故に教授職就任に疑問が提起され、それがサヴィニの歴史法学との学問的対立関係にまで発展したというのがガンス事件である。結局、ガンスが一八二五年にキリスト教の洗礼を受け改宗したため、右申請からほぼ九年を経過した一八二八年にガンスは正教授に任命せられる。したがって、教授職、高級行政職、さらには大臣職にいたるまでユダヤ人がひろく進出するにいたったワイマール・ドイツ時代とは異なり、ヴィルヘルム・ドイツ時代には、改宗ユダヤ人でないかぎり教授職就任はまず不可能なことであった。ましてジンツハイマー一家は、フーゴの長兄が後にカトリックに改宗したに過ぎず、ユダヤ教徒であったのであるから、ジンツハイマーは学位取得の後、おそらく逡巡することなく弁護士への道をえらんだのであろう。ナチス体制下において反ユダヤ主義者、反アインシュタイン的物理学者として過剰な自己顕示的活動を行った典型的なアーリア的物理学者・ノーベル物理学賞授賞者ヨハネス・シュタルク（一八七四―一九五七）は、ユダヤ人は自分自身のための生れながらの弁護士だと語ったことであった。[2] それは、在野法曹の多くがユダヤ人によってしめられているという状況をふまえての発言であったが、ヴィルヘルム帝制期はいうに及ばず、ワイマール共和制下においても、改宗、非改宗のいかんを問わず、若きユダヤ系法律学者の多くは、さきにも指摘したように法的知識階層の底辺にランクされた弁護士職をえらばざるをえなかったという事情があるのである。

一九三三年四月にフランクフルトを立ち去るまでのジンツハイマーの弁護士事務所は、同地のほぼ中心街であるオペラハウスの近くのゲーテ通二六番地の一に設けられる。もちろん現存する地名である（同番地には現在、Möller-Schaar という高級男性洋品店がある）。彼は、後のジンツハイマー・シューレの人びと、すなわち、フレンケル、ノイマン、カーンフロイント、モーゲンソー、さらには一九二八年秋には同シューレに加わったチェコ出身のフランツ・メスティッツ等と協力し、そこで訴状をしたため、鑑定書を書き、法律相談に応じたのである。のみならずその事務所は、彼の社会活動、政治活動等の本拠地となったのである。また彼の私宅も、事務所の近くにあった。いささか懐古趣味に過ぎるといえそうであるが、そのアドレスを転居順にならべておこう。レールバッハ通一二〇番地の一、アウフ・デァ・ケルナーヴィーゼ三番地、フェルカー通一一番地。ゲーテ通と同じく現存する地名である。そのうちアウフ・デァ・ケルナーヴィーゼ三番地の私宅においては、一九二八年三月に、社会民主党右派のホーフガイスマール・グループに属するラートブルフ、ヴィルヘルム・ゾールマン（一八八一―一九五二）等があい集まり、同年五月下旬開催のヘッパンハイム会議の準備がなされたのであった(3)。いずれ熟年期ジンツハイマーの章で言及しなければならないことである。一九七八年一〇月のある日、私はこれらの番地あたりを二度と返らぬ歴史への郷愁にひたりつつ徘徊したことであった。

さて弁護士ジンツハイマーの該博な学殖と誠実な人間性は、開業後まもなく声望を獲得するにいたった。青年期から壮年期に入ったジンツハイマーの弁護士業務のうちとくに特色のあったのは、刑事事件に関してであった(4)。実は、一九〇〇年代初期からワイマール共和国終焉にいたるまで刑事事件、とくに政治刑事事件の弁護人の第一人者と目され、一九二〇年代には弁護士界の重鎮となっていたのは、ジンツハイマーとほぼ同世代のベルリンのマックス・アルスベルク（一八七七―一九三三）であった。彼もまたユダヤ系であり、刑事訴訟法の研究者として知られ、一九三一年にはベルリン大学の客員教授となったが、ヒトラー政権成立後の一九三三年三月にスイスに亡命し、同年九月中旬にサナトリウムで自殺した人である。このアルスベルクとジンツハイマーとを対比させ、刑事弁護において、パトスを一切かなぐり捨て冷静に論理を一貫させた点においてアルスベルクにまさる者はいなかったこと、これと対照的な姿勢を終始させたのがジンツハイマーであり、彼は有力な証拠と練りあげられた弁術でもって弁論を展開したという指摘がある。法史学者であったエーリヒ・デーリング（一九〇四―?）という人が一九五三年に刊行した『一五〇〇年以降のドイツ司法史』においてである。(5)

ジンツハイマーの初期弁護士業務が刑事事件にむけられていたことを示すであろうものに、一九一一年四月下旬にベルリンで開催された国際刑事学協会ドイツ部会の会議報告がある。(6)一八六〇年に創設のドイツ法曹会議がその規約上、公法、国法、刑事法を討議の対象から除外していたために、フランツ・フォン・リスト（一八五一―一九一九）がベルギー、オランダ等の一線級の刑事法学者とともに設立したのが国際刑事学協会であり、同ドイツ部会であった。そのドイツ部会の一九一一年会議では、一九〇九年の刑法改正予備草案が主要な議題となり、リストの同草案への対案、さらに第一次大戦前後の刑法改正運動においてリストとならぶ近代学派の代表者の一人であったカール・フォン・リリエンタール（一八五三―一九二七）の同様の対案も提出される。同会議に出席したジンツハイマーの右会議報告では、行刑制度の目的を保安、威嚇におくリストへの批判を展開し、同制度はもっぱら改善の方向にむけられるべきであるというある報告者につよい共感をおぼえること、さらに、刑罰に代え教育を、あるいは刑罰とともに教育をという観点から少年法の制定を強調したある報告者にも着目せられるべきことを、書きとめている。

ワイマール期においてジンツハイマーが刑事弁護人として深くかかわった代表的なものに、ヴァルター・ブラーヤーン事件があったことは信山社ジンツハイマー（一〇三頁）において詳述したので、本書ではそれを再録しない。ただ、つぎのことは記録しておきたい。被告ブラーヤーンに対し、国家反逆罪（ドイツ刑法九八条）の故にライヒ最高裁判所の一九二五年一二月一一日の判決は一五年の懲役刑と一〇年間の公民権停止を宣告したこと、同最高裁判所の一九三一年五月一九日の再審決定において、ブラーヤーンの弁護人となったのは、ジンツハイマーと、彼と同じくユダヤ人の刑事専門の弁護士であったクルト・ローゼンフェルト（一八七七―一九四三）であったこと、両者の弁護活動の結果、ヒトラー政権の成立のほぼ三箇月前の一九三二年一一月三日に無罪の再審判決があり、ブラーヤーンは同年一二月三日に釈放になったこと、この判決はライヒ最高裁判所の「歴史の中で他に例をみない唯一のケース」であったこと、である。

（1）　ガンス事件については、キルヒァー『ハイネとユダヤ主義』二三頁、西村『知の社会史』二七頁参照。ガンスは、ユダヤ人をヨーロッパ社会生活に同化させるための団体の結成を一八一九年に提唱し、その結果、一八二一年にユダヤ人文化・学術協会（Verein für Cultur und Wissenschaft der Juden）が結成される。この協会を通して、ガンスとハインリヒ・ハイネ（一七九七―一八五六）との接触があった。ガンスとその師ヘーゲルとの関係については、ジャック・ドント／市川慎一訳「法の哲学時代のヘーゲルの政治的態度」雑誌思想一九八六年七月号一二四頁、ガンスとハイネとの関係については、ジョンソン『ユダヤ人の歴史』下巻五八頁参照。

ガンスについての最近のモノグラフィーとしては、つぎのものがある。Johan Braun, Judentum, Jurisprudenz und Philosophie. Bilder aus dem Leben des Juristen Eduard Gans 1779-1839, 1997.

（2）バイエルヘン『ヒトラー政権と科学者たち』一八一頁。

（3）Rathmann, Arbeiterleben, S. 144-145.

（4）Fraenkel, Hugo Sinzheimer, S. 459 ; derselbe, Hugo Sinzheimer, in : Internationales Handwörterbuch des Gewerkschaftswesens, Bd. 2, S. 1470.

（5）Döring, Geschichte der deutschen Rechtspflege, S. 250.

（6）Kongress der internationalen kriminalistischen Vereinigung（Landesgruppe Deutsches Reich）, *Soziale Praxis* vom 4. Mai 1911, S. 960.

2　ドイツ法曹会議とジンツハイマー

弁護士開業とともに、ジンツハイマーのドイツ法曹会議における活動が開始される。同法曹会議は、後にベルリン大学教授となったフランツ・フォン・ホルツェンドルフ（一八二九―一八八九）が、イェーリング（一八一八―一八九二）、グナイスト（一八一六―一八九五）等と協力し、一八六〇年八月中旬にベルリンにおいて結成したものであり、ドイツの法学史、立法史、司法史に不朽の名をとどめたものであった。その一九一〇年代初頭までの大会参加者については、実は議事録に全員の名簿が記載されているのである。そうして「フーゴ・ジンツハイマー　弁護士　フランクフルト・ゲーテ通二六番地の一」という記載がはじめてみえるのは、一九〇四年九月中旬に開催のインスブルック大会（二七回）である。一九〇八年のカールスルーエ大会、一九一〇年のダンツィヒ大会、一九一二年のウィーン大会には、次兄ルートヴィヒも参加者リストのうちにでてくることについては前述した。

一九〇七年から翌年にかけて刊行した『団体的労働規範契約』において労働協約に関する解釈論と立法論を展開し、労働協約法の分野において抜きんでた業績をあげたジンツハイマーは、一九〇八年カールスルーエ大会にはおそらくひめた自負と期待をもって臨んだことであろう。同大会の第一部会のテーマに労働協約立法の是非があげられていたからであった。同テーマの報告者は、後に著名な社会政策学者となったベルリン大学私講師ヴァルデマル・ツィンマーマン（一八七六―一九六三）[7]等四名であり、コンメンテーターには、同年に『立法問題としての労働協約』[8]を刊行したマールブルク大学経済学私講師ハンス・ケッペ（一八六一―一九四六）等二名であった。ケッペは、ワイマール時代には財政学のエキスパートとなった。その結論において、ジンツハイマーは、その『団体的労働規範契約』における主張をふまえ、労働協約立法と団結立法とが一体をなすこと、労働協約立法においては、労働組合の損害賠償責任に関する限定規定を設けるべきことを強調したのであった。法曹会議の常任理事会の一員であったギールケの「労働協約は将来の社会平和の設定にとって重要な手段の一つである」旨の発言が出席者のさかんな拍手を浴びたことは、当時の私法学界における労働協約制度への関心を示すものであったといえるであろう。しかしギールケは、主報告者ツィンマーマンと同じく労働協約立法には消極的であった。この第一部会の出席者のうちには、ワイマール労働法学界の一翼をにないながら、ユダヤ系の故に、ナチス体制下において、夫人、子女ともども悲惨な運命をたどらざるをえなかったミュンヘン上級地方裁判所裁判官ヴィルヘルム・ジルバーシュミット（一八六二―一九三九）の名もみえる。

法曹会議の一九一〇年ダンツィヒ大会、ついで一九一二年ウィーン大会のそれぞれのテーマの一つに、営業使用人の労働保護規定の統合化の問題があげられていたのであった。前者のダイツィヒ大会で主報告者となったのは、それから四年後にジンツハイマーと協力してアルバイツレヒト誌を発行することになったポットホフである。後にくわしくコメントするように、当時の彼は自由思想家連合（Freisinnige Vereinigung）所属のライヒ議会議員であるとともに、(9) デュッセルドルフで弁護士を開業し、さらに工場マイスターの団体の事務局長も兼ねていたのであった。右の問題は、一九一二年のウィーン大会でも継続して討議される。そこでもポットホフは、アルバイツレヒト誌の創刊にあたって編集協力者となり、ワイマール労働法学界においてジンツハイマー・サイドの一人とみられていた弁護士ゲオルク・バウム（一八七四―一九三三）、ウィーン大学国法学教授ルードルフ・コバッチュ（一八六八―一九二九）とならんで報告者となっている。ワイマール労働法学の人脈のところでも言及するバウムであるが、わが国の初期労働法学の同人であった前掲森山武市郎が、ジンツハイマーとならんでこのバウムを高く評価していることには興味がある。「バウム氏も亦私と研究を共にした人で、頭脳明快、ドイツ工業裁判制度の偉大なる貢献を為したる人で、Das Recht des Arbeitsvertrages, 1911 その他多くの論文がある。惜しむらくは、甚しき訥弁なるため雄飛の機会を失」っていると。(10) ゲオルク・バウムもユダヤ系であった。さらにこのウィーン大会では、ポットホフ、バウムの両報告について、当時エァランゲン大学教授であったパウル・エルトマン（一八六五―一九三八）がコンメンテーターとなっている。エルトマンは後に、ジンツハイマー等とともに一九一九年五月上旬にライヒ労働省に設置された統一労働法制定委員会の委員となり、二三年八月に公表された一般労働契約法草案の作成に深く関与したのであった。同草案は、西ドイツ労働法学においても、労働契約法に取組むにあたってしばしば引用されたところである。

ここで法曹会議のダンツィヒ、ウィーン両大会で右の問題が取りあげられるにいたった経過について、少しふみこんで検討してみたい。ジンツハイマーの生誕の前年である一八七四年にドイツ民法典草案のための起草委員会が設置されて以来、法曹会議大会における討議は、質の面においても量の面においても、民法典草案、すなわち一八八八年公表の第一草案、一八九六年公表の第二草案にむけられたのであった。しかし一九〇〇年の民法典発表の後は、法曹会議における討議は、漸く社会立法、経済立法にむけられる。社会政策学会の創立による経済学界の社会問題、労働問題に対するアプローチに比すると、いちじるしい立遅れであった。だが、一九〇二年九月中旬のベルリン大会（二六回）ではカルテル立法が、一九〇四年九月中旬のインスブルック大会と一九〇六年九月中旬のキール大会（二八回）では労働契約立法が討議の対象となるにいたった。つづく一九〇八年のカールスルーエ大会では労働協約立法が重要な議題となったことは、さきに述べたことである。さらに一九一〇年のダンツィヒ大会、一九一二年のウィーン大会では、前述のように営業使用人の労働保護規定が取りあげられる。そこでの討議及び提案の目標は、営業使用人の問題からさらにすすんで、アルバイター層の労働保護立法の統合化、それを通じての労働保護法の労・職別の解消、労働裁判制度の一元化にあったのであった。そのことは、ウィーン大会の直前及び直後のゾツィアーレ・プラクシス誌におけるジンツハイマー・レポートに要領よく述べられているのである。(11)

一九一二年のウィーン大会においては、オーストリアの辺境大学であったチェルノヴィッツ大学(12)の教授であり学長もつとめていたオイゲン・エールリヒが、「教育（大学在学中及び卒業後の）にあたって法律家の心理学的、経済的、社会学的問題に対する理解を高めるにはどうすればよいか」というテーマで報告し(13)、また同大会の開会の辞を述べた当時のオーストリア・ハンガリー帝国の司法相リッター・フォン・ホッヘンブルガーも、大学教育において、社会に関心のある法律家、法律に関心をもつ社会政策家を育成する必要のあることを訴えたのであった。ジンツハイマーの右のレポートも、この点に注目し、法律学者と社会政策学者、法曹会議と社会改良協会との間のそれぞれの緊密な協力体制の確立を要請しているのである。

（7） 主報告者であったツィンマーマンは、社会的自治に対する国家の介入は労働協約の弾力性を失わせる結果になるという見地から、労働協約立法には消極的態度をとっていたのである。それは、当時のドイツ労働組合総委員会とその加盟労組のリーダーたちの支配的意識であった。久保『労働協約法の研究』五六頁、五八頁、西谷『ドイツ労働法思想史論』二一九頁以下。

（8） Der Arbeitstarifvertrag als Gesetzgebungsproblem, 1908.

（9） ポットホフは自由思想家連合の党員であったが、この政党は一九一〇年の法曹会議ダンツィヒ大会のほぼ六箇月前に、自由主義左派の自由思想家人民党（Freisinnige Volkspartei）及びドイツ人民党（Deutsche Volkspartei）と合同して、進歩人民党（Fortschrittliche Volkspartei）を結成していた。

（10） 森山・明治大学政経論叢二巻三号一六四頁。

（11） Der Deutsche Juristentag und das Arbeitsrecht — Zur Tagung der Deutschen Juristentages in Wien (4. bis 6. September 1912), *Soziale Praxis* vom 22. August 1921, S. 1474 ; Der Deutsche Juristentag in Wien und Sozialpolitik, *Soziale Praxis* vom 26. September 1912, S. 1638.

ドイツ法曹会議、ドイツ工業裁判所・商人裁判所連盟、社会改良協会の三者は、一九〇〇年代に入りそれぞれ労働協約法典の問題を討議の中心テーマにすえるという動きを示したのであるが、それとともにライヒ議会においても、労働協約立法についての提案がなされる。同立法に積極的であったのは、一八六七年三月に結成以来つねに中心与党的存在であった国民自由党と一八七〇年一〇月結成の中央党（ZP）の両者であり、一九〇八年、一〇年、一一年にはそれぞれ両党が中心となり、労働協約立法促進の決議がライヒ議会で採択される。他方、ドイツ労働組合総委員会の態度を反映して、社会民主党は消極的であったが、そのなかで積極論者の一人には、一九〇七年一月以来ライヒ議会に属していたルートヴィヒ・フランク（一八七四―一九一四）があった。ユダヤ系であり、マンハイムの弁護士であったフランクは、早くから社会民主党に入党し、同党の法律顧問的地位にあった。ローザ・ルクセンブルク（一八七〇―一九一九）に傾倒し、同党左派に属していた。ラッサールばりの背の高いダンディな男であり、将来に大きな期待がよせられていたが、第一次大戦に志願兵として従軍中に戦死した。一九三三年六月には、マンハイムにあった彼の銅像がナチスによって破壊されたが、四五年に再建される。

(12)　チェルノヴィッツにギリシャ正教の神学部と哲学部をもつ大学が設立されたのは一八六七年であり、ドイツ語系の最東端の大学となったが、一八七五年には新たに法学部が加わる。オーストリア・ハンガリー帝国におけるドイツ法による法学部としては、ウィーン、グラーツ、インスブルック、プラハにつぐものであった（Brauneder, Entwicklung des öffentlichen Rechts, S. 349 Anm. 21）。エールリヒは、同地の弁護士を父として出生し、ウィーン大学等に学び、ウィーン大学私講師をへて一八九六年にチェルノヴィッツ大学の員外教授に、九九年にはエルンスト・フルーザー（一八五六―一九〇九）の後継者としてローマ法の正教授となる。経済学者ヨーゼフ・シュンペーター（一八八三―一九五〇）も、ウィーン大学私講師をへて、一九〇九年から一一年にかけてチェルノヴィッツ大学に員外教授として勤務したのであった。同地は一九四四年には再びソ連領となり、チェルニフツィと呼ばれ、ウクライナ共和国に属している。

第二次大戦後西ドイツ最高の叙情詩人の呼び名の高かったパウル・ツェラーン（一九二〇―一九七〇）は、同地が故郷であり、そこで大戦中に絶望的体験をしたのであった。

(13)　Verhandlungen des 31. Deutschen Juristentages Wien 1912.

3　ドイツ工業裁判所・商人裁判所連盟とジンツハイマー

ジンツハイマーの一九〇〇年代初期の論文には、雑誌「工業裁判所・商人裁判所」（*Gewerbe-und Kaufmannsgericht*）に掲載のものがあり、またドイツ工業裁判所・商人裁判所連盟（Verband deutscher Gewerbe- und Kaufmannsgerichte）の双書として刊行されたものがある。後者は、一九一二年にハインツ・ポットホフの公刊した処女作『労働法の課題―経済実務家の法政策的考察』に対応し、同じ問題意識でもって労働法規の統合化について論じた一九一四年の『ドイツの統一労働法の基本理念と可能性』である。このポットホフとジンツハイマーの両書の内容に立入って検討すると、ジンツハイマーのすぐれた文章力に気がつくはずである。ユダヤ系の故に一九三三年にフランスをへてアメリカに亡命し、コロンビア大学政治学教授として名をなしたオットー・キルヒハイマー（一九〇五―一九六五）は、ジンツハイマーの美しい品格のある文章をとくに指摘している。(14)

労働民事事件処理のための特別な裁判機関の設置は、ドイツにおいては、労働実体法の自立よりもむしろ古い沿革をもっているのであるが、一八九〇年（六月二九日）には労働裁判機関についての最初の準拠法である工業裁判所法が、ついで一九〇四年（七月六日）には商人裁判所法が制定される。[15] そうしてこれらの裁判機関の構成員による準学会的団体として、まずドイツ工業裁判所連盟（Verband deutscher Gewerbegerichte）が、ついで前掲のドイツ工業裁判所・商人裁判所連盟が結成され、その機関誌として、まず「工業裁判所」（*Gewerbegericht*）誌が、ついで前掲の「工業裁判所・商人裁判所」誌が発行される。そうしてこの雑誌は、一九二七年から「労働裁判所」（*Das Arbeitsgericht*）誌と改称される。一九二六年（一二月二三日）の労働裁判所法により各種労働裁判機関が統合化され、上訴制度が完備したことに対応したものであった。そうしてそれまでのドイツ工業裁判所・商人裁判所連盟も、労働裁判所連盟（Arbeitsgerichtsverband）と改称される。一九三三年八月には、右の労働裁判所誌は、ナチス体制下の労働法の理論雑誌ドイツ労働法（*Deutsches Arbeitsrecht*）に吸収される。さきに掲げた弁護士ゲオルク・バウムの学界活動の本拠地は、右の連盟とその機関誌にあったのであった。彼は、ドイツ工業裁判所・商人裁判所連盟の機関誌編集者、ついで事務局長となり、ヒトラー政権の成立ほぼ二週間前の一九三三年一月一六日に死去するまで労働裁判所連盟の事務局長をつとめ、また労働裁判所誌の編集責任者でもあった。ジンツハイマーがポットホフと雑誌アルバイツレヒトを創刊するにあたってバウムに編集協力者の一人となることを依頼したのも、バウムと思想的にも、人間的にもかなり深い交わりが既にあったからであろう。

一九〇五年九月中旬に労働協約をテーマにヴュルツブルクで開催されたドイツ工業裁判所連盟の会議においては、ジンツハイマーは、「労働協約の中間報告」と題しレポートを行い、それが同連盟の前掲機関誌に収録されたのであった[16]。その報告の機会をつくったのは、おそらくゲオルク・バウムであったのであろう。同報告は直接入手できなかったが、それは一九〇七・八年の『団体的労働規範契約』への一つの理論的伏線をなすものであったといわれる。労働協約法理に関する初期的文献としてしばしば引用される一九〇六年刊行のワルシャワ在住のユダヤ系ポーランド人弁護士であったジーモン・ルントシュタイン（一八七六—一九四二）の『労働協約と近代法律学—比較法的考察』にも、ジンツハイマーの右報告は基本文献にあげられている[17]。ルントシュタインは、前年の一九〇五年には、『フランス私法における労働協約』を出版していた[18]。同書についてのジンツハイマー書評は、また、工業裁判所・商人裁判所誌において記録されているのである[19]。

右のヴュルツブルク会議につづき、一九一〇年九月中旬に開催された工業裁判所・商人裁判所連盟ケルン会議も、労働協約にとり組むにいたった。労働協約の立法規制という会議テーマについて、立法推進サイドの報告者となったのはジンツハイマーであり[20]、立法反対サイドの報告者となったのは、ドイツ労働組合総委員会の長老リーダーであった印刷工労組出身のエーミール・デーブリン（一八五三—一九一八）であった[21]。しかし労働協約法典における強制的・介入的要素の排除という点においては、両報告とも結論を同じくしたのである。

右の機関誌に収録されたジンツハイマーの諸論文のうち注目すべきものに、一九〇九年の「ゼネラル・ストライキと労働協約」がある。(22) それは、ゼネストと労働協約の平和義務との関係について論じたものである。一九〇五年から翌年にかけて社会民主党とドイツ労働組合総委員会加盟の諸労組の緊急な現実課題となり、一九〇六年九月下旬に開催の社会民主党マンハイム大会の決議にもとづくマンハイム協定によって社会民主党と労組間に一応の妥協の成立したゼネスト問題の展開を、つよく認識した論稿であったのである。

工業裁判所・商人裁判所連盟の双書として一九一四年に刊行された『ドイツの統一労働法の基本理念と可能性』は、一九一三年九月中旬に労働契約立法をテーマに開催された同連盟のライプツィヒ会議における報告をまとめたものであった。これは小冊子であるが、壮年期ジンツハイマーの代表的著作の一つであり、労働法序論ともいうべき作品であるので、その時代的意義及び概略的内容について一応ふれておく必要がある。

それは、先述もしたように、一九一二年に刊行のポットホフ『労働法の課題―経済実務家の法政策的考察』における問題提起をさらに進めようとしたものであったが、またフランスにおける労働法典第一部労働契約（一九一〇年一二月二八日法）、第二部労働保護（一九一二年一一月二六日法）の完成という事態にも対応しようとしたものであった。しかしその問題意図は、つぎのような主張に対抗しようとするところにあった。一つは、ジンツハイマーと生年を同じくし、ベルリン大学の国家学、経済学の教授として社会政策学会の有力会員の一人となっていたルートヴィヒ・ベルンハルト（一八七五―一九三五）が講演に加筆し一九一三年に刊行した『ドイツ社会政策の望ましからざる効果』[23]において、その書名からも窺えるように、複雑化、多様化した現行の労働保護立法が社会政策の官僚化を招来していることを批判し、社会政策の分野における立法のウエイトの増大に反対という態度をとったことである。二つは、一九一二年五月下旬にエッセンにおいて「個人主義と国家社会主義」をテーマに開催されたプロテスタント社会会議において、報告者となったマールブルク大学神学教授パウル・ラーデ（一八五七―一九四〇）及びケルン大学経済学教授レーオポルト・フォン・ヴィーゼ＝カイザースヴァルダウ（一八七六―一九六九）の両者が、労働保護立法の推進という国家社会主義（Staatssozialismus）にもとづく社会政策は、個人の自由な発展の可能性をつみとるという悲劇的結果になることを訴えたことであった。[24]そこに労働保護立法の死角があるという主張は、社会政策論史においてたえず登場したことである。しかし労働者の自救的、自助的組織としての労働組合を社会政策上の基本視点とするという発想は、ベルンハルト、ラーデ、ヴィーゼ＝カイザースヴァルダウの三者には全く欠如している。そこにブレンターノとの決定的な相違があった。ジンツハイマーは三者の主張を逐一反駁した上において、営業使用人の労働保護規定の一元化という当面の課題をまず解決した後、民法典雇用契約条項（六一一条以下）から独立した一般労働保護法典を作成することが第一に必要であること、第二に労働協約の法源性を法認することによって、労働法の分野における法源の分権化をはかる必要のあること、第三に統合化された労働裁判所制度をつくりあげる必要性のあること、を主張しているのである。ユダヤ系の故に一九三五年四月にフランクフルト大学教授を罷免され、三八年にアメリカに亡命の地をもとめ、一九五〇年に再びフランクフルト大学客員教授として帰国するにいたったハインリヒ・ヘーニーガー（一八七九—一九六一）が一九二一年から三一年まで編集刊行したものに「労働法年報」という文献目録雑誌がある。簡潔なコメントを付したものであるが、そこで、一九一八年までの文献のうち、序論的なものの代表的作品としてつぎの三冊をあげていることに注目したい。(25)フィーリップ・ロトマール（一八五〇—一九二二）の『労働契約論』（一巻・一九〇二年、二巻・一九〇八年）、ルーヨ・ブレンターノの『現代法による労働関係』（一八七七年）、フーゴ・ジンツハイマーの『ドイツの統一労働法の基本理念と可能性』（一九一四年）。

(14)　ティロ・ラムの編集した共和主義裁判官協会の機関誌ユスティーツ上のジンツハイマーとフレンケルの時評の一九六八年刊行にあたって、その序文を寄せたキルヒハイマーの指摘しているところである。Einführung von Otto Kirchheimer, S. 12.

(15)　一八九〇年の工業裁判所法によって、工業裁判所のほかに、鉱業裁判所、手工業裁判所も設置される。ドイツにおける労働裁判所制度については、久保「労働裁判所制度と労働訴訟」民商法雑誌四一巻二号（一九五九）三頁参照。

(16)　Vorbericht zu dem Referat über die Tarifverträge, in: *Gewerbe- und Kaufmannsgerichte*, Jg. 10

(1904-1905), S. 375. ドイツ法曹会議の大会は、その創設以来、ほぼ二年ごとに開催されているが、ドイツ工業裁判所連盟（後にドイツ工業裁判所・商人裁判所連盟、労働裁判所連盟）の会議は、毎年一回開催される。

(17) ジーモン・ルントシュタインとジンツハイマーとの間には、一九〇〇年代初期に文通のあったことは、後に掲げる「ジンツハイマーへの書簡集」をみても明らかである。彼の Die Tarifverträge und die moderne Rechtswissenschaft. Eine rechtsvergleichende Untersuchung, 1906 は、その他の著作と同じく、J・C・Bモール社から刊行されている。

(18) Die Tarifverträge im französischen Privatrecht, 1905.

(19) *Gewerbe- und Kaufmannsgericht*, Jg. 12 (1906-1907), S. 20.

(20) ケルン会議におけるジンツハイマー報告は、Das Reichsgericht und die Tarifverträge, *Gewerbe- und Kaufmannsgericht*, Jg. 15 (1909-1910), S. 172 として発表される。また同会議の次第は、ゾツィアーレ・プラクシス誌一九一〇年九月二九日号一四八六頁に収録されている。

(21) エーミール・デーブリンは、当時のドイツ労働組合総委員会の労働協約政策に関するエキスパートであり、一九〇二年六月中旬に開催の自由労組シュトゥットガルト大会で総委員会の常任執行委員に選出されていたのであった。

(22) Generalstreik und Tarifvertrag, *Gewerbe- und Kaufmannsgericht*, Jg. 15 (1909-1910), S. 49. この一九〇五年から翌年にかけてのゼネラル・ストライキをめぐる社会民主党と自由労組との対立については、久保・労働協会雑誌二七三号二四頁参照。

(23) ルートヴィヒ・ベルンハルトは、後にイタリアのファシズム体制の擁護論を展開し、国家社会主義は議会民主主義にはるかにまさると主張するにいたった。一九三一年刊行の著作Der Staatsgedanke des Faschismusにおいてである。それは、ユスティーツ誌の一九三一年一一月・一二月合併号上の時評において、エルンスト・フレンケルの痛烈な批判の対象となっている。

(24)　このプロテスタント社会会議の次第については、ゾツィアーレ・プラクシス誌の一九一二年五月一六日号一〇三四頁、同年六月六日号一一二一頁に収録されている。

(25)　*Jahrbuch des Arbeitsrechts*, Bd. 1, S. 3-4.

V　労働協約研究とフィーリップ・ロトマール

1　労働協約研究の着手

前述したように法律書の出版社として知られたカール・ハイマン社から一九〇二年に刊行されたジンツハイマーの処女作『賃金と相殺』については、かなりの反響があった。差押の禁じられた賃金債権に対し使用者は相殺をなしえないとするジンツハイマーの主張（ドイツ民法三九四条参照）に対し、ジンツハイマーより一〇歳年長であり、当時既にエァランゲン大学教授であったパウル・エルトマン、ケルン上級地方裁判所裁判官であったエルンスト・ノイカンプの両者が、ジンツハイマーとの論争に積極的に加わったからであった(1)。ちなみに一九〇七年に刊行された『団体的労働規範契約』一巻の表紙の裏には、「著者は、一九〇二年にベルリンのカール・ハイマン社から『賃金と相殺』を出版した」旨の紹介の記入がなされている。

フィーリップ・ロトマールとならび労働協約法理論のパイオニアであり、さらにそれを完成させたのは、いうまでもなくジンツハイマーであるが、彼が労働協約法へ本格的な問題関心をいだく契機となったものは、一九〇七年に刊行した『団体的労働規範契約』一巻の序文からも理解されるように、一九〇二年刊行のロトマール『労働契約論』一巻（とくに第六章労働協約）であった。そうして『団体的労働規範契約』における労働協約法論の伏線となったものが、一九〇五年九月中旬開催のドイツ工業裁判所連盟ヴュルツブルク会議における彼の前掲「労働協約の中間報告」と題するレポートであったことも、一巻の序文に明らかにされているところなのである。まず労働協約の実態の分析を一巻において行い、それにもとづき、翌一九〇八年刊行の二巻において労働協約の効力論を展開する構成は、同書と一九一六年刊行の『労働協約立法』の両者の一九七七年再刊に尽力したカーンフロイントのいうように(2)、いわゆる法社会学的手法を典型的にとったものであった。西谷敏教授の表現を借用すると、そこに「ジンツハイマーの集団主義的労働法思想の特徴が全面的に表現されている」ことも、多くの論者の指摘することである。さらに同教授の「われわれは、一九〇七・八年をもってドイツ集団主義労働法理論成立の年と見ることが許されよう」という表現も、適正な学問評価の結果というべきであろうか(3)。

ここで『団体的労働規範契約』の内容に立入るつもりはない。ただつぎの二点に注目しておきたい。

第一に、一巻と二巻とのそれぞれの序文のしたためられた日時である。一巻のそれは、一九〇七年九月二三日となっているが、そのほぼ一週間前に開催の社会民主党エッセン大会において、使用者側のロックアウト戦術への対決策が議題となっていることである。つぎに二巻の序文は、一九〇八年六月となっているが、同月下旬に開催のドイツ労働組合総委員会加盟の自由労組ハンブルク大会で、統一労働保護立法の実現と団結権がメーン・テーマとなっていることである。これらの状況がモザイク模様をなし、彼の集団主義労働法理論への確信につながっていったことであろう。第二には、労働協約の法的分析にあたって、労働協約の素材を当時の帝室統計局労働統計課が一九〇六年に刊行した『ドイツ国における労働協約』(4)のほか、ファニ・イムレ（一八七八―？）が一九〇五年に刊行した労働協約の実態研究書『工業における平和文書―ドイツにおける労働協約の生成と発展』にもとめていることである。(5)一巻の序文の終わりでは、ジンツハイマーは心情のこもる感謝の意をイムレ女史に対し述べているのである。

（1）　ジンツハイマー、エルトマン、ノイカンプ三者間の論争は、一九〇三年から一九〇五年にかけて、雑誌 *Zeitschrift für Sozialwissenschaft* 及び *Das Recht. Rundschau für den Deutschen Juristenstand* 上で展開される。そうしてこの問題の提起されてからほぼ一〇年後に、ジンツハイマーはその後の工業裁判所の判例を追いつつ、アルバイツレヒト誌一九一五年四月号上の論文「賃金と相殺」で再論をこころみている。

（2）*Neue Juristische Wochenschrift* vom 22. Februar 1978, S. 303.
（3）西谷『ドイツ労働法思想史論』一七六頁。
（4）久保『労働協約法の研究』五二頁。
（5）Gewerbliche Friedensdokumente. Entstehung und Entwicklungsgeschichte der Tarifgemeinschaften in Deutschland, 1905.

2　労働協約の初期研究集団の人びととジンツハイマー

そこでつぎには、ファニ・イムレの労働協約に関する作品と、『団体的労働規範契約』の二巻において彼が労働協約法理、労働協約立法に関する「有益な文献」と評価した当時の諸作品についてまず言及しておきたい。

ファニ・イムレは、社会改良協会の会員として労働協約の実証的研究を精力的にすすめていた女性研究者であった。その代表的著作は、右の一九〇五年の『工業における平和文書』と、その続巻として一九〇七年に刊行された『ドイツにおける使用者、労働者間の労働協約』であった(6)。前者では、帝室統計局労働統計課編の『ドイツ国における労働協約』が、「労働協約運動の歴史は、印刷業の歴史である(7)」と指摘した印刷業をはじめとして、金属加工、製材、建築、被服、運輸といった業種における労働協約、後者ではさらにその他の業種の労働協約について、形式、内容を整理検討し、その社会的機能について分析を行い、前者の一部（金属加工業における労働協約）は一九〇四年に既に刊行されていた。初期労働協約の実証研究では、ジンツハイマーの指摘をまつまでもなく彼女の業績は群を抜いている。後者の序文で、彼女は、学位号を取得したフライブルク大学の経済学教授カール・フックス（一八六五―一九三四）と経済学客員教授ローベルト・リーフマン（一八七四―一九四一）に謝意を述べているが、イムレは、カトリック系のキリスト教労組の組合員でもあった。[8] その故でもあろうが、ワイマール期に入ると、彼女は、神学、とくにカトリック社会主義の研究に転換したのであった。

『団体的労働規範契約』におけるジンツハイマーの依拠した最大の文献がフィーリップ・ロトマールの『労働契約論』にあったことは、先述のように、その一巻の序文に明らかなとおりであるが、その二巻の印刷中に多くの文献が出版されたためにそれらを参照しえなかったのは残念であったという趣旨の言葉が、二巻の序文にある。たしかに一九〇八年には、ドイツ労働協約法研究史上避けてとおれないような文献が刊行されている。ジンツハイマーがそこであげている文献は、つぎのとおりである。マールブルク大学経済学私講師であった前掲ハンス・ケッペの『立法問題としての労働協約』、ユダヤ人として数少ない国法学教授となったイェーナ大学エードゥアルト・ローゼンタール（一八五三―一九二六）の『労働協約の立法規制』、ベルリン市参事会員であり、後にベルリン工業裁判所所長となったパウル・ヴェルブリング（一八六八―?）の『出来高払賃金契約と労働協約』、後にニュルンベルク商科大学教授をへてインスブルック大学教授となった経験社会学者アドルフ・グュンター（一八八八―一九五八）の『ミュンヘンにおける労働協約』[9]。そのほか、ヴェルブリングと同じくベルリン市参事会員であり、ベルリン工業裁判所所長であったヘルマン・フォン・シュルツ（一八七三―？）がドイツ法曹会議の一九〇八年九月カールスルーエ大会で行った労働協約立法に関する報告もあげられる。さらにジンツハイマーがその『団体的労働規範契約』において取りあげている有力文献には、前掲ジーモン・ルントシュタインの労働協約三部作があった。さきにあげた一九〇五年の『フランス私法における労働協約』、一九〇六年の『労働協約と近代法律学―比較法的考察』と、一九〇七年刊行の『労働協約の争点』[10]である。いずれも、言語学、宗教学、哲学、法律学等の出版社として知られたテュービンゲンのモール社から公刊されたものであった。それを三部作と呼んだのはジンツハイマーであるが[11]、前述もしたように、ルントシュタインとジンツハイマーとの間には、労働協約法へのアタックを通して密接なコンタクトがあったと思われるのである。

『団体的労働規範契約』においてジンツハイマーの主張するところとなった労働協約立法の要請は、ドイツ労働組合総委員会加盟の諸労組、ドイツ工業者中央団体をはじめとする多くの使用者団体、さらには社会政策学会、社会改良協会、ドイツ法曹会議にそれぞれ属する研究者集団においては、少数意見に過ぎなかった。社会政策学会、社会改良協会の両会員であり、同改良協会のベルリン支部をリードしていたヴァルデマル・ツィンマーマンが一九〇八年の法曹会議カールスルーエ大会で行った労働協約立法に関する主報告にも、それが端的にあらわれている。そのことはさきにコメントした[12]。

右のカールスルーエ大会においては、法曹会議の理事ギールケもツィンマーマンと同じく労働協約立法に消極的な態度をとっていたのである。一八九〇年九月下旬に開催の社会政策学会フランクフルト大会前後より、社会問題、労働問題に対するギールケの実践的関心がつよまってきたのであり、一八九七年九月上旬のケルン大会では、彼は社会政策学会の理事となるにいたった。法律学における一つの潮流が活性化のきざしをみせてきたことを示すものであった。(13) しかしギールケの労働協約立法に対する右のような態度はその後も変わることはなかった。第一次大戦のさなかである一九一六年には、ドイツ労働協約法史に残る二つの作品がまた出版されることになる。ともにベルリンのドゥンカー出版社から刊行されたジンツハイマーの『労働協約立法―法における社会的自己決定の理念』と、後にスイスのドルナハ自由霊学大学の講師となったスイスの前掲司法官試補ロマン・ボースの『スイス法上の共同労働契約―ドイツの精神形態・ドイツの労働生活』である。(14) 後にも言及するように、ギールケは両者に対する書評をかねた同年の論文において、ジンツハイマーの労働協約立法提案を「過多の条項、いきすぎた規制、過度の予防措置」を含むものとし、労働協約の法典化は、社会経済の流動化に逆らうものであり、労働協約制度の国営化、さらには国家社会主義におちいる危険性があると痛烈に批判したのであった。(15) 七五歳に達していた老ギールケにしては度が過ぎた言葉だとも思われるが、それはすぐ後にふれるように、ロマン・ボースが労働協約立法としては、一九一一年（三月三〇日）のスイス債務法改正法三二二条（労働協約の方式と解約手続）、三二三条（労働協約の規範的効力）のような概括規定をもって十分であるとする一方、ゲルマニステンとしてのギールケに全面的に傾倒するという態度をとっていることと関係があるのかもしれない。

労働協約法典に関するジンツハイマーの姿勢は、一九一三年一一月下旬に開催の社会改良協会デュッセルドルフ大会における報告でさらに発展することとなった。二日間にわたる同大会のテーマと報告者は、「労働協約の法的諸問題（損害賠償責任と不可変的効力）とその立法的解決」・ジンツハイマー、「工業部門の争議調整制度の新たな任務」・ツィンマーマンであったが、ジンツハイマーは、労働協約による労働平和の確保にウエイトをおきつつ、労働協約の立法化に関する一切の問題について論じ、労働協約当事者の理性、司法機関の英断にすべてを期待しえない以上、新たな労働協約法典が必要であると結論づけたのであった。それは同年末に、『われわれは労働協約立法を必要とするか――労働協約の法的諸問題』というタイトルのもとに、社会改良協会の双書として刊行される。翌一四年五月には、彼はさらに「労働協約立法の問題のために」という論文で、労働協約の実態とこれまでの法的処理との間の矛盾は立法による解決のほかに方途のないことを強調し、一九一六年著書へいたる予備的作業を完成させたのであった。以上のような経過から、社会改良協会は一九一〇年に入ると労働協約協会（Gesellschaft des Tarifvertrages）化したといわれたのであった。

一九一六年刊行の『労働協約立法』は、そのサブタイトル『法における社会的自己決定の理念』の示唆するように、法構造の存在根拠、立法学の課題と方法論にまでつきすすんで、彼のそれまでの労働協約立法構想を確定づけたものであった。エルンスト・フレンケルのいうように、『団体的労働規範契約』がすぐれた法社会学上の作品であるとすれば、『労働協約立法』はすぐれた立法学上の作品であったということができる。(19)同書の序文においては、つぎのような指摘がなされている。第一に、労働協約立法は社会平和のための重要な兵器をなすこと。第二に、大学の法学教育では実証主義的概念法学が支配的ではあるが、社会問題にも関心がそそがれるべきであり、さらに高級職官吏の供給のための教育の場から科学的教育の場へと法学部の転換がなさるべきこと。右の「兵器」という用語については、同書が第一次大戦のほぼ中間時期に出版されたということに加えて、ドイツ労働組合総委員会をはじめとする諸労組のリーダーたちのいわゆる城内平和体制に対するつよい信念が支配的であったことを考慮すべきではないか。またジンツハイマーの労働協約による労働平和、経済平和の実現に対する揺ぎない確信が、その序文のなかににじみでているのである。実は、序文の日付は一九一五年一二月一七日となっている。そのほぼ一週間前の一二月九日に、後にワイマール共和国の初代首相となった社会民主党のシャイデマンがライヒ議会においてベートマン＝ホルヴェーク宰相に対し講和条件についての検討を要請している。しかし当時の社会民主党主流は、戦争遂行と祖国擁護の姿勢を基本的に受容していたのであった。このことは、後にも言及するところである。

ロマン・ボースの『スイス法上の共同労働契約』は、『ドイツの精神形態・ドイツの労働生活』というサブタイトルをみると、いかにも高級な、そうして難解なことが書いてあるように思われる。また同書の表紙のつぎには、ヘーゲルの「理性的なものは現実的であり、現実的なものは理性的である」という言葉を掲げる。さらに各章のはじめには、フィヒテ、ゲーテ、さらには教育哲学者ルードルフ・シュタイナー（一八六一―一九二五）等の言葉が登場するのであるから、壮大な理論が提示されているような感をつよくする。しかしそれはどうも若気のなせる業であり、ペダンチックそのものであったといえそうである。同書の刊行時にはボースは二七歳であり、同書の書評にあたったギールケ、ジンツハイマーの両者が、彼を「スイスの若き学徒」といっているのは[20]、私には皮肉な感じがしないでもないのである。この書名からも推測されるように、ボースの所論は、法規範を生みだす共同行為が労働協約の締結行為であり、したがって法規範設定の前提として労使の共同体の存在を必要とするというに尽きる。そうしてこの労働協約共同体の存在根拠をゲルマン法上の共同体理念にもとめ、労働協約をもってゲルマン法の再生形態であるとし、さらにドイツ哲学の超越的な理想主義が労働協約において開花しているものと強調するのである。それは、基本的にギールケの労働協約法理論を踏襲したものであった。したがって老ギールケが両者の書評において、ボースを全面的に称賛する一方、ジンツハイマーを痛烈に批判しているのは、理解できないこともないのである。その『労働協約立法』においてジンツハイマーは、労使当事者間の契約によって法規範が設定されることを主張し、ギールケの攻撃するところとなった契約自治という概念を正面に据えているからであった[21]。ギールケは、今世紀初頭以降、ドイツ法曹会議、ドイツ社会政策学会における報告を通じて、労働協約制度に積極的発言をくり返していたのであった。

ボース作品に対するジンツハイマーの書評は、アルバイツレヒト誌の一九一七年一一月号においてなされる。彼はボースの労働協約法理論に仮借なき反論を加えるという態度を一切とることなく、若き学徒ボースの労働法、労働協約法に対する創造的アプローチに全面的に賛辞を送り、労働法学の発展に今後とも寄与されることを祈念するといった内容になっている。先述もしたように、彼の書評に共通する態度である。

ジンツハイマーは右の書評において、ボースがギールケのほかに当時既にミュンヘン大学教授であり、著名な美術史学者であったスイス人のハインリヒ・ヴェルフリン（一八六四―一九四五）の影響を深く受けていたことを指摘している。たしかに『スイス法上の共同労働契約』における法概念の分析のところをみると、ヴェルフリンの打ちだした美術史学における様式概念の分析に関する図式らしいものを援用している。しかし私には十分理解することはできない。さきには、ボースは『スイス法上の共同労働契約』の刊行後にドルナハ自由霊学大学の講師となったと記述した。同大学は、一九一三年に人智学協会を創設した前掲のルードルフ・シュタイナーが青年層への人智学の浸透のために、同年、バーゼル近くのドルナハに設立したものであり、ボースはこの人智学協会のオリジナル会員であった。同書の第三章のはじめにシュタイナーの言葉をもちだしているのも、そのためであった。このような事情を追ってくると、ペダンチックなロマン・ボースというにとどまりえない。彼の思想構造そのものが大脳生理学者の研究対象になるような錯覚さえおぼえる。言い過ぎであろうか。[22]

（6）Die Tarifverträge zwischen Arbeitgebern und Arbeitnehmern in Deutschland, 1907.

（7）久保『労働協約法の研究』五二頁。

（8）ファニ・イムレ女史の『工業における平和文書』については、ゾツィアーレ・プラクシス誌の一九〇五年三月二三日号六四五頁に紹介がなされる一方、彼女がキリスト教労組メンバーであった関係上、一八九九年五月中旬に結成のキリスト教労組センター（Gesamtverband der Christlichen Gewerkschaften Deutschlands）の機関紙 *Zentralblatt der Christlichen Gewerkschaften Deutschlands* の一九〇五年三月六日号では、同書を高く評価している。

（9）Eduard Rosenthal, Die gesetzliche Regelung des Tarifvertrags; Paul Wölbling, Der Akkordvertrag und der Tarifvertrag; Adolf Günther, Der Tarifvertrag in München.

エードゥアルト・ローゼンタールに対しては、その七〇年記念論文集が一九二三年にイェーナ大学の同僚四人により刊行される。そのうちに後掲のユストゥス・ヘーデマン（一八七八―一九六三）の労働障害の場合の賃金支払に関する論文がみられる。

（10）Tarifrechtliche Streitfragen.

（11）ジンツハイマーがルントシュタインの一九〇五年、六年、七年の労働協約に関する著書を三部作と呼んだのは、Zum Tarifrechtsproblem, *Archiv für Rechts- und Wirtschaftsphilosophie*, Bd. 1（1907-1908）, S. 294という論文においてである。この雑誌は、無体財産権法のパイオニアであったヨーゼフ・コーラー（一八四九―一九一九）が創刊したものであり、ジンツハイマー論文はその創刊号に収録されたものである。

(12)　ツィンマーマンは、一九〇八年の法曹会議カールスルーエ大会にさきだち、労働協約立法問題をとりあげた一九〇七年一〇月二八日に開催の社会改良協会ベルリン支部会議でも、「労働協約の実態と課題」という主報告で、労働協約に対する立法介入に反対の態度を明確にしている。同会議には、労使団体のメンバーのほか、当時ベルリン商科大学教授であった経済学者ヴェルナー・ゾンバルト（一八六三―一九四一）、当時ベルリン大学教授であった歴史学者ハンス・デルブリュック（一八四八―一九二九）も参加している。一九〇〇年代初期における労働協約立法に対する関心ウエイトを知ることができるであろう。同会議の議事録は、Arbeitstarifverträge in : Verhandlungen der Ortsgruppe Berlin der Gesellschaft für Soziale Reform am 28. Oktober 1907, 1908として公刊されている。

(13)　西村『知の社会史』一五五頁。

(14)　Roman Boos, Der Gesamtarbeitsvertrag nach Schweizerischem Recht. Deutsche Geistesformen. Deutschen Arbeitslebens, 1916, 2. Aufl., 1920. ボースは、スイスの婦人活動家エマ・ボース（一八五七―一九三二）の子息であり、チューリヒ、ベルリン、ミュンヘンの諸大学で法律学を学び、司法官試補となった。『スイス法上の共同労働契約』はそのころの労作であった。

(15)　Gierke, Die Zukunft des Tarifvertragsrechts, *Archiv für Sozialwissenschaft und Sozialpolitik*, Bd. 42 (1916-1917), S. 815.　西谷『ドイツ労働法思想史論』二四九頁。

(16)　一九一三年の社会改良協会デュッセルドルフ大会におけるジンツハイマー、ツィンマーマン両報告は、ゾツィアーレ・プラクシス誌の一九一三年一一月二七日号二三三頁、同年一二月四日号二六五頁に収録されている。同大会については、当時デュッセルドルフ在住の弁護士であったポットホフもその開催に尽力したのであった。

(17) Zur Frage eines Arbeitstarifgesetzes, *Deutsche Juristen-Zeitung* vom 1. Mai 1914, S. 604.

(18) 信山社ジンツハイマー五六頁、Ratz, Arbeitsgemeinschaft und Koalition, S. 13.

(19) Fraenkel, Hugo Sinzheimer, S. 458.

(20) ギールケの書評は注(15)の論文において、ジンツハイマーの書評は Der Gesamtarbeitsvertrag, *Arbeitsrecht*, November 1917, S. 126 においてなされる。

(21) ギールケが注(15)の論文でいっているように、ボースの書名は共同労働契約よりも、共同労働共同体（Gesamtarbeitsgemeinschaft）という方が適切であったであろう。

(22) ロマン・ボースは司法官試補を辞職した後、ドルナハの自由霊学大学の講師となった。一九二〇年には『共同労働契約』の再版が刊行されるが、翌二一年には、Soziale Zukunft. Der Weg zum Staat und die Grenzen des Staates, 1921 という本が、『共同労働契約』と同じシュトゥットガルトの出版社 Der kommende Tag Verlag から刊行される。同書は、人智学活動の中心地であったシュトゥットガルトにおいて一九二一年四月下旬に開催された「社会団体と国家との関係」についての研究集会における彼の労使団体の統合論に関する報告を収録したものであった。そこでも彼は、ルソー、フィヒテ、ヘーゲル、さらにはオスヴァルト・シュペングラー（一八八〇―一九三六）等をつぎからつぎへと登場させているのである。ボースは、第二次大戦中は、ナチスを前に崩壊のきざしをみせていたスイスの中立性についてその堅持を終始アピールするところがあった。彼は一九五二年一二月にドルナハ近くの村落アルンスハイムにて死去する。

3　ジンツハイマー宛の書簡集

一九〇二年の『賃金と相殺』にはじまり、一九〇七・八年の『団体的労働規範契約』、一九一六年の『労働協約立法』とつづく代表的著作の刊行、その間におけるドイツ法曹会議、社会改良協会、ドイツ工業裁判所・商人裁判所連盟のそれぞれの大会または会議における報告、発言、法律学における新たな潮流を志向した問題論文の発表等を通じて、ジンツハイマーは、いくたの研究者と学問的、さらには人間的な交わりを深めていったことであろう。クルティウスの回想録にみられるように、ジンツハイマーには、学問、イデオロギーを超えた本質的な人間関係にまで人をひきいれていく絶対的な魅力があったからであった。そのことも、ジンツハイマーをめぐる多彩な人間構図を生みだすことになったであろう。このように思い入れていた過程で、西谷敏教授から、「フーゴ・ジンツハイマー宛の書簡集」とでもいうべき原資料を見せていただき、コピーすることを許していただいたのであった。一九八二年一二月二四日のことである。人間ジンツハイマーを知る上においてこの原資料のもつ重みには、予想をはるかに超えるものがあった。ジンツハイマーの労働法理論を知ろうとすれば、彼の作品を読みそこから学ぶことでまずは十分であろう。しかしジンツハイマーの人間像にいささかでも肉迫しようとすれば、彼の内面、素顔のにじみでている資料に遭遇しなければならない。公刊されているクルティウスの回想録は、前述のように、クルティウスの豊かな感性の故に、そうして芸術的なクルティウスの筆致の故に、われわれがともかく手にしうる一つのかけがえのない文献であろう。だが

「ジンツハイマー宛の書簡集」には、人と人とのいわば体温によるふれ合いといったものを感じさせるものがあるのである。そこに収められたジンツハイマー宛のフィーリップ・ロトマール、ジーモン・ルントシュタイン、オットー・フォン・ギールケ、ロマン・ボース、ルードルフ・シュタムラー、ヴァルデマル・ツィンマーマンの各私信は、西谷教授あるいはドイツの関係者の手により、いつの日か全面的に聴かせられ、学界の共有財産となることであろう。貴重な原資料の提供をうけた私が、その全容を一方的に活字にし僭称するがごときは許されるものではない。ただ本書の問題意識上、つぎのような諸点を箇条式に掲げることにとどめたい。なお、一九八六年初頭に入手した参考文献にあげる **Rasehorn, Justizkritik in der Weimarer Republik** の序文には、ジンツハイマーに関する貴重な資料が長女メーンザー女史の手元にあることを、ジンツハイマー・シューレのフランツ・メスティッツを通じて知るにいたったことを記録し、「ジンツハイマー宛の書簡集」の存在について示唆したのであった。著者テーオ・ラーゼホルン（一九一八―　）は、フランクルフルト高等裁判所長官を最後として一九八三年に退職するまで三〇年余にわたり裁判官として勤務する一方、社会民主党法律家協会の幹部としてなお意欲的な著作活動を行っている人である。

①　ジンツハイマーの年譜のところで、長女ゲルトルート・メーンザー女史がニューヨークに在住と記録した。ジンツハイマー宛のロトマール以下の私信は、彼女の手元にあるとのこと。付章のところでコメントするように、同女史の手元にあったジンツハイマー・コレクションは一切フランクフル

ト大学に寄贈されることになったので、おそらく二〇〇一年以降は、この書簡集も同大学に整理保管されることになるであろう。

②「一九〇二年から一九二〇年にかけてのロトマールのジンツハイマー宛の一〇通におよぶ書簡」。それは、一九〇二年の『賃金と相殺』にはじまる主要な著書、冊子の寄贈に対する謝辞とジンツハイマーの労働協約法理論の評価が主たる内容となっていること。その他、『賃金と相殺』における法社会学的方法に対する理解の言葉が語られ、さらには一九一四年二月にロトマール、ゲオルク・バウム等を編集協力者として創刊されたアルバイツレヒト誌の発行の辞、すなわちジンツハイマーの手になるUnsere Aufgabeに対するロトマールの心温まる共感の言葉がつづられていること。一九二〇年一月はじめの書簡では、ロトマールは、近日中に彼の生誕の町フランクフルトに旅行し、その間ジンツハイマーを訪問したい旨記されていること。

③「一九〇七年から翌年にかけてのルントシュタインのジンツハイマー宛の三通の書簡」。それは、『団体的労働規範契約』一巻が近々出版の予定であるという趣旨のジンツハイマー私信に対する返信と、一巻、二巻の寄贈に対する謝辞が主たる内容となっていること。両者の間には、学問的にも人間的にも、深いかかわりがあったと思われる文面であること。一九〇七年九月上旬の書簡の末尾には、九月一三日までバルト海に面した海浜保養地へーリングスドルフ（ドイツの北東部とポーランドとの国境線の近くにある）に滞在し、九月一四日にはワルシャワの私宅に帰る予定であるとの文面もあるこ

と。ルントシュタインは、一九一八年以降は新生ポーランドの外務省参事官に就任する。しかしユダヤ人であった彼は、一九四二年には、ワルシャワ北東にあったトレブリンカ絶滅収容所で殺害される。

④「一九一六年のギールケのジンツハイマー宛の一通の書簡」。それには、『労働協約立法』の寄贈への謝意とともに、ジンツハイマーの労働協約に関する法理論及び立法私案に対する批判がしたためられていること。

⑤「一九一六年のボースのジンツハイマー宛の一通の書簡」。それは、自著『スイス法上の共同労働契約』をジンツハイマーに贈呈するにあたってしたためられたものであること。

⑥「一九一四年、一五年のシュタムラーのジンツハイマー宛の二通の書簡」。ジンツハイマーの書信及び作品寄贈に謝意を表した後、彼の法の理念、正義の理念等について語り、さらにジンツハイマーの学問成果を祈念する旨の書簡となっていること。先述もしたように、学位論文『賃金と相殺』完成について、ジンツハイマーはハレ大学シュタムラーに深い謝意を、その出版にあたって述べているのである。このことからも推測されるように、ジンツハイマーとシュタムラーとの間には、年長者と後輩という関係を超えた人間関係があったと思われる。その温もりが文面からもうかがえること。

⑦「一九一三年のツィンマーマンのジンツハイマー宛の一通の書簡」。それは、社会改良協会の事務局長であったツィンマーマンが同年一一月下旬開催予定のデュッセルドルフ大会においてメーン・レポーターになるようにジンツハイマーに懇請した文面であること。

この書簡集に魅せられるつつ読みすすむと、言葉にならないものが息づいているように思える。またワイマール時代における最高の文芸批評家であったヴァルター・ベンヤミン（一八九二―一九四〇）が亡命中の一九三六年にデートレフ・ホルツという匿名でスイスで出版した隠れた名著『ドイツの人びと』[23]（Deutsche Menschen. Eine Folge von Briefen）、そこにおけるハインリヒ・カントからイマヌエル・カント宛書簡等の「手紙の記念碑」といったものを連想せずにはいられない。私信はまさしく人間の内面をあらわす文であるのである。

（23）　丘沢静也訳『ドイツの人びと』（一九八四）。

4　人間ロトマールへの至情

右の書簡からもうかがえるように、ロトマールに対するジンツハイマーの人間的受けとめ方には絶対といえるほどのものがあった。ローマ法とドイツ普通法の思想を基盤とするロトマールに対しゲルマン法思想を基盤とするギールケに、ジンツハイマー集団主義労働法思想は全面的に傾斜していた。しかし彼は、人間ロトマールに限りない畏敬の念を終生いだいていたのである。一九二二年五月に七二歳にて死去したロトマールへの追悼論文「フィーリップ・ロトマールとドイツ労働法」（アルバイツレヒト誌一九二二年一〇月号）、一九三八年の『ドイツ法律学のユダヤ人の著名学者』のロトマールの項のそれぞれの行間に、ロトマールに対する彼の深い敬愛の感情がくりひろげられ、ぐさりと胸をつかれるものがある。温かい社会的感情の持主であり、人間の再生、ヒューマニズムの実現を志向した社会主義者であったロトマールは、ギールケとならぶ純粋の学者であったが、ユダヤ人であり、社会主義者であるということの故をもってドイツの大学に迎えられることのなかったのは痛恨事であったというのが、前者の論文におけるジンツハイマーの言葉なのである。また、法律学の最高のイデーは正義にあり、それは人間としての権利の実現を期するところにあるとしたロトマールの作品を支配するものはこの人間性にあったというのが、後者の著作におけるジンツハイマーの言葉なのである。

ロトマールとジンツハイマーとの間の本質的な人間関係の理解のためには、人名辞典的スタイルにしたがい、ロトマールの年譜の概略を左にしたためておくことも必要であろう。(24) 詳細は信山社ジンツハイマーにゆずりたい（二一九頁）。

フィーリップ・ロトマールは、一八五〇年九月八日に貸金業、商業を営む裕福なユダヤ人教徒の子弟としてフランクフルトに生れる。ジンツハイマーと同じく、非改宗のユダヤ人として終始する。幼年時代の二年間をパリで送る。ハイデルベルク、ゲッティンゲン、ミュンヘンの諸大学で学ぶ。著名なローマ法学者であったミュンヘン大学教授アーロイス・ブリンツ（一八二〇―一八八七）の弟子としてロマニストから出発し、一八七六年にはローマ法論文により教授資格を取得してミュンヘン大学私講師となる。社会主義者取締法の施行間もない一八七八年かまたはその翌七九年に社会民主党の党員となる。それがユダヤ教徒であるということとあわせ、ドイツの大学における正教授への道をふさぐ決定的理由となる。そのためスイスのベルン大学の教授募集の広告に応募し、一八八八年一〇月にロマニストであり、講壇社会主義者であったユリウス・バロン（一八三四―一八九八）の後継者として同大学のローマ法、民法の教授となる。以後三四年間にわたって同大学に在職し、その間一八九七年には学長に就任する。美術品に関しては一流の鑑識眼をもっていた。独自の美術史観を今世紀初頭に提示していたドイツの美術史研究者ヴィルヘルム・ヴォリンガー（一八八一―一九六五）の『抽象と感情移入』は、ロトマールの愛読書であった。その死去の二年前の一九二〇年には、ベルン大学法学部スタッフによるロトマール七〇年祝賀論文集が刊行される。その執筆者のうちには、後にスイス憲法学、国法学の第一人者となったヴァルター・ブルクハルト（一八七一―一九三九）も入っている。ロトマールはまた、ジンツハイマーとポットホフが共同編集責任者として一九一四年二月に創刊したアルバイツレヒト誌の編集協力者となった。一九〇一年には、後にスイス最高裁判所長官となったゲオルク・ズルツァー（一八四四―一九二九）の協力をえて労働協約立法私案を公表する。一九二二年五月二九日にベルンにて死去。

ロトマールが一八七五年にミュンヘン大学に提出した学位請求論文は「ローマ法におけるカウサ」であったが、一八九三年には、ベルン大学における二つの注目すべき講演が講演集として刊行される。(25)そこでは、法のイデーは正義にあるという主張が強調される一方、ジンツハイマーの指摘したように、(26)

裁判官による自由な法の発見という立場も明らかにされているのである。裁判官による自由な法発見をエールリヒが正面から主張したのは、それからほぼ一〇年後の一九〇三年三月の講演『自由な法発見と自由な法学』であった。(27) ロトマールの労働法上の最初の作品は、一九〇〇年に発表の論文「使用者と労働者間の労働協約」であったが、(28) 一九〇二年、八年には大作『労働契約論』一巻、二巻が刊行される。それは、既に一八五七年に『国民経済と法律学』という著書を刊行していたロストックの弁護士ハインリヒ・ダンクヴァルトのイェーリング年報一八七五年（一三八頁）号上の論文「労働者契約」（Der Arbeiter-Vertrag）(29) によって先鞭をつけられていた労働契約というカテゴリーの存在権を全面的に定着せしめたものであった。それはまた、ヴァルデマル・ツィンマーマンが二巻の刊行直後にゾツィアーレ・プラクシス誌上においていったように、労働協約の法律学的研究上の「記念碑的作品」でもあった。(30)

一九九二年に当時ハノーファー大学法史学教授であったヨーアヒム・ルュッケルト（一九四五―、その後フランクフルト大学）のフィーリップ・ロトマールの人間と学問に関する大作が刊行されるにいたった。(31) その史料、資料収集に注がれた労力、その深く且つ執拗な検討、ロトマール法理論の的確な把握、いずれの点においても現代ドイツ法律学上のモニュメンタルな作品といえるであろう。その次第については、信山社ジンツハイマーに詳細にしたためたので（六〇頁以下）、本書ではその再録は省略する。ただつぎのことは重ねて言及しておかねばならない。ロトマールが社会民主党員となったのは、前述のように社会主義者取締法の施行初期の段階であり、したがって彼は古参の党員であった。当時の大学社会の常識の極限をはるかにオーバーする異常な行動であったが、それはロトマールの「独自の」人間的社会主義という強固な、そうして純粋な信条にもとづくものであった。ロトマールは、マルクスの著作、とくにその初期の作品に精通していたのみならず[32]、一八九〇年代には既にベルンシュタイン（後掲）、カウツキー（後掲）、さらに文筆家としても著名であった社会民主党左派のゲオルク・フォルマール（一八五〇—一九二二）とも交流があった。また一九〇五年一月の血の日曜日といわれた第一次ロシア革命にも感銘を受けたという記録が残っているのである。一八八八年からのベルン大学教授時代には、ベルンのメーデーには大学からの唯一の参加者でもあった。したがってロトマールに対して、ローマ法学者なるが故に守旧主義者であったというような余りにも短絡的なレッテルを貼るという愚を犯してはならない。このような愚行が学界の一隅にもしあるとすれば、容赦なく抹殺すべきものであろう。

ロトマールについて書きとめておきたいことがある。かつて滞欧中、オイゲン・エールリヒとの知遇をえた孫田秀春がエールリヒの案内でベルンのロトマール宅を訪問したことがあった。一九二〇年七月二五日のことである。しかしロトマールの不在のために面会はかなわなかったのであった[33]。

(24)　ロトマールの人間、学問に関するわが国の文献としては、約七〇余年前のものではあるが、森山・明治大学政権論叢二巻二号一一九頁がすぐれている。

(25) Vom Rechte, das mit uns geboren ist. Die Gerechtigkeit. Zwei Vorträge von Philipp Lotmar, 1893.

(26) ジンツハイマーのこの指摘は、ロトマールの『労働契約論』の書評を兼ねた論文Ein Rechtssystem der Arbeit, *Archiv für Bürgerliches Recht*, Bd. 34 (1910), S. 291においてなされる。

(27) ロトマールはまた、エールリヒと親交があった。E・エールリッヒ／河上倫逸＝E・フーブリヒト共訳『法社会学の基礎理論』（一九八四）五〇七頁訳注（16）。

(28) Der Tarifverträge zwischen Arbeitgebern und Arbeitnehmern, *Brauns Archiv für soziale Gesetzgebung und Statistik*, Bd. 15 (1900), S. 1.

(29) Heinrich Dankwardt, Der Arbeiter-Vertrag, *Jherings Jahrbücher*, Bd. 14 (1875), S. 288. ダンクヴァルトの労働契約論については、Valkhoff, Recht, Mensch und Gesellschaft, S. 29 ; Becker, Arbeitsvertrag und Arbeitsverhältnis 1995, S. 135, 信山社ジンツハイマー五八頁参照。

(30) Waldemar Zimmermann, Der Arbeitstarifvertrag und die Rechtswissenschaft (I), *Soziale Praxis* vom 9. April 1908, S. 729.

(31) 主要参考文献略称に掲げるLotmar, hrsg. von Rückertである。同著作を集約した論文には、同じく略称のRückert, Deutsche Juristen jüdischer Herkunftがある。さらに同じく略称のRückert, ZFA 1992は、ロトマールの法理論、法思想を主軸として労働契約論の史的展開を取りあげた論文であるが、それは、一九九〇年一〇月にイタリアで開催された国際会議のレポートをもととしたものであった。

(32) Dorndorf, Markt und Moral in der Rechtsfertigung des Arbeitsrechts, S. 235.
　ロトマールが古参の社会民主党員であったということに関連して、一九〇〇年にベルリン大学に起きたアーロンス事件をここに記録しておきたい。同事件とは、ベルリン大学物理学私講師マルティーン＝レオ・アーロンス（一八六〇―一九一九）が社会民主党員であるという理由をもって、プロイセン邦文教省は彼を追放するようにベルリン大学に圧力をかけ、ついで私講師処分法案、即ちいわゆるアーロンス法案をプロイセン邦議会に提出し、それが可決された後に、プロイセン邦文教相が社会民主党員であり、同党の綱領にしたがい社会活動を行ったことを理由としてアーロンスを罷免したというものであった。別府昭郎『ドイツにおける大学教授の誕生』（一九九八）三二二頁参照。

（33）　矢辺「孫田労働法学の一断面」一〇九頁。

Ⅵ　政治活動と第一次大戦

1　自由主義左派政党、社会民主党への加盟

さきには、ジンツハイマーは一九〇三年の弁護士開業にさきだち、フリードリヒ・ナウマンの創設した国民社会連盟（National-Sozialer Verein）に入党し、一九〇三年に同連盟の解散後は、一九〇八年にテーオドール・バルト、ルードルフ・ブライトシャイト両者の設立した民主連合（Demokratische Vereinigung）のオリジナル党員となったこと、第一次大戦勃発直後には、同連合を脱退して社会民主党に加入したことを記録した。ヴィルヘルム帝制、ワイマール共和制を通じてのドイツの政党史は、結成と分裂、解散と統合、錯綜と混迷の連続であり、ドイツ政治の恥部をなすものであった。右の国民社会連盟、民主連合、さらには一九一〇年の法曹会議ダンツィヒ大会当時にポットホフの加盟して

いた自由思想家連合（Freisinnige Vereinigung）の位置づけを本格的に行うとしても、複雑な迷路に入りこんでしまう危険もおかすことになりかねない。そこでここでは、国民社会連盟等の政党史における系譜をごく簡潔に要領よくたどっておこう。

一八六六年七月のケーニヒグレーツの戦勝の翌年三月にリベラル右派によってビスマルク体制下の与党的存在となった国民自由党（Nationalliberale Partei）の結成されたこと、そうして一八七二年一〇月に創設された社会政策学会のシュモラー、ブレンターノ以下の主要会員は同党に入党していたことも、既に言及した。同党は、憲法法治国家の実現をめざし一八六一年六月にプロイセン王国で結成された自由主義政党・ドイツ進歩党（Deutsche Fortschrittspartei）の右派が結成したものであり、第一回ライヒ議会選挙（一八七一年三月）から第四回選挙（七八年七月）にいたるまで第一党の地位にあった。そうしてプロイセン邦上院議員もつとめたシュモラー、ブレンターノ、ブレンターノの師エンゲルのほかに、グナイスト、ゴルトシュミット、ゲオルク・ベーゼラー（一八〇九―一八八八）といった法律学者も同党に加入していたのである。しかし第五回ライヒ議会選挙（八一年一〇月）において第三党に凋落した前後より分裂現象が進行する。すなわち一八八四年三月には、国民自由党の左派とドイツ進歩党が合同してドイツ自由思想家党（Deutschfreisinnige Partei）が結成される。ところが、同党は一八九三年五月にカプリーヴィ宰相の軍事予算案に対する意見の相違から分裂し、軍事予算増額に反対する左派が自由思想家人民党（Freisinnige Volkspartei）を、それに賛成する右派が自由思想家連合

(Freisinnige Vereinigung) をそれぞれ結成する。かつてのポットホフは、後者の連合に属していたライヒ議会議員であったのであった。一九〇七年一月の第一二回ライヒ議会選挙の結果をみると、国民自由党は五四議席、自由思想家人民党は一四議席、自由思想家連合は二八議席となっている(第一党であるカトリック系の中央党は一〇五議席、社会民主党は四三議席)。ところが、民主主義政党として一八六八年以来の伝統をもちながら社会民主党によって大きく勢力をそがれていたものに、ドイツ人民党(Deutsche Volkspartei) があった(右の一九〇七年の選挙の結果は七議席)。一九一〇年三月に、自由思想家人民党、自由思想家連合は、このドイツ人民党と合同して進歩人民党(Fortschrittliche Volkspartei)となったのであった。そうして一八八四年結成のドイツ自由思想家党以下一九一〇年結成の進歩人民党にいたるまでの諸政党は、ドイツにおける自由主義的伝統を継承していくことをその基本方針とし、社会主義者取締法下においては同法反対の態度をとっていた。のみならず、ビルマルク以後の宰相政府の政策にも批判的態度をとることが多かったのであり、知識人、中小企業家、商人等のいわゆる中間階層が支持母胎となっていたのである。

これに対しジンツハイマーの党員となった国民社会連盟、民主連合は、いずれもライヒ議会に議席をもったことのないミニ政党であった。国民社会連盟は、プロテスタント神学者であり、政治家であった前掲フリードリヒ・ナウマンが一八九六年一一月に結成したものであり、国民的社会主義にもとづき労働者階級と市民階級を統合し社会的帝国(Soziales Kaisertum) を実現するというスローガンを掲げたものであった。いかにも政党的な綱領であったといえる。しかし一九〇三年六月の第一一回ライヒ議会選挙に大敗した結果、同年八月のゲッティンゲン大会で解散し、自由思想家連合に吸収されることになった。ジンツハイマーがこのような連盟に何故入党したのであろうか。ナウマンが一九〇一年一月創立の社会改良協会の発起人、ついで理事となる一方、当時の労働協約立法問題にも関心をもっていたことと関係があるのかもしれない。あるいは前掲オットー・キルヒハイマーが指摘しているように(1)、市民階級と労働者階級との調和統合を持論としていた多元論者ジンツハイマーなるが故に、右のような国民社会連盟の綱領につよい共感をおぼえたのかもしれない。自由思想家連合に入ったナウマンは、一九一〇年三月の進歩人民党の結成にあたってその党首となり、さらに同党を主体として一九一八年一一月にワイマール共和制下の中核政党となったドイツ民主党（ＤＤＰ）が発足するにあたって、その初代党首となる。ジンツハイマーが国民社会連盟の解散にともない、ナウマンのように自由思想家連合へ移行したという記録はない。ついでジンツハイマーは、一九〇八年五月に結成された民主連合のオリジナル党員となっているのである。自由主義左派の同党は、結党にあたって、社会民主党との間に反動勢力への抵抗戦線を形成しようとしたのであった。しかし結党時の党員数は七〇〇人であり、最盛時の一九一一年六月でも一万一、〇〇〇人という状況であったから、いずれは、社会民主党か進歩人民党に吸収されることは予想されたことであった。初代党首のブライトシャイト自身が一九一二年には社会民主党に入党しているのである。そうしてかれは、一九一七年四月に独立社会民主党（USPD）が結成されるとその党員となったが、一九四一年二月には亡命先パリにおいてルードルフ・ヒルファーディング（一八七七—一九四一）とともにゲシュタポに逮捕され、四四年九月に強制収容所ブーヘンヴァルトにおいて死去したのであった。民主連合は結局、一九一八年一一月に解党しドイツ民主党に吸収される。このような民主連合の性格からすれば、ジンツハイマーが第一次大戦後まもなく社会民主党に入党するという状況経過もスムーズに理解されるのではないか。

一九一八年十一月革命前の社会民主党は、知的エリート階層の吸収をのぞみうべくもなかった。そのことは既述した。したがって、フィーリップ・ロトマールが社会主義者取締法施行間もない段階において社会民主党に既に入党していたことは、当時においては、異常事態に属することであった。彼がミュンヘン大学で一〇年以上も私講師のまま放置せられ、ベルン大学教授職に応募したもののその決定までかなりの日数を要したのも、ユダヤ教徒であるという理由に加えて、このような事情があった。ヴィルヘルム体制下では、社会民主党支持をもし公にした大学人がいたとすれば、彼がその地位を保持しえたかどうか疑問であった。ジンツハイマーは一在野法曹なるが故に、その信条のままなんらの障害なく社会民主党に入党しえたのであった。

ワイマール社会民主党の有力な指導層の一員としてジンツハイマーと思想的にも実践行動の面においても緊密ともいえる関係にあったラートブルフは、回想録『心の旅路』においてつぎのように告白しているのである。ハイデルベルク大学員外教授であった一九一四年当時のことである。「私の志向からすると、社会民主主義の候補者に投票しなければならなかっただろう。しかし、他人の前で彼を支持することを告白しないで、彼のために秘密に投票することは、私には不道徳なことと思われた。公然とかれの支持を告白することは、当時にあっては、なお、私の教職をあやうくせずにはできないことであった」[2]。大学人ラートブルフが社会民主党へ入党するのは、一九一八年一二月まで待たねばならなかった。

(1) Einführung von Otto Kirchheimer, S. 13.
(2) 『ラートブルフ著作集』一〇巻九二頁。

2　グスタフ・ラートブルフとの関係

ラートブルフがでてきた機会に、ヴィルヘルム帝制下におけるジンツハイマーとラートブルフとの接触についての一こまに言及しておく必要があろう。一九一〇年七月下旬のことであった。前記したように一九〇三年三月にその講演『自由な法発見と自由な法学』において裁判官による自由な法発見を主張したチェルノヴィッツ大学教授エールリヒが、中部ヨーロッパの旅行の途次ハイデルベルク大学を訪問することになった。この機会に法律学における新しい方向として活性化をみせてきた自由法論の提唱者たちの会合をもとうと提案したのが、ラートブルフとともにハイデルベルク大学に学び、一九〇六年にラートブルフの尽力により『法学のための戦い』を出版したヘルマン・カントロヴィッチであった。当時の彼はフライブルク大学私講師であった。そうしてこの提案にもとづきハイデルベルク大学員外教授ラートブルフの私宅に、エーリルヒを主賓として、カントロヴィッチ、ラートブルフ、ジンツハイマーのほか、カールスルーエの弁護士であったエルンスト・フックス（一八五九―一九二九）、シュトラースブルク大学法哲学教授であったエーリヒ・ユング（一八六六―一九五〇）等が集まり、法の革新と司法改革についての語らいをもっているのである。[3] 七月二四日のことであった。そのさい話題になった司法改革のための同人雑誌の刊行は、一九二五年一〇月に創刊のユスティーツ誌となって結実するのである。

（3）ラートブルフ私宅における会合については、Muscheler, Hermann Kantorowicz, S. 30. 平野・法学論叢一〇六巻六号一〇三頁、西村『知の社会史』三三九頁参照。

3　フランクフルト市会議員への選出

さきには、ジンツハイマーは一九一七年にフランクフルト市会議員に選出されたことについて記述した。一九一四年以来同市の夜間労働学校の常勤講師であったジンツハイマーに対し、社会民主党支部のたび重なる推薦があった結果と思われる。三三年三月末日にフランクフルトを去るまで彼は市会議員であったのであり、一九一八年一一月九日には、市の行政権を掌握したフランクフルト労兵ソヴィエトの推薦にもとづきプロイセン邦内務省により同市の警察長官に任命される。この市会における同僚の一人にテーオドール・トーマス（一八七六―一九五五）があった。彼は、一九一七年から三三年にいたるまでドイツ労働組合総委員会、ドイツ労働組合総同盟（ＡＤＧＢ）加盟の屋根葺職人労組（Zentralverband der Dachdecker Deutschlands）の組合長の地位にあったが、ジンツハイマーとならび、一九二一年五月に開設せられた労働学院の実質上の推進者であった。第二次大戦中は国内亡命の状態に追いこまれながら生き抜いたトーマスは、戦後、ジンツハイマーを「人間性にもとづく社会国家」の実現に心身をかたむけたヒューマニストであったと回想しているのである。(4)

ジンツハイマーが、弁護士業務のほか、政治活動、社会活動、研究活動の本拠を自由の空気のつよいフランクフルトにおいていた意義は少なくない。とくにジンツハイマーが弁護士事務所を開設した当時の市長フランツ・アディケス（一八四六―一九一五）は、有能な地方自治行政家であるとともに、法律家としては自由法運動の先駆者の一人であり、市長在任中の一八九一年から一九一二年にかけてフランクフルトの自由主義的、進歩的土壌を決定づけたのであった。またジンツハイマー、トーマスが中心となって提唱し推進してきた労働学院の付置を後述のようにフランクフルト大学が受け入れたのは、第一次大戦直後の大学財政の逼迫に対処するためであったにせよ、同大学が、フランクフルト経済界を代表する大手機械メーカーであった一八八一年設立のメタルゲゼルシャフト（ＭＧ）の社長ヴィルヘルム・メルトン（一八四八―一九一六）、その他のユダヤ系資本家の拠出した寄金にもとづき一九一四年六月に私財団大学として発足したという事情にもかかることであった。そうしてアディケス市長は、同大学の建学についてリーダー的役割をはたしたのであった。(5) さらに第一次大戦後における西欧マルクス主義研究集団の一つであり、より人間的なマルクス主義を提唱し、精神分析の重要性を強調してマルクス主義のフロイト化を推進しようとしたフランクフルト学派の拠点となった大学付置の社会研究所（Institut für Sozialforschung）(6) を生みだしたのも、フランクフルトの伝統的空気によることであったであろう。

（4）テーオドール・トーマスは、第二次大戦直後にはフランクフルトの労組の再建を行い、一九四九年一〇月中旬に結成せられた建設労組の常任中執委員となる一方、労働学院の再開にも尽力したのであった。

（5）フランツ・アディケスは、市長時代の一九〇〇年に、中世以来の伝統のうちに安住していた大学法学部の入学許可要件に関する改革の請願を通じ、法学教育の改革も意図したのであった。西村『知の社会史』二三四頁参照。

私財団大学としてのフランクフルト大学の創設経過、アディケス市長の一九一一年初頭以降の大学設置についてのリーダー的活躍については、参考文献に掲げるつぎの二つのものが詳細である。Maly, Geschichte der Frankfurter Stadtverordneten-Versammlung, S. 181 ; Coing, 75 Jahre Universität Frankfurt, S. 124.

（6）フランクフルト大学付置の社会研究所は、ブエノス・アイレスに生れ、一九〇七年に帰国したユダヤ系の左翼シンパであり、マルクス主義経済学者でもあった富裕な穀物商フェーリクス・ヴァイル（一八九八—一九七五）の拠出した寄金によって、一九二三年六月下旬に設置される。

ヴァイルは、一九三一年にアルゼンチン政府の経済顧問としての招請を受けてブエノス・アイレスに渡り、三五年にはアメリカに移り、社会研究所の亡命メンバーとともに同研究所のアメリカ版であるコロンビア大学の社会調査研究所の創設に力を貸したのであった。一九四五年にアメリカ国籍を取得する。一九七五年にアメリカのデラウェアにおいて死去する。同研究所及びフランクフルト学派に関する多くの文献のうち、ここでは、アルフレート・シュミット／生松敬三訳『フランクフルト学派』(一九七五)、D・マクレラン／重田晃一他訳『アフター・マルクス』(一九八五)二九三頁のみをあげておきたい。「社会研究所」という名称は、一九二〇年代後半における日本マルクス主義の福本イズムで知られる福本和夫(一八九四―一九八三)の提案になるものであることは、山本『思想史の現在』一一〇頁の指摘するところである。

4　第一次大戦中の言動

かつてギールケは、二五歳のときには砲兵少尉としてケーニヒグレーツの会戦にのぞみ、つづいて二九歳のときに普仏戦争が勃発すると召集をうけ、ロートリンゲンの戦闘に参加し、鉄十字章を授与されたのであった。その間、一八六七年にはベルリン大学で教授資格を取得している。さらに第一次大戦にあっては、一八七〇年にもどったかのごとく感じて、武器の代わりにペンをとって戦争に参加したといわれる。(7) 第二次大戦の場合と異なり、一九一四年八月の第一次大戦の勃発は、未曾有の熱狂、祖国愛が知的階層も含めあらゆる階層、あらゆる党派をとらえ、志願兵をめざす大群が兵営に押しよせるという状況であったのであった。一九一〇年七月下旬のラートブルフ私宅における会合の提唱者となったカントロヴィッチは、当時既に三六歳であったが、学問を中断してただちに志願兵として戦役につき、戦争終結までの四年余にわたって野戦病院、捕虜収容所に勤務する。カントロヴィッチ提案にもとづきフックス、ジンツハイマー、ユング等に参加の呼びかけを行ったラートブルフも、大戦勃発と同時に、一九一四年三月にハイデルベルク大学より移っていたケーニヒスベルク大学の員外教授の職から三五歳の志願兵となり、野戦病院勤務の軍務につき、一九一八年一二月上旬の復員まで四年余に及ぶ研究中断があった。ラートブルフの復員後赴任したキール大学時代以降ラートブルフに対し畏友感を深めていくヘルマン・ヘラー（一八九一―一九三三）(8)も、大戦勃発にあたって志願兵としてオーストリア軍に入隊し、各地の野戦軍法会議に勤務し、一九一八年一一月まで軍務にあたったのであった。ジンツハイマーとほぼ同世代の大学人の第一次大戦における軍務体験をあげれば、かなりの数になるであろう。(9)そのうちには、一九一五年五月下旬に東部戦線で倒れた前掲エーミール・ラスクのような戦死者もあった。

イギリスの対独宣戦布告のあった一九一四年四月のライヒ議会において、社会民主党はベートマン＝ホルヴェーク宰相政府の第一次公債案に全面的に賛成するにいたった。既に国民政党化していた社会民主党としては、開戦時における国民一般の圧倒的な戦争肯定の空気に反対の行動をとることは不可能であった。ジンツハイマーが同党に入党したのは、その直後のことである。それについては、さまざまな憶測も可能であろう。八月四日付の社会民主党の機関誌フォーアヴェルツ号外版におけるナショナリズムの強調も、開戦時におけるあらゆる国民階層の意識にこたえたものであり、したがって、同党入党にナショナリスト・ジンツハイマーの側面を読みとることができるのではないか。

カントロヴィッチ、ラートブルフ、ラスク等のように、ジンツハイマーは志願兵の道をとらなかった。老ギールケのように、ペンをもって戦争に対処しようということであったのかもしれない。

社会民主党にもまして祖国ドイツの防衛と戦争遂行力の強化を訴えたのは、ドイツ労働組合総委員会とその加盟労組であった。とくに第一次大戦前において、国内的にも、国際的にも労組トップ・リーダーとしての地位を確立していた総委員会議長カール・レギーン（一八六一―一九二〇）は、祖国愛はあらゆるものに優先するという戦争観から、動員組合員の生活保障にはじまり戦時経済動員体制の確立にいたるまで、労組サイドの城内平和政策を強力に推進しようとしたのであった。(10) 労働組合総委員会の週刊機関誌コレスポンデンツブラットは、戦争開始にあたって、まず動員された組合員、戦死傷組合員の生活保障要求を掲げ（一九一四年八月二二日号）、ついで、戦時生産遂行を円滑にするために、労働協約賃金率に法的効力を付与すべきであると論じ（一九一四年九月五日号、九月一九日号）、さらに、九月八日、一〇月一三日に製材業、建築業の労使団体間にそれぞれ締結された労働協同体設置協定の意義を高く評価する（一九一四年一一月一二日号、一一月一九日号）。両協定は、周知の一九一八年の十一月協定の先駆をなしたものといわれるが、それはレギーンのつよい提言にもとづくものであった。ジンツハイマーはその直後のアルバイツレヒト誌一九一四年一二月号上の論文「戦争と労働協約」において、労働組合総委員会の要求と二つの労働協同体設置協定の意義を強調し、戦時経済体制の確立のためには、労働協約による労働条件の共同決定と労働協約による労働平和体制の確保の両者について立法保障が不可欠であると論じている。それは、一九〇七・八年の『団体的労働規範契約』以来の労働協約立法化の主張を戦時労働政策の推進とからませたものであった。

一九一四年九月に西部戦線がマルヌ川の線で膠着状態に移って以降、第一次大戦は伝統的戦争観を超え、長期化の様相をみせてきたのであった。その間、ジンツハイマーは一九一六年はじめに刊行された『労働協約立法』にむけ全エネルギーを集中したのではないかと思われる。大戦に関係した論稿が再びみられるようになったのは、大戦の経済的、社会的影響が深刻の度を加えてきた一九一六年に入ってからである。

一九一六年には、ジンツハイマーはポットホフと共同編集のもとに、『戦後の労働関係再建論集』という冊子を刊行したのであった(11)。その執筆に加わった者は、ジンツハイマー、ポットホフのほか、当時社会改良協会のゾツィアーレ・プラクシス誌の編集責任者であり、ハンブルク大学教授であったヴァルデマル・ツィンマーマン、労働組合総委員会のコレスポンデンツブラット誌の編集者であり、総委員会内のすぐれた理論家であったパウル・ウムブライト（一八六八―一九三二）、女性経済学者であり、当時マンハイム商科大学員外教授であったエリーザベト・アルトマン＝ゴットハイナー（一八七四―一九三〇）であるが、ジンツハイマーは三篇をその論集によせている。「警告」と題する第一の論稿では、ライヒ議会は、オーストリア、ハンガリーで既に着手している戦後労働関係の処理についての立法措置に関し検討をはじめる必要のあることを訴え、また帰還兵士の労働関係の問題について政、労、使三者構成の委員会を設置し、検討を開始すべきことを提案する。第二、第三の論稿「参戦兵士の競合条項」、「参戦兵士の労働事件に関する裁判と行政」も、同様に帰還兵士の労働関係をとり扱ったものである。同じく一九一六年には、右の論集にさきだち、アルバイツレヒト誌一九一六年四月号上の「覚書」と題する論稿において、軍需用被服工場における賃金基準規定に規範的効力を付与した最高統帥部の布告に注目するとともに、一九一六年一月創刊のキリスト教労組センターの理論機関誌一号[12]が彼の一九一四年の冊子『ドイツの統一労働法の基本理念と可能性』に注目していることに言及し、戦後労働立法における統合化政策の必要性を強調している。つづく一九一七年には、軍需生産増強のための労働力動員を目的とした前年一二月五日成立の祖国補助勤務法の労働法上の意義について、アルバイツレヒト誌一九一七年二月号で取りあげ[13]、また同誌一七年一一月号においては、戦時労働政策の一元化のためにも、独立の労働行政官庁の設置と労働裁判機関の統合の必要性のあることを指摘しているのである。

講和への動きは、前述のように、一九一五年一二月上旬のライヒ議会における社会民主党シャイデマンの発言にもみられたところであった。しかしそれが本格的になったのは、一六年末から一七年はじめにかけてであった。物資欠乏、食糧不足という事態が深刻化し、国民生活を圧迫しはじめたからである。また城内平和体制も破綻の兆しがみえてきたのである。一九一七年六月下旬には、ドイツ駐在ローマ法王庁大使がカイザー宛に講和あっせんに関する親書を手交する。七月中旬には、ライヒ議会において第九次公債案賛成の条件として多数派社会民主党、中央党、進歩人民党の三派多数党により講和促進の決議がなされるという事態になった。ジンツハイマーの戦争終結、講和促進に関する態度が明確になってきたのは、この段階であった。しかしナショナリストなるが故に、ジンツハイマーは、一七年四月上旬結成の独立社会民主党をはじめとした反戦派の動きを講和に対する阻害とみていたのである。右のライヒ議会における決議を多数派社会民主党員として支持したジンツハイマーは、同党フランクフルト支部主催の集会において登場する。同年七月下旬のことである。翌一九一八年の兵役をひかえていた青年カーンフロイントがジンツハイマーに接したのは、この集会における一聴衆としてであった。さらにジンツハイマーは、講和条件を含めた戦後の国際社会の体制に関する研究団体として一九一六年一二月上旬にフランクフルトにおいて結成された国際法研究所（Zentralstelle für Völkerrecht）の主要メンバーとなり、その創立集会における講演「国際法の精神」は、翌年に刊行されるにいたっている(14)。

ジンツハイマーの年譜のところでは、一九〇八年に民主連合のオリジナル党員となった前後に、ドイツ平和協会に加盟したことについて記述した。帝国主義膨張政策に反対する各国の平和団体が一八八九年六月下旬にパリで開催した世界平和会議に対応し、一八九二年一一月上旬にベルリンにおいて結成したのがドイツ平和協会であった。そのリーダーとなったのは、オーストリアの平和主義者であり、一九一一年にノーベル平和賞を受けたアルフレート・フリート（一八六四―一九二一）であり[15]、無体財産権法の創始者となった前掲ヨーゼフ・コーラーもその有力なメンバーであった。第一次大戦にあたって同協会は、当初は徴兵拒否という消極的活動をとったが、一九一六年に入ると講和早期実現から反戦へと運動を転換する。その前後から、ジンツハイマーの平和協会に対する関係は疎遠になっていったのであった。また彼がワイマール時代を通じてとくに平和協会のアクティブなメンバーとして活躍したことを跡づける資料も、一切ないのである[16]。

（7）　Kleinheyer-Schröder, Deutsche Juristen aus fünf Jahrhunderten, S. 96.

（8）　ヘルマン・ヘラーが一九二六年にベルリンのカイザー・ヴィルヘルム外国公法・国際法研究所に入所する直前に刊行した Die Politischen Ideenkreise der Gegenwart, 1926 のとびらには、「敬愛する畏友グスタフ・ラートブルフへ」とある。ヘラー『ドイツ現代思想史』参照。

（9）　フランクフルト大学付置の労働学院の初代主事となった法史学、労働法、法社会学専攻のオイゲン・ローゼンシュトック＝ヒュージィ（一八八八―一九七三）はユダヤ人銀行家の子弟という出自であったが、一九一二年に就任したハイデルベルク大学私講師の地位を中断し、ほぼ四年余にわたり、志願兵として前線に立ったのであった。また西ドイツ労働法学の第一世代を画するトップ・リーダーであるニッパーダイについていえば、第一次大戦勃発時には一九歳の学生であったが、ただちに志願兵となる。そうして一六年除隊後、同年に学位論文を完成している。

(10) カール・レギーンは、一九一七年前後より講和交渉の動きが社会民主党にでてきた段階においても、同交渉の打切りと戦争完遂をつよく主張し、労働者大衆の反戦運動に対しても禁圧政策を堅持したのである。久保・労働協会雑誌二七三号二七頁参照。しかし、大衆組合員の間に平和、反戦の動きがでてきた一九一六年末に、労働組合総委員会をはじめとした三労組センターの統一会議が開催される。一六年一二月の祖国補助勤務法の施行にともない、三労組センターとして共同戦線を組む必要があるとの趣旨のもとに、同年一二月に約七〇〇名の労組代表のほか、政府代表、社会改良協会代表も加わったベルリン会議であった。そこでは、戦争の完遂、労使の協調体制の堅持、労働条件の改善についての共同決議が採択される。その直後に、ジンツハイマーは、アルバイツレヒト誌の一九一六年一二月号において、Einheitliche Arbeiterorganisation? と題し、このベルリン会議のレポートを行っている。その内容は全面的支持という態度であり、彼の戦争観をそこにみることができる。同会議に政府代表として出席した内務次官カール・ヘルフェリヒ（一八七二—一九二四）は、一九一八年六月上旬に、カイザーと多数派社会民主党との会談を推進した人である。また同会議に社会改良協会から代表として参加したのはツィンマーマンであり、当時社会政策の少壮研究者であったルートヴィヒ・ハイデ（一八八八—一九六一）も、協会サイドから出席している。

(11) Beiträge zum Wiederaufbau der Arbeitsverhältnisse nach dem Kriege. Heft 6 der Flugschriften zur Schaffung sozialen Rechtes, hrsg. von Potthoff und Sinzheimer, 1916.

(12) キリスト教労組センターの前掲一般機関誌 *Zentralblatt der Christlichen Gewerkschaften Deutschlands* とならぶ理論機関誌 *Deutsche Arbeit* の創刊号において、同センター社会政策部門担当の書記であったテーオドール・ブラウアー（一八八〇—一九四二）は、「労働法の課題」と題する論文で、ジンツハイマーの一九一四年の冊子にとくに注目している。ブラウアーについては、また後に言及する。

(13) 労働行政機構であるが、第一次大戦の終結直前のライヒ労働官庁設置に関する勅令（一九一八年一〇月四日）によって、独立のライヒ労働行政庁（Reichsarbeitsamt）が設置せられ、一九一九年三月二一日には、それがライヒ労働省（Reichsarbeitsministerium）と呼称されることとなる。

(14) Völkerrechtsgeist, Verlag Naturwissenschaften Leipzig 1917. 国際法研究所については、Lexikon zur Parteiengeschichte, hrsg. von Dieter Fricke, Bd. 4, 1986, S. 507 参照。

(15) アルフレート・フリートには、Handbuch der Friedensbewegung, 1. Aufl., 1905, 2. Aufl.（1.-2. Bde.）, 1911-1913 という代表的著作がある。

(16) ジンツハイマーと同じくユダヤ人出自の著名な弁護士であり、ドイツ弁護士協会（Deutscher Anwaltsverein）の副会長もつとめるかたわら、ドイツ平和協会の有力メンバーとして同協会のシュレージエン地方の会長の職にあった人に、アドルフ・ハイルベルク（一八五八—一九三六）があった。彼の七〇年祝賀の集いは、ヒトラー政権の成立直前の三三年一月中旬に盛大に行われる。しかしそのほぼ二箇月後に、ユダヤ系であり、平和協会の幹部であることを理由に、ナチスによる迫害がはじまったのであった。一切の役職を剥奪された彼は、その本拠地ブレスラウを離れ、ベルリンに仮の住居をもとめたが、一九三六年に交通事故で死去する。

第二章　熟年期のジンツハイマー

Ⅰ　ワイマール共和制の成立と国民議会議員

1　十一月革命とフランクフルト警察長官への就任

一九一八年一〇月二八日、二九日のヴィルヘルムスハーフェン、キール両軍港における水兵の暴動、つづく水兵・労働者によるキール・ソヴィエト組織の結成は、一〇月上旬から下旬にかけてのマックス宰相とアメリカのウィルソン大統領との間の休戦提案とその回答とすすんでいた事態を急変させることとなった。ハンブルク、ベルリン、ミュンヘン等へ労兵ソヴィエト組織が波及するとともに、コンピエーニュにおいてドイツ全権団が休戦条約に調印する二日前の一一月九日には、多数派社会民主党と独立社会民主党による人民代表委員会議が成立するにいたったのである。エーベルト仮政府である。翌一〇日には、退位したヴィルヘルム二世はオランダに亡命する。(1) 長い準備期間と慎重なスケジュールのもとに、ドイツ国民は共和制を迎え、社会民主党仮政府をもつにいたったのではない。戦争と敗戦という異常事態が、突如としてドイツの国家体制、政治体制の一八〇度の転換をもたらしたのである。混迷と荒廃のうちに帝制から共和制へとラディカルに軌道がしかれたことは、当然のことながら、ドイツ国民の意識に共和制への懐疑と不信を生むこととなった。一一月九日のいわゆる十一月革命事件についての克明をきわめた研究書はわが国でも少なくない。それは、十一月革命が依然として現代の問題であり、現代の謎でもあることを語っているものではないか。

ヴィルヘルムスハーフェン、キール両軍港水兵暴動事件は、果てしなくつづく戦争への不安状態の堆積していた各地の軍団に飛火するにいたった。第一八軍団の駐屯地であったフランクフルトも例外ではなかった。将校への服従を拒否した武装兵士団は急進的な労働者集団とともにプロレタリア独裁を要求して街頭デモを行い、労兵ソヴィエト組織を結成し同市の行政権を掌握しようとしたのであった。ジンツハイマーは、このフランクフルト労兵ソヴィエトの推薦にもとづき、フランクフルト警察を管轄するプロセイン邦内務省により一一月一七日に警察長官に任命せられる。十一月革命時の異常事態を象徴する事件であったといわねばならないが、一一月一一日には、さらにベルリンにおいては、独立社会民主党員エーミール・アイヒホルン（一八六三―一九二五）がベルリン労兵ソヴィエトのつよい要請によりベルリン警視総監に任命されるにいたったのであった。労兵ソヴィエト制は、兵士階層、労働者階層のうちにひそむ欲求不満を敗戦時に爆発させたものであり、したがってジンツハイマー、アイヒホルンの警察責任者への登用は、社会変革という組織的な目的による措置では決してなかったのであった。しかしベルリンの場合と異なり、フランクフルトにおいては、労兵ソヴィエトのリーダーたちが、同ソヴィエト制度を正面から否定する多数派社会民主党員であり、確信的な民主主義者であったジンツハイマーを警察長官に推薦したということはきわめて興味のあることである。著名な弁護士であり、有能な市会議員であり、造詣の深い法律学者であったジンツハイマーを措いて、異常事態下のフランクフルトの治安をゆだねる責任者は他に存在しないと労兵ソヴィエトのリーダーたちが判断したことは賢明であったのではないか。また、フランクフルト労兵ソヴィエト制下の警察関係委員会のメンバーが多数派社会民主党員三名、独立社会民主党員二名という構成になっていたことも、ジンツハイマーの警察長官就任をスムーズに実現せしめたものであった(2)。

すべての権力をソヴィエトへというスローガンが、単にスローガンにとどまり、労兵ソヴィエト組織が一般労働者、復員兵士の欲求不満の爆発的機関に過ぎなかったということは、独立社会民主党が主唱して一二月一六日―二〇日の間のベルリンにおいて開催された全ドイツ労兵ソヴィエト制大会が実証することとなった。同大会代議員選挙のための選挙人の大多数は、ソヴィエト制に走った労働者大衆、復員兵士であったにもかかわらず、民主的選挙による国民議会の開催と同議会による正常な国家秩序の回復を主張する多数派社会民主党が代議員の圧倒的多数を獲得し、労兵ソヴィエトによる独裁を意図した独立社会民主党にとっては、幻滅的結果になったからであった。独立社会民主党は労兵ソヴィエト運動の先駆者ではあったが、現実に組織せられた労兵ソヴィエトのうち同党の支配したものは少数に過ぎなかったのである。エーベルト仮政府が既に一一月三〇日に制定していた国民議会選挙令にもとづく国民議会選挙を翌一九一九年一月一九日に実施すべきであるとする多数派社会民主党代議員の提案が圧倒的に支持され、以後、労兵ソヴィエト派の拠点は街頭以外にはないという事態になったのであった。

フランクフルトにおいても、この全ドイツ労兵ソヴィエト制大会決議を反映し、同大会直後から市会がその機能を完全に回復する。警察長官ジンツハイマーも、労兵ソヴィエトの街頭デモ等を規制し、一一月下旬にベルリン警視庁が極左派によって占拠されるといった事態の回避に全力を傾倒することとなった。翌一九年一月一九日の制憲国民議会選挙の段階においては、フランクフルトの治安は全面的に回復する。同選挙にヘッセン邦第一九選挙区から立候補したジンツハイマーは、その前後から、とくに下級職警察官の待遇改善に力をそそぎ、フランクフルトの治安の確立されるにいたった四月一日に辞任するにいたった。年譜のところでコメントしたように、一九三三年四月下旬に、彼はフランクフルト大学正客員教授を休職処分になったのであった。その処分理由の一つに、彼が一九一八年一一月に労兵ソヴィエトの推薦により警察長官に任命せられたということがあげられているのである。ジンツハイマーはまた、三月二日に行われたフランクフルト市会議員選挙において、従来どおり選出される。

同フランクフルト市会選挙における主要政党の得票数と、それにさきだつ一月一九日の国民議会選挙におけるフランクフルトの同じく主要政党の得票数を、参考までにつぎに掲げておこう。カッコ内は国民議会選挙の結果である。多数派社会民主党三六・一（四五・六）パーセント、ドイツ民主党二三・四（二四・四）パーセント、中央党一三・四（一一・七）パーセント、ドイツ人民党九・四（九・三）パーセント、独立社会民主党八・五（四・五）パーセント、国家人民党五・九（四・五）パーセント。右のドイツ人民党（DVP）は、ヴィルヘルム帝制期の国民自由党右派の後身として一九一八年一二月に結成されたものであり、一九一〇年に自由思想家人民党、自由思想家連合と合同した前掲のドイツ人民党（Deutsche Volkspartei）とは異なる。同党は、当初は反ワイマールであったが、後には共和制を受容し、場合によっては社会民主党との連合も辞さないようになる。ワイマール時代の産業資本家を代弁した政党であった。つぎに国家人民党（Deutschnationale Volkspartei）は、ヴィルヘルム帝制期のドイツ保守党（Deutsche Konservative Partei）と自由保守党（Freikonservative Partei）を中核として一九一八年一一月に結成される。右翼諸派の最右翼に位置し、反ワイマールと帝制復活を正面に掲げた政党であった。さらに中央党は、国民議会選挙及びフランクフルト市会選挙のときにはキリスト教人民党（Christliche Volkspartei）と称していた。十一月革命は、政党体制の再編を促進したのではあったが、錯綜と混迷の政党史はワイマール共和制下でも継続することになるのである。

（1）　一九一八年一一月一〇日にオランダに亡命したヴィルヘルム二世は、その二日後に、ドイツ皇帝とプロセイン王を公式に退位する署名を行った。一九四一年六月下旬にユトレヒト近郊で死去するまで、ドイツの広大な耕地からの収入は保障されるが、二度とドイツを訪れることはなかった。

（2）　戦後の異常事態下において労兵ソヴィエトが暫定的に行政権を掌握した他の都市においても、治安対策上、ジンツハイマー・ケースのように多数派社会民主党員が警察責任者に就任した事例は少なくなかった。ベルリン警視総監になった独立社会民主党員アイヒホルンは、まもなくベルリン労兵ソヴィエトを掌握した多数派社会民主党員からなるプロセイン邦内務省によって、一九一九年一月四日に罷免される。フランクフルト警察長官としてのジンツハイマーを取りあげている文献には、Erhard Lucas, Frankfurt unter der Herrschaft des Arbeiter- und Soldatenrats 1918-1919, 1969 及び参考文献に掲げた Beier, Arbeiterbewegung in Hessen, S. 240 がある。

ナチス党にとって聖書扱いされたテーオドール・フリッチュ（一八五二—一九三三）の『ユダヤ人問題ハンドブック』（二〇三頁）では、ジンツハイマーはフランクフルト警察長官の就任によって社会民主党の有力な政治家にランクされるにいたったという。フリッチュは、一八八八年ごろより反ユダヤ主義の雑誌 *Der Deutsche Müller* の編集責任者となり、一八八七年に参考文献にあげた Handbuch der Judenfrage の初版を刊行し、一九四四年までに四九版をかぞえる。ヒトラーも青年時代にそれを読んだとされる。

2　国民議会議員としての活動と幻滅

ジンツハイマーが国民議会に選出せられた一九一九年一月一九日の選挙は、社会民主党のかつての一八九一年エァフルト綱領の線にそった国民議会選挙令にもとづき実施される。選挙権者の年齢を二〇歳以上とし、男女平等の選挙権が規定されていたからである。共和制支持を掲げる多数派社会民主党（一八五議席）、ドイツ民主党（七五議席）、中央党（八八議席）のワイマール三派が議席総数（四二一議席）の八〇パーセントを超えたことは、労兵ソヴィエト制の支持層が国民の一部に過ぎないことを示したものであった。一九一八年一二月末に結成の共産党は、同選挙をボイコットするが、独立社会民主党はわずか二二議席しか獲得できなかったのである。また正面から君主制の回復をうちだした唯一の政党であった国家人民党も四一議席にとどまり、君主制復帰の方向も否定せられたのであった。国民議会は、武装暴徒による官庁、新聞社等の急襲、占拠が依然として続発するベルリンを避け、一九年二月六日にワイマールにおいて開会され、翌二〇年五月二一日に解散するまで歴史的な審議を重ね、ワイマール憲法以下一四〇余にのぼる法律を議決することになるのである。

国民議会選挙には、学界集団から立候補を決意したごく少数の著名人もあった。マックス・ウェーバーであり、一九〇六年に新設されたベルリン商科大学の国法学教授フーゴ・プロイス（一八六〇—一九二五）であった。しかし一九一八年一一月のドイツ民主党の結成に力を貸した両者を同党は国民議会選挙の候補者として公認しなかった。ウェーバーと同様に、同党の前身である進歩人民党からの党員であり、左派自由主義者であったプロイスは、一八年一一月一五日には、エーベルト仮政府から請われ新憲法草案の作成責任者として内務担当次官に任用されていたのである。これに対しジンツハイマーの場合は、多数派社会民主党員としての実践とフランクフルト警察長官としての手腕の故に、同党候補者に問題なく推薦せられたのであった。しかしジンツハイマーのほかに法律学者で国民議会に選出された者は、リスト門下のケーニヒスベルク大学刑法教授アレクサンダー・ドーナ（一八七六―一九四四）とフランクフルト大学商法客員教授ヤーコプ・リーサー（一八五三―一九三二）の二名をかぞえるに過ぎない。両者は、一八年一二月に結成せられた前掲のドイツ人民党の党員であった。経済学者では、中央党所属のミュンスター大学社会政策教授であり、カトリック社会運動の推進者であったフランツ・ヒッツェ（一八五一―一九二一）のみである。かつてヴィルヘルム帝制の確立した一八七〇年前後には、多くの一流学者がビスマルク与党となった国民自由党に入党し、ライヒ議会議員として活躍したのである。(3) それを考えると、隔絶感をおぼえずにはいられない。大学人の共和制に対する冷めた姿勢、大学社会における反共和制的傾向がここにも端的にあらわれているといえようか。

一九一九年二月六日の午後三時一五分に開会された国民議会に出席したジンツハイマー議員は、きびしい決意をいだきつつも、未来を期待していたことであろう。しかし翌二〇年五月二一日の国民議会の解散の後同年六月六日に行われたライヒ議会選挙には、多数派社会民主党からの推薦があったにもかかわらず、彼は立候補を拒否したのであった。二〇年三月のカップ・クーデター前に、彼は国民議会の状況に失望し、幻滅を感じていたようである。エルンスト・フレンケルの指摘するところである。(4) 国民議会に選出されるまでのジンツハイマーの政治体験といえば、進歩的社会政策を推進した名市長フランツ・アディケスの育成した自由の空気の息づくフランクフルトの市会における活動のみであり、またそこには、労働者教育を通じて盟友となったテーオドール・トーマスがいたのである。彼は、その故に理想主義に走り過ぎたのであろう。その結果は、理想と現実の間をはげしくゆれ動く政治世界に対する挫折感となったものであろうか。

以下、ジンツハイマーに焦点をあてながら、国民議会の審議状況とワイマール共和国の成立期における内外の事件を描写していくことにする。(5)

国民議会の開会の二日後の一九年二月八日には、フーゴ・プロイスより仮憲法案である暫定的国家権力法案の説明がなされ、二月一〇日には、同法案が可決される。一九一八年一一月九日にマックス宰相がその地位をエーベルトにゆずったことは、ビスマルク憲法の規定（一五条）に反する行為であったのであり、これにより一九世紀的立憲君主制をとる同憲法は実質上は廃止になったが、以後、国法学にいう真空状況（staatsrechtliches Vakuum）が生じていたからであった。(6)つづいて二月一一日には同国家権力法にもとづきエーベルトが大統領に選出され、二月一三日にはシャイデマン内閣が成立し、プロイスが憲法問題担当の内務相に任命せられる。二月二四日には国民議会の中心課題である憲法草案が上程せられ、プロイスの趣旨説明がなされ、三月四日には草案の逐条審議のために憲法委員会が設置されることとなった。ジンツハイマーは同委員会には加わっていない。つづいて三月七日には、社会化一般法案、石炭産業社会化法案が本会議に上程せられ、経済相ルードルフ・ヴィッセル（一八六九―一九六二）より趣旨説明がなされ、三月一三日には両法案が可決される。四三歳の熟年期に入り、弁護士として、フランクフルト市会議員として、さらにフランクフルト警察長官として多忙をきわめた当時の彼ではあったが、国民議会の審議にはほとんど出席したのであった。

国民議会の審議の間にも、国内の状況は依然として安定を欠いていた。戦時経済から平時経済への移行の過程に発生した物価騰貴は深刻化をます一方、労兵ソヴィエト制の傷痕は容易に消えることはなかった。国民議会憲法委員会の審議の進行していた四月上旬に、極左の労働者ソヴィエト組織が多数派・独立両社会民主党からなるバイエルン邦政府を放逐して、バイエルン・ソヴィエト制の成立を宣言し、さらにそのわずか一週間後の四月中旬には、今度は共産党が中心となり、それに両社会民主党が加わった第二の共産主義政権が成立する。そのほぼ一箇月前の三月二三日にはモスクワでコミンテルンが設立されていたのであるから、それは、シャイデンマン政府、国民議会の両者にとって衝撃であった。この第二の共産主義政権にルーヨ・ブレンターノは職員層評議会の議長として加わり、またオーストリアの社会主義経済学者オットー・ノイラート（一八八二―一九四五）、独立社会民主党員であった革命作家エルンスト・トラー（一八九三―一九三九）も、これに参画する。しかし、知識人革命とか文士革命ともいわれたこのバイエルン共産主義政権もシャイデマン政府の派遣した軍隊によって鎮圧され、五月一日には潰滅したのであった。ブレンターノがその死の直前にしたためた一九三一年の回想録には、その間の記録がない。当時七四歳に達していた老ブレンターノにとっては、それは名状し難い悪夢であった。バイエルン共産政権に参加した若きヴァルター・ベンヤミンのように国家叛逆罪で逮捕されることのなかっただけでも、幸いであったといわねばならない。その後も、沈黙を守るほかはなかったのであろうか。

一九年七月二日の国民議会では憲法委員会の報告がなされ、以後七月二二日まで、憲法草案についての第二読会がはじまったのであった。それにさきだち惹起したのが、六月二八日のヴェルサイユ条約の調印をめぐる国民議会の激論であった。シャイデマン内閣が辞任し、六月二一日にバウアー内閣が成立したのもそのためであった。しかし七月九日には、国民議会は第二読会を中止して同条約調印を承認する。多数派社会民主党と中央党が同条約に賛成したのであった。賛成議員リストのなかには、当然のことながらジンツハイマーの名が列記されている。さて憲法草案に対する第二読会であるが、七月一六日の会議では死刑廃止の件が議題となった。ジンツハイマーは、多数派社会民主党の年来の提案にそい死刑廃止について憲法に規定すべき旨の発言を行い、それが「センチメンタルな人道主義にもっぱらもとづくものではない」ことを力説したのであった。かつて一九一一年四月開催の国際刑事学協会ドイツ部会の会議に出席し、それについての報告をゾツィアーレ・プラクシス誌上にしたためたジンツハイマーをここであらためて想起すべきであろう。この提案が実現するのは、第二次大戦後の西ドイツ憲法（一〇二条）においてである。ジンツハイマーの憲法草案第二読会における本格的な討論報告がみられるのは、七月二一日の草案一四八条以下（憲法一五一条以下）の「経済生活」条項に関する審議においてであった。左にジンツハイマーのそのさいの討論報告、(7) それにつづく若干の反論等を掲げてみよう。

ジンツハイマーの討論報告の要旨は、こうである。①「経済生活の秩序は、各人に対して人たるに値する生活を保障するという目的をもつ正義の原則に適合するものでなければならない。この限界内で、各人の経済的自由が確保される」というのは、草案一四八条一項（憲法一五一条一項）の規定である。その趣旨は、個人の経済的自由は、それ自体が目的ではなく、社会的機能を充足する場合にのみ認められるべきであるというところにある。したがって「経済上の取引においては、法律の定めるところにより、契約自由の原則が行われる」という草案一四九条一項（憲法一五二条一項）の規定は、右の趣旨に反するといわねばならない。削除すべきである。②「労働力は、国の特別な保護を受ける。国は、統一労働法を定める」という草案一五四条（憲法一五七条）の規定は、統一労働法典の設定というドイツにおける年来の課題に答えたものといわねばならない。③ライヒ経済協議会制度に関する草案一六二条四項（憲法一六五条四項）について、独立社会民主党所属の憲法委員会委員は、企業サイドの構成員を同協議会から排除し、且つライヒ議会とならびライヒ経済協議会にも一定範囲の独自の立法権を認めるべきであると主張している。それは、民主議会制を否定し、労働者ソヴィエト制を志向するものといわねばならない。その主張は、民主議会主義による国民議会の存立基盤そのものを否定しようとするものである。憲法委員会がこのような主張にもとづく提案を否定したのは当然であろう。ライヒ経済協議会の立法権能は否認されねばならない。ライヒ議会に対する提案権のみにとどめらるべきであるとする憲法委員会の提案を全面的に支持すべきである、と。そこには、議会制民主主義者としてのジンツハイマーの確信的ともいえる態度が集約されているのである。草案一四八条以下の規定、とくにライヒ経済協議会に関する規定がそのまま第三読会において議決されたのは、ジンツハイマー議員のこの討論報告の結果であるとし、憲法一五一条以下の規定を「ジンツハイマー条項」と呼ぶ者もあるのである。(8)

ジンツハイマーの討論報告に対し反論発言を行ったのは、独立社会民主党のアルフレート・ヘンケ（一八六八―一九四六）であった。煙草工組合出身のヘンケは、一八年一一月に結成された急進的なブレーメン労兵ソヴィエト組織のリーダーとなり、翌一九年二月上旬に惹起した民兵組織フライコールとの市街戦を指揮したのであった。当時の労兵ソヴィエトのリーダーたちの短絡的な空想的教条主義が、つぎのような趣旨の発言に示されているといわねばならない。「憲法の経済生活条項においては、生産手段の資本主義所有から社会主義所有へと全面的に改変のなされるべき旨規定せらるべきであり、マルクス、エンゲルスの共産党宣言をこのドイツにおいて実行に移すべきである」。そしてその発言中に、ブルジョア階級、プロレタリア階級、プロレタリア世界観、ブルジョア政党といった用語を濫発し、結びにおいて、「万国の労働者よ団結せよ」と叫んでいる。議事録をみると、この発言に対する「野次、嘲笑、とどまるところを知らず」とある。ジンツハイマーが国民議会に失望したといわれる理由の一端も、ここらあたりにあるのかもしれない。つづいて同旨の発言をしたのは、ヴィルヘルム・ケーネン（一八八六―一九六三）であった。同じく独立社会民主党員であり、メルゼブルクの労兵ソヴィエト制のリーダーであった彼は、そのなかで、多数派社会民主党議員にむかいマルクスを読めと叫んでいる。果してヘンケが、そうしてケーネンがマルクスを読んでいたであろうか。国家人民党のような極右派に対して独立社会民主党はイデオロギーで武装しているというのが、ヘンケ、ケーネンの存在権の主張であったであろう。しかしそのイデオロギーといわれるものは、所詮、ヤマカン的綱領であったといえば言い過ぎであろうか。右のようなアジ的発言に対し、ジンツハイマーはつぎのような趣旨の答えをしている。誠実なジンツハイマーには想像もできない発言である。おそらく絶望感におそわれていたのではないか。「ソヴィエト制・評議会制の一つの理念を新しい民主的経済制度のうちにとり入れようとしたのが、ライヒ経済協議会である。しかし、ライヒ議会に対する提案権のみ同協議会に付与すべきことを重ねて強調したい。ヘンケ、ケーネン両議員のいう今日のプロレタリア独裁は、明日には他の勢力による独裁になるおそれがある。両議員の主張は、デモクラシーを弱化せしめ、さらに否定することになるであろう。独立社会民主党の主張は左翼日和見主義（Opportunismus nach links）にほかならない」。この発言に対し、一九年六月成立のバウアー内閣に政府委員としてとどまっていたプロイスは全面的に賛意を表しているのである。

憲法草案についての第三読会は、一九年七月二九日にはじまる。その冒頭、ドイツ民主党のコンラート・ハウスマン（一八五七―一九二二）によってワイマール市民に対する感謝の辞が述べられ、ワイマールの地にちなんで新しい憲法をワイマール憲法と呼称すべきであるという動議が可決される。しかし第三読会では、ジンツハイマーは第二読会における独立社会民主党議員の発言になお危惧をもちつづけたのか、ライヒ経済協議会制条項についてとくに発言をもとめ、それのライヒ議会に対する従属的地位についてあらためて力説したのであった。その二日後の七月三一日に、憲法草案は可決される。国民議会の憲法審議はこれによって終結し、国内秩序に関する基本的な法的整理が完了することとなった。

国民議会は、以後も各種の法案の審議に入るが、八月二〇日には調査委員会の委員の選挙が行われ、ジンツハイマーはそれに選出される。調査委員会とは、大戦の戦争責任に関し討論、尋問を通じて報告書をまとめるべく設置されたものであったが、ヒンデンブルク、ルーデンドルフの両戦争立役者の尋問をめぐって、憲法草案の審議にはるかにまさる関心を国民の間に惹起せしめたものであった(9)。同委員会におけるジンツハイマー委員について、エーリヒ・アイク（一八七八―一九六四）という人による記録があるので、つぎにそれを掲げたい(10)。アイクはジンツハイマーとほぼ同世代に生れ、ユダヤ系の故にイタリアをへて一九三七年一二月にロンドンに亡命するまで、ベルリンにおいて弁護士として、さらにジャーナリストとして活躍したのであった。「戦時中の講和の可能性について調査する第二分科会から、社会民主党議員で弁護士のルートヴィヒ・ジンツハイマー（注・アイクの誤りであり、兄ルートヴィヒと弟フーゴを取り違えている）が報告を依頼された。彼は優れた法学者で、後にフランクフルト大学教授となり、労働法に関する著作で広く賞賛された。彼の報告は、徹底的に問題を調べ上げ、ハウスマン（注・前掲のドイツ民主党のコンラート・ハウスマンをさす）の評によれば、『驚くべき記憶力』を発揮した。しかし、彼の問題提起はやや揚げ足取り気味で、不遜なところがあって、それが反対派の神経に触った。しかし、ジンツハイマーに向けられた批判は、彼がユダヤ人であるという事情に重点が置かれた」。ジンツハイマーの実像の一面がうかがえる重要な指摘である。国民議会に次第に失望感をもちつつあった当時の彼も、他面、政治家的スタイルをとりつつあったのであろうか。ドイツ国内でタブー視されていた戦争責任の問題に正面から挑戦しようとした真意はどこにあったのであろうか。ヒンデルブルクの栄光はドイツではその死にいたるまでつづき、第一次大戦の責任を問う者はなかったのであった(11)。

国民議会は、九月三〇日にワイマールからベルリンに移り、国民議会のベルリン編がはじまったのであった。その後、翌一九二〇年三月中旬のカップ・クーデター、三月二七日のミュラー内閣の成立、六月六日のライヒ議会選挙のためのライヒ選挙法案の採択等をへて、国民議会は五月二一日に最後の本会議を迎えたのである。

（3）　西村『知の社会史』一一九頁。国民自由党員であった著名な法律学者のライヒ議会の在任期間を、つぎに掲げておこう。行政法の体系的基礎づけを行った前掲グナイストは一八七一年三月—八四年一〇月の間、サヴィニとローマ法継受をめぐる論争を惹起せしめた前掲ベーゼラーは一八七四年一月—

八四年一〇月の間、商法のパイオニアであった前掲ゴルトシュミットは一八七四年一月―七七年一月の間、ローマ古代法学者のテーオドール・モムゼン（一八一七―一九〇三）は一八八一年一〇月―八四年一〇月の間、それぞれライヒ議会議員であったのであった。

（4）Fraenkel, Hugo Sinzheimer, S. 460.

（5）国民議会における審議経過については、参考文献に掲げるDeutsche Nationalversammlungによる。

（6）Gusy, Weimarer Reichsverfassung, S. 17 ; derselbe, Vom Deutschen Reich zur Weimarer Republik, JZ 1999, S. 760.

（7）一九一九年七月二一日の国民議会におけるジンツハイマーの討論報告の一部は、Die Zukunft der Arbeiterräte. Eine Frage der sozialen Demokratie, in : Neue Wege zum Aufbau Deutschlands, Erstes Beiheft zur Monatsschrift, *Die Tat*, 1919, S. 3. として発表される。このタート誌は、一九〇八年に哲学者エルンスト・ホルネッファー（一八七一―一九五四）を編集者として「自由な人間性への道」という副題をつけて発行された保守系知識人の雑誌であったが、二〇年代中期から右翼化の傾向をつよめ、ワイマール時代の末期にはナチズムの理念を熱烈に主張するようになった。

（8）労働運動史の研究者としてさきに掲げたゲールハルト・バイアーが、一九八一年五月四日に開催された労働学院の開設六〇周年祝賀式における講演で指摘しているところである。Beier, Aufklärung, Romantik und Realismus, S. 6.

（9）バウアー内閣の成立直前の一九一九年六月中旬に、国民議会の開催地ワイマールにおいて多数派社会民主党の大会が開催される。そこにおいて、シャイデマン内閣の経済相であり、国民議会議員であったヴィッセルは、「われわれは憲法を仕上げたが、国民の関心は深まっていない」といっている。

平井『ベルリン一九一八―一九二二』一一八頁。同大会でジンツハイマーは、「レーテ組織とライヒ憲法」と題するテーマについて報告する。

(10) エーリヒ・アイク／救仁郷繁訳『ワイマール共和国史Ⅰ』(一九八三)一三一頁。

(11) Gusy, Weimarer Reichsverfassung, S. 19, 23.

3　ライヒ労働相の候補

一九一九年の六月のバウアー内閣の成立にあたって、ジンツハイマーの司法相、さらには労相への起用が話題になったのであった。とくに労相については、有力候補の筆頭にあげられていた。しかし司法相については、ワイマール三派を形成していた多数派社会民主党、ドイツ民主党、中央党の三者間の調整が不調に終り、一〇月上旬まで空席ということになった。他方労相ポストについては、独立社会民主党から労組リーダーをあてるべきであるというつよい要請があり、多数派社会民主党の間にも、近い将来における独立社会民主党との合同を意図してこれに同調する空気がでてきたために、結局、最大の単組であった金属工労組の一八九五年以来の組合長であり、国民議会議員でもあったアレクサンダー・シュリッケ(一八六三―一九四〇)が任命されることとなった。さらに一九二八年六月の第二次ミュラー内閣の成立のさいにも、彼は閣僚候補にあげられていた。同内閣は、共和国における二一箇月という最長政府であり、議会制民主主義に基盤をおく最後の内閣となったことで知られる。

しかしジンツハイマーに当初予定されていた労相ポストは、司法相、運輸相、食糧相の各ポストとともに同内閣の与党となったドイツ民主党、中央党間の配分取引の対象となり、結局は、社会民主党の古参議員であり、シャイデマン、バウアー両政府において経済相の地位にあった労組出身の前掲ヴィッセルに落着する。第二次ヴィルト内閣、第一次・第二次シュトレーゼマン内閣においてラートブルフがそれぞれ司法相に起用されたことと関連して、政治の世界における何かがその間にあったのであろうか。あるいは、クルティウス回想録に指摘するジンツハイマーの生一本な性格も障害になったのであろうか。(12)

(12) ジンツハイマーの閣僚候補の件について言及しているのは、たとえばつぎの文献である。Ramm, Otto Kahn-Freund und Deutschland, S. XXII, XXV ; Heinrich Potthoff, Gewerkschaften und Politik, S. 438.

Ⅱ　労働学院とフランクフルト大学

1　フランクフルト労働学院の設立

これまでの叙述のなかで、つぎのような記録をしたためたことであった。ジンツハイマーは、弁護士開業直後よりフランクフルトの夜間労働学校の講師として労働者教育にエネルギーをそそぐにいたったが、そこには伝統的な社会階層状況の打開という意図があったとみられること、一九二一年のメーデーの翌日に開設せられたフランクフルト大学付置の労働学院は、労組リーダーであったテーオドール・トーマスとともにジンツハイマーがその実質的な設置推進者となったこと、労働学院の付置をフランクフルト大学が受け入れたのは、大学財政の逼迫に対処するという事情があったにせよ、ジンツハイマーが弁護士になった当時の自由法運動の一先駆者フランツ・アディケス市長の同大学設立についてのリーダー的役割が影響を及ぼしていたこと、一九三三年に閉鎖されるまでジンツハイマーは労働学院の管理委員会の委員及び講師をつとめていたこと、一九五八年二月八日に労働学院において開催されたジンツハイマー、トーマス両者の追悼の集いにおいて、ベルリン自由大学教授フレンケルとフランクフルト大学教授ベームは、ジンツハイマーを偲んで意義深い講演を行っていることであった。

一九二一年五月二日に開講になった労働学院は、一九三三年四月一日にナチス突撃隊とフランクフルト刑事警察によって接収せられ、閉鎖になった。しかし一九四六年四月一二日に再建労働学院が発足して以来、毎年、創立祝賀講演会をもち今日にいたっている[(1)]。労組リーダー候補者の教育機関となっているこのフランクフルト労働学院の存在するかぎり、ジンツハイマー・ガイストは生きつづけるであろう。

ドイツにおける労働者教育の沿革について語ることはここでの目的ではないが、ベルリンとならんで、フランクフルトにおいては既に一八九〇年に労働者教育施設が設置されていた。その創始者は、ジンツハイマー、ポットホフ等がその社会政策上、労働法学上の先駆的業績を高く評価していたカール・フレッシュ（一八五三―一九一五）という人である。[2] フランクフルトの市参事会員を兼ねた弁護士であり、ドイツ工業裁判所連盟の創設者の一人であった彼は、合法性と改良主義を掲げる穏健な社会主義者であった。そのフレッシュは、ジンツハイマーが一九一四年にそのメンバーとなったフランクフルトの労働者教育委員会をその死去にいたるまでリードする。ジンツハイマーは、弁護士開業にさきだちこのフレッシュの活動をみて、労働者教育制度への関心をつよめていったことであろう。既に一九一二年にドイツ労働組合総委員会のコレスポンデンツブラット誌は、大学における労働法講座の新設とともに、労組役職員の教育を行い、労働問題の調査も実施する社会学院（Sozialakademie）の設置を提言しているのである。[3]

先述のような経過をもって一九一四年六月に創設されたフランクフルト大学であったが、一八年一一月前後より財政的危機に直面する。そのためフランクフルト市に支援を要請することになったのであるが、当時市会議長であったトーマスは、一九年秋ごろより、市会における同僚でもあったジンツハイマーと協力し、労働学院の付置を条件としてこの要請に答えるべく、プロイセン邦の財政、文部両当局に積極的にアタックを開始したのであった。プロイセン邦政府を多数派社会民主党が実質上掌握していたことも、トーマスの運動にとって有利なことであったのである。そのさい新しく設置さるべき労働学院についてのフランクフルト市会案を作成したのが、ジンツハイマーであった。彼は、一九年秋から翌二〇年一月下旬にかけ、国民議会における議員活動の間を利用し、フランクフルト大学の社会教育関係の担当者と協力してそれをまとめ、市会、プロセイン邦、フランクフルト大学の各当事者の検討にゆだねる。そうして二〇年七月には右三者による労働学院設置委員会が発足し、翌二一年三月上旬には、プロイセン邦と各労組センターとの間に労働学院設置の覚書がかわされるにいたった。同覚書は、基本的にはジンツハイマー案に即したものであったのである。

一九二一年五月二日に開講するにいたった労働学院の設置目的、受講資格、講義内容等を、右覚書及びそれにもとづく各細則にしたがい要約すると、つぎのようになる。①労働学院は、労組リーダー候補となるべき青年層労働者に対し大学水準の講義を系統的に行うものであること。②受講者は、各労組の推薦により選抜するものとし、一切の学費を労組が負担する公費受講者のほかに私費受講者も設けること。③講義は、夏学期、冬学期の二学期制とし、受講者は毎年度二〇〇人程度とすること。④講義は、経済学、法律学、政治学・国家学、社会学・社会政策の四部門にわたって行うこと。右覚書により設置された労働学院運営委員会に当初から同学院閉鎖にいたるまで加わっていたのは、ドイツ労働組合総同盟代表トーマスとフランクフルト大学代表ジンツハイマーの両者であった。のみならずジンツハイマーは、講師陣の中心として受講者に深い感銘をあたえたようである。まず講師陣を左に掲げておこう。

労働学院の講師は、専任教授と客員講師によって構成せられていた。開設当時の専任教授であり、労働学院の初代主事となったのは、ハイデルベルク大学私講師から学院へ移った前掲オイゲン・ローゼンシュトック＝ヒュージィであった。法史学、労働法の研究者であった彼は、二三年にブレスラウ大学教授に迎えられたころより法社会学に研究の重点をおく。しかし前述のようにユダヤ系であったが故に三三年三月にはアメリカに亡命し、ハーバード大学教授等を歴任する。ローゼンシュトック＝ヒュージィは、ブレスラウ大学時代にも、労働者、農民を対象とした夜間学校の運営に力をそそいだのであった。彼はまた、ナチス抵抗運動の故に四五年一月下旬に処刑されたヘルムート・フォン・モルトケ（一九〇七―一九四五）がブレスラウ大学在学中に深い感銘を受けた人として知られる。つぎに客員講師のうち多くのゼメスターを担当した者は、つぎのようになっている。一流の研究者をもって講師陣が形成されていたといえるであろう。

法律学部門では、ジンツハイマーのほか、ジンツハイマー・シューレに属するフレンケル、ノイマン、メスティッツ。さらに、フランクフルト大学憲法教授フリードリヒ・ギーゼ（一八八二―一九五八）、オーストリア出身のフランクフルト大学商法教授フリードリヒ・クラウジング（一八七七―一九四四）、フランクフルト市参事会顧問であり、社会福祉法の研究者であったマックス・ミヒェル（一八八八―一九四一）。ミヒェルは三三年四月の労働学院の閉鎖とともに失職し、三八年にアメリカに亡命し、四一年にニューヨークで死去した人である。

経済学部門では、フランクフルト大学財政学教授ヴィルヘルム・ゲルロフ（一八八〇―一九五四）、フランクフルト大学経済学教授で、三八年に日本、中国の上海をへてアメリカに亡命の地をもとめたフランツ・オッペンハイマー（一八六四―一九四三）、ハイデルベルク大学経済学員外教授であり、三三年以後は、イギリスをへてアメリカに亡命し、オハイオ大学教授等となったアルトゥル・ザルツ（一八八一―一九六三）、ドイツ労働組合総同盟の一九二八年ハンブルク大会で採択された経済民主主義綱領の原案を、ジンツハイマー、ヒルファーディング等と協力して作成し、ヒトラー政権成立直後にイギリスが委任統治していたパレスティナに移住し、新生イスラエルでエコノミック・ポリティシアンとして活躍したジャーナリスト出身のフリッツ・ナフタリ（一八八八―一九六一）。

社会学・社会政策部門では、アントワープ出身のベルギーの社会学者、社会主義者であり、一九二二年にはドイツに移り、二九年にフランクフルト大学教授、三三年四月にはブリュッセル大学教授に就任した後、三九年にはベルギー労働党の党首となったが、占領ドイツ軍の軍政府当局に協力した故をもって第二次大戦後訴追処分を受け、スイスに追放されたヘンドリック・ドゥ・マン（一八八五―一九五三）、一九二〇年一〇月に開学したベルリンの政治大学の講師をへてフランクフルト大学社会学客員教授となり、オランダ亡命、強制収容所収監等の経験をへたカール・メニケ（一八八七―一九五九）、キリスト教労組センターにおいて社会政策担当の書記をし、三労組センターの解体統合を主張したテーオドール・ブラウアー。ブラウアーは、一九二三年にはカールスルーエ工科大学教授、二八年にはケルン大学客員教授となったが、三三年にアメリカに亡命し、大戦中に死去したのであった(4)。さらには、カトリック社会理論、カトリック社会政策論の権威者であり、一九三一年にはフランクフルト大学の社会政策客員教授も兼任するにいたったエルンスト・ミッヒェル（一八八九―一九六四）。労働学院の閉鎖とともに年金生活に入ることを強制せられたミッヘルは、大戦中はジャーナリストとして過したのであった。

政治学・国家学部門では、後にフランクフルト大学社会哲学教授となり、三九年にアメリカに亡命し、シカゴ大学教授となったクルト・リーツラー（一八八二―一九五五）、フランクフルト市会議員であり、後にフランクフルト大学歴史学教授となったが、三七年にアメリカに亡命し、シカゴ大学教授等になったヴィルヘルム・マッカウア（一八九七―一九七〇）。

これらの講師陣の選定、招請も実質的にはジンツハイマー・プランにそったことと思われるが、三三年四月のナチス突撃隊等による学院の閉鎖理由の一つに、それがユダヤ的施設であったことがあげられていた。ユダヤ系の故に右にも記述したように、海外亡命した者が多数をしめていたのである。

労働学院の第一期（一九二一年度の夏・冬両学期）生は七五人であり、三三年の閉鎖時までの受講者は計八〇〇人に達している。その三分の二は自由労組系の組合員、三分の一はキリスト教労組系とヒルシュ・ドゥンガー労組系の組合員がしめていた。そのうち西ドイツの労働界、政界等で活躍した者をあげると、つぎのようになる。DGB（ドイツ労働組合同盟）の第四代目の委員長ヴィリー・リヒター（一八九四―一九七二）、DGB加盟の公務運輸交通労組の初代組合長アドルフ・クンマーヌス（一八九五―一九七九）、労働学院の一九四六年四月再開にあたってその主事となったフランツ・フルトヴェングラー[5]（一八九四―一九六五）、一九五六年から六八年にかけてノルトライン・ヴェストファーレン州政府首相であった社会民主党の幹部フリッツ・シュタインホフ（一八九七―一九六九）、五五年六月から翌五六年一一月までアデナウアー内閣の国防相であったキリスト教民主同盟のテーオドール・ブランク（一九〇五―一九七二）。さらに一九五八年―六八年の間スイス労働組合同盟（SGB）委員長の地位についたヘルマン・ロイエンベルガー（一九〇一―一九七五）も、ワイマール期の学院の出身者であった。

右のうち労働学院の講師ジンツハイマーについて愛惜の念をもって語っているのは、アドルフ・クンマーヌスである。彼についてでは、亡命時代のジンツハイマーのところでも言及する。クンマーヌスは、ハンブルクの港湾労働者出身であり、三一歳のときにドイツ運輸労働者組合（Deutscher Verkehrsbund）から選抜され労働学院の一九二六年度の課程に入学したのであった。そこでの強烈な印象について、クンマーヌスはつぎのように語っている。一九六四年六月に公務運輸交通労組の初代組合長のポストを退き、年金生活に入ったときであった。[6]「労働学院の一九二六年から二七年にかけての夏学期、冬学期を履修した期間は、わが生涯の最良のときであった。そこでとくに感銘を受けたのは、ジンツハイマー教授の『労働法』の講義であった。それは夕刻に行われた。ジンツハイマーの説いた『法は単に存在するものではない。法は獲得すべきものである』とは、その後の私の人生の指針ともなった。ナチスに対する国内抵抗運動の苦しい時代にも、労働学院でジンツハイマーから学んだことは、私の心の支えとなった」。一九二六年度にジンツハイマーの担当した労働法の講義と演習は、計七二時間となっている。これは単に二六年度のみのことではない。彼の労働学院にそそいだ熱情は、このことからもうかがえるのである。

（1）労働学院の沿革、その講義内容等については、参考文献に掲げたAntrick, Akademie der Arbeitが詳細である。それは一九六六年当時ギーセン大学国家学・政治学教授であり、再生労働学院の講師であったオット・アントリック（一九〇九―一九八二）が中心となって編集したものであった。

（2）ポットホフはその処女作である一九一二年の前掲『労働法の課題―経済実務家の法政策的考察』のとびらに、「ドイツの社会的労働法の先駆者カール・フレッシュに捧ぐ」と記録し、ジンツハイマーもフレッシュの死去にあたって、アルバイツレヒト誌一九一五年一〇月号上の冒頭にZum Gedächtnis von Karl Fleschという一文をよせるとともに、フランクフルト労働者教育委員会主催の追悼の集いにおいて、Der Sozialpolitiker Karl Flesch und seine literalischwissenschaftliche Tätigkeitと題し講演したのであった。フレッシュについては、信山社ジンツハイマー六〇頁、九三頁にも言及しているが、ドイツの文献としては、参考文献にあげたつぎのものを掲げておきたい。Emrich, Bildnisse Frankfurter Demokraten, S. 25.

（3）Die Förderung des Arbeitsrechts durch die Arbeiterbewegung, *Correspondenzblatt* vom 12. August 1912, S. 1.

（4）テーオドール・ブラウアーは、キリスト教労組センター時代に、つぎのような労組政策に関する多くの問題著作を刊行している。Gewerkschaft und Volkswirtschaft, 1912; Das Recht auf Arbeit, 1919;

Das BRG und die Gewerkschaften, 1920 ; Die Gewerkschaft als Organ der Volkswirtschaft, 1921 ; Krisis der Gewerkschaften, 1924 ; Christentum und öffentliches Leben, 1927.

(5)　フランツ・フルトヴェングラーは、労働学院の課程修了後、ドイツ労働組合総同盟の書記をしていた。ヒトラー政権の成立直後からナチスの労組攻撃が激化する過程で、彼はナチス寄りの態度をとったことがあった。しかし、三三年五月二日の労働組合総同盟の強制解散の後は、保護拘禁、強制収容所収監をへて、彼はハンガリーに亡命する。Beier, Arbeiterbewegung in Hessen, S. 423.

(6)　アドルフ・クンマーヌスの労働学院時代、ナチス抵抗運動時代の懐古談を収録しているのは、公務運輸交通労組の機関誌 *das ÖTV-magazin* 一九七九年九月号と、DGB編集の *Solidarität. Monatszeitschrift für gewerkschaftliche Jugendarbeit des DGB* 一九八三年四月号である。さらに、Beier, Aufklärung, Romantik und Realismus, S. 8 も、労働学院時代のクンマーヌスについて言及している。

2　成人大学の設置

青年層組合員を対象とした常設の教育機関としては、そのほか、プロセイン州当局によって設置されたデュッセルドフルとベルリンの両経済学校（Wirtschaftsschule）があった。いずれも一年の履修期間の夜間学校であり、労働学院の場合と同様に、労組の推薦にもとづき受講しうることとなっていた。そのほかに、一般の成人教育機関としての成人大学（Volkshochschule）もワイマール期には顕著な普及をみせるにいたった。アーベント・アカデミーとのいわれたこの成人大学には、公立の施設のほか、政党、教会によって設立されたものもある。一九一九年四月にキール大学に教授として赴任したラートブルフが、その後まもなく同大学私講師となり、とくに労働者を対象とした社会教育につよい関心をもっていたヘルマン・ヘラーと協力して一九年一一月に設置したキール成人大学は、その後に新しく設置された成人大学のモデルとなったといわれる。このキール成人大学の発足にあたり主事となったのが、社会教育学、社会救護法の専攻者であったエルンスト・カントロヴィッチ（一八九二―一九四四）であった。彼は一九三〇年には、フランクフルト大学の職業教育研究所の教授となったが、三九年にはオランダに亡命する。しかし四三年七月にゲシュタポ指揮下のオランダ警察に逮捕され、ベルゲン・ベルゼン、テレージエンシュタット両強制収容所をへて四四年一〇月に夫人とともにアウシュヴィッツのガス室で殺害されるのである。つぎに政党設立の成人大学としては、社会民主党右派のホーフガイスマール・グループにより二六年二月中旬にベルリンに設置された自由社会主義大学（Freie Sozialistische Hochschule）があった。ジンツハイマーは、前掲のフリッツ・ナフタリ、一九二三年から二五年にかけて交換教授として来日したオーストリアのマルクス主義経済学者エーミール・レーデラー（一八八二―一九三九）とならび、同大学のいわば顔であった。三者とともに、多くの講師陣がユダヤ系であったことを理由に、同大学は後に反ユダヤ運動の標的ともなった。その開講にあたって、ジンツハイマーが「社会主義の文化理念について」と題し講演を行っていることを記録しておきたい。(7)

一九二一年はじめにキール大学を去りライプツィヒに赴いたヘルマン・ヘラーは、翌二二年三月にライプツィヒ市の成人教育の責任者となった。彼は、そこでキール・モデルにしたがいライプツィヒ成人大学を設立する。二六年九月中旬には、このライプツィヒ成人大学はデュッセルドルフ経済学校と協力し、デュッセルドルフにおいて、三日間にわたり、労組専従者及び一般組合員を対象とした労働法の特別講座を開催している。講師陣は、ジンツハイマーのほか、プロセイン州商工省の三等参事官であったゲオルク・フラトウ、デュッセルドルフからミュンヘンに居を移し、バイエルン州社会局に勤務していたハインツ・ポットホフ、ライプツィヒ大学私講師であった労働法学者ルッツ・リヒター（一八九一―一九四五）、ドイツ労働組合総同盟の労働立法・経営協議会両部門の書記クレーメンス・ネルベル（一八八五―一九四五）であった。ジンツハイマーは、初日に「労働法の本質」と題し、カント、初期マルクスを引用しつつ労働法の目的と基本問題について懇切な講義を行っている。そのなかで彼の強調したことは、人間の尊厳性であった。ヒューマニスト法律家としての姿勢がそこにつよくおしだされている。翌二七年には、このデュッセルドルフ労働法講座は冊子にまとめられ、ドイツ労働組合総同盟の出版部より刊行されたのであった。(9)

(7)　このジンツハイマー講演は、基本的には、ラートブルフの一九二二年の『社会主義の文化理念』に通ずるものがあった。『ラートブルフ著作集』八巻参照。

(8)　かつてのドイツ及び現在のドイツにおけるライヒ・連邦官庁、邦・州官庁における官吏は、その任用のための資格要件及び職務内容から、高級職、上級職、中級職、単純労務職の四者に格付けされる。そうして、高級職に属する官職は、ランク順にあげるとつぎのようになる。次官（Staatssekretär）、一等参事官（Ministerialdirektor）、二等参事官（Ministerialdirigent）、三等参事官（Ministerialrat）、一等事務官（Regierungsdirektor）、二等事務官（Oberregierungsrat）、三等事務官（Regierungsrat）。

(9)　このデュッセルドルフ労働法特別講座については、アルバイツレヒト誌の一九二六年九月号にも広告がでている。「問合せ及び申込先は、ライプツィヒの成人大学へ。聴講料は五マルク。最終日にはデュッセルドルフの経済学校を見学」という趣旨のものである。ジンツハイマーはその講義を終えるにあたって、詳細は近くの出版の『労働法原理』を参照されたい旨、述べている。

3　フランクフルト大学正客員教授という地位

一九二一年七月に出版された『労働法原理―概説』におけるジンツハイマーの肩書きをみると、弁護士に加えて、フランクフルト大学の正客員教授（ordentlicher Honorarprofessor）となっている。同大学の財政的危機を回避し、プロセイン州に同大学を移管せしめる対策として設置された労働学院の推進者であったジンツハイマーを、大学側は、一九二〇年の冬学期から、右のようなステイタスのもとにスタッフに迎えたのであった。この正客員教授という地位は異例ではあるが、他大学にもなかったわけではない。一九二〇年夏学期から一九三四年夏学期にいたるまで、ベルリン大学において、ヴァルター・カスケル、ヘルマン・デルシュ（一八八三―一九六一）とともに労働法または社会保険法の講義を担当していた裁判官ルートヴィヒ・ラス（一八六〇―一九三五）も、正客員教授に終始したのであった。

ジンツハイマーは、三三年四月には、正客員教授を休職処分になっている。その時点で、フランクフルト大学の三五〇余名のスタッフの約三分の一は同様の処分をうけ、以後ナチス大学へと転落の途を歩むことになる。その翌三四年の三月二四日に、ライヒ宣伝省のフランクフルト支局は大学当局に対し、ジンツハイマーの大学における地位、講義内容、さらには政治活動等に関し文書による回答をもとめたことがあった。これに対する同年四月五日付の大学当局の返答には、右のステイタスについて言及する。つぎには、それについてのみならず、その講義内容にもふれた返答の要旨を掲げておきたい。(10) ナチス体制下の大学の卑屈な姿勢である。

「ジンツハイマーは、大学の財政的存立のための代償として、赤き労働組合の要請により、一九二〇年に労働法の正客員教授となったものである。それは学部の正規のメンバーたるものではなかった。員外教授や私講師と同様に非正規のメンバーであったのである。しかし正客員教授、員外教授、私講師は、議決権をもった代表者を学部教授会に派遣することもできたのであった。そして、それは数回実施されたことがある。ジンツハイマーは、労働法の正教授たる地位を要求し、またグスタフ・ラートブルフのこの件についての働きかけもあったが、成功するにいたらなかったのである」、「ジンツハイマーの講義は、美辞麗句をならべたに過ぎない内容のものでありながら、学生に多大の影響をあたえたようにいわれている。たしかにユダヤ人学生に対してあたえたインパクトには無視できないものがあろう。しかしその他の学生が、その講義の故に、社会主義者や共産主義者になったということはありえないことである。結局、彼の学生に対しあたえた影響はネガティヴであるといわざるをえない」。

右の返信の趣旨をみても、正客員教授という地位については実は判然としない。大学当局が一九二〇年冬学期に彼をスタッフとして迎えるについては、かなりの抵抗があったのではないか。それが右のような肩書きの提供になったのではないかと思われる。非改宗のユダヤ人であること、一九一四年以来社会民主党員であること、一八年一一月にはフランクフルト労兵ソヴィエトに推されて同地の警察長官というポストについたこと、知的階層の内心侮辱していた国民議会の議員という地位にあったこと、労働学院という労組的機構を大学内に持ちこもうとしていること、一八九二年に結成のドイツ平和協会のメンバーに依然としてとどまっていること等々、大学当局の彼に対する排他理由と考えられるものは、いくらでもあげることができるからである。しかしジンツハイマーが、その多彩な社会活動、政治活動、さらには弁護士業務を犠牲にしてまで正教授になることを期待していたかという点になると、疑問が残る。むしろ否定的に解すべきではないか。そのゲーテ通の弁護士事務所は、ジンツハイマーの研究活動、社会活動、政治活動にとってのフランチャイズであり、メッカであった。

(10)　一九七五年一二月一日に、フランクフルト大学、労働学院、さらには金属労組第三代目組合長オット・ブレンナー（一九〇七―一九七二）の死去の後労働問題研究のために設立せられたオット・ブレンナー財団の三者の共催で行われたジンツハイマー生誕百年の集いにおいて、フランクフルト大学労働法教授シュピロス・シミィティス（一九三四―）は、三四年三月から四月にかけてのジンツハイマーに関するナチス宣伝省とフランクフルト大学当局とのいまわしい書簡の往復に言及したのであった。それは、右財団の双書七巻として一九七七年に刊行された参考文献に掲げるSinzheimer-Gedächtnisveranstaltung zum 100. Geburtstagに収録される。同追悼の集いのメーン・イヴェントは、既述のように、カーンフロイントのジンツハイマー論という講演であったのである。

4　大学社会の伝統とフランクフルト大学における講義科目

フランクフルト大学の一九二〇年冬学期において正客員教授ジンツハイマーの担当した講義科目は、「労働契約」と「レーテ組織と社会化」であった。ところがこの処女講義は、「煽動的な」学生によって阻害せられたのであった。一九五八年二月上旬の労働学院の前掲祝賀講演において、ベルリン自由大学教授フレンケルの指摘しているところである。(11) またフレンケルとならぶジンツハイマー・シューレの一員であったフランツ・ノイマンが、一九一八年春から二一年三月までブレスラウ、ライプツィヒ、ロストック、フランクフルトの諸大学で学生として経験した大学社会の反民主的、反ユダヤ的体質について記述しているなかに、つぎのような一節がある。(12)「一九一八年秋に、私がライプツィヒにやってくると、そこの経済学の教授は、一九一八年一〇月のことであったが、汎ドイツ同盟と参謀本部の平和の条件を承認する必要を認め、一方、そこの歴史学者は、民主政治は本質的に非ドイツ的な政治形態であって、物質的なアングロサクソンには適しても、ドイツ民族の観念論には不向きであるとの結論を下した。一九一九年、私がロストック大学に移ると、私は学生を組織して、大学教授たちが公然とはやし立てていた反ユダヤ主義と戦わねばならなかった。私が最後にフランクフルト大学に腰を下ろすと、私の直面した最初の仕事は、新任の社会主義者の教授を学生たちの政治的肉体的攻撃から護ることであった。かなりの数の教授たちがこっそりと学生たちの攻撃を支持していたのである」。ユダヤ人学生ノイマンがフランクフルト大学へ移ったのは、一九二〇年冬学期のはじまるときである。ジンツハイマーの処女講義のなされたのは、前述のようにこの学期であった。ノイマンのいう「新任の社会主義者の教授」がジンツハイマーをさしていると断定する資料的裏付けはない。しかし大学社会の伝統的な保守性、閉鎖性からすれば、新任ジンツハイマーが一部学生に歓迎すべからざる教授として映ったことであろう(13)。

ワイマール時代の大学を中心とする学界が、軍部、官界、司法界とならんで保守主義の牙城であり、社会主義系の研究者にとって狭き門であったことは、多くの文献において語られているところである(14)。とくに大学法学部は、堅牢な保守主義の体質をもっていた。端的にいえば、多くの大学社会人にとっては、ワイマール共和国は皇帝のいない帝制国家の延長であり、共和主義者なき共和国に過ぎなかったのであった。ワイマール共和制を積極的に支持したラートブルフ、ヘラー、ジンツハイマー等といった法律学者は、著しい例外であったのである。また共和制支持派の大学人の多くはユダヤ人であったが、ユダヤ人研究者に対しても大学は依然と自閉的であった。一八二〇年代のベルリン大学におけるガンス事件は、単に前世紀の問題ではなかったのである。したがって、ユダヤ人出自の左翼学者は二重の攻撃を受けねばならなかった。

学生層においても、反ワイマール傾向は底流をなしていた。社会主義系、ユダヤ系の教授に対する反発、攻撃もしばしば惹起する。共和主義的、民主主義的な空気は孤立化の道をたどらざるをえなかったのである。法学部の講義でワイマール憲法という言葉がでると、教室の床板がこすられる有様であるとは、一九年一二月一九日付の書簡で歴史哲学者エルンスト・トレルチュ（一八六五—一九二三）が概嘆しているところであった[15]。社会民主党の学生層への浸透は問題にならない状況であった。一九二九年度における大学学生登録数は一一万二、〇〇〇名であるが、同年末における社会民主党系学生団のメンバーは、オーストリアの諸大学のそれを入れても、わずか四、一〇〇名に過ぎない[16]。同党は、学生層のみならず、ひろく戦後青年層の気持をつかむことはできなかったのであった。フレンケルが、そしてノイマンが指摘する煽動的な、攻撃的な学生のうちには、まず第一次大戦の戦闘をくぐりぬけてきた者があったにちがいない。つぎには、エーベルト仮政府、シャイデマン、バウアー両政府を通じて国防次官、国防相のポストにあった社会民主党最右翼の軍事通グスタフ・ノスケ（一八六八—一九四六）が参謀本部の協力をえて一九一八年一二月に編成にかかった民兵組織・フライコールに入隊した経験をもった学生がいたのではないか。フライコールは、その編成されてから約半年後には四〇万の隊員をもったいわばヤミ国防軍、裏軍団に膨張し、そのうちには特権階層出身の学生もかなりの数をしめていた。彼等は、フランクフルト学生中隊、マールブルク学生中隊、ハイデルベルク学生中隊といった大学単位の編成を組み、一九年一月にルール地域で勃発した極左分子によるストの鎮圧をはじめとして、バルト沿岸、オーバーシュレージエンの国境防衛に出動する。とくに一九年六月二八日に調印されたヴェルサイユ講和条約によるドイツ帰属地域をめぐる紛争にからんで、保守学生層は「オーバーシュレージエンへ」という合言葉のもとにフライコール学生中隊を組み、同地域をめざして陸続と進軍するにいたった。反共和主義、反マルキシズム、反ユダヤ主義を謳歌する彼等にとっては、国民議会の憲法審議とか共和制の行方とかは、別世界のことであった。国民議会がこのようなフライコールの庇護をうけて開会されたことは、きわめて暗示的であったといわねばならない。このフライコールは、一九二〇年三月のカップ・クーデターの中核部隊ともなったのであった。

ジンツハイマーのフランクフルト大学における一九二〇年冬学期からの講義科目名を、左に記載しておきたい。社会改良協会のゾツィアーレ・プラクシス誌は、一九二〇年冬学期から三四年冬学期にいたるまでの労働法関係、社会政策関係の講義科目名、担当者名を掲げている。それによったものである。ただ年度によっては、フランクフルト大学のみならず、全大学について記録の欠如していることがある。

【一九二〇―二一年冬学期】労働契約、レーテ組織と社会化。
【一九二一年夏学期】労働法原理、労働法の社会的形態論。
【一九二一―二二年冬学期】労働契約。
【一九二二年夏学期】労働団体法、経営協議会法。
【一九二二―二三年冬学期】労働協約法、文献・判例・立法における労働法上の時事問題と争点。
【一九二四―二五年冬学期】労働契約法―一九二三年の労働契約法草案を考慮して。
【一九二五年夏学期】立法・判例・文献における労働法上の時事問題と争点。
【一九二五―二六年冬学期】労働関係論、労働と所有権、労働法と法学教育。
【一九二六年夏学期】ドイツ労働法の体系と基盤。
【一九二六―二七年冬学期】労働法の体系。
【一九二七年夏学期】労働協約法。
【一九二七―二八年冬学期】ドイツ労働法。
【一九二八年夏学期】労働裁判所と労働訴訟。
【一九二八―二九年冬学期】労働法の研究における法社会学、ライヒ労働裁判所の重要判例、集団的労働法。
【一九二九年夏学期】労働契約法、労働裁判手続と労働争議仲裁手続。

【一九三〇年夏学期】　労働裁判所制度、経営協議会法。
【一九三〇―三一年冬学期】　労働法。
【一九三一年夏学期】　経営協議会法、団結・労働協約法、労働法の実務。
【一九三一―三二年冬学期】　労働法原理。
【一九三二―三三年冬学期】　自由業と労働法、労働法の基礎概念と集団的労働法。

フランクフルト大学では、年度によっては、労働法関係の講義をつぎの者がジンツハイマーとならんで行ったこともあった。教会法、都市法とともに労働法もその研究分野に入れていたフリードリヒ・ヒラー（一八六八―?）が「労働争議調整制度」について、民法・民事訴訟法専攻のハインリヒ・ティィッシェ（一八七二―一九四五）が「労働契約」について、社会政策専攻のハインツ・マル（一八七六―?）が「労働法の社会学的・社会政策的条件」について。

ジンツハイマーがフランクフルト大学を去った三三年四月以降、同大学で労働法の講義を担当したのは、狂信的なナチス法学者となった前掲の商法教授フリードリヒ・クラウジングであった。(17)

(11)　Fraenkel, Hugo Sinzheimer, S. 457 ; Antrick, Akademie der Arbeit, S. 68.
(12)　ゲイ『ワイマール文化』六六頁。
(13)　しかし一九二〇年冬学期のジンツハイマー講義の聴講学生であったカーン・フロイントの記憶では、当時、民族主義的な学生運動、反ユダヤ主義による学生運動という緊張関係はたしかに存在したが、ジンツハイマー教授に対する攻撃はなかったということである。信山社ジンツハイマー九六頁。
(14) 平井『ベルリン一九一八—一九二二』一一一頁、一七〇頁、平井『ベルリン一九二八—一九三三』二二〇頁、ベンダースキー『カール・シュミット論』一二頁、二七頁、八田恭昌『ヴァイマルの反逆者たち』(一九八一) 七四頁その他。
(15) 平井『ベルリン一九一八—一九二二』一七〇頁。一九二六年にベルリン大学のアドルフ・フォン・ハルナック (神学、一八五一—一九三〇)、フリードリヒ・マイネケ (史学、一八六二—一九五四)、前掲ハンス・デルブリュック、前掲ハインリヒ・ヘルクナー等の呼びかけに応じ、ワイマール憲法に忠誠を誓う大学教授のワイマール集会が同年四月下旬に開催される。ワイマール共和体制に対する大学教授の不信感と嫌悪感が学生にもゆゆしい影響を及ぼしているという事態に対処しようというものであった。このワイマール集会決議署名のなかに、ジンツハイマーの名前がある。西村『知の社会史』三五九頁。
(16) Luthardt, Sozialdemokratische Arbeiterbewegung und Weimarer Republik, S. 63 Anm. 3.
(17) フランクフルト大学ジンツハイマー時代は、同大学に対する労働法関係の学位請求論文が多数を占めていた。しかし一九三三年夏学期以降のクラウジング時代に入ると論文請求数は激減し、それに代ってニッパーダイをリーダーとするケルン大学に対する労働法関係の学位請求論文数が顕著になってきたのであった。信山社ジンツハイマー八八頁、Wahsner, Arbeitsrecht unterm Hakenkreuz, S. 125.

Ⅲ　ワイマール労働法学界の人びと

1　初期労働法学とフィーリップ・ロトマール

ジンツハイマーが一五七五年に設立されたオランダ最古のライデン大学に労働法特任教授として招請せられ、評議員、教授、学生等を前にして「労働法の背景」と題し教授就任講演を行ったのは、彼が六〇歳を過ぎた一九三六年二月一四日のことであった。そのなかでジンツハイマーは、ローレンツ・フォン・シュタイン（一八一五―一八九〇）を労働法の先駆者と呼び、その古典的作品といえる一八四二年の『現代フランスにおける社会主義と共産主義』において、彼が法社会学的な考察方法を法律学のうちに導入すべきであると強調していることを高く評価する。さらにジンツハイマーは、一九三二年にしたためたある書評のうちにおいて、(1)「労働法」という用語をはじめて使用したのは、シュタインの一八七六年の『ドイツ法律学・国家学の現在と未来』であると指摘する。前世紀の後半においては、経済学は、既に社会問題、労働問題に組織的に取組んでいたのであった。一八七二年の社会政策学会の設立は、経済学者集団のこのようなエネルギーの結集であったとみることもできるであろう。そのことは前述した。これに対し法律学は、依然としてパンデクテン法学、概念法学という伝統世界のうちに安住していた。(2)したがってヘーゲル派の巨匠とされたシュタインが、右の一八七六年著書において、資本主義社会における階級分化の必然性を主張する立場から、法による労働者階級の具体的生存性の承認に新しい労働法の価値があるとし、労働法はすぐれて階級法であると指摘しているのは、当時においては異例のことであったといわなければならない。(3) ちなみに明治憲法起草調査のために渡欧した伊藤博文（一八四一―一九〇九）をウィーン大学の重鎮となっていたシュタインが厚遇し、伊藤が彼の講話に傾斜するにいたったのは、一八八二年のことである。シュタインは、労働法を含めた国家社会政策により市民社会の福祉をはかり、立憲自由主義的な社会的王政の実現を唱導したのであった。

だが、ジンツハイマーの右のような言及にもかかわらず、シュタインは単に問題提起者に過ぎず、しかもそのイメージにあったのは、社会政策的労働法に過ぎなかった。社会政策学団から独立した本来の法律学分野における新生の労働法に関する最初の作品といえば、やはりフィーリップ・ロトマールの一九〇二年『労働契約論』一巻であったといわねばならない。それが「殆んど無から有を生じたと称してよいほど、偉大な創造に富む」というかつての森山武市郎の表現は、(4) 約七〇余年後の今日から考えても、実に的確なものであったといえる。ジンツハイマーの一九〇七・八年の『団体的労働規範契約』は、このロトマールによって敷かれた新生労働法のレールを決定づけるにいたったものであり、したがってドイツ労働法学史における創造者の名に値するのは、ロトマールとジンツハイマーの両者であるといわねばならないであろう。ただこの点について、一九二九年にロトマールの伝記をしたためた前掲のハインリヒ・ティッツェが、ロトマールは現代労働法の「父」と呼ばれるべきではなく、その「起点」（Ausgangspunkt）を刻した人として把えるべき旨記録していること、そうしてロトマール研究について絶対の信頼をよせることのできる前掲の現フランクフルト大学ルュッケルトがティッツェ指摘をきわめて説得的（aufschlussreich）と評価していることもここに掲げておきたい。(5)

（1）その書評とは、*Juristische Wochenschrift* 一九三一年九月三日号二五九七頁に記録されている Hans Dietrich Müller, Wie verhält sich der §950 BGB zu dem Satz, daß jeder Arbeiter Eigentümer des Arbeitsproduktes werden soll?, 1930 に対するものである。著書ミュラーについては、同書の刊行当時に司法修習生であったということしか判明していない。

（2）西村『知の社会史』一五〇頁。

（3）Gegenwart und Zukunft der Rechts- und Staatswissenschaft Deutschlands, 1876, S. 265-271.

（4）森山・明治大学政経論叢二巻三号一三九頁。

（5）信山社ジンツハイマー六六頁。

2　初期労働法学とハインツ・ポットホフ

ロトマール、ジンツハイマーの両者につづき初期労働法学に名をとどめているのが、一九一二年に『労働法の課題―経済実務家の法政策的考察』を処女作として刊行したポットホフである。しかし雑誌編集者、団体職員、弁護士、行政官とさまざまな職業を経験しつつも、生涯、文筆家、評論家として終始したのがポットホフである。大学社会には無縁であった。右の作品もいわば評論的労働法論ともいうべきものであり、そのことは、副題及び序文において明らかなところであった。左には、人名辞典的スタイルにしたがい、まずポットホフの年譜の概略をしたためておきたい。詳細は信山社ジンツハイマーにゆずることにする（二三九頁）。

ハインツ・ポットホフは、一八七五年五月九日に、工場経営者の子弟としてビーレフェルトにおいて出生。ミュンヘン、ライプツィヒ、ベルリンの諸大学において経済学を学び、一九〇一年に「ラーフェンスブルク・ライプツィヒ王国におけるリンネル製造業」という論文で学位号を取得する。一九〇一年から六年まで経済実務雑誌の編集責任者となり、(6)一九〇七年から一〇年までの間は、工場マイスターの団体として一八八四年に結成されていたドイツ工場マイスター団体（Deutscher Werkmeisterverband）のデュッセルドルフ本部の事務局長に就任し、(7)弁護士を開業する。その間、一九〇三年六月から一二年一月まで、自由主義右派の政党・自由思想家連合所属のライヒ議会議員となる。その後は、弁護士業務のかたわら、文筆家、評論家として活躍し、一九一四年二月には、ジンツハイマーとともに編集責任者となったアルバイツレヒト誌を発行し、一八年五月号よりは、同誌を実質的に一人で編集する。一九一八年には、デュッセルドルフからミュンヘンに住居を移し、翌一九年から二〇年にかけ、バイエルン州社会局に専門官として勤務する。シャイデマン内閣のグスタフ・バウアー労相のもとで一九年五月上旬に発足した統一労働法制定委員会の第一回会議においてなされたメンバーの拡張決議により、同委員会に加わる。一九二三年八月に公表された労働契約法草案の原案を作成する。一九二八年一一月よりライヒ労働省に三等事務官として勤務し、住居をベルリンに移す。その間レーゲンスブルクの哲学神学単科大学において、一九一六年夏学期から数年にわたり客員講師として労働法の講義を行っている。三三年四月の職業官吏制再建法により、共和制擁護派の行政官であるという理由をもって同月に免職処分となる。その後、シュトゥットガルトのヘス出版社に編集長として迎えられる。同社は労働法、行政法、税法関係の専門出版社であったが、アルバイツレヒト誌はその創刊号以来同社から刊行されていたという関係があったことによる。一九〇一年に加入した社会政策学会において次第に有力メンバーとなり、三六年一二月中旬に同学会が正式に解散するまで理事としての職務をつづける一方、三七年三月まで、実名またはボードマン（Bodmann）という匿名でナチス労働法についての時事解説的論稿を数多く発表する。(8) この匿名を彼は一九三三年以前にも使用していたことがある。三五年には、最後の著書となった『ドイツ労働法―信任委員会、経営指導者及び従者のためのハンドブック』を刊行する。(9) その後は、ベルリンにおいて、隠遁生活を強いられたと思われる。四五年五月七日のドイツの無条件降伏の直前のベルリン攻防戦のさい、ソ連軍兵士によって射殺されたとされる。

ジンツハイマーとポットホフは、これまでしばしば言及したように、相協力して一九一四年にいち早く労働法理論雑誌アルバイツレヒトを刊行したのである。また、ジンツハイマーは一九二七年の

『労働法原理第二版』のとびらにおいて、ポットホフを「同行者にして戦友」と呼び、これに対しポットホフは、同書を「かがやかしい社会学的方法論に立脚した著作」と称賛しているのである。(10) したがって両者は、一九一〇年ごろより、労働法研究者集団のうちにあって、たしかによき協力者であったであろう。しかしそれを超えて、思想的に、さらには人間的に信頼にみちた同行者であったかどうかということになると、多分に疑問が残る。むしろ否定的に解さねばならないのではないか。ポットホフは実に多作ではあったが、一九一二年の処女作品以来、労働法の解説者、評論者に終始する。彼の代表的著作ともいえる一九二八年の『労働法―生成する法のための闘い』も、基本的には、評論家的立場により労働法思想を描写したものである。彼はジンツハイマーのような確信的思想を欠いていた。彼が経済学者として労働法学に入りこんだということも、彼の労働法論を決定づけた一つの契機となったのではないかと考えられる。ポットホフをロトマール、ジンツハイマーにつぐ先駆者にあげることはドイツ労働法学史上のいわば常識とはなっているけれども、それは、彼の作品が既に一九一〇年代に数多くみられるという事実に対する評価に過ぎないのではないか。さらに問題なのは、共和制擁護派であるとの理由で公職から閉めだされたポットホフが、ナチス体制への迎合姿勢をとろうとしたことであり、ナチス労働法についての解説者としての活動を継続したという事実である。(11) 一九三五年の前掲著書も、そのサブタイトルの示すように、ナチス的経営協同体理論を主軸においた解説書であった。

（6）　経済実務雑誌というのは、Reichsverband der Deutschen Volkswirte という団体が一九〇一年から発行した *Volkswirtschaftliche Blätter* をさす。

（7）「ドイツ工場マイスター団体」は、地方レベルの工場マイスター団体を統合して一八八四年三月下旬に結成されたものであった。いわゆる中間管理職組合であり、その労働協約能力については判例上も承認せられていたのであった。工場マイスター制については、高木健次郎『ドイツの職人』（一九七七・中公新書）一五九頁参照。

（8）　ポットホフの最終の論文となったのは、ナチス労働法についての専門雑誌 *Deutsches Arbeitsrecht* の一九三七年三月号上の Arbeitgeberähnliche Personen というタイトルのものであった。

（9）　Das Deutsche Arbeitsrecht. Handbuch für Vertrauensräte, Betriebsführer und Gefolgschaft, 1935.

（10）　ポットホフのジンツハイマー『労働法原理第二版』に対する本文中の書評の言葉は、アルバイツレヒト誌一九二七年九月号八九四頁にある。

（11）　この点を指摘しているのは、Ramm, Nationalsozialismus und Arbeitsrecht, S. 88 である。

3　大学における労働法講義の状況

前世紀以来旧秩序の堅牢な牙城であり、概念法学的教育の支配していた法学部に労働法という講義科目を設けることについては、つよい抵抗があった。しかし一九一〇年代になると、大学内においても少数の識者によってその要望がなされるにいたったのである。一八九八年以来ミュンヘン大学統計学教授であり、社会科学的統計学を樹立するにいたったゲオルク・フォン・マイル（一八四一——一九二五）は、一九一三年一二月上旬に行った同大学学長就任講演において、労働問題に関する総合的な研究体制の確立と法学部における労働法講義の開講の必要性を強調するところがあった[12]。それは他学部関係者からの法学部あての要請ではあったが、法学部内でも、つぎのような趣旨の主張が同年代にみられるようになってきたのである。「法律学ほどルネッサンスの期待される学問分野は他に存在しない。最近の政治、経済の急激な展開を考慮すると、ラテン語学習にいたずらに時間をとられるような教育について、全面的な見直しが必要である。とくに独自の法原理の支配する労働法については、毎年度講義の実施されることがのぞまれる。それは、法学部教育の革新的な変革をもたらす一つの契機となるであろう」とは、一九一五年一〇月に、マールブルク大学国際法教授ヴァルター・シュッキング（一八七五―一九三五）の提言しているところである[13]。また、「ドイツの大学は、過去においてはドイツの精神文化の中心ではあったが、新しいものに対しては拒絶反応がつよく、それを非アカデミックなものとして排斥してきたのであった。とくに法学部ではその傾向が顕著であり、その結果、講義はきわめて単調なものに終始している。しかし労働法については、大学外ではその講義の必要性が提唱せられ、中級職、初級職の官吏層に対する労働法教育が強調されるという状況になりつつある。大学もこのような事態に対応し、労働法の講義科目を設け、伝統的な法学教育の改革に徐々に着手すべきである」とは、右のシュッキング提言を受け、同年一二月に、ケルン大学国法学教授フリッツ・シュティアー＝ゾムロ（一八七三―一九三二）の主張しているところである[14]。ちなみにシュティアー＝ゾムロは、一九二五年冬学期にニッパーダイがケルン大学に赴任し労働法講義を担当するにいたるまでの間、ハインリヒ・レーマン（一八七六―一九六三）とともに、同大学での労働法、社会保険法の講義を行っていたのであった。

一九一八年一一月以降は、さらに大学の外からも、あいついで労働法講義の要請が提起される。一九年一〇月下旬には、ドイツ工業裁判所・商人裁判所連盟は、各大学及び各邦文部省当局に対し労働法講義・労働法演習の実施の陳述書を提起する。ほぼ同時期には、社会改良協会も各大学当局に同様の要望を行い、またバイエルン邦議会その他の邦議会も、労働法講座の設置の決議をなすにいたっている。さらにシャイデマン内閣のバウアー労相のもとで一九年五月二日に発足した統一労働法制定委員会も、翌二〇年五月には、すべての大学における労働法講義の実施または労働法講座の設置に関し緊急決議をなすにいたっているのである。その結果、一九二〇年代のなかばになると、かなりの大学には労働法の専任者が配置せられ、また多くの大学では労働法の定期的開講がほぼ実現せられるにいたった。さらにベルリン、ライプツィヒ、ハレ、ケルン等の諸大学では、二〇年代の前半または後半には独自の労働法講座が設けられる。以下には、参考までに、一九二四―二五年冬学期における工科、商科の両単科大学を含めての大学における労働法の講義科目と担当者を掲げておくことにしたい。その担当者のうちには、既に記録した者もあるが、生年、没年は重ねて掲げておきたい。そのうちに国法学者がかなりみられることを注目すべきであろう。大学社会における労働法への基本的スタンスが

そこにみられるからである。(15)

ベルリン大学　〔労働法原理〕正客員教授・ベルリン上級地方裁判所裁判官ルートヴィヒ・ラス（一八六〇―一九三五）、〔労働法〕員外教授ヴァルター・カスケル（一八八二―一九二八）。

フランクフルト大学　〔労働契約法―一九二三年の労働契約法草案を考慮して〕正客員教授フーゴ・ジンツハイマー。

フライブルク大学　〔労働法〕員外教授ルードルフ・シュルツ（一八七四―?・民事訴訟法専攻）。

ゲッティンゲン大学　〔労働契約法〕正教授パウル・エルトマン（一八六五―一九三八）、〔労働協約法・労働争議法〕エルトマン。

ギーセン大学　〔労働法・労働法演習〕員外教授ヴィルヘルム・グロー（一八九〇―一九六四）。

ハレ大学　〔労働法〕正教授ルードルフ・エールゲス（一八六八―一九五七）。

ハンブルク大学　〔労働法〕客員教授・ハンブルク地方裁判所裁判官ヴァルター・マットハイ。

ハイデルベルク大学　〔労働法〕客員教授・カールスルーエ工科大学教授エーミール・ヴェールレ（一八九一―一九六二）。

イェーナ大学　〔労働法〕員外教授ハンス・C・ニッパーダイ（一八九五―一九六八）、〔労働協約法〕正教授リヒャルト・シュミット（一八六二―一九四四・国法学専攻）。

ケルン大学　〔労働法〕正教授フリッツ・シュティア＝ゾムロ（一八七三―一九三二）。

ライプツィヒ大学　〔労働契約法〕員外教授エーリヒ・モリトール（一八八六―一九六三）、〔経営協議会法・同法演習〕私講師ルッツ・リヒター（一八九一―一九四五）、〔労働法合同演習〕正教授エァヴィーン・ヤコービ（一八八四―一九六五）及び私講師リヒター。
マールブルク大学　〔労働法〕正教授フリッツ・アンドレ（一八五九―一九二七）。
ミュンヘン大学　〔労働法・労働法演習〕客員教授・ミュンヘン上級地方裁判所裁判官ヴィルヘルム・ジルバーシュミット（一八六二―一九三九）。
ミュンスター大学　〔労働法・労働法演習〕私講師アルフレート・フーク（一八八九―一九七五）。
テューービンゲン大学　〔労働法・労働法演習〕正教授ルートヴィヒ・フォン・ケーラー（一八六八―一九五三・国法学専攻）。
ロストック大学　〔労働法〕正教授エトガル・タターリン＝タルンハイデン（一八八二―一九六六・国法学専攻）。
ベルリン工科大学　〔労働法〕員外教授カール・ケーネ（一八六三―一九三二・国法学専攻）。
カールスルーエ工科大学　〔労働法・社会法〕私講師ヴァルター・メルク（一八八三―一九三七・国法学専攻）。
ベルリン商科大学　〔労働法・労働法演習〕客員教授・弁護士ゲオルク・バウム（一八七四―一九三三）、〔労働法演習〕客員教授ヴァルター・カスケル。

ライプツィヒ商科大学　［労働契約法］客員教授エーリヒ・モリトール、［経営協議会法］客員教授ルッツ・リヒター。

マンハイム商科大学　［個別的労働関係法・集団的労働関係法］正教授アントン・エルデル（一八七五―一九二八）。

(12) Georg von Mayr, Das Arbeitsrecht im Universitätsunterricht, *Arbeitsrecht,* April 1914, S. 112.

(13) Walther Schücking, Die Disziplin des Arbeitsrechts und die juristischen Fakultäten, *Arbeitsrecht,* Oktober 1915, S. 218.

(14) Fritz Stier-Somlo, Das Arbeitsrecht auf dem kommunalen Hochschulen, *Arbeitsrecht,* Dezember 1915, S. 326.

(15) 本文に掲げた労働法講義の担当者のうち、熱狂的なナチス法学者となり、四五年に反攻ソ連軍に抑留され、最近にいたるまでその最後が不明のままであった者にエトガル・タターリン＝タルンハイデンとルッツ・リヒターとがある。両者の四五年五月以降の経過についてコメントしておきたい。

まず**タターリン・タルンハイデン**である。ワイマール期の労働法関係の雑誌に彼の論文がかなりみられるので、その略歴を明らかにしたいと思っていた。そのための資料は一九九八年にいたるまでドイツでは絶無であったが、参考文献に掲げたStolleis, Geschichte des öffentlichen Rechts, S. 291によってとくに三三年以降の行動を知ることができたのであった。タターリン・タルンハイデンは一九一五年まではラトビアのリガで弁護士として生活していたが、二二年にマールブルク大学で教授資格を取得して私講師となる。同年冬学期にはロストック大学に招請される。三二年まではルードルフ・シュタムラーに傾斜した研究者であったが、三三年以降はナチス党員として熱狂的な法学者となり、三四年には、キリスト教的視点、身分法的視点、反ユダヤ的視点を統合したWerden des Staatsrechtsを刊行している。それ故に、ロストックが反攻ソ連軍に占領されると同時にソ連軍に抑留され、一〇年の強制労働刑を宣告され、五四年に漸く西ドイツに帰国できたのであった。

つぎにナチス期に入って同様の行動をとり、それ故にドイツ敗戦とともに直ちにソ連軍当局に抑留され、四五年一一月に死去した者に労働法学者**ルッツ・リヒター**がある。リヒターは二六年にライプツィヒ大学の員外教授に、三〇年には教授となり、エァヴィーン・ヤコービ追放後の同学の突撃隊学部化のリーダーとなった。四二年にはナチス東方大学として特権的地位を与えられていたケーニヒスベルク大学に招請され、ナチス労働法の確信的推進者となったのであった。そこで信山社ジンツハイマー（二二四頁）では、参考文献にあげたHeiber, Universität unterm Hakenkreuz, S. 283により、「第二次大戦終結直後に彼は、占領ソ連軍当局の苛烈な取調べを受けたようであるが、その最後は明らかでない」、「ソ連軍当局によりソ連内の強制収容所送致となり、そこで消されたのではないかというのが私の推測である」と記述したのであった。しかし一九九九年に入手した前出のStolleis, Geschichte des öffentlichen Rechts, S. 218 Anm. 68によりその最後が明らかになったので、訂正して、前述のようにソ連軍当局による抑留中の四五年一一月に死去したとしておく。

4　ワイマール労働法学界における三派と高級労働官僚

さて、ワイマール労働法学界の人脈であるが、「ワイマール労働法学は、ジンツハイマー、ポットホフ、カスケル、ヤコービに代表される」というティロ・ラム教授の指摘(16)は、一般的に承認されているところである。ただ前述のように、ポットホフについては、私は異なった評価、認識をもっているということである。

学者あるところに学派ありといわれる。政治の世界ならばともかく、学問の世界について、党派的な分類を簡単になすべきではないといわれるかもしれない。しかしジンツハイマー、ポットホフとカスケル、ヤコービとの間には、全く異なる法的思考、法学方法論が存在するのみならず、この四人の社会的経験、社会的地位は対照的な様相をみせているのである。学派形成の基盤といったものがおのずから存したといえるのではないか。

第一にあげられるべきは、法社会学的方法論に立脚する「フランクフルト学派」である。ジンツハイマーを頂点とし、ゲオルク・バウム、ハインリヒ・ロージン（一八五五―一九二七）、シュテファン・バウアー（一八六五―一九三四）、ヴィルヘルム・ジルバーシュミット等を含む人脈である。ポットホフは、通俗的ないい方をすれば、この学派の張出横綱的地位にあったとしてとらえたい。ジンツハイマー、ポットホフをはじめとして、この学派は大学の伝統的主流から疎外された人たちによって構成され、たとえ裁判官の地位にあったとしても、在野法曹的メンタリティの持主であった。バウムは、既述のように、弁護士、工業裁判所・商人裁判所連盟（後に労働裁判所連盟）事務局長のかたわら、ベルリン商科大学客員教授を長くつとめていたのである。ナチス体制下において家族ともども悲惨な運命をたどることになったジルバーシュミットも、裁判官のかたわら、ワイマール期において労働法専任教授の配置されることのなかったミュンヘン大学において、一九二〇年夏学期以来、労働法講義を担当していたのであった。ドイツ社会保険法のパイオニアといわれ、国家の社会保険整備義務という公法上の概念を定立したロージンは、ユダヤ人出自で国法学教授となった第一号であったが、フライブルク大学で労働法、社会保険法の講義を定年退職後も継続したのであった。スイスの経済学者であったバウアーは、一八九〇年創立の前掲労働者保護立法国際協会の書記長を本務とし、その間、バーゼル大学客員教授として労働法の講義を行っていた。このフランクフルト学派からフレンケル、ノイマン、モーゲンソー、カーンフロイント、メスティッツといった多彩な、そうして運命的な道をたどることになったジンツハイマー・シューレの人びとが生れたことは、この学派の特異性といえようか。

このフランクフルト学派に対するわが国労働法学界のノスタルジアは、今日でも消えることはない。しかしこの学派がワイマール労働法学界において傍系的、亜流的存在であったことは、確認しておきたいことである。

この学派の機関誌に実質上なったのがアルバイツレヒト誌であった。同誌は、一九三三年四月号から最終の七月号までは、短期間ながら、使用者サイドの実務労働法学者ヘルマン・マイジンガーが責任編集者となった。先述のように、彼は使用者サイドの弁護士としてジンツハイマーと対決せざるをえなかったとはいえ、アルバイツレヒト誌にしばしば投稿し、人間ジンツハイマーに心服していたのである。ジンツハイマーとの熱いかかわりのある人として、彼もまたフランクフルト学派の不可欠の一員であった。またアルバイツレヒト誌の一九一四年二月創刊にあたっては、バウム、バウアーの両者は、ロトマールその他とならんで当初から編集協力者となり、ロージンは途中からそれに加わったのであった。

第二にあげられるべきは、法社会学的労働法論をかつての社会政策的労働法論への逆行であるとしてそれを排斥し、法実証主義的立場を堅持しつつ労働法を体系化した「ベルリン学派」である。ヴァルター・カスケルを頂点とするこの学派につらなる者は、フリードリヒ・ジッツラー（一八八一―一九七五）、ゲオルク・フラトウ、ヘルマン・デルシュ、フリードリヒ・ジールップ（一八八一―一九四五）等であり、一九二〇年イェーナ大学私講師、二四年同大学員外教授をへて二五年にケルン大学教授となったニッパーダイ、一九一八年ミュンスター大学私講師、二五年同大学員外教授をへて二五年にイェーナ大学教授となったフークの両者も、ベルリンを離れていたとはいえ、ベルリン学派的学風を基本的にとっていたのである。この学派は官僚学派というべく、ライヒ政府の高級職官吏にある者、またはカスケル、デルシュのようにそれを経験した者が多いのが特色であった。ジッツラーは、一九一〇年にライヒ社会保険局勤務となり、そこでカスケルのよき協力者となったのであった。彼は、一八年にはライヒ労働局勤務となり、一九年三月にライヒ労働省が設置されるとともに一等参事官に昇任し、労働立法局の局長となる。ワイマール初期の労働立法は、ジッツラーに負うところが大きい。彼はまたフラトウ等と協力して、カスケルのもとですすめられていたベルリン大学ゼミナールを積極的に推進する。三三年から翌年までＩＬＯ事務局に出向するが、三四年にドイツがＩＬＯを脱退した後は退職し、ゾツィアーレ・プラクシス誌の四三年一二月の最終号にいたるまで、その編集責任者となる。第二次大戦後はジッツラーは諸大学の客員教授となり、社会改良協会の後継団体として一九四九年一月に結成された社会進歩協会（Gesellschaft für sozialen Fortschritt）の二代目理事長となる。四四年一〇月にアウシュヴィッツで殺害されたフラトウは、一九二〇年にライヒ労働省の三等事務官となり、二三年にはプロイセン州商工省の三等参事官となった有能な行政官であった。彼が一九二〇年に刊行しその後版をかさねた経営協議会法のコンメンタール、フラトウと同じく実務労働法学者であり、労働省労働立法局で労働契約法、労働争議調整制度等の部門の責任者となったリヒャルト・ヨーアヒム（一八九一―一九四二）と協力して二六年に刊行の労働裁判所法のコンメンタールは、ワイマール労働法学のうちだした出色の作品とされたのであった。フラトウは、ベルリン大学客員教授にもなり、人間的にも高い評価をえていたのである。デルシュは弁護士、裁判官をへて、ライヒ社会保険局の局長となったが、二八年一〇月に死去したカスケルの後継者として二九年にベルリン大学員外教授、三一年には教授となり、三三年以後、ナチス労働法についてのリーダー的学者となった。しかしその非妥協的態度が災いして三六年にはベルリン大学から追放されるが、四五年の敗戦直後には同大学に復帰して学長となる。だが占領ソ連軍政府当局と衝突して大学を辞職し、西ベルリンに移って同地のラント労働裁判所長官に就任するかたわら、ケルン大学客員教授等となる。ジールップは、ジッツラー、フラトウ以上にカスケルに近い関係にあった。一九二〇年よりライヒ職業紹介局長、ライヒ職業紹介・失業保険庁長官を歴任し、ワイマール共和国最終のシュライヒァー内閣の労相に就任する。一九三八年以降、ライヒ労働次官等としてナチス労働政策の中心的推進者となり、それ故に、四五年五月にはソ連軍当局により逮捕される。ザクセンハウゼン強制収容所に収監中の同年一〇月に死去したのであった。

一九二一年に、カスケル、ジッツラー、ジールップ、デルシュの四名を編集責任者として刊行された労働法の理論雑誌 *Neue Zeitschrift für Arbeitsrecht* は、ベルリン学派の機関誌であり、カスケルの死去した後も、残りの三者がそのまま編集責任者として、三三年七月号まで刊行する。

同誌に関し記述しておきたいことがある。同誌の一九三〇年一〇月号にジンツハイマーのある鑑定書が掲載されていることである。[17] それは、一九二〇年五月八日のブレーメン州憲法にもとづき制定された二一年七月一七日のブレーメン州労働者・職員会議所法（Arbeiter- und Angestelltenkammergesetz）[18] とワイマール憲法一六五条の規定する労働者協議会制度、経済協議会制度との関係、とくに同一六五条の専属管轄範囲について論じたものである。フランクフルト学派あるいはそれに近い人脈に属する者の同誌への執筆は、ほとんどみられない。したがって、ジンツハイマーの鑑定書を同誌が掲げているのは異例のことであった。しかし実は、法史学者であったイェーナ大学私講師ゲオルゲ・レーニング（一九〇〇―一九四六）の同じ問題についての鑑定書を同誌の一九二九年一〇月号、一一月号が掲げているので、[19]それと対照的なジンツハイマー鑑定書を参考資料としてとりあげたに過ぎないのであった。

このベルリン学派の同人が一九二一年の下半期以来実施してきた労働法ゼミナールの成果をまとめ、二五年に刊行したものが『団結と団結の闘争手段』である。[20]そのリーダーであるカスケルの同書におけるつぎのような趣旨の序文は、ベルリン学派の特色をみずから象徴的に明らかにしたものである。「私は労働法の演習のリーダーとして、つぎの二つの点を守ってもらったのである。その一つは、個々の課題の取扱いにあたっては、法律学的な立場を厳守し、政治的な論議を排除することであり、その二つは、法実証的な方法を基調として、そのかたわら、法史的、比較法的、法事実的、社会学的な取扱いをなすことであった」。

ベルリン学派には右のように高級官僚が加わっていたことに関して、とくにコメントしておきたいことがある。一九一八年の十一月革命は、高級官僚にとってショックであった。しかしエーベルト仮政府、それにつづく多数派社会民主党首班のシャイデマン、バウアー、ヘルマン・ミュラー政府にとって壊滅的な戦後経済の流れに対処するためには、高級官僚の協力は不可欠の要請であった。労働政策においても同様であった。多数派社会民主党、自由労組の労働綱領となった集団的労働法秩序の確立をクリアーするためには、高級労働官僚の立法化にむけた緻密な作業に期待せねばならなかった。

一九一六年五月に発足の後述の統一労働法制定委員会の舞台を用意したのはかれらであった。エーベルト仮政府の成立という事態に抵抗して退職した高級官僚は、プロセイン邦を例にとると一〇・五パーセントに過ぎなかったといわれる。[21] しかしその故に、かれらがワイマール新体制に全面的に傾斜をみせたのでは決してない。新体制を支持したのは、官僚ヒエラルキーの底辺に位置する単純労務職官吏クラスのみであった。高級官僚を支えたのは、「傾きかけ沈みかけた巨艦ドイチュラント号」からの退船は絶対許さるべきではないという使命感であった。

ワイマール労働法学における右のメインストリームであったベルリン学派の傍系ともいえるのが、ニッパーダイ、フークを中心とした「ケルン学派」であった。一九二八年にイェーナ大学教授フーク、ケルン大学教授ニッパーダイの両者が刊行した体系書『労働法教科書』一巻、つづいて三〇年に完成した『労働法教科書』二巻によって、このケルン学派は、ベルリン学派のみならず、フランクフルト、ライプツィヒ両学派をも圧倒したのであった。また、一九二九年に、ニッパーダイ、レーマンと、一九四一年にケルン大学よりウィーン大学に移ったハンス・プラーニッツ（一八八二—一九五四、民法・商法）との三者によって、労働法・経済法講座がケルン市当局及び労使団体の要請に応ずる形で設置され、強固な研究体制ができあがるにいたったのである。第二次大戦後におけるケルン学派のカリスマ的地位は、既にその時点で素地ができあがっていたのではなかろうか。さらにこの学派には、他の三派のようにユダヤ系研究者が存在しなかったことも、ナチス体制下において幸いしたことであった。

第三にあげられるべきは、ライプツィヒ大学における研究集団を中心とした「ライプツィヒ学派」である。法実証主義的立場を基調として労働法の体系化をはかるという点ではベルリン学派と共通するが、官僚学派であるベルリン学派に対し、いわば講壇法学としての立場を徹底させたという点では、フランクフルト学派、ベルリン学派につぐ第三の学派として位置づけることができる。その中心となったのは、エァヴィーン・ヤコービを中心とし、それにエーリヒ・モリトール、ルッツ・リヒターの加わる三者である。ヤコービについては、カスケルとともに、後に記述する。モリトールは、一九二二年にライプツィヒ大学に員外教授として着任するが、一二三年八月に統一労働法制定委員会が公表した労働契約法草案に対し、イェーナ大学フーク、エァランゲン大学エァヴィーン・リーツラー（一八七三—一九五三）と協力してまとめた一九二五年の批判書[22]は、ドイツ労働法学史上忘れられてはならない一つの作品である。一九三〇年から四五年まで彼はグライフスヴァルト大学に在籍し、ナチス労働法体制のアクティブな推進者の一員として活躍する。第二次大戦後はマインツ大学に移る。彼は、労働契約法とならんで比較労働法にも業績を残し、またカトリック社会主義理論もその関心の対象であった。確信的なカトリック教徒であったからである。一九二八年に体系書『労働法の基本関係・全労働法の概説[23]』を刊行したリヒターであるが、前述した一九三三年以降のリヒターの足跡は、この好著をメルトダウンしてしまったといって過言でない。

(16)　Ramm, Arbeitsverfassung der Weimarer Republik, S. 226.

(17) Die Rechtsgültigkeit der bremischen Arbeitnehmerkammern, *Neue Zeitschrift für Arbeitsrecht,* Oktober 1930, S. 593.

(18) 労働者会議所というのは、職業紹介、職業訓練、労働者福祉等の事業を行うことを目的として、地方自治団体、労組、使用者団体の三者によって設置された公法人である。現在のドイツにおいてこの労働者会議所の存在するのは、ブレーメン、ザールラントの二州である。

(19) George Löning, Rechtsgültigkeit von Arbeitnehmerkammern, *Neue Zeitschrift für Arbeitsrecht,* Oktober 1929, S. 593, November 1929, S. 673.

(20) Koalitionen und Koalitionskampfmittel. Arbeitsrechtliche Seminarvorträge, 1925. ベルリン学派の労働法ゼミナールはこの『団結と団結の闘争手段』を第一巻として、つぎのように続刊を出している。第四巻は、カスケル亡き後をついでデルシュが責任編集したものである。第二巻 Hauptfragen des Tarifrechts, 1927　第三巻 Der Akkordlohn, 1927　第四巻 Die Arbeitsgerichtsbarkeit, 1929.

(21) Gusy, Weimarer Reichsverfassung, S. 26.

(22) Der Arbeitsvertrag und der Entwurf eines Allgemeinen Arbeitsvertrags-Gesetzes. Kritische Juristische Untetsuchungen, 1925.

(23) Lutz Richter, Grundverhältnisse des Arbeitsrechts. Einführende Darstellung des gesamten Arbeitsrechts, 1928.

5　ヴァルター・カスケルとエァヴィーン・ヤコービ

ここでベルリン学派のリーダーであったカスケル、ライプツィヒ学派のリーダーであったヤコービの両者について、それぞれ年譜の概略を記録しておきたい。詳細は信山社ジンツハイマーにゆずることにする（二一七頁、二〇九頁）。ジンツハイマーをふくめて三者がともにユダヤ系であったことには、複雑な何かをかぎとることもできようか。

ヴァルター・カスケルは、一八八二年二月二日に、ベルリンにおいて出生する。ベルリン、ミュンヘン、フライブルクの諸大学で法律学を学び、ベルリン地方裁判所、ライヒ社会保険局勤務をへて、一九一三年にベルリン大学私講師となる。一九年五月に発足した統一労働法制定委員会に、ジンツハイマー、エルトマン等とともに学界代表委員として加わる。二〇年にはベルリン大学員外教授に、二五年には教授となる。二五年には体系書『労働法』を刊行する。それは、法実証主義の極致ともいえる作品である。アルバイツレヒト誌一九二五年六月号上のポットホフ書評のいうように、カスケル労働法論の基本的立場は、同書の強みでもあり、同時に弱みともなっている。しかしそれは、ワイマール労働法学における不滅の一作品であった。同書の二版は同じ二五年に、三版は二八年に刊行されるが、四版（一九三二年）、五版（一九五七年）は、デルシュによって増補の作業がなされる。一九二八年一〇月九日にベルリンにて死去する。

読むことと見ること、観念することと接触をもつこととの間には、超えがたい相違がある。一九二一年初秋から二三年の三月にかけてカスケルと師弟としての熱いかかわり合いをもった孫田秀春の『労働法の開拓者たち』には、カスケルについての生々しい記述があるが、そこにカスケルのジンツハイマー批判のすさまじさが語られている。「俺は断固ジンツハイマーをトートシーセン（射殺）する……」（同書一三二頁）のカスケルの言葉にいたっては、学問的批判をこえた感情的非難がむきだしになっている。ジンツハイマーの一九二一年『労働法原理―概説』に対するカスケル書評は、先述したように、カスケルみずからの精神的未熟を露呈したものであり、空しさのみが残る。文字からは理解できない隠微な感情があるいはカスケルにあったのであろう。孫田も、「その原因は、先生（カスケル）の口吻からしてどうやら立場上の相違にあるようにも思われるが、恐らくそれだけではあるまい。何か別に感情上のもつれが手伝っているのではなかろうかと考えたりして、……」といっている（同書一三二頁）。しかしジンツハイマーのカスケルに対する態度がきわめてクールなものであったことは、前述のとおりである。カスケルの死去の翌月に、アルバイツレヒト誌一九二八年一一月号は、その巻頭においてつぎのような要旨のカスケル追悼の言葉を掲げる。「カスケルは、ドイツの大学における最初の労働法講義の担当者となり、それまでの社会政策的労働法を法律学的労働法たらしめた。そのベルリン大学における講義は、法律論に関係のない問題を一切しりぞけ、法実証主義的論理性を一貫させたものであり、それ故に、大教室はつねに八〇〇人余の聴講学生を引きつけたのであった。カスケルとの間のはげしい学問上の対立はあったものの、それは、彼との人間としての交流を妨げるものでは決してなかった」。無記名ではあるが、おそらくジンツハイマーの筆になるものであろう。しかしカスケルが、ベルリン大学において、民事法、刑事法の教授グループのつよい反対にもかかわらず労働法講義をカリキュラムのうちにいち早く取りいれ、ライプツィヒ大学、ハレ大学、ケルン大学とならんで労働法講座を定着せしめた功績は大きいものがある。そのことは、彼の死去直後に、ドイツ労働組合総同盟の機関誌 *Gewerkschafts-Zeitung*（コレスポンデンツブラット誌の一九二四年一月より改名されたもの）の二八年一〇月二〇日号がとくに強調しているところなのである。

エァヴィーン・ヤコービは、一八八四年一月一五日に、ナイゼ川の上流にあるツィタウにおいて出生する。刑法、法哲学、教会法学者カール・ビンディング（一八四一―一九二〇）のもとで、教会法から研究生活をはじめ、やがて国法学、労働法へと入っていく。一九一二年に彼のハイマート大学となったライプツィヒ大学の私講師となり、第一次大戦に従軍した後一六年に員外教授に、二〇年冬学期にはグライフスヴァルト大学教授となったが、翌二一年夏学期には、再びライプツィヒ大学にもどる。同年に設置されたドイツで最初の労働法講座の主宰者として、モリトール、リヒターと協力し、工業裁判所裁判官、労使団体の代表者、経営協議会メンバー等も加えたいわば産学共同ゼミナールを継続開催し、他大学の労働法専攻者もその講師として招請する。その労働法上の代表作には、まず一九一九年に刊行した『営業法・労働法入門』がある。それは、社会政策専攻のライプツィヒ大学私講師であり、右の共同ゼミナールの一員にもなったエルンスト・シュルツェ（一八七四―一九四三）の協力をえて、同大学主催でなされた講演をもとにまとめたものである。同書は一九二六年までに五版を重ねる。しかしドイツ労働法学史におけるヤコービの名を不動ならしめたものは、一九二七年刊行の『労働法の基礎理論』であり、ライプツィヒ学派を象徴する作品であった。それは、労働協約の法源性に関する不朽の著作ともいうべきものであった。またヤコービは、一九二〇年前半期から、カール・シュミット（一八八八―一九八五）とならんで一九二二年一〇月結成のドイツ国法学者連盟（Vereinigung der Deutschen Staatsrechtslehrer）の有力メンバーであり、ワイマール憲法（四八条二項）所定の大統領の緊急命令権に関するシュミットとの連名の著書もある。[24] ヤコービは、有名なライプツィヒ大学図書館にこもるかたわら、音楽についても豊かな才能をもち、モーツァルト・ファンであった。とくにヴァイオリン奏者として、玄人はだしであったといわれる。労働法学者アルトゥル・ニキシュの父アルトゥル・ニキシュが前述もしたように総指揮者をしていたライプツィヒのゲヴァントハウス管弦楽団を、心から愛していたのであった。彼が第二次大戦後も東側のライプツィヒを離れることがなかった理由の一端は、ここにある。ナチス体制下においては、ユダヤ人の故に大学を免職処分になり、隠遁生活を強いられ、一九四三年には空襲によりライプツィヒの自宅を焼失し、ツィタウに移る。しかしその間、教会法の研究に専念する。第二次大戦終結とともにライプツィヒ大学に復職し、西ドイツの大学からの招請も拒絶してライプツィヒ大学の復興につとめ、四七年には学長となる。ヤコービの誠実、円満な性格の故に、体制の全く異なった東ドイツの大学関係者からも敬愛される。一九五七年には、学位取得五〇年を祝った論文集が刊行される。また西ドイツの労働法理論雑誌レヒト・デァ・アルバイトの一九四八年創刊にあたっては、ニッパーダイに懇請され、その編集協力者の一人となった。晩年は教会法研究に再び意欲をそそいだが、一九六五年四月五日にライプツィヒにて死去する。

ワイマール期にヤコービのもとに留学したわが国の労働法学者に、中村武（一八九二―一九八八）がある。実は、私は一九六〇年から六三年にかけ数度にわたり、ヤコービの温かい書信を手にし、また東ドイツ労働法に関する一九五六、五七年刊行の二冊の著書の送付を受けたことがあった。その間のエピソードを活字にしたい衝動にもかられるが、私事にも関係することなので、胸のうちにとどめておくべきことであろう。

(24)　それは、ドイツ国法学者連盟の双書として刊行された下記のものである。Erwin Jacobi und Carl Schmitt, Die Diktatur des Reichspräsidenten nach Art. 48 der Reichsverfassung, Veröffentlichungen der Vereinigung der Deutschen Staatsrechtslehrer Heft 1, 1924. 国法学者としてのヤコービとシュミットとの関係、さらに孫田『労働法の開拓者たち』の一五一頁以下にでてくるカスケルのかつてのドクター・ゼミナリステンであった国法学者ハンス・ペーターース（一八九六―一九六六）とヤコービとの関係については、ベンダースキー『カール・シュミット論』八九頁以下、一九二頁以下参照。また国法学者ペーターースについては、手島孝『ケルゼニズム考』（一九八一）二五三頁参照。

6　ハインリヒ・ヘーニーガーとルードルフ・エールゲス

ワイマール労働法学史上、右の三学派に収めえない人びとも少なくない。そのうちで、ジンツハイマーと同じくドイツ労働法学の第一世代に属する者のうち、とくにここで取りあげておきたい人には、まずハインリヒ・ヘーニーガーがある。ジンツハイマーより四歳年下の彼は、前述のように、ユダヤ人であるという理由をもって、一九三五年三月にフランクフルト大学教授を罷免せられ、三八年にアメリカに亡命の地をもとめたのであった。しかし五〇年に帰国し、フランクフルト大学客員教授としてアメリカ労働法の権威者の一人ともなったのであるが、ワイマール期には、彼はルードルフ・シュタムラーに傾斜したのであった。一九三一年にシュタムラー編集の法律事典の一巻が刊行されるが[25]、ヘーニーガーの執筆した「労働法」の項目は、ドイツ労働法学史上の主要文献の一つとなっている。ヘーニーガーはまた、文献学者でもあった。フライブルク大学時代の同僚であった前掲ルードルフ・シュルツ、バーデン州の労働行政庁に勤務し、後にカールスルーエ工科大学教授、マールブルク大学教授となった前掲エーミール・ヴェールレと協力して一九二二年から三二年にいたるまで編集刊行した「労働法年報」全一二巻は、前述のように労働法文献目録集であるが、重要文献に付したコメントには、簡潔ながら、編者の造詣の深さをうかがえるものがある。さらにヴェールレと協力して編集した『労働法令集』は、一九二〇年以来版を重ねる。彼とジンツハイマーとの間に直接的な学問的交流があったとはいえないが、ジンツハイマー労働法理論をヘーニーガーは高く評価していたのであった[26]。

つぎに取りあげておきたい人には、ルードルフ・エールゲスがある。ジンツハイマーより七歳年長の彼は、ヤコービと同様に、第二次大戦後も彼のハイマート大学の所在地であった東側のハレを離れようとはしなかった。のみならず、エールゲスは、ナチスによる追放スタッフのうちハレ大学に復帰した唯一の教授であった。彼は、そのとき定年年齢をはるかにオーバーした七八歳であった。彼は一九一九年夏学期にハレ大学に労働法講座を設置し、そのリーダーとなった。そうしてヘーニーガーと同じくシュタムラーに傾倒し、法学方法論が彼の主分野といわれたが、寡作であり、エールゲス労働法理論を若干の論文からくみ出すことは困難である。ユダヤ人であるに加えて、ナチスに対するつよい抵抗の姿勢の故に、一九四一年には大学を追われ、ハレで国内亡命生活に入る。彼は、ワイマール期には、ライヒ労働省の協力をえて雑誌「労働法と仲裁」（*Arbeitsrecht und Schlichtung*）の編集責任者となり、同誌を一九一九年一月より継続刊行する。エールゲスの論文は、主として同誌においてみられるに過ぎない。[27]同誌は、三三年七・八月合併号より「労働法と民族」（*Arbeitsrecht und Volkstum*）と改称し、三四年一二月号まで存続する。ポットホフが前記したようにボードマンという匿名でナチス労働法についての評論的論稿を発表したのは、この労働法と民族誌と、三三年八月より刊行され、四〇年一二月号まで存続したナチス労働法雑誌 *Deutsches Arbeitsrecht* 上においてである。[28]エールゲスとジンツハイマーとの間には、学問的接触はなかったようである。

(25)　Das gesamte Deutsche Recht in systematischer Darstellung, hrsg. von Rudolf Stammler, Bd. 1, 1931.

(26)　ヘーニーガーは、一九三二年にキール大学に、三四年一〇月にはフランクフルト大学に移り、翌年三月にパージになるが、三二年までは、フライブルク大学が彼の本拠地となっていたのであった。同大学の員外教授時代の一九一七年に、彼は民法学者として一般条項論を展開したのであった。それは、ドイツではじめての詳細な一般条項論であったといわれる。広渡『法律からの自由と逃避』三〇頁参照。

　ヘーニーガーがフランクフルト大学に移ったのは、一九三三年四月一日に赤きユダヤ大学であるという理由をもってナチス突撃隊に占拠されたフランクフルト大学の教授陣が壊滅状態になったためである。しかしユダヤ人ヘーニーガーを招請したことにはミステリーが残る。結局彼は、六箇月の短期穴埋めスタッフに過ぎなかった。労働法学者としてのヘーニーガーの詳細については信山社ジンツハイマー二〇四頁参照。

(27)　エールゲスについては、ドイツの労働法学史上言及されることがきわめて少ない。彼については、つぎの文献参照。Albert Timm, Die Universität Halle-Wittenberg, 1960, S. 82 ; Pauly, Hallesche Rechtsgelehrte. S. 18, 27 Anm. 71.

(28)　*Deutsches Arbeitsrecht* 誌は、それまでのフランクフルト学派の *Arbeitsrecht* 誌、ベルリン学派の *Neue Zeitschrift füt Arbeitsrecht* 誌、労働裁判所連盟の *Das Arbeitsgericht* 誌を統合し、ナチス労働法体制の指導者となったヴェルナー・マンスフェルト（一八九三―一九五三）が編集責任者となって刊行したものである。マンスフェルトは、ナチス体制下においてはライヒ労働省の一等参事官に昇格するが、後にノルウェー占領地域、オランダ占領地域の各ライヒ弁務官事務所の管理官となり、さらにベルギーの占領軍政府における軍政官となったのであった。

7　ドイツ法曹会議大会における報告

ヴィルヘルム帝制期におけるジンツハイマーの研究者活動の場の一つにドイツ法曹会議の大会があった。しかし一九一二年のウィーン大会以来、彼の同大会との関係はしばらく跡絶えたようである。その後ジンツハイマーの報告がなされるにいたったのは、一九二六年九月中旬に開催のケルン大会(三四回)においてであった。同大会のテーマの一つであった違法争議行為の場合の団体責任の範囲について、ケルン大学ニッパーダイのあらかじめ提出していた鑑定書のもとに、ジンツハイマーとニキシュがともに報告者となったのである。ニキシュは、当時ドレスデン工科大学の私講師であるとともに、一八八七年設立のドイツ金属産業使用者団体連合(Gesamtverband deutscher Metallindustriellen)の法律顧問であった。したがってジンツハイマーが、労組の社会的地位及びその機能からして労組の損害賠償責任の制限に関する立法規定の必要性を主張したのに対し、ニキシュは、労組の優遇措置につよく反対する。つづく一九二八年九月上旬に開催のザルツブルク大会(三五回)では、二七年五月下旬開催の社会民主党キール大会以来問題になっていた労働力の刑法上の保護のテーマについて、ジンツハイマーはあらかじめ鑑定書を提出する。ここに「労働力の刑法上の保護」というのは、「労働力は、ライヒの特別な保護を受ける」というワイマール憲法一五七条一項の具体化のために、労働力の搾取の排除、ブラック・リストの禁止、労働者の危険及び健康障害の防止等に関する刑罰法規を一般刑法典のうちに挿入するという問題にかかわることであった(29)。またカルテル立法の改正とその統合化をテーマにした部会では、ニッパーダイ、ルードルフ・イザイ（一八八六―一九五六）の両報告につづいて、ジンツハイマーは主たる討論発言者となっているのである。イザイは、商事専門の著名な弁護士であり、また鉱業法関係の第一人者であったが、ユダヤ系の故に一九三三年以降弁護士業務がいちじるしく困難となり、三五年一〇月にはブラジルに亡命するにいたった。しかし五一年には西ドイツに帰国し、翌年にはボン大学客員教授となった人である。一八六〇年八月中旬にもたれたドイツ法曹会議ベルリン創立大会から数えて三六回目にあたるリューベック大会は、一九三一年九月中旬に開催される。三三年以降、法曹会議の活動は実質上中断され、その再生大会（三七回）は、一九四九年九月中旬にケルンでもたれることになる。右リューベック大会におけるテーマの一つであった企業機密の保護強化の可否についても、ジンツハイマーの討論発言がみられることを書きとめておきたい。

(29)　社会民主党の一九二七年キール大会における「労働力の刑法上の保護」促進決議をうけ、ラートブルフは、ユスティーツ誌一九二七年八月号上の Der strafrechtliche Schutz der Arbeitskraft という論稿においてその必要性を論じ、同年一一月上旬開催の社会民主党法律家連盟（Vereinigung Sozialdemokratischer Juristen）の会議でも同様のテーマについて報告する。法曹会議の一九二八年ザルツブルク大会における同問題についての討論は、さまざまな法律雑誌に紹介されるとともに、一九二七年から二八年にかけて、ポットホフ、ジルバーシュミット、フレンケル、さらにはドイツ労働組合総同盟本部のネルペル等の諸論文が発表されたのであった。

Ⅳ　労働法学の作品

1　『労働法原理初版』とその批判

一九一八年一一月以降、豊かな人間性、すぐれた才能にめぐまれたジンツハイマーなるが故に、多忙な生活に入らざるをえなかった。ワイマール共和制の確立にエネルギーをかたむけた国民議会議員としての活動、一九一〇年前後からの宿願を制度化すべき労働学院の設置運動、労働法講義の定着をめざしたフランクフルト大学正客員教授への就任、統一労働法制定委員会への参加、社会民主党と労働組合への理論提供者としての活動、さらには弁護士業務にとりかこまれた年月がつづくのである。しかしその間、一九一八年と一九二〇年を除き、学界人ジンツハイマーとしてのペースは、青年期、壮年期そのままに継続していくのであった。

ジンツハイマーの労働法体系書は、周知のように一九二七年の『労働法原理第二版』であるが、その先駆的作品となったのは、ミュンヘン大学教授アドルフ・ウェーバー（一八七六―一九六三）等編集のもとに一九二一年に刊行された『国家学中事典』の一巻に所収の「労働法」であろう。[1]同年には、さらに彼の労働法の基礎理論と方法論を集約的に提示した『労働法原理―概説』が刊行される。同書は、国家学中事典の項目に加筆したものであるが、ハインリヒ・ヘーニーガーがその書評において指摘しているように、[2]それは、従来の法律書にみられぬような「精彩にみちた」ものであった。労働法のいわゆる生成的性格が見事にえがかれているのである。しかしさきに掲げたカスケル書評、ニッパーダイ書評にみられるように、同書は、伝統的な法実証主義者にはいかにも異端的に映ったことであろう。ジンツハイマーは同書のとびらに、「クルト・ヴォルツェンドルフを偲んで」と記録している。ヴォルツェンドルフ（一八八二―一九二二）は、ケーニヒスベルク大学、ついでハレ大学の国法学教授であったが、人間の平等と社会生活における正義の実現を国法学の基本原理に設定していた彼をジンツハイマーが高く評価していたためであった。共和主義裁判官協会のユスティーツ誌の一九三一年三月号はヴォルツェンドルフ特集号となっているが、同号の時評においてジンツハイマーは、前掲の国際法教授ヴァルター・シュッキングとならんで、ヴォルツェンドルフ論を取りあげているのである。

『労働法原理―概説』に対するカスケル、ニッパーダイのそれぞれの批判がなされたのは、いずれも一九二二年一月であった。同年四月のアルバイツレヒト誌における前掲のジンツハイマー論文「労働法学における社会学的及び法実証主義的方法論について」は、両者の批判に答え法社会学的方法論の意義をつよい確信をもって展開したものである。同論文においては、法社会学は法実証主義を排除するものではなく、ただ法律学における法実証主義の独占的支配を問題とするものであること、そうして科学は単に認識の問題にとどまるものではなく、同時に形成の問題であり、したがって法社会学から立法学へすすむ骨組みを法律学は提示する必要のあることが明らかにされていることを、とくに記録しておかねばならないであろう。

同書の出版後まもなく、ジンツハイマーは一九二七年の第二版の執筆準備に入ったのであった。

（1）Handwörterbuch der Staatswissenschaften, hrsg. von Ludwig Elster - Adolf Weber - Friedrich Wieser, 1. Bd., 1921.

（2）*Juristische Wochenschrift* vom 15. April 1922, S. 563.

2　小冊子『いかにして労働法を学ぶか』

ブレンターノがミュンヘン大学の一九一〇年冬学期において学生むけに講演した『いかにして経済学を学ぶか』は、翌一一年に公刊され版を重ねたのであった。(3) それと比肩すべきジンツハイマーの学生むけの労働法研究指針が、一九二四年に刊行された『いかにして労働法を学ぶか』である。当時、イェーナ大学で員外教授ニッパーダイの同僚であった教授ユストゥス・ヘーデマンは、同書に対して、「著者のいうように教授上の目的から書かれたものであるが、型にはまった教育は真の教育ではないのである。著者が法は知るのではなく、理解しなければならないといっているのは金言である」という趣旨の紹介を行っている。(4)「労働法とは何か」、「いつ学習をはじめるか」、「学習するとは何か」、「なぜ労働法を学習するのか」、「いかにして労働法を学習するか」の各項目からなる同書は、入門書ながら、ジンツハイマー法律学のすべてがそこに提示されているといえるのではないか。その意味においても、同書の終わりの言葉を掲げておく必要がある。「さて終わりにあたって一言する。すべての法は人間のために存在するものであり、法の各取扱いは深く人間の利益と感情とにくいこんでいる。この法のすべての人間的なものとの深い関係は、単なる法の学習以上のものを要求する。それは、われわれに世界眼（Weltblick）及び人間的な事物に対する関心を要求する。……ここにわれわれ労働法学徒は、われわれの精神と心情のすべてをもって人間の理解のために誠実に努力しつつ使命を果たすべきである。なんとなれば、かくしてのみわれわれは真の正義を維持し、法の尊厳を擁護しうるからである」(5)。カーンフロイントが一九七六年の前掲論稿において端的に指摘したジンツハイマーの法律的人間学の立場が、そこに確信的にあらわれているということができよう。

（3）　ブレンターノの Wie studiert man Nationalökonomie? は、哲学、心理学関係の出版社として知られたミュンヘンのエルンスト・ラインハルト社から刊行される。
（4）　*Juristische Wochenschrift* vom 1. Juli 1924, S. 1020.
（5）　Wie studiere ich Arbeitsrecht? 1924, S. 16.

3　『労働法原理第二版』とその批判

一九二七年の『労働法原理第二版』については、わが国で語られてからもほぼ七〇余年以上を経過している。しかし、「カール・フレッシュとフィーリップ・ロトマールを偲び、同行者にして戦友ハインツ・ポットホフに捧げる」という同書のとびらの文言にコメントがなされた形跡が全くないのは奇妙なことである。同書の訳書にも、それがカットされている。(6)ロトマールとジンツハイマーの本質的な精神空間にまでくいこんだ人間関係については、これまで再三にわたって力説してきたのであった。とくに西谷敏教授により提供されたロトマールのジンツハイマーへの書簡には、両者の絶対的ともいえる人間関係が息づいている。そのことも既述した。ジンツハイマーがその心血をそそいだ労働法体系書の完成にあたって、ロトマールへの思い入れがあらためて彼の胸をしめつけたのであろう。またカール・フレッシュについても、労働学院のいわば前史のところで言及しておいた。そこでも書きとどめたように、ポットホフもその処女作『労働法の課題』のとびらで、「ドイツの社会的労働法の先駆者カール・フレッシュに捧ぐ」と記録しているのである。フランクフルト市参事会員を兼ねた弁護士であったフレッシュは、温かい社会的感情の持主であったといわれる。ジンツハイマーが一九〇三年に弁護士を開業した前後から、フランクフルト人フレッシュと新たにフランクフルト人となったジンツハイマーとの間には、約二〇年という年齢差をこえた深い人間としての結びつきがはじまったことであろう。ジンツハイマーの一九二二年の論文「弁護士職と労働法」においても、今世紀初頭において既に新しい法思想、法政策を提唱していたカール・フレッシュをその冒頭において掲げているのである。(7)のみならずそれに先立ち、フレッシュの死去した一九一五年に、ジンツハイマーは、アルバイツレヒト誌一九一五年一〇月号にフレッシュ追悼文をしたため、またフランクフルト労働者教育委員会主催のフレッシュ追悼の集いにおいて講演しているのである。そのことも前述した。なるほど、ジンツハイマー労働法理論は、多くの識者がくり返していうように、ブレンターノ、ギールケによって決定的な影響を受けていたであろう。さらにそれにつづき、エールリヒ、カール・レンナー（一八七〇―一九五〇）の影響をあげうるかもしれない。しかし人間は、観念、イデオロギー、理念といったものを超えた存在である。ジンツハイマーのロトマール、フレッシュに対する心情には、何にもまさるものがあったのであろう。それは、人間団結の世界を思わせる。ロトマール、フレッシュは、どんなにすばらしい人間であったのであろうか。つぎに同書のとびらには、ポットホフを、右のように「同行者」、「戦友」と呼んでいる。しかし三三年四月以降におけるナチス労働法の評論家としての彼を、ジンツハイマーは亡命地アムステルダムにおいてどのような感懐をもって受けとめていたのであろうか。ポットホフ観のきびしい私ではあるが、複雑な気持ちになる。

『労働法原理第二版』に対しては、『労働法原理―概説』につづき、既にケルン大学教授となっていたニッパーダイが良識のある書評を加えている。[8] その趣旨は、こうである。「一九二一年の初版に対し、本書は新しい装いをもったものである。というのは、そこには、法哲学、法社会学、立法政策学が法実証学とともに法律学の不可欠の要素をなし、そうして、前三者が法実証学を実りあらしめるものであるという基本的立場が鮮明にされているからである。加えて労働法の基礎の部分では、とくに従属労働概念に関しきわめて精彩のある叙述がなされ、[9] それにもとづく労働者概念の構成については、通説とは異なり、官吏の労働者性について肯定的見解が明らかにされている。しかし経済学的、社会学的な観点が余りにも強調され、さらにそれと法律学的観点とが混合状態になっている。その意味において、ジンツハイマーは、ギールケにもまして法ロマン主義者である」。このニッパーダイ書評は、ワイマール労働法学におけるジンツハイマー批判を「モデレートに」表現したものということができるであろう。ジンツハイマー・シューレのフランツ・メスティッツがその一九九三年の論稿において、「ワイマール期の労働法の大学スタッフは、ジンツハイマーの労働法学を非法律的な思考方法に立脚するものであり、その法社会学的立場といわれるものは雑文調の社会学的思考法（feuilletonistisch-soziologische Betrachtungsweise）に過ぎないとしてネガティヴな評価しかしなかった」という的確な指摘を行っているからである(10)。つぎにポットホフは、ニッパーダイ書評のなされた翌月に、つぎのような趣旨の書評をアルバイツレヒト誌一九二七年九月号において行っている。「本書は、カスケルの労働法（一九二五年版をさす）と異なり、従属労働論を軸として労働法の諸現象を統一的に把握し、その全体を社会学的に解明しようとしたものである。しかし労働争議法の分野においては、カスケルに近い法実証主義的立場に落着している。それは措くとして、本書は、カスケルの労働法、最近刊行されたヤコービの労働法の基礎理論とならんで、労働法の学問的解明の基盤を提供するものである」。労働争議法の部分に関するポットホフの指摘は実に適切であり、痛いところをついているものである。法実証主義論者であろうと、法社会学論者であろうと、労働争議法理論の未熟は、ワイマール労働法学の盲点であり、限界でもあった[11]。

一九二七年には、ドイツ労働法学史上の代表的作品であるジンツハイマー『労働法原理第二版』とヤコービ『労働法の基礎理論』が刊行される。一方が法社会学的作品の極致とすれば、他方が法実証主義的作品の極致であるといえるが、両者とも、序文の日付が二七年イースターになっていることも書きとめておかねばならぬことかもしれない。また、ヤコービの労働協約法理論を中心とした法実証主義理論へのジンツハイマーの批判論文が一九二九年にあることも付記しておきたい[12]。

（6）楢崎二郎＝蓼沼謙一による周知の訳書である。初版（一九五五）、二版（一九五七）。

（7）Anwaltschaft und Arbeitsrecht, *Juristische Wochenschrift* vom 15. April 1922, S. 538.

（8）*Neue Zeitschrift für Arbeitsrecht*, Juli/August 1927, S. 489.

（9）『労働法原理第二版』一一頁注（1）において、ジンツハイマーは、「一八九四年にRehmが既に労働関係の権力法的内容について述べた慧敏な言葉は、いまではほとんど無視されている」としている。ヘルマン・レーム（一八六二—一九一七）は、エァランゲン大学教授、シュトラスブルク大学教授を歴任したオーストリアの国法学者であり、Allgemeine Staatslehreが主著であった。彼については、つぎの文献が参照さるべきである。Oberkofler, Geschichte des österreichischen Rechtswissenschaft, S. 430; Becker, Arbeitsvertrag und Arbeitsverhältnis, S. 147.

（10）信山社ジンツハイマー九〇頁。

（11）西谷『ドイツ労働法思想史論』三八二頁。

（12）Über einige Grundfragen des Arbeitstarifrechts. Eine Auseinandersetzung mit den Grundlehren Erwin

Jacobis, in : Festgabe der juristischen Fakultäten zum 50 jährigen Bestehen des Reichsgerichts, Bd. 4 (1929), S. 1.

4　法社会学、立法学への志向

青年期、壮年期におけるジンツハイマーの問題作に、一九〇九年の小冊子『私法学における社会学的方法論』のあること、それは、ブレンターノをリーダーとするミュンヘン大学関係者による社会科学サークル主催の一九〇九年五月二四日におけるジンツハイマー報告に、同報告に対する質疑を参照しつつ加筆したものであったこと、は前述した。オランダ時代の彼が立法学とならんで心血をそそいだ法社会学の理論研究は、この論文を源流としつつ肉づけを行ったものといって過言でないのである。同論文が、法社会学というタイトルを掲げた最初の著作であるエールリヒの『法社会学の基礎づけ』（一九一三年）に先立つこと四年前に発表されたことにとくに注目したい。同論文の要旨は、こうである。「法規すなわち実定法の認識こそ自己目的であるとする法実証主義のもとでは、法規と法現実とは一致する必要はない。しかし法生活の発展にともない、法規と法現実との矛盾の生ずる可能性がある。のみならず、この矛盾は拡大しつつある。したがって、法現実の認識を志向する方法論の必要性が生ずることになる。その方法論というのが法社会学である。しかし法社会学は法実証学を駆逐しようとするものではない。また、それにとって代わろうとするものでもない。両者は、法を一定の秩序のもとに認識しようとする共通の目的のために相互に補完しようとするものである。そうして法社会学的方法をすすめるためには、事実をまず確定する必要があり、その場合には、記述的な確定と分析的な確定を行わなければならない。つぎに法の適用が問題になるが、それが不可能な場合には、新たな法が発見されなければならない。法社会学の課題は、この法の発見にある。それは、サヴィニのいう実際の法、ベーゼラーのいう民族の法の発見なのである。法社会学は法実証学とは補完関係にあるとはいえ、この存在的な法（wirksames Recht）を認識し、発見するという点において独自の意義を有するものである」。

ついで立法学に関する論文が、雑誌タートの一九一四年七月号に発表される。「法形成の意思」である。さきには、一九一〇年七月下旬にチェルノヴィッツ大学エールリヒのハイデルベルク訪問を機として、ラートブルフの私宅にエールリヒ、カントロヴィッチ、フックス、ジンツハイマー等の自由法運動の提唱者が集まったことについて言及した。さきにコメントしたタート誌のこの一四年七月号は、これらの人びとが中心となって執筆した自由法運動特集号であった。同号上の「法形成の意思」も、オランダ時代の代表的著作『立法の理論―法における発展の理論』へと結晶するにいたったジンツハイマー立法学への先駆的論稿をなすものである。その要旨は、つぎのように集約できよう。法律学は、法社会学とならんで立法学という新たな分野を開拓しなければならないこと、既に刑事法、国際法の分野では立法学へのアタックがみられるのに対し、私法学の分野ではそれが全く看過されていること、法は社会生活を保障する技術であるが故に、立法学においては、人間の社会的存在をいかに法体系のうちに位置づけるかが中心課題であるべきこと、である。

熟年期ジンツハイマーの法社会学上の作品としては、一九二一年の『労働法原理―概説』に対して加えられたカスケル批判、ニッパーダイ批判に答えた前掲の一九二二年論文「労働法学における社会学的及び法実証主義的方法論について」がある。そこでは、ドイツにおける法社会学の先駆者、法社会学の位置及び展開について論じ、ついでそれが法学教育上の要請でもあることを強調した後、単なる法律家に過ぎない者は、「みじめな奴さん」(armseliges Ding) というべきであると結んでいる。ジンツハイマーにしては、珍しく卑俗な表現をしたものである。孫田秀春のいう「何か別に感情上のもつれ」がカスケルにのみならず、ジンツハイマーにもあったのではないかと推測せしめる。

5　法律的人間学の立場とドイツからの別離論文

これまで数度にわたって引用してきたジンツハイマーの誕生百年の集いにおけるカーンフロイント講演及びその翌一九七六年にまとめられた彼の「フーゴ・ジンツハイマー論」は、ジンツハイマー法理論の価値視点をなすものが法律的人間学 (juristische Anthropologie) であったこと、それがまた、人間ジンツハイマーの精神構造を理解するためのキーポイントであることを明らかにしている。そのことは、ジンツハイマーの諸作品を精読すればかぎとることができることである。ウィーン労働者・職

員会議所の機関誌 *Zeitschrift für soziales Recht* の創刊号に掲載された「法律家の世界像の変遷」と題する一九二八年論文、[13] 社会民主党右派のホーフガイスマール・グループの機関誌であった *Neue Blätter für den Sozialismus* の創刊号に掲載された「労働法における人間」と題する一九三〇年論文[14]は、彼のいわゆる法律的人間学に関する持論をくり返し展開したものであった。後者は、おそらく、ラートブルフが一九二六年一一月下旬に行ったハイデルベルク大学における教授就任講演「法における人間[15]」を意識しつつ書かれたものであろう。ホーフガイスマール・グループ、その機関誌については、いずれ後に取りあげる。そうしてこの一九三〇年論文における基本的思考が、三三年一一月六日に行われたアムステルダム大学教授就任講演においてさらにいわば弁証法的発展をみせていることについては、晩年期ジンツハイマーの章において言及することである。

ジンツハイマー・シューレのところで取りあげねばならない論文に、カーンフロイントが一九三二年四月に発表した「労働法の機能の変遷」がある。[16] 当時の彼は三一歳であった。それからほぼ四〇余年をへた一九七六年に行われた前掲ボッブ・ヘップルとの対談において、カーンフロイントは同論文を回想して、それを持ちだされるとまごつきを感ずると述べている。[17] その死去の一年半前の一九七八年二月に、当時ベルリン自由大学非常勤講師であった政治学者ヴォルフガング・ルートアルト（一九四八— ）によってなされたインタビューの記事においても同様の告白がみられる。[18] 同論文は、晩年期のカーンフロイントの著作からは想像もできないような血気と情熱に溢れたものであった。したがって右の対談で、カーンフロイントがそれに戸惑いの気持ちをいだいたことは当然であったといえよう。極言すれば、若気の至りであったというのが晩年期の彼の気持ちであったのではなかろうか。ところがこの論文が、集団主義労働法体系を資本主義経済組織のもとでつねに貫徹しうると考えることは誤謬であると指摘し、経済的好況の再来、経済的安定の達成なくしては集団主義労働法体系も死滅せざるをえないことを結びとしていることに注目したい。そうしてここにカーンフロイント論文を持ちだしたのは、実はドイツ時代のジンツハイマーの最終論文であり、カーンフロイントの表現[19]によればドイツからの別離論文というべきアルバイツレヒト誌一九三三年一月号上の「労働法の危機」も、同じく、経済秩序の変革なくしては集団主義労働法の再生はありえないことを明確にしていることを指摘するためであった。想像を絶するドイツの経済恐慌がワイマール共和制を崩壊寸前にまで追いこんでいるという危機感を、師ジンツハイマー、弟子カーンフロイントが共有していたということなのである。

右のジンツハイマーのいう「経済秩序の変革」については、とくにつぎのことを指摘しておく必要がある。それは、資本制経済秩序から社会主義経済秩序への全面的転換を彼がつよく要請したものではない。そのことは強調しておかねばならない。ジンツハイマーは終始「非マルキスト」であった[20]。深刻化する世界恐慌が彼の持論であった人間主義的労働法の破壊に向かっているという危機感から、世界恐慌の克服を訴えたのが右の一九三三年一月論文であった。それ以上にふみこもうとした論文ではない。ワイマール集団的労働法秩序という一つの時代が終わったという訣別宣言としてそれをとらえるべきものであった。

（13）Der Wandel im Weltbild des Juristen, *Zeitschrift für Soziales Recht,* Jg. 1（1928-1929）, S. 2. ここにウィーン労働者・職員会議所というのは、さきにコメントしたブレーメン州同会議所と同様な機関である。現在オーストリアにおいては、この会議所が各州、各主要都市にすべて存在する。

この機会に、第一次大戦後のオーストリアの労働法学について言及しておきたい。当時のオーストリアでは、綜合大学はウィーン、グラーツ、インスブルックの各大学のみであり、そのほかにウィーンとグラーツにそれぞれ工科大学があった。しかしそのいずれにも、労働法の専攻学者は配置されず、客員教授か、民事法専攻の私講師かによって労働法の講義がなされていたに過ぎなかった。ドイツの労働法の専門雑誌に寄稿する等の活躍をしていた者は、労働省参事官であったエマーヌエル・アドラー（一八七三―一九三〇）、ウィーン上級地方裁判所裁判官であったジークムント・グリューンベルクの二名に過ぎず、両者はともにウィーン大学の客員教授を兼ねていたのである。一九二五年当時のオーストリアの大学における労働法講義の状況については、アルバイツレヒト誌一九二五年三月号にポットホフによる紹介がある。

（14）Der Mensch im Arbeitsrecht, *Neue Blätter für den Sozialismus,* Jg. 1（1930）, S. 241. この論文は、*Juristische Wochenschrift* の一九三〇年一〇月四日・一一日合併号三〇七八頁にも収録されている。

（15）『ラートブルフ著作集』五巻参照。

（16）Der Funktionswandel des Arbeitsrechts, *Archiv für Sozialwissenschaft und Sozialpolitik,* Bd. 67 Heft 2（April 1932）, S. 174.

(17) Some Recollections by Sir Otto Kahn-Freund, p. 198.
(18) 信山社ジンツハイマー九九頁、Kahn-Freund, Autobiographische Erinnerungen, S. 183.
(19) Kahn-Freund, Hugo Sinzheimer, S. 22.
(20) Erd, Hugo Sinzheimer. Aufruf zur Befreiung des Menschen, S. 292.

V　ジンツハイマー・シューレの人びと

1　エルンスト・フレンケルと一九二七年『階級司法の社会学のために』

これまで壮年期を過ぎ熟年期に入ったジンツハイマーに相前後して傾倒するにいたったジンツハイマー・シューレの人びと、とくにエルンスト・フレンケル、オットー・カーンフロイントについては、再三にわたって言及した。同じシューレにあげられる者には、さらに前述もしたように、フランツ・ノイマン、ハンス・モーゲンソー、チェコ出身のフランツ・メスティッツがある。彼等をしてジンツハイマー・シューレたらしめたものは、年長者と後輩、師と弟子という縦軸の結びつきのみではなく、本質的な人間関係にくいこんだ横軸の結びつきであるということについては、既に強調したことであった。以下には、彼等の学問、思想、さらにはナチス体制の成立を境としてたどらざるをえなかった運命軌道を追いながら、彼等とジンツハイマーとの結びつきをえがいていくことにする。

右の五人のうち最年長であり、他の四人にさきがけジンツハイマー門下に入ったのはフレンケルで

写真4　アメリカ亡命直後の Ernst Fraenkel と Hannah 夫人

あった。そこでまず、彼の年譜を詳しく記録しておきたい。

パウル・エルンスト・フレンケル（Paul Ernst Fraenkel）。一八九八年一二月二六日にケルンにて出生する。一九一六年から二一年にかけて、第一次大戦の従軍期間を含めて、ハイデルベルク、フランクフルト大学で法律学、歴史学を学ぶ。フランクフルト大学でのジンツハイマーの労働法の講義に魅了せられ、その弁護士事務所において日夜彼と接触するようになった。ジンツハイマーの指導をえて、「無効な労働契約論」を完成し、一九二四年にフランクフルト大学より学位号を授与される。一九二一年には社会民主党に入党し、労働学院の設置にあたってはジンツハイマーの助手役をつとめ、二二年から三三年まで同学院の客員講師となる。さらに二五年からは、バード・デュレンベルク（ライプツィヒの近郊）にあったドイツ金属工労組の常設学校の講師も兼ね、労働者教育に専従するにいたった。一九二七年にはフランクフルトよりベルリンに居を移し、ノイマンと合同弁護士事務所を開設し、金属工労組の法律顧問となる。ちなみにフレンケル、ノイマンの合同法律事務所は、金属工労組の中央本部のあったアルテ・ヤーコブ通一四五—一五五番地におかれたが、ベルリン攻防戦で破壊を免れた同中央本部の建物には、第二次大戦後には金属労組のベルリン特別支部がおかれたのであった。そうして労組サイドの有能な弁護士としての声価をあげる。共和国の末期段階においてファシズムに対し仮借なき論議を展開したユダヤ人フレンケルであったが、三三年以降も、第一次大戦における長期に及ぶ前線勤務の故に弁護士業務を継続し、保護拘禁処分、強制収容所収監処分を受けた労組リーダーのために全力を傾ける。一九一九年から三三年にかけて金属工労組の組合長であり、ナチス体制下において数年にわたり強制収容所に収監されたアルヴィーン・ブランデス（一八六六―一九四九）は、戦後に、その間のフレンケルの弁護活動を称賛している。しかし一九三八年九月二七日の「ユダヤ系弁護士の許可取消に関する命令」により、その業務が不可能になったため、同月末にイギリスをへてアメリカに渡り、シカゴ大学のロー・スクールで四一年まで勉学した後、国務省に勤務し、戦後ドイツ問題検討チームのスタッフとなる。また一九四三年には、亡命労組リーダーであったジークフリート・アウフホイザー（一八八四―一九六九）等とともに冊子「ドイツにおける将来の革命の条件」をまとめ、アメリカの新聞に発表する。フレンケルの名著とされる『二重国家論』（The Dual State）の草稿は、ナチス体制下ベルリンにおいて弁護士業務を継続している間にほぼ完成し、アメリカに亡命した後の四一年に英語にて刊行されたものであった。その間、亡命社会民主党員、亡命労組リーダーのよきアドバイザーでもあった[1]。一九四五―五〇年の間は陸軍省の法律顧問となり、マーシャル・プランの作成に参画する。さらに韓国駐留アメリカ軍の顧問に就任し、ソウル大学で講義する。朝鮮戦争のさなかにアメリカに帰還した一九五一年には、再開されたベルリンの政治大学に招請され、ドイツの地を再び踏む。一九五三年にはベルリン自由大学の政治学教授となる。一九六三年には、ハンス・ケルゼン、カーンフロイントも執筆している彼の六五年祝賀論文集 Faktoren der politischen Entscheidung. Festgabe für Ernst Fraenkel zum 65. Geburtstag が出版をみている。一九七五年三月二八日にベルリンにて死去する。

ジンツハイマー・シューレの五人のたどった人生は、激動をきわめたものであった。フレンケルの右のような足跡は、ワイマール共和国の成立とその崩壊、ナチス独裁と第二次大戦、東西ドイツ二国家の創設という激動の時代の生証人といわるべきものであろう。

一九五八年二月八日にフランクフルト労働学院でなされたフレンケルのジンツハイマー追悼の講演については、これまで数度にわたり言及した。これまた数度にわたり指摘してきた七五年一二月一日になされたカーンフロイントのジンツハイマー生誕百年の集いにおける講演とともに、それは、緻密な、そうして感動的なジンツハイマー論である。単にジンツハイマーのお気に入りの弟子といった皮相な人間であったならばとうてい描けないようなジンツハイマー像が、両者によって語られているのである。さらに注目すべきは、フランクフルト・アルゲマイネ新聞の一九七五年五月二四日号には、ジンツハイマー、フレンケルの両人を追悼したカーンフロイントの小文がよせられていることである。七五年五月といえば、ジンツハイマー生誕百年の集いの六箇月前にあたり、フレンケルの死去二箇月後にあたる。ジンツハイマー・シューレのうちでも、とくにフレンケルとカーンフロイントの両者がジンツハイマーにもっとも近かったことを示す小文である。政治学関係の論稿の多数を占める前掲のフレンケル六五年祝賀論文集にカーンフロイントが「組合民主主義の法的保障」という一文をよせていることにも、それがあらわれているといえようか。またフレンケルは、いわば兄弟子として、ノイマン以下のよきアドバイザーでもあった。

フレンケルは、当初は労働法が専門分野であった。アルバイツレヒト誌の一九二五年ごろより彼の労働法関係の論文がかなりみられる。しかし彼の代表的著者の一つである二七年の『階級司法の社会学のために』の刊行前後より、彼の関心は、労働法から法社会学をへて社会主義法学へ、さらに国法学へ移行し、アメリカに渡った後は、政治学者フレンケルに転身したのであった。ノイマン、モーゲンソーとほぼ同じ軌跡をたどり、法律学者として終始したカーンフロイントと好対照をなしている。そのことについて言及する前に、ワイマール期における彼の代表的な著作、論文について簡潔にコメントしておきたい(2)。

第一に、テーマ名をみれば労働法上の論文とみあやまるものに、一九三〇年の「経営協議会法施行十年」がある(3)。ルードルフ・ヒルファーディング編集の社会民主党の理論機関誌ゲゼルシャフトに掲載されたものである。それは、経営協議会を社会化の拠点として位置づけ、一九二〇年経営協議会法の理念を社会主義経済実現においたものであった。そのことは、カーンフロイントの一九三二年論文「労働法の機能の変遷」にも明確に指摘されているところであるが(4)、それは、社会主義法学者フレンケルの論稿として位置づけられるといわねばならない。第二に、一九二七年の著作『階級司法の社会学のために』がある(5)。ワイマール共和制下の裁判官の法意識、精神構造がヴィルヘルム帝制下のそれの延長であったことをするどく分析したものであった。同書は、カーンフロイントの一九三一年の著作『ライヒ労働裁判所の社会的理想』(6)の先駆をなすものであったともいえるが、法社会学的立場を超え社会主義法学へとすすむ当時のフレンケルの思想地位が端的に示されている。また同書においてフレンケルは、労働者の法意識が一般条項の活用、自由法論的思想の展開に対して拒否的であることを調査によって明らかにし、いわゆる就労希望者の賃金請求権に関する有名なライヒ最高裁判所の一九二三年二月六日判決（RGZ 105, 275）を自由法論的立場から高く評価したポットホフを痛烈に批判していることに注目したい。(7)第三に、一九三二年の論文「憲法改正と社会民主主義」がある。(8)ゲゼルシャフト誌に掲載されたものであり、国法学者フレンケルの注目すべき作品となっている。そこでは、ライヒ議会がみずからの憲法上の義務を果たせないかぎり、国家機構をまひさせ、憲法の敵対勢力にクーデターの機会を与える危険性があること、したがって現在の危機的状況下で共和国が生きのびていくためには、柔軟且つ現実的な憲法解釈が必要であること、憲法への忠誠は決して憲法フェティシズムとなるべきでないことを指摘し、その点で当時のカール・シュミットの憲法教説に同意せざるをえないことを明らかにしたものであった。この論文でカール・シュミットとの接点がでていることに注目すべきであろう。(9)第四に、同じゲゼルシャフト誌上の一九三二年の論文「ワイマールからの訣別か」も、国法学者としての作品であった。(10)それは、共和国の生存のためには前述のように柔軟にして現実的な憲法解釈が必要であるとしても、ドイツの国家と憲法の将来が大統領の緊急命令権力によってのみ保障されるとするカール・シュミットの所説が、結局はワイマール憲法からの離脱を招来することを指摘したものである。三二年七月二〇日にパーペン首相は、大統領緊急命令によって、社会民主党の牙城であったプロイセン州政府を罷免し、全プロイセンを戒厳令下においたのであった。その直後の論文であり、異常な反響を呼んだフレンケル論文であったのである。(11)

ジンツハイマーのいわば一番弟子であったフレンケルのこのような転身についてどのように受けとめるべきかについて、納得しうる解答を提供することはできない。何らかの解答をひきだしたとしても、それは一応の筋道をつけるための単なる理屈になるおそれもある。ノイマン、モーゲンソーの労働法学からの転身の場合についても同様であろう。ただあえてつぎのことは言っておきたい。ワイマール共和制下の政治、社会の潮流のすさまじさが、彼等をして、労働法学のわくを超えさせることになったのであろう。ジンツハイマーも、フレンケルの学問、思想の流れの必然性を見抜いていたことであろう。共和主義裁判官協会の機関誌ユスティーツの一九二五年一〇月創刊号から三一年八月号までジンツハイマーの執筆していた評価欄の記事には、政治学、国法学に関するものも少なくない。ジンツハイマーの後をつぎ、三一年一〇月号から三三年二月号まで時評欄を担当したフレンケルの執筆内容との間には、全く同質の問題意識があったのであった。要するに、ジンツハイマーの学問にひそむ学際的な水脈をフレンケル、ノイマン、モーゲンソーが異なる問題領域において展開し、発展させていったのではなかろうか。ジンツハイマー、カーンフロイントのように法律学のわく内にあくまでとどまるか、法律学における問題状況を他の学問分野に移しかえそこで発展させていくか、法律学の限界を認識し新たな専門分野を開拓していくか、それは結局、人それぞれの価値認識なのである。

フレンケルについて付言しておきたいことがある。彼には謎が少なくないが、その一つは、ユダヤ人であり、社会民主党の有力な理論家の一員であった彼が、前述のように第一次大戦中の長期にわたる従軍の故にいわゆる「前線条項」の適用を受けたものであるとはいえ、なぜ一九三八年九月まで弁護士として全面的に活動しえたのかということである。しかもフレンケルの『階級司法の社会学のために』は、三三年五月一〇日に発表された禁書リスト第一号のうちにあげられているのである。しかし、理解の手がかりは全くない(12)。

（1）　社会民主党の女性有力党員であり、プロイセン州議会における社会福祉関係のエキスパート議員であったヘートヴィヒ・ヴァッヘンハイム（一八九一―一九六九）は、アメリカに亡命後、フレンケルの全面的協力をえて社会福祉制度の研究に従事する。彼女は、その後、ドイツ占領アメリカ軍政部の顧問となり、西ドイツの社会福祉制度の再建に尽力する。アメリカ国籍を取得した彼女は、七〇歳を過ぎた高齢で、フレンケルから資料の提供を受け、ドイツ労働運動史に関する著作 Die deutsche Arbeiterbewegung 1844 bis 1914, 1. Aufl., 1967, 2. Aufl., 1971 を完成させる。

（2）　ワイマール期におけるフレンケルの著作の紹介は、Franz Ritter, Theorie und Praxis des demokratischen Sozialismus in der Weimarer Repubik, 1981, S. 244 に要領よくなされている。

（3）　Zehn Jahre BRG, *Die Gesellschaft,* Nr. 2/1930, S. 117.

（4）*Archiv für Sozialwissenschaft und Sozialpolitik,* April 1932, S. 169.

（5）Zur Soziologie der Klassenjustiz, 1927 は、一九七三年に刊行の彼の著作 Reformismus und Pluralismus にも収録される。

（6）Das soziale Ideal des Bundesarbeitsgerichts, 1931.

（7）広渡『法律からの自由と逃避』一三八頁参照。

（8）Verfassungsreform und Sozialdemokratie, *Die Gesellschaft,* Nr. 2/1932, S. 486.

（9）ベンダースキー『カール・シュミット論』二一八頁参照。

（10）Abschied von Weimar, *Die Gesellschaft,* Nr. 2/1932, S. 109.

（11）マティアス『なぜヒトラーを阻止できなかったか』七七頁参照。

（12）一九五三年にベルリン自由大学教授となったフレンケルであったが、六七年ごろから西ドイツをおそった大学紛争は、自由大学にも大きな衝撃を与えることになった。六七年一〇月下旬にベルリンのある集会で彼は「大学と民主主義」について講演し、学生側に大幅な共同決定権を付与すべきであるという予想されるような結論をだしている。その講演は、同年に Universität und Demokratie として刊行される。本質的にはワイマール人であったフレンケルにとっては、二〇世紀後半の大学紛争は、彼の理解を超えた現象であったであろう。

一九九九年から、国法学教授アレクサンダー・ブルュネック（一九四一―）その他の編集のもとに『フレンケル著作集』が刊行されることとなった。同年にまず出版された第一巻は、フレンケルのワイマール期における労働法関係の作品を中心にしたものである。

2　フランツ・ノイマンと一九三二年『団結権とライヒ憲法』

ナチス政権の成立によって法律家としての活動に終止符をうち、政治学者に転向したノイマンも、ジンツハイマーによる感化から研究者としての道に入ったのである。しかしフレンケルの場合にもまして、その生涯は波瀾に富んだものであった。まず、彼の年譜を詳しく記録しておきたい(13)。

フランツ・レーオポルト・ノイマン（Franz Leopold Neumann）。一九〇〇年五月二三日にカトヴィッツ（現在はポーランドのカトビーツェ）にて出生する。第一次大戦に短期間従軍し、一九一八年から二一年にかけて、ブレスラウ、ライプツィヒ、ロストック、フランクフルトの諸大学で学ぶ。フランクフルト大学でのジンツハイマー講義に魅せられ、ジンツハイマーの研究指導を受けるとともに、その弁護士事務所で実務にも接することになった。二三年には、「国家と刑罰の関係についての法哲学的序説」を完成し、フランクフルト大学より学位号を授与される。一九二三年に社会民主党に入党し、二五年より労働学院の客員講師となる。また二三年に設置された前掲のフランクフルト社会研究所のスタッフとも関係をもち、そこで後にカリフォルニア大学教授となり新左翼に理論的支柱を与えたといわれるヘルベルト・マルクーゼ（一八九八―一九七九）と相識るにいたった。一九五七年に刊行されたノイマンの遺著『民主主義国家と全体主義国家』は、親友マルクーゼが序文をつけてまとめたものであるが、後にマルクーゼは、ノイマン未亡人インゲと結婚している。ノイマンは弁護士資格を取得した一九二七年には、フランクフルトより

写真 5　1953年当時の Franz Neumann

ベルリンに居を移し、兄弟子として慕っていたフレンケルと合同弁護士事務所を開設し、同年にドイツ建築工労組（Deutscher Baugewerksbund）の法律顧問となる。彼の労働法上の代表的著作は一九三二年の『団結権とライヒ憲法』であるが、それにつぐ著作である一九三一年の『ライヒ労働裁判所の判例にもとづく労働協約法』は、同労組の出版部より刊行したものである。一九二七年には、社会民主党の法律顧問にも就任する。二八年一〇月からは、同月に死去したカスケルに代わり、ベルリンの政治大学[14]における労働法の講義を担当する。そこで同じく客員講師をしていたカール・シュミット（二八年までボン大学教授、それ以降ベルリン商科大学教授）、ヘルマン・ヘラー（二八年からベルリン大学員外教授）、同大学の理事をも兼任していたテーオドール・ホイス（一八八四―一九六三）、ジークムント・ノイマン（一九〇四―一九六二）と交友関係をもつにいたる。ホイスは、西ドイツの初代大統領（一九四九―五九年の間）となった人である。またジークムント・ノイマンは、フランツ・ノイマンと同様に、ヒトラー政権成立直後にイギリスをへてアメリカに渡り、ジャーナリスティックともいうべき鋭い感覚の政治社会学者として大成した人である。ノイマンは、三三年四月上旬にその弁護士事務所で逮捕され保護拘禁処分になるが、その釈放後の五月上旬にドイツを離れイギリスに渡り、ロンドン経済政治学スクール（LSE）でハロルド・ラスキ（一八九三―一九五〇）に師事して政治学の研究に従事し、さらに同じく三三年にイギリスに亡命しロンドン大学教授となった社会学者カール・マンハイム（一八九三―一九四七）の指導もうけ、三六年には、「法の支配統治」（The Governance of the Rule of Law）により学位号を取得する。この論文は、三七年に短縮して、フランクフルト社会研究所の雑誌に発表される。(15) 学位号取得の後、アメリカに渡り、四二年までの間、マックス・ホルクハイマー（一八九五―一九七三）以下のフランクフルト社会研究所亡命スタッフの拠点となっていたコロンビア大学の社会調査研究所の所員となる。(16) そこで、マルクーゼ、キルヒハイマーとともに親交関係を結ぶ。一九四二年にはナチズムを政治的、社会的要因によりつつ分析した名著『ビヒモス―ナチズムの構造と実際』をロンドンとニューヨークでそれぞれ出版し、四四年にはその増補版がニューヨークで刊行される。一九四二年から四六年にかけて、戦略軍務局（ＯＳＳ）に、ついで国務省に勤務し、一九四八年にはコロンビア大学政治学客員教授に、五〇年には正教授となるが、そのころより、彼はマッカーシー旋風に対しかつての全体主義的な危機傾向にあることを警告する。四三年にはアメリカに帰化する。ベルリン自由大学の一九四八年開校にあたってはアメリカ側の責任者となり、さらに翌四九年のベルリン政治大学の再開にも尽力する。五〇年には両大学の客員教授となり、五四年七月にはベルリン自由大学より名誉学位号を授与される。そのさいの講演『不安と政治』は、同年に出版される。またＤＧＢの初代委員長となったハンス・ベックラー（一八七五―一九五一）の顧問になり、一九四九年一〇月中旬に結成のＤＧＢの共同決定権要求に理論的支柱を提供する。さらにケルン大学教授ニッパーダイ及びボン大学国法学・国際法教授ウルリヒ・ショイナー（一九〇三―一九八一）と協力して、西ドイツ憲法の総括的解説書の刊行を企画し、その死の直前より、『基本権―基本法の理論と実務ハンドブック』全四巻が漸次刊行されることになる。[17] 一九五四年九月二日に、スイス休暇旅行の途次、スイス南部のシンプル峠北入口近くにあるヴィスプで自動車事故により死去する。[18] スイスでの葬儀において告別の辞を読んだのは、かつての社会研究所時代からの友人であり、ともに亡命人としてコロンビア大学社会調査研究所の所員となり、一九五〇年にはフランクフルト大学にもどり、社会研究所の再建に尽力した経済学者フリードリヒ・ポロック（一八九四―一九七〇）であった。

ノイマンは、フランクフルト大学在学中に、当時同大学私講師であった国際法学者カール・シュトゥルップ（一八八六―一九四〇）にも感化を受けたのであった。ユダヤ系のシュトゥルップは、三三年五月にフランクフルト大学教授をパージになり、イスタンブール、コペンハーゲン、パリをへてアメリカに亡命し、そこで死去する。ノイマンがワイマール期に法律学者としてとどまったことは、二〇歳代前半期に、ジンツハイマーに加え、著名な国際法学者となったシュトゥルップにも傾倒したことと関係があるのかもしれない。一九二六年ごろよりアルバイツレヒト誌の掲載のノイマンの諸論文をみても、同誌上のフレンケル論文よりもはるかに法律論に終始している。[19] 彼の代表的著作は前述のように一九三二年の『団結権とライヒ憲法―憲法機構における労働組合の地位』であったが、団結権論は、ワイマール期における労働法学者ノイマンの一貫した課題であった。同書は現在においてもドイツ団結権論上の重要な文献となっているが、同書をジンツハイマーに捧げることによってその学恩に報いたい旨の文言が、そのとびらにしたためられている。この著作で注目すべきは、第一にその序文である。そこでは、ベルリン大学のヘルマン・ヘラー、ヘルマン・デルシュ両教授、ベルリン商科大学のカール・シュミット教授のそれぞれのゼミナールにおける報告が土台となったことを明らかにし、三教授がいずれもアウトサイダーであったノイマンのゼミナール参加を承諾し、さらに報告の機会を提供したことに対し謝意を述べていることである。アメリカ時代のノイマンの交友関係は実に多彩である。しかしドイツ時代の彼も、積極的に研究深化の機会をもとめ、学問交遊の幅をひろげたのではないかと思われる。第二に注目すべきは、国家と社会の関係についてのマルクス理論の検討から団結権理論に対決していこうとする同書の姿勢である。序文に明らかにしているように、それはいうまでもなく、師ジンツハイマーの基本的な方法論を受けついだものであったのである。

一九三三年四月以降のノイマン政治学についての検討は、本書のわくを超えるものであり、『ビヒモス』以下は振り切るほかはない。しかし第二次大戦後の彼がニッパーダイ等とともに前掲『基本権』の刊行を企画するにいたったことは、かつての団結権論への郷愁が彼にあったのではないか。彼がニッパーダイとコンタクトをもったことは、彼の広い人脈によるものであったであろう。あるいは、ベルリン自由大学の創立に、ＤＧＢの綱領の設定にみられるノイマンの実力にニッパーダイが接近した結果でもあろうか。「社会的法治国家」という西ドイツの国家理念の創出にあたっては、アデナウア一首相とノイマンとの接触もあったのであった。アメリカに帰化した彼ではあったが、ドイツへの想いには強烈なものがあった。その死去にあたってニッパーダイは、一九五五年一月に、ノイマンの突然の逝去が多くの計画の進行に重大な障害をあたえることになったと述べている。[20] 戦後のノイマンの活躍をみれば、たしかにそうであった。しかしその間にも、彼はジンツハイマーへの思慕を胸のうちにいだいていたとも思われる。一九五〇年九月上旬に、彼はDGB本部で、「近代社会における労働法」と題し講演したことがあった。それは、ニッパーダイが責任編集のレヒト・デァ・アルバイト誌の一九五一年一月号巻頭に掲げられる。そのなかで彼は、独立の法域としての労働法の創始者としてギールケ、ロトマール、フレッシュとならんでジンツハイマーをあげ、その偉業をあらためてたたえたのであった。ノイマンにせめて一〇年の余命をあたえたとすれば、フレンケル、カーンフロイントのそれぞれのジンツハイマー論とならぶところの異色のジンツハイマー論がかならずや提供されたことであろう。

付言しておきたいことがある。政治学者ノイマンは、東西冷戦初期段階において西側の資本主義、東側の共産主義に対し第三の道を模索して苦闘する。それ故に、ソ連崩壊に先立ち一九九一年一〇月に解体された国家保安委員会（KGB）の秘密文書にソ連スパイ・ノイマンの記録があったという報道がなされたことがあった。一九九八年四月七日のフランクフルト・アルゲマイネ新聞においてである。[21] デモーニッシュな記事として一蹴すべきものではない。ノイマンには謎を感じさせる面が少なくないのである。

(13)「フランツ・ノイマンは、生きていれば、一九八〇年五月二三日には八〇歳になるところであった」という書き出しからはじまる現ベルリン工科大学付置反ユダヤ主義研究所のスタッフであるアルフォンス・ゼルナー(一九四七―)の参考文献に掲げるSöllner, Franz Neumann zum 80. Geburtstagは、ノイマンの人生、法律学者から政治学者への転身の過程をえがいたものである。さらに、ノイマンの労組理論、社会研究所との関係、カール・シュミットとのかかわり合い、オット・キルヒハイマーとの交友状況等を明らかにしたものとして、同じく参考文献に掲げるPerels, Aktualität und Probleme der Theorie Franz Neumannsがある。後者は、一九八〇年一二月上旬にハノーファー大学で行われたノイマンをめぐる対話集会の討論をまとめたものである。ノイマンについては、さらに信山社ジンツハイマー二二頁参照。

(14)ベルリンの政治大学(Deutsche Hochschule für Politik)は、ドイツ民主党の初代党首となった前掲フリードリヒ・ナウマンの設置した政治学校を改組して一九二〇年一〇月に発足したものである。それは、第一次大戦前において公法学の単なる補助的学問に過ぎなかった政治学が学問的、社会的承認を獲得する契機となったものであった。とくに客員講師陣には、諸大学の第一級の学者が加わっていた。夜間大学として出発した同校は、各地の成人大学のいわば頂点に位置するものであったといえよう。この政治大学は一九三三年に閉鎖になったが、現在は、ベルリン自由大学付置のオット・ズール研究所となっている。ワイマール期における政治大学の地位については、ゲイ『ワイマール文化』六〇頁参照。

(15)一九三六年のノイマンの学位論文は、Der Funktionswandel des Gesetzes im Recht der bürgerlichen

Gesellschaft, *Zeitschrift für Sozialforschung*, 1937, S. 542として発表される。この雑誌は、フランクフルト社会研究所の雑誌*Archiv für die Geschichte des Sozialismus und der Arbeiterbewegung*が一九三二年に改称されたものである。広渡『法律からの自由と逃避』一二〇頁参照。

(16)　西欧的マルクス主義者の拠点であったフランクフルトの社会研究所の亡命者集団を受け入れ、そのスタッフをもってコロンビア大学に社会調査研究所を設置したのは、当時のコロンビア大学の総長であり、教育哲学者として知られたニコラス・マーレイ・バトラー（一八六二—一九四七）であった。山本『思想史の現在』一一四頁参照。

(17)　Die Grundrechte. Handbuch der Theorie und Praxis der Grundrechte, hrsg. von Neumann - Nipperdey - Scheuner.　同書は、ニッパーダイが自ら編集責任者となり、一流の法学者を動員して刊行したワイマール憲法の司法権条項、基本権条項の総指的な注釈書Die Grundrechte und Grundpflichten der Reichsverfassung全三巻（一九二九—三〇）の西ドイツ版でもあった。信山社ジンツハイマー二三一頁、二三六頁参照。

(18)　Ladwig - Winters, Anwalt ohne Recht, S. 182.

(19)　Koalitionsfreiheit und Reichsverfassung. Die Stellung der Gewerkschaften in Verfassungssystem, 1932.

(20)　*Juristenzeitung,* Januar 1955, S. 61.

(21)　Matthias - Stoffragen, Die Zählebigkeit des Kaltenkrieges. Zu den neuen Verdächtigungen gegen Franz L. Neumnn, *KJ* 1999, S. 463.

3　ハンス・モーゲンソーと多彩な研究分野

モーゲンソーは、五人のうちメスティッツと同年の最年少であったが、ワイマール期における彼の研究分野は、刑事法、法哲学、国際法、労働法と多方面にわたっている。ジンツハイマーの弁護士事務所に入ったのは、刑事弁護士として既に声望の確立していたジンツハイマーにつよくひかれたからであり、弁護士ジンツハイマーの助手役に徹したのであった。またその段階で、刑事法、法哲学につづいて労働法にも研究領域は拡大するが、ワイマール期には労働法上の論文はみられない。アメリカにおいて彼は国際政治学者として大成するが、とくにジンツハイマーに言及した記録もない。したがって略年譜のみ掲げることにしたい。ただジンツハイマーの長女一家、すなわちメーンザー夫妻とその子供たちが第二次大戦後アメリカ入国についてキューバで待機中に、入国ヴィザの取得についてモーゲンソーが全面的に協力したことをコメントしておきたい。

ハンス・ヨーアヒム・モーゲンソー（Hans Joachim Morgenthau）。一九〇四年二月一七日にコーブルクにて出生する。一九八〇年七月一九日にニューヨークにて死去する。一九二三―二五年の間、ベルリン、ミュンヘン、フランクフルトの諸大学で法律学を学ぶ。ジンツハイマー事務所で刑事弁護の実務を修習し、二七年には正式に弁護士資格を取得する。二九年には、フランクフルト大学において「国際裁判―その本質と限界について」により学位号を取得し、三一年には司法官試補としてフランクフルト労働裁判所で実務を研修する。三〇年には、同年にバーゼル大学よりフランクフルト大学に移ったアルトゥル・バウムガルテン（一八八四―一九六六）のもとで法哲学にアタックしたのであった。ナチス政権樹立後まもなくドイツを離れ、ジュネーヴ大学私講師の職をうるにいたった。同大学時代には、フランス語による国際法上の著書『規範の現実性』（一九三四）を刊行する。三五年にはマドリード大学の国際研究所に移り、三七年にはアメリカに渡る。ニューヨークの社会調査研究所、カンザス市立大学をへてシカゴ大学に移り、一線級の国際政治学者として大成する。代表的著作は、前掲のように一九四八年に初版のでた『国際政治』であった。

4　かがやかしいオットー・カーンフロイントの人生と一九三一年、三二年の作品

ジンツハイマーという人間の生きた道をたどりながらここまで筆をすすめてきたが、哀愁感を抱きつづけてきた。これからもそうであろう。オランダ降伏後の潜伏生活、北海に面したブルーマンデールでの死去という人生の終着点がつねに念頭を離れないからである。フレンケル、ノイマンを語る場合にも、それに近い気持ちを避けることはできない。これに反しカーンフロイントの場合には、一種の安心感をもってとらえることができる。ジンツハイマー集団主義労働法理論を継受した労働法学の完成、一九六四年四月から七一年九月までのオックスフォード大学比較法教授としての活躍、国際労働法社会保障学会名誉会長への推挙といった国内的及び国際的な社会地位、学問評価の確立、一九七

写真６　晩年の Otto Kahn-Freund

六年の誕生日に「労働法への貢献」という異例ともいえる理由によるナイト称号の授与というかがやかしい後半生の故に、ワイマール・ドイツからの訣別、LSEから戦争直後にかけての苦闘といったかつての多難だった人生行路は、風のように吹き去ってしまい、後には何事もなかったように巨人カーンフロイントがそびえ立つという気持ちになるからである。

カーンフロイントのジンツハイマー観、その社会哲学、人生哲学については、フランツ・ノイマンの研究者として知られるベルリン工科大学付置反ユダヤ主義研究所の前掲アルフォンス・ゼルナーの指摘を通じ、さらには、カーンフロイントの死去の一年半前の一九七八年二月に同じくベルリン自由大学の前掲ヴォルフガング・ルートアルトによってなされたインタビューに答えたカーンフロイントのメッセージを通じ、信山社ジンツハイマーにおいて「ふみ込んだ」記述を行ったのであった。とくにルートアルト・インタビューでは、カーンフロイントの純粋な人間性を反映したジンツハイマーに対する愛情を飲みこんだ言葉、リビドーあふれる言葉が率直に提示されている。その再録を本書で行うことは許されるものではないが、つぎのことは重ねて強調しておかねばならない。

カーンフロイントは非マルキストであり、自由主義を信条としていた。そのような彼の基本的スタンスは、右のルートアルト・インタビューにおいても、率直に一点の疑点もなく語られているのである。彼は、一九二〇年代初期において既にマルキストとしての姿勢を鮮明にし、アクティブな政治活動とコンタクトをもっていた同じジンツハイマー・シューレのフレンケル、ノイマンとは人間的にも学問的にも距離をおき、両者には冷めた意識をもっていたのである。右のインタビューにおいて、彼は基本的に「法実証主義者」であると告白する。既にジンツハイマー事務所時代に、アメリカ流の個人的自由思想こそ近代化の波に後れをとっているドイツにおいてはつよく要請されるという「社会哲学」が固まりつつあった。ドイツ的な教条主義をカーンフロイントはその段階で拒否していたのであった。カーンフロイントにとってジンツハイマーは「非マルキスト」であったが、「マルキシズムのすぐれた理解者」であったこと、ジンツハイマーは多元論者であり、ナショナリストであったこと、現実を直視した人間的社会主義者であったのであった。ドイツ時代のカーンフロイントに深く刻まれたのは、このようなジンツハイマー像であったのである。

つぎに、信山社ジンツハイマーの記録（二一四頁）と重複するが、彼の年譜を詳しく記録しておきたい。LSEの lecturership, readership, professor をへて、一九六四年四月から一九七一年九月までのオックスフォード大学比較法教授にいたるまでの戦後の巨人カーンフロイントの経歴は、一切省略する。

オットー・カーンフロイント（Otto Kahn-Freund）。一九〇〇年一一月一七日にフランクフルトの富裕なユダヤ人の家庭に生まれる。母方の祖父は長期間アメリカにおいて生活し、アメリカ国籍をもってドイツに帰国する。伯父もシカゴ大学のロー・スクールに学ぶ。彼が一九一七年から翌年にかけて六箇月間、イギリス、アメリカに留学したのも、このような家族環境による。一九一八年四月から短期間兵役に服する。同年から一九二三年までの間、ハイデルベルク、ライプツィヒ、フランクフルトの諸大学で歴史学、法律学を学ぶ。フランクフルト大学でのジンツハイマー講義に魅了せられ、歴史学から法律学の研究に転換する。二一年に刊行のジンツハイマー『労働法原理―概説』に決定的な影響を受けていた彼を、ジンツハイマーの一番弟子となっていたフレンケルがジンツハイマーに紹介する。一九二三年に社会民主党に入党する。ジンツハイマーのもとで研究生活を開始するとともに、その弁護士事務所でフレンケル、ノイマンとともに実務を修習する。その間、フランクフルト大学国際私法・比較法教授ハンス・レーヴァルト（一八八三―一九六三）の指導も受ける。国際私法学の創始者の一人となったレーヴァルトは、一九三五年にバーゼル大学に移るが、後のカーンフロイント法律学への展望を開いた人であった。二五年には、ジンツハイマーの指導をえて『労働協約の規範的効力の範囲と再雇用条項』をまとめて、フランクフルト大学より学位号を授与される。それは、二八年に公刊される。また二六年度、二七年度の労働学院の客員講師となる。二七年から翌年にかけて、イギリス、アメリカに留学し、弁護士実務についての見聞をひろめる。イギリスでは、ロンドンのLSEを訪ねる。その帰国直後に、カーンフロイントの法律学者としての才能に着目したカスケルは、彼にベルリン大学に教授資格取得論文の提出をすすめる。二八年末にはベルリン・シャルロッテンブルク区裁判所の裁判官となるが、一年後にはベルリン労働裁判所に移る。五〇余人の裁判官で構成されていた同裁判所では、後に彼の学友となった者も少なくない。その一人に、同じくユダヤ人であったエルンスト・

ハイニッツ（一九〇二―一九九八）がある。彼はベルリン大学において刑事法の研究とともに、カスケルのもとで労働法にもアタックした人であったが、三三年の職業官吏制再建法により休職処分になって間もない同年八月にユダヤ人に対し終始寛容であったイタリアに移り、弁護士とフィレンツェ大学非常勤講師を兼ね、イタリア国籍を取得する。戦後は、エァランゲン大学（一九四八年）をへてベルリン自由大学の刑事法、労働法の教授となる（一九五二年）。カーンフロイントは、ベルリン労働裁判所時代に、『ライヒ労働裁判所の社会的理想』（一九三一年）、「労働法の機能の変遷」（一九三二年）というドイツ時代の代表的な著作、論文をそれぞれ公にする。また一九二〇年には刊行以来版を重ねていたゲオルク・フラトウの『経営協議会法コンメンタール』の一三版にあたっては、フラトウの懇請により三一年に協力者としてそれを完成する。職業官吏制再建法により一九三三年四月上旬に罷免され、同年六月にドイツを離れ、ロンドンのＬＳＥに入学する。学位号を取得した後、同スクールのスタッフとなり、会社法の講義をする。三六年にはバリスターの資格を取得する。戦時中はウィンナー（Winner）という匿名を使用し、ドイツむけの情報活動にも従事する。四〇年にイギリスに帰化する。大戦直後には、ドイツ占領イギリス軍の顧問となる。三三年にイギリスに亡命しロンドン大学教授となったカール・マンハイムの生前の要請を受け、カール・レンナーの『私法制度とその社会的機能』（一九二九年）の英語版を序文とコメントを付して、四九年に刊行する。一九七九年八月一六日にロンドンとポーツマスのほぼ中間に位置するHaslemereにて死去。

死の翌年に刊行されたカーンフロイントの追悼論文集におけるボッブ・ヘップルとティロ・ラムのそれぞれの論稿は、ほぼ余すところなくカーンフロイントの人間像をドラマ的記述もおりまぜて描きだしている。それに付加するものはほとんど残っていない。したがってここでは、三一年著書、三二年論文を取りあげるにとどめたい。

前述もしたように、ボッブ・ヘップル教授との一九七六年の対談で、彼は、三二年の論文「労働法の機能の変遷」を持ちだされると戸惑いを感ずると述べている。一九七八年のルートアルト・インタビューにおいても、一九三一年の著書『ライヒ労働裁判所の社会的理想』と三二年のこの論文を持ちだされるとまごつき、戸惑いの気持ちになると告白している。率直な感懐であり、共感をおぼえるものがある。カーンフロイントといった人に限りない信頼を覚えるのも、この点においてである。三一年著書には、ライヒ労働裁判所の判例の基本的立場をファシズム的とし、あるいはその判例を使用者サイド的、労働者サイド的と割り切っていこうという短絡的な考え方が底流にある。同書の泣きどころである。ライプツィヒ大学のルッツ・リヒターは、同書の書評を兼ねた論文において、カーンフロイントの法社会学的方法論を評価しつつも、その点をするどくついたのであった。[22] またそれにさきがけ、ドイツ労働組合総同盟の書記であり、労働法研究者としての地位も確立していたクレーメンス・ネルペルも、[23] 総同盟の理論機関誌アルバイトの一九三一年七月号で同様の指摘を行っている。ライヒ労働裁判所の判例思考をファシズムというどうとでも解釈できる概念でとらえようとするカーンフロイント著書は、方法論の欠如を露呈したものであり、その意図に反して非社会学的方法論らしきものに落着しているというリヒター批判は痛烈である。リヒター批判、ネルペル批判は、また翌年の論文「労働法の機能の変遷」にも基本的に妥当するものであった。このようなカーンフロイント作品に対する批判を師ジンツハイマーはどのような気持ちで注視していたのであろうか。幻滅、混迷の深刻化するワイマール末期において、若きフレンケル、若きカーンフロイントのようにいわばグサリと踏みこんだ論稿を熟年ジンツハイマーは物にしなかったと思われるだけに、複雑なものがある。

三三年一月三〇日のヒトラー政権成立の直後に、ベルリン労働裁判所にある事件が係属し、カーンフロイントがその審理にあたることとなった。ラジオ放送局員が共産党員という理由で解雇された事案であるが、それを無効としたことが、職業官吏制再建法による罷免の直接的理由とされたのであった。しかし労働裁判所裁判官という現職にあった彼が三一年著書、三二年論文を公にしたことが、ユダヤ系という出自とあいまって、彼のパージの主たる理由となったのではないかと思われる。

西ドイツの法律学者がカーンフロイントを公の席で最後にみたのは、一九七六年九月中旬に開催のドイツ法曹会議シュトゥットガルト大会（五一回）においてであった。彼は、労働争議立法に関する部会で、比較法的見地に立った該博な基調報告を行ったのであったが、三省堂ジンツハイマー（二〇九頁）において私は「人生の最後の段階で、かつての祖国ドイツの将来について祈るような気持ちをいだいていたのであろうか。それともむなしい隔絶感をひめていたのであろうか」と自問したのであった。一九四七年に敗戦ドイツをはじめて訪れたさいに、多くのドイツ人に大戦に対する自浄の意識の欠如していることをカーンフロイントは鋭敏にかぎとったのであるが、その後の西ドイツにおける民主的体制の進展にもかかわらず、西ドイツに対する距離意識、距離判断は彼の内に定着していたのである。(24)

(22) Lutz Richter, Bemerkungen zu Kahn-Freunds Sozialem Ideal des Reichsarbeitsgerichts, *Neue Zeitschrift für Arbeitsrecht*, November 1931, S. 657.

(23) クレーメンス・ネルペルは、一九二一年の下半期以降カスケルのもとで実施されていたベルリン学派の共同演習の同人となり、この演習の成果をまとめた前掲の一九二五年『団結と団結の闘争手段』のうちにおいて、「労働組合のストライキ規程」を執筆している。ドイツ労働組合総同盟本部の労働法関係のエキスパートであった彼は、ライヒ労働裁判所の労働者サイドの陪席裁判官でもあった。

ヴァルター・カスケルに接近しつつ労働法研究者としての地位を固めようとしていたネルペルは、カーンフロイントの一九三一年著書のマンハイム所在ベンスハイマー出版社からの刊行に圧力をかけたといわれている。信山社ジンツハイマー一二一六頁。

ドイツ労働組合総同盟（ＡＤＧＢ）の本部が三三年五月二日にナチス親衛隊、ナチス突撃隊に接収された後、ネルペルは短期間拘留されるが、三三年五月一〇日に発足したドイツ労働戦線（ＤＡＦ）の労働法部門の責任者に三五年六月に就任し、四一年にはナチス党員となっている。ドイツの敗戦直後には労組の再建に動いたとされているが、典型的な罪悪感欠乏症というべきか。ネルペルについては、Roth, Intelligenz und Sozialpolitik, S. 213 参照。

(24) 信山社ジンツハイマー九頁。

5　フランツ・メスティッツとジンツハイマーに関する訣別的作品

エルンスト・フレンケル以下の三三年以降の人生軌道、学問軌道はいずれもスリリングなものであったが、それにもましてドラマチックな足跡をたどり、苛酷な人生の風雪をしのいできたのが、チェコ国籍のメスティッツであった。彼は一九三二年二月にフランクフルトのジンツハイマー弁護士事務所を去って以来ほぼ四〇年を経過した一九七二年に再びフランクフルトに居住する。七〇歳を超える高齢にありながら、ジンツハイマー労働法理論を中心に、ジンツハイマーの人間的内面にいたるまでの記録を、人生の最後にいたるまで書きつづけ残したメスティッツであった。その論稿はいずれも、率直にいって、メスティッツの吐き出す息の匂いがする。そこに沈殿する空気に圧倒されたものである。一九〇四年六月二八日にチェコ西部のチェヒ地方に生まれた彼が、激動ヨーロッパにもまれた人生をフランクフルトにおいて静かに終えたのは一九九四年七月二一日のことであったが、その作品はいずれも命を削って書きあげたものであったであろう。

メスティッツの人とその学問については、一九八六年八月以降の彼の私あての書信、私のドイツ語版ジンツハイマーの原稿に対するメスティッツ鑑定書も含めて信山社ジンツハイマー（一〇、八九、

一二六、一三九、一四六各頁）に詳細に展開した。したがって本書では一切割愛したい。

6　カルロ・シュミットとその他の人びと

ジンツハイマーのとくに人間性に強くひかれたフランクフルト大学におけるジンツハイマー、ゲーテ通の弁護士事務所におけるジンツハイマーに接触したものには、なお若干の人びとがある。労働法の論文「経営協議会法による経営代表機関の法的性質」に対し一九二三年秋にフランクフルト大学から学位号を授与されたのは、裁判官、国際法教授をへて戦後の社会民主党の領袖となり、キージンガー大連合政府の閣僚となったカルロ・シュミット（一八九六―一九七九）があった。彼は一九二九年刊行の回顧録において、そのさい、ジンツハイマー教授より心温まる指示と指導をえたことを記録しているのである。(25)

第二次大戦後、いわゆるマールブルク派のリーダーとして、左翼的な憲法理論、政治理論を積極的に展開した人にヴォルフガング・アーベントロート（一九〇六―一九八五）がある。彼はワイマール時代にも既にドイツ共産党の党員として、左翼的な若手の政治学者として知られていたが、ワイマール時代末期にはジンツハイマーの法理論に強くひかれ、その弁護士事務所に出入りすることになる。ナチス時代には、彼は強制収容所、刑務所を往復することになった。(26)

アメリカに渡ったマルキストであったフレンケル、ノイマンが政治学者に転向したのに対し、苦闘しつつもアメリカで弁護士として大成した若干の人びとがある。まずあげられるべき者にフランツ・ヨーゼフ（一九〇五―）がある。一九二六年から二年にわたりフランクフルト大学においてジンツハイマーの助手となるとともに、その事務所で弁護士実務を学ぶこととなった。ヨーゼフは二八年に同大学で学位号を取得した後、三〇年にはライヒ財務省に勤務する。しかし三三年四月に罷免され、三五年一一月にアメリカに移住し、三八年には弁護士資格を取得する。税法に精通した一線級の弁護士となったのである。ただドイツに残った父はテレージェンシュタットで、母はアウシュヴィッツで殺害される。[27]つぎには、ワイマール時代にフランクフルト大学の刑事訴訟法、刑事政策教授ベルトルト・フロイデンタール（一八七二―一九二九）[28]のもとで研究生活に入った者にオット・ライネマン（一九〇二―一九七六）という人があった。フロイデンタールと同じユダヤ人であったジンツハイマーの労働法講義に圧倒的な感動を受けたライネマンは、ジンツハイマーの事務所に出入りするようになった。三三年にアメリカに亡命後、彼は一線級の刑事弁護士となったのであった。[29]

後述するところでもあるが、ジンツハイマーが一九三三年一〇月にアムステルダム大学特任教授に就任するにいたったころ、彼にはアメリカの大学からの招請もあった。しかしジンツハイマーはそれに全く関心がなかったのであった。ところがドイツ軍のオランダ侵攻に先立つ一九四〇年上半期に、ジンツハイマーのアメリカ移住について強く働きかけた人があった。ハンス・F・フランク（一九一一―）という人であった。ワイマール時代には社会民主党系の学生団体のメンバーであり、ヒトラー政権樹立からほぼ六箇月後に学位号を取得する。三三年一〇月にはニューヨークに移住し、ニューヨーク大学のロー・スクールの夜間コースで学んだのであった。三九年にはアメリカ国籍を取得している。(30) 三三年以前にフランクフルト大学あるいはゲーテ通の事務所でジンツハイマーの指導を受けたという記録はないが、おそらく何らかの形においてジンツハイマーとの接触があったのではないかと思われる。

(25) 信山社ジンツハイマー一八頁。
(26) Beier, Arbeiterbewegung in Hessen, S. 355.
(27) Stiefel - Mecklenburg, Deutsche Juristen im amerikanischen Exil, S. 43 122.
(28) フロイデンタールについては、一九二二年冬学期にその講義に出席した滝川幸辰の記録がある。信山社ジンツハイマー一六七頁。
(29) Stiefel - Mecklenburg, Deutsche Juristen im amerikanischen Exil, S. 153 Anm. 2.
(30) Stiefel - Mecklenburg, Deutsche Juristen im amerikanischen Exil, S. 127.

7　フレンケル、ノイマンの事典項目の執筆

一九三一年から三二年にかけて、キール大学の社会政策教授であり、社会政策学会、社会改良協会の有力メンバーであったルートヴィヒ・ハイデが編集責任者となって参考文献に掲げた Internationales Handwörterbuch des Gewerkschaftswesens 上、下二巻が刊行される。大部な事典であり、編集協力者には、

キリスト教労組運動のトップ・リーダーであり、当時ライヒ労働相であったアーダム・シュテガーヴァルト（一八七四―一九四五）、一九二七年から三一年にかけてアムステルダム・インターの書記長であったヨハン・ザッセンバハ（一八八六―一九四〇）、ヒルシュ・ドゥンカー労組運動のトップ・リーダーであり、第二次大戦終結直前にソ連兵によって射殺されるという悲劇的終末となったアントン・エァケレンツ（一八七八―一九四五）のほか、フランスのアルベール・トーマ（一八七八―一九三二）、イギリスのバロン・パスフィールド、すなわちシドニー・ウェッブ（一八五九―一九四七）が加わる。トーマは、その死にいたるまでＩＬＯの初代事務局長としてＩＬＯの基礎を確立した周知の右派社会主義者であった。

事典の経済学部門、社会学部門、労組運動部門では、エードゥアルト・ベルンシュタイン（一八五〇―一九三二）、マックス・アドラー（一八七三―一九三七）、ルーヨ・ブレンターノ、カウツキーの子息ベネディクト・カウツキー（一八九四―一九六〇）といった格段の執筆者がその名を連ねているものの、労働法、社会保険法部門では、フリードリヒ・ジールップ、ゲオルク・フラトウ、ヨハネス・ファイク（一八七三―一九三六）といったワイマール労働法学史にその名をとどめる労働行政官僚がいずれもそれぞれの項目に力作といえる執筆をしているのに対し、ジンツハイマー、カスケル、ヤコービ、ポットホフといった学界リーダーは加わっていない。それに代わって力作を寄せているのは、フレンケルとノイマンの両者であった。フレンケルは「労働訴訟と労働組合」の項を担当し、ノイマンは「労働協約と労働協約法」の項を担当する。A３版の同事典は小活字で埋められているが、とくにノイマンの執筆項目は二四頁に及ぶ。事典という制約があるためでもあるが、両者の執筆内容はたぶんにカスケル的叙述であり、法実証主義的作品となっている。(31)

イギリスをへてアメリカに渡った亡命後期のノイマンは政治学者に転向する。そうして、ジンツハイマーとは学問的、人間的にも疎遠になっていく過程は、ノイマンについての資料、文献上断定してもよい事実である。しかし前述のように、その死の直後より刊行せられた『基本権―基本法の理論と実務ハンドブック』全四巻の企画に当たってニッパーダイその他とともに編集者となっている。一九五四年九月のスイスでの不慮の事故死にさきがけ、一九五〇年代に入ってからしばしば西ドイツに帰国しているノイマンの念頭には、ドイツ労働法学界への復帰があるいはよぎり、心が複雑にゆれ動いていたのかもしれない。(32)「左翼学派」無き戦後過程の西ドイツ労働法学への強い危機意識が、ノイマンにあるいはあったのではないか。と思うと、前記したような政治学者ノイマンのソ連スパイ説があ る。それは小説よりも奇なることである。ノイマンは、前述のように謎の多い人間であった。(33)

(31)　フレンケルは、同事典の一項目であった「フーゴ・ジンツハイマー」の執筆も担当している。
(32)　この点を指摘しているのは、**Ramm, Pluralismus ohne Kodifikation, S. 456** である。
(33)　一九三一―三二年のこの事典上、下二巻は、六〇年の歳月の流れた一九九二年にティロ・ラム教授の再版の辞を付してリプリント版が刊行される。

Ⅵ　立法作業への関与、共和主義裁判官協会と時評欄

1　統一労働法制定への熱意と統一労働法制定委員会

ワイマール憲法草案一五四条（憲法一五七条）の統一労働法制定の規定をうけて、シャイデマン内閣のグスタフ・バウアー労相のもとで一九一九年五月に統一労働法制定委員会が発足したことについては、再度にわたって記述したことであった。

それにさきだち、シャイデマン内閣は、その成立一箇月後にフランスの労働法典に比すべき統一労働法典の制定の用意のあることを公表し、一九一九年三月二一日のライヒ労働省設置法により労相となったバウアーは、国民議会議員であるジンツハイマーの意見を聴取しつつ、統一労働法制定委員会の委員の人選をすすめるにいたった。その結果、一九年五月二日には、学界サイド、労組サイド、使用者団体サイド、実務家サイドの各代表者によって構成された同委員会が発足する。学界代表委員はつぎのとおりである。ジンツハイマー、カスケル（当時ベルリン大学私講師）、エルトマン（当時ゲッティンゲン大学民法教授）、ヴォルツェンドルフ（当時ハレ大学国法学教授）、エルンスト・フランケ（一八五二―一九二一、当時社会改良協会会長代理）。その他注目すべき委員としては、工業裁判所・商人裁判所連盟事務局長のゲオルク・バウム（実務家サイド）、ドイツ労働組合総委員会内のすぐれた理論家であり、前述のように一九〇〇年三月以来総委員会の機関誌の編集責任者であったパウル・ウムブラ

イト（労組サイド）、ドイツ民主党所属の国民議会議員であり、ハンブルクの婦人社会学校の主事であったマリー・ブラウン（一八七四―一九六四）があげられる。またオーストリア労働省の参事官であり、ウィーン大学の客員教授であった前掲エマーヌエル・アドラーも、番外委員として加わったのであった(1)。

壮年期ジンツハイマーの代表的著作の一つにあげられる一九一四年の冊子『ドイツの統一労働法の基本理念と可能性』は、前述のようにフランスにおける労働法典の整備という事態をふまえて彼の持論を集約的に展開したものであったが、統一労働法制定委員会の発足によって、彼は年来の宿願の実現されるべき期待をつよく感じたに相違ない。同委員会の第一回会合の冒頭において、ジンツハイマー委員による「労働法の新秩序」と題する基調報告が行われる(2)。そこでは、一九一四年の右冊子にほぼ沿いながら、同委員会でとりあげるべき課題をつぎのようにしぼっている。第一に、新たな労働法秩序の基礎は労働契約立法にあり、委員会はその実現にまずとりかかるべきこと。第二に、現行の工業裁判所、商人裁判所等に代えて一元的な労働裁判機関を設置し、上訴制度を完備すること。つぎにライヒ労働省の新設を契機に、各種労働行政機関を統合すること。第三に、従業員代表組織について新たに立法措置を行い、その上部組織として地域別委員会、ライヒ委員会を設置すること。第四に、暫定的立法である一九一八年労働協約令を本格的な立法に改編すること。そうしてその基調報告の終りにおいて、統一労働法制定委員会は、フィーリップ・ロトマールがかつて『労働契約論』においてみせたような創造的な精神力をもって作業に立向うべきことを強調したのであった。長時間にわたる報告であった。しかし統一労働法制定委員会という組織自体が同じ社会民主党員であったバウアー労相とジンツハイマーとの協議の所産であったということに加えて、ジンツハイマー色が正面からうちだされた基調報告であったことは、若干の委員、とくにカスケルにとっては不快なことであったであろう。この初回の委員会では、労働契約法、労働協約法、労働保護法、労働裁判所法の各小委員会の設置を決定し、労働契約法についての審議を優先的に行うという見地から、ジンツハイマーの提案によって、当時バイエルン州社会局の専門官であったポットホフを労働契約法小委員会に加えることになった。以後必要に応じ、小委員会に新委員が加わったのであるが、全体としてその審議はかなり難航する。また一九二〇年六月下旬以降、中央党、ドイツ人民党の首班内閣が継続し、カトリック司祭出身のハインリヒ・ブラウンス（一八六八―一九三九）の八年に及び長期労相時代に入ってくると、ライヒ労働省の労働法制定委員会の軽視という態度が表面化し、小委員会作成の草案を無視するという傾向すらでてくるにいたった。ドイツ労働組合総同盟の理論機関誌アルバイトの一九二四年一月創刊号において、ジンツハイマーは、「新労働法のための闘い」という論文を執筆している。そのなかで統一労働法制定委員会を発足させたかつてのバウアー労相の功績をたたえる一方、ライヒ労働省のその後の同委員会への対応につよい不満を表明しているのである。ジンツハイマーは、小委員会のうち、労働契約法、労働協約法の両小委員会に加わったが、委員会内部での審議が紛糾し対立する場合には、彼はそのつど調停者として処理にあたったといわれる。[3] 統一労働法制定委員会の委員としての立法構想を一九二〇年刊行の『新労働法』において明らかにしようとしたカスケルは、前述のようにライヒ労働省に太い人脈をもっていたが、このような事態をどのように受けとめていたであろうか。

委員会の成果がもっとも早くまとまったのは、労働協約法小委員会であった。ジンツハイマーの一九一六年『労働協約立法』における労働協約法私案がたたき台となったからでもあった。ほぼその私案に沿う労働協約法草案がライヒ労働公報の一九二一年四月一五日号において公表されるが、右小委員会のもう一つのテーマとされた経営協定法草案の作成については、その後実質的な審議が行われず、いわば休業状態になったのであった。しかしジンツハイマーの一九一六年私案に対しては、一九年一月下旬にベルリンで開催された社会改良協会臨時大会では、それが「過度の立法的介入」であるという批判が続出する。同臨時大会は、共和制成立直後の労働法上の当面の課題となった団結法、労働協約法の二つのテーマについての同協会の政策方針を固めるために開催されたものであるが、ジンツハイマー私案批判の正面に立ったのは、当時七四歳の老ブレンターノであった。また一九二一年一月にはカール・レギーンの後をつぎドイツ労働組合総同盟の委員長となったテーオドール・ライパルト（一八六七―一九四七）も、二〇年七月一四日付のブレンターノ宛の私信において、ジンツハイマー私案には、彼として、また労組センターとして反対せざるをえないという見解をしたためていたのであった。ブレンターノの一九三一年の前掲回想録に記録されているところである。[4] 七五歳に達していた老ギールケも、一九一六年の論文において、ジンツハイマー私案に対し、それが労働協約制度の国営化を招来するところの国家社会主義思考の所産であるといういささか度を過ぎた表現で痛烈に批判したことについては既述した。右の社会改良協会の一九一九年臨時大会での批判を考慮し、労働協約法小委員会は、その草案作成過程では、同協会に設置された労働協約立法特別委員会の協力をもとめたのであった。また、労働協約法草案の一九二一年公表にあたっては、草案理由書で、それが決して「労働協約制度の官僚化」をもたらすものでないとコメントせざるをえなかったのである。この草案理由書はジンツハイマーの手になるものであった。しかし一六年のジンツハイマー私案、それにもとづく二一年の労働協約法草案を検討すると、ギールケ、ブレンターノの批判がむしろ妥当であったという見方に傾くのは避けえない。労働協約法理に対するジンツハイマーの自信、確信のためであろうか、たしかにそこには、「過度の立法的介入」規定が少なくないのである。社会的自治という理念を強調するあまり、社会的自治のための過保護的な法規定を数多く創出するという自己矛盾におちいっているということである。ジンツハイマーのつよい期待にもかかわらず、労働協約法草案はライヒ労働省の放置するところとなり、一九一八年の暫定的な労働協約令に所定の労働協約の一般的拘束力宣言手続に若干の改訂を加えた二八年二月二八日の新労働協約令が成立をみたに過ぎない(5)。

統一労働法制定委員会の緊急作業とされた労働契約法草案の作成については、労働契約法小委員会の討議に長期間を要したために、その草案の完成したのは二三年七月であった。それは、ライヒ労働公報の一九二三年八月一日号において公表される。同小委員会には、学界代表としては、ジンツハイマー、ポットホフ、エルトマン、オーストリア労働省のアドラーほか、イェーナ大学のユゥストゥス・ヘーデマン、フランクフルト大学の前掲ハインリヒ・ティッツェがこれに加わり、実務家代表としてはバウム等がメンバーとなり、ポットホフの作成した原案をもとに審議をすすめたのであった。この草案に対する批判書が、一九二五年にモリトール、フーク、リーツラーによって刊行されたことは既に言及した。しかし同草案もまた公表のままで終わってしまった。

統一労働法制定委員会の作業で立法化の実現したのは、まず一九二六年一二月二三日の労働裁判所法であろう。労働裁判所法小委員会の草案をひきつぎ、ライヒ労働省はライヒ司法省と協力してその実現をはかったのであったが、それについては、一九二一年、二三年と再度にわたり司法相に就任したラートブルフがその大きな推進力となったのである。ジンツハイマーの前掲一九二二年論文「弁護士職と労働法」は、右小委員会の審議における一テーマであった弁護士強制制度の可否について論じたものであった。工業裁判所法、商人裁判所法は弁護士訴訟代理制度を排除していたのであるが、この論文は、その後の労働民事事件の推移と特質を考慮し、弁護士強制主義の排除はかえって労働者保護に反する結果を招来することを指摘する。また労働裁判所法の成立後、共和主義裁判官協会の機関誌ユスティーツの一九二七年八月号の時評において、労働裁判所裁判官に法実証主義思考の生ずることを戒め、さらに同年一〇月には、週刊経済雑誌に、労働裁判所法の成立を契機に労働裁判所裁判官の世界観の転換が期待されるという趣旨の論稿をよせている(6)。ちなみに同法は、控訴審、上告審については弁護士強制主義を原則とするのに対し、初審においては、当事者自身による訴訟追行のほか、労働組合、使用者団体のそれぞれの代表者を訴訟代理人となしうる旨を定めたことであった。

労働保護法小委員会における審議は、長期間継続したのであった。その審議結果の一部は、一九二三年一二月二一日の労働時間令となって結実する。さらにその後も討議が重ねられ、小委員会の統一労働保護法草案を取りいれたライヒ労働省案が、二六年一〇月に暫定的ライヒ経済協議会に提案される。同経済協議会は、一九二〇年五月四日命令にもとづき発足したものであった。冬眠化に近い存在ともいわれた暫定的ライヒ経済協議会ではあったが、同協議会の社会政策委員会はこの労働省案について二八年三月まで審議を重ね、その結果をライヒ参議院に送付する。しかし翌年の経済危機の到来は、その実現をかき消してしまったのであった。

（1）統一労働法制定委員会の審議状況及び作業成果については、ライヒ労働省の労働保護法、国際労働法部門の責任者の地位にあり、実務的労働法学者としても知られていた前掲ヨハネス・ファイクが、一九二八年五月につぎのような総括的レポートを行っている。Johannes Feig, Die Vorarbeiten für das deutsche Arbeitsgesetzbuch, *Reichsarbeitsblatt*, Nichtamtlicher Teil, Nr. 13 1928, S. 205.

ファイクは、ブレンターノの七〇年祝賀論文集（一九一六）に寄稿した唯一の労働法学者であった。「組合員労働者の年金と家族状況」というテーマの論文である。

統一労働法制定委員会に関する詳細なモノグラフィには、参考文献にあげたつぎのものがある。

Bohle, Einheitliches Arbeitsrecht.

（2）このジンツハイマーの基調報告は、*Juristische Wochenschrift* の一九一九年七月一日号四五六頁に掲載される。

（3）Heinrich Potthoff, Gewerkschaften und Politik, S. 189. ハインリヒ・ポットホフ（一九三八—　）は労組運動史の研究者であり、ハインツ・ポットホフと混同してはならない。

（4）Brentano, Mein Leben, S. 386.

（5）一九一八年、二八年の両労働協約令は、ともに労働協約の一般的拘束力宣言をライヒ労働相の権限と定める。しかし、それを非政治的な第三者機関の権限とすべきであるというのがジンツハイマーの持論であった。そのことは、職員、工場マイスター層の自由労組系センターであった Allgemeiner Freier Angestelltenbund が一九二一年一〇月上旬にデュッセルドルフで結成大会を開催したさいになされた彼の報告「労働法の形成の継続」においても、強調されているところである。

（6）Die Arbeitsgerichte, *Magazin der Wirtschaft* vom 27. Oktober 1927, S. 1635.

2　共和主義裁判官協会とその機関誌上の時評

多忙をきわめた熟年期ジンツハイマーの一九二五年下半期から加わった作業に、共和主義裁判官協会の機関誌ユスティーツ上の時評の執筆があった。彼はそれにも情熱をかたむけたのであった。その論旨は明快であり、直截であって、そのようなエスプリのきいた評論は、並の法律学者ではとうていなしえないところである。

ヴィルヘルム帝制からワイマール共和制への政治体制の転換を遠ざけようとしたのは、裁判所であった。旧態依然とした体質はそのままであった。実定法への無条件服従という教育と訓練を受けた裁判官は、当然のことながら一切の革新を拒否する。しかし問題は、それが同時に反民主主義、反共和制の意識につながるところにあったのである。圧倒的多数の裁判官にとっては、共和制とは社会主義体制と同義であった。さらに、このような意識の裁判官によって司法修習生に対する研修がなされたこともより深刻な事態であった。(7) しかしエーベルト、シャイデマン、バウアー、ヘルマン・ミュラーの各社会民主党首班の内閣は、司法権の独立の侵害という批判をおそれ、司法部の改革にはあえて手をつけようとはしなかったのである。

一九二一年一〇月下旬成立の第二次ヴィルト内閣の司法相にラートブルフが就任したことは、司法改革への期待を感ぜしめるものがあった。司法相就任のほぼ一箇月前に開催せられた社会民主党のゲルリッツ大会において司法問題に関し報告を行ったライヒ議会議員・キール大学教授ラートブルフは、刑事、民事、労働の各裁判の問題点を摘出するとともに、裁判官の独立は不可侵であるとしても、その共和制及び共和国立法への無理解を人事政策によって打開する必要があるとし、裁判官の抵抗を排して司法部改革をすすめることが、法の尊重及び司法への信頼を確保するために不可欠の要請であると述べたのであった。(8) 一九二二年一月にワイマール憲法の基本思想を司法のなかに導入し、憲法の精神に沿う司法の実現を目的とした裁判官（及び検察官）の組織として共和主義裁判官協会がベルリンにおいて結成されたのも、司法相ラートブルフの強力な支援があったものと思われる。しかし同協会は、司法部内において少数勢力に過ぎなかった。そのメンバーの多くは社会民主党系の人たちによってしめられていたが、その会員数は社会民主党所属の法律家によって組織せられていた前掲の社会民主党法律家連盟のメンバーと合わせても四〇〇人弱に過ぎない状況であった。それは一種の同志団体であったといえよう。したがって一九〇九年初頭に裁判官（及び検察官）の身分保障を目的として結成せられたドイツ裁判官協会がほぼ一万二、〇〇〇人という会員数を有していたのに比すると、対抗組織としての実態をもっていたかどうか疑わしいものがあったといわねばならない。(9) しかしながら、ドイツ裁判官協会は、司法組織の内部から批判、改革を展開しようとする共和主義裁判官協会に不信と敵意をあらわにし、両者の対立は共和国終焉にいたるまでつづくことになる。

ユスティーツ誌が、共和主義裁判官協会の有力な創設者の一人であり、一九二二年以来ベルリン地方裁判所部長判事であったヴィルヘルム・クローナー（一八七〇—一九四二）を編集責任者とし、ラートブルフ、ジンツハイマー、及び一九世紀におけるドイツ刑法学の巨人カール・ミッターマイアー（一七八七—一八六七）を祖父にもつギーセン大学刑法教授前掲ヴォルフガング・ミッターマイアーの三者を編集協力者として刊行されたのは、一九二五年一〇月であった。同誌は、三三年四月まで発行される。その創刊号に、ジンツハイマーは無記名で「われわれの欲するもの」という巻頭論文を執筆したのであった。司法改革については、ジンツハイマーはかずかずの論文で強調しているところであり、それを同誌の刊行を通じて活性化しようという熱意がそのうちに息づいている。その要旨は、つぎのように箇条式にまとめられるであろう。第一に、新しいユスティーツ誌の発行は、目下動揺している司法に対する信頼を回復することにある。信頼の回復は、まず動揺の原因を明確にすることにある。第二に、法は形成的性格なしには存在することはできないが、問題は技術のみではなく、法の精神である。法が精神において取扱われる場合にのみ、国民は法の力を信頼することができる。第三に、法秩序は一つの精神によって貫かれていなければならない。共和国ドイツにおいては、ただ共和主義的、民主主義的司法のみが存在しうる。第四に、法秩序は制定法秩序につきるものではない。現実に生成する法に注目しなければならない。第五に、国民と法との間に生じている不信を除去するためには、共和主義的国家精神を有する司法を必要とする。そのためには、法曹教育もすすめる必要がある。法は文化の一形態であり、したがって文化的、人間的な法曹を養成しなければならない、と。以上のうちジンツハイマーのとくに力点をおいたのは、司法の危機は何よりも精神の危機であるとし、精神の再生を訴えた第二、第三にあった。彼は創刊号の時評の冒頭においても、そのことに重ねて言及しているのである。

つぎの叙述に入る前に、ユスティーツ誌の編集責任者となったヴィルヘルム・クローナーという人についてコメントしておく必要があろう。ユスティーツ誌上の活躍については知られているにかかわらず、その経歴は一九八〇年代後半にいたるまで不明のまま放置せられていたからである(10)。

ヴィルヘルム・クローナー（Wilhelm Kroner）は、北部ドイツのフリースラント地方にあるイェーリング生誕地アウリヒにおいて、ギムナジウム校長を父として一八七〇年八月一四日に出生する。ユダヤ系であった。二六歳で司法官試補になり、一九〇五年には地方裁判所の裁判官に、一九二二年にはベルリン地方裁判所部長判事に就任する。その前後に社会民主党に入党し、社会民主党法律家連盟に所属していたクローナーに対して、社会民主党は再三にわたってライヒ議会議員候補者に推薦している。共和主義裁判官協会の結成にあたっては、ラートブルフ、ジンツハイマー等とともにその中心的人物となり、後には同協会の会長となり、同協会が三三年三月に解散に追いこまれたさいには幕引人となったのであった。ユスティーツ誌の創刊号の刊行直後の一九二五年一〇月七日には、プロイセン上級行政裁判所の裁判官に任命せられ、ワイマール期の裁判官としては最高のプレステージを得ている。ライヒ行政裁判所の設立をみるにいたらなかったワイマール時代においては、同上級行政裁判所は行政事件の終審裁判所であり、ライヒ最高裁判所よりもその社会的地位が高く評価されていたのである。一九三三年六月に職業官吏制再建法により、社会民主党員でありユダヤ人であるという二重の理由をもって追放せられたクローナーは、ユスティーツ誌を通じての親友であったジンツハイマーと対照的に、祖国ドイツにとどまることを決意し、ナチスのユダヤ人強制移住政策に徹底的に抵抗したのであった。このかつての赤き裁判官に対してナチスが一九四二年一〇月まで放任した理由は判然としない。しかし同一〇月三日には、テレージエンシュタット強制収容所に収監になった。当時七二歳のクローナーであった。収監にともなう肉体的苦痛のため、ほぼ一〇日後の一九四二年一〇月一五日にそこで死去する。

さて、共和主義裁判官協会の前にあげたような会員規模からすれば、ユスティーツ誌については、そこにいくたのすぐれた論文がみられるものの、当時の法学界、法曹界における評価を過大視することは疑問である。ワイマール期にゲゼルシャフト誌上において国法学上の多くの論稿を発表するとともに、弁護士、労組法律顧問として活躍し、三三年以降、フランスをへてアメリカに亡命し、ノイマンと親交を深め政治学者として大成した人が前掲キルヒハイマーであった。彼は、ティロ・ラムがユスティーツ誌上のジンツハイマー、フレンケルの両者の時評を集録し、一九六八年に刊行したさい、その死の直前に、ユスティーツ誌及び同誌上の時評についてすぐれた「序文」を書き残したのであった。そのなかでキルヒハイマーは、共和主義裁判官協会を前述のように一種の同志団体であるとし、その機関誌ユスティーツは、多くの法律雑誌と異なり、学界なり実務界なりの潮流を代表するものとはいえなかったと指摘している。[11] 妥当な評価といえるのではないか。ワイマール時代におけるすぐれた詩人でありジャーナリストであったクルト・トゥホルスキー（一八九〇―一九三五）のつぎのような辛辣な言葉を、ここに掲げることも無意味ではない。[12] 彼のすぐれた感性の故に、そうして詩人法律家ともいわれた彼の故に、実相に深くコミットしていると考えられるからである。「司法に対する信頼の危機などというのは、正直いってもはや問題にならない。危機というのは、なにかがきめられるときのあの不安定な状態のことだ。つまり生か死か—イエスかノーかだ。ドイツの労働者はきめてしまっている、ノーと」、「純粋で善意の意図を持つ雑誌、『司法』……のいささか気抜けした闘いが役立つだろうとは思えない。そのプログラムは悪くはない。今日の技術的法律学の過大視とドイツ司法に於ける人間性の軽視とが、そこでは問題にされているのだが、これがまことにやんわりと語られるものであって具体的に批判するというふうではないのだ」。

ユスティーツ誌に収録の諸論文は、右のジンツハイマーの創刊号巻頭論文における問題提起をうけて、とくに立法政策的検討に精力を傾けたものが少なくない。キルヒハイマーの前掲「序文」の指摘しているとおりである。しかし執筆者のレパートリーは、法律学にとどまらず、政治学、経済政策、社会政策、農業政策、住宅政策等広汎に及んでいる。また執筆者も、法律学にかぎっても、単に自由法論者にのみ限定しているものではない。たとえば、エールリヒやカントロヴィッチの方法論上の好敵手であったハンス・ケルゼンもその寄稿者となっているのである。(13)また労働法の部門においても、ジンツハイマー、フレンケル、ノイマン、さらにはルートヴィヒ・ベンディックス（一八七七—一九五四）(14)というユスティーツ誌派のほか、ライプツィヒ学派のルッツ・リヒターが一九三〇年七月号に「社会保険の統一のために」という論文を執筆し、マンハイム商科大学の前掲アントン・エルデルがその死の直前に、一八年二月号に「労働裁判所の特別裁判所としての特質」という論文をよせ、またライヒ労働省労働立法局の前掲リヒャルト・ヨーアヒムが三〇年三月号に「実務上の労働裁判所法の司法政策的意義」という論文を投稿しているのである。ヨーアヒムがともに実務的労働法学者として知られたフラトウと協力して一九二三年に刊行した労働争議調整令のコンメンタール、同じく二六年に刊行した労働裁判所法のコンメンタールは有名である。フラトウが四四年一〇月にアウシュヴィッツで最後をとげたことは前述した。フラトウとともにユダヤ人であったヨーアヒムもほぼ同じ運命をたどり、四二年一〇月にザクセンハウゼン収容所において殺害される。右のコンメンタールを手にすると、両人の怨念がこめられているようにさえ思える。それは、フラトウ、ヨーアヒムの哀傷の作品、鎮魂の作品、オラトリオ的作品となっているといえようか。

ユスティーツ誌の存在意識は、むしろジンツハイマー、フレンケルが毎号担当した時評にあったのではないか。エスプリのきいた両者のすばらしい文章力なのであった。一九二五年一〇月号から三一年八月号まではジンツハイマーが執筆し（二六年一二月号の時評のみはクローナーが担当）、ついで三一年一〇月号から三三年二月号まではフレンケルが執筆している。これについてキルヒハイマーの前掲「序文」は、つぎのようなコメントを残している。第一に、法律雑誌に時評欄を設けることは珍しいことではなく、そのうち同一人物による執筆が長い期間にわたってなされたのは、一八九六年に創刊された *Deutsche Juristen-Zeitung* 上に、一九一二年四月一日号から三三年一二月一五日号までに著名な弁護士マックス・ハッヘンブルク（一八六〇—一九五一）によって執筆された Juristische Rundschau というタイトルの時評があること。第二に、ハッヘンブルク時評は、毎週執筆というハードな作業であったことに加え、国内問題のみならず国際問題をもひろく取りあげ、さらに主要な判例には適切な解説を付し、同誌に対する読者の法律相談もおりこむといった苦心の作品ではあるが、月並みなステロタイプ的記述に近いものとなっていること。第三に、これに対しジンツハイマー時評、フレンケル時評は、ともに問題をかなりしぼり、事実関係の報道よりも、自己の信念なり思想なりを一貫させることに重点をおく評論となっていること。とくにジンツハイマー時評は、品格のある美しい文章によってささえられていること。

マックス・ハッヘンブルク及び彼の時評について一言ふれておく必要があろう。彼は、一八八五年にマンハイムで弁護士を開業して以来、在野法曹のリーダーとしての道を歩んだのであった。*Deutsche Juristen-Zeitung*, *Juristische Wochenschrift* の各編集責任者となり、ハイデルベルク大学、マンハイム商科大学のそれぞれの客員教授に就任し、その間、商法関係についてかずかずのコンメンタールを刊行している。しかしユダヤ人の故に、一九三八年の前掲「ユダヤ系弁護士の許可取消に関する命令」によりドイツにおける業務が絶望になったため、三九年六月にはスイスをへてイギリスに移住し、四六年五月にはさらにアメリカに渡り、バークレーにおいて九二歳の高齢で死去したのであった。以上が彼の略歴である。つぎに膨大なボリュームの時評のうち、二、三の興味のあるものを参考までにひろいあげておこう。さきに言及した一九一二年二月のルーヨ・ブレンターノ講演「労働希望者の保護」と関係した営業条例一五三条の改正問題を取りあげた一九一二年四月一日号上の時評、一九三三年三月二三日の全権委任法について解説のみに終始した同年四月一日号上の時評、日本の国際連盟脱退（一九三三年三月二八日）の政治的背景と連盟規約との関係を取りあげた一九三三年四月一五日号及び五月一日号上の時評。

ジンツハイマー時評は、ハッヘンブルク時評に比すれば対象をしぼっているといえるにしても、やはり項目は多岐にわたっている。しかしその柱となっているのは、一つは、当然のことながら司法危機についてであった。二つは、人物評であった。そこで取りあげられているのは多くは法律学者であったが、政治学者もまじっている。たとえば前者では、フーゴ・プロイスであり、ルードルフ・シュタムラーであり、クルト・ヴォルツェンドルフであり、エルンスト・フックスであり、ヘルマン・ヘラーであった。いずれも愛情をもって彼等の法理論、法思想が語られているのである。

（7） Röttger, Hochverrat in der höchstrichterlichen Rechtsprechung, S. 1 ; Diestelkampf, Justiz in der Weimarer Republik, S. 12.

共和主義者、社会主義者、平和主義者として著名であったエーミル・グンベル（一八九一——一九六六）が一九一八年一一月九日から一九二〇年一一月八日にいたるまでの間調査したところによると、その間、右翼政治勢力による殺人事件は三二四件であったが、いずれも懲役刑のみであり、終身刑は一件、残りの三二三件の懲役刑の刑期は合算して三一年三箇月ということになっている。これに対し左翼政治勢力による殺人事件は一三件にとどまっている。しかしそのうち死刑判決は八件であり、残りの五件の懲役刑の刑期は合算して一七六年一〇箇月という「あまりにもひどい格差」現象となっているのであった。Diestelkampf, Justiz in der Weimarer Republik, S. 20.

（8）Protokoll über die Verhandlungen des Parteitages der SPD, abgehalten in Görlitz vom 18.-24. September 1921, S. 227.

（9）本文記載のドイツ裁判官協会、共和主義裁判官協会の各会員数については、参考文献に掲げたDiestelkampf, Justiz in der Weimarer Republik, S. 25 ; Tucholsky, Justitia schwooft!, S. 417 Anm. 4を参照した。後者は、トゥホルスキーの司法問題に関する随想を集大成し、それに注を付したものである。

（10）清水『ファシズムへの道』九四頁のいう「クローナーの経歴その他については、現在のところ資料がなくてほとんどわかっていない」という状況は、西ドイツにおいても同様であったのであったが、参考文献にあげたRasehorn, Justizkritik in der Weimarer Republik, S. 40, 278は、クローナーの経歴をはじめて明らかにした資料である。

（11）Einführung von Otto Kirchheimer, S. 8.

（12）クルト・トゥホルスキー／野村彰訳『世界に冠たるドイツ』（一九八二）一六一―二頁。

（13）西村『知の社会史』三六九頁参照。

（14）一九二二年刊行の『官吏の争議権』で知られるルートヴィヒ・ベンディックスは、一九〇七年にベルリンで弁護士を開業し、在野の自由法論者として活躍する。ユダヤ系の故に、一九三三年四月七日の弁護士許可法により弁護士資格を剝奪され、さらに同年五月六日の職業官吏制再建法施行第三命令によって公証人の資格も失う。三五年から三七年までリヒテンブルクとダッハウの両強制収容所に収監されるが、三七年五月に国外移住を条件に釈放され、その直後にパレスティナに移り、四七年にはアメリカに渡る。晩年は詩人として過したのであった。三八年に既にアメリカに移住した彼の息子のラインハルト・ベンディックス（一九一六―一九九一）は、社会学者、政治学者としてアメリカの諸大学の教授となったのであった。ベンディックスと自由法論の関係については、広渡『法律からの自由と逃避』二六三頁参照。ベンディックスの詳細な年譜については、信山社ジンツハイマー一八一頁参照。

Ⅶ　人間的社会主義とホーフガイスマール・グループ

1　社会民主党の左右対立

これまでにつぎのような記述をしたことであった。一九二三年三月下旬に社会民主党右派グループがホーフガイスマールの地に集まり、ジンツハイマーはその会議の主催者の一人であったこと、このホーフガイスマール・グループにより二六年二月中旬にベルリンにおいて自由社会主義大学が設置せられ、その開講にあたってジンツハイマーは「社会主義の文化理念について」と題し講演を行ったこと、このグループに属するラートブルフ、ヴィルヘルム・ゾールマン等が二八年三月のある日に、フランクフルトのジンツハイマー私邸に集まり、同年五月下旬に開催されたヘッペンハイム会議の準備を行ったこと。

多数派社会民主党、独立社会民主党の両者は、一九二二年九月下旬のニュルンベルク大会で合同する。しかし、党内の左右両派の対立は宿命のように以後も継続することとなった。その左派の理論提供集団を形成したのは、オーストロ・マルクス主義の代表者の一人であった社会学者マックス・アドラー、刑事専門の弁護士、独立社会民主党派の幹部であり、プラハ、パリをへて三四年にアメリカに亡命した前掲クルト・ローゼンフェルト、早くより社会民主党の機関誌フォーアヴェルツの編集にあたった独立社会民主党派の幹部であり、三三年にスイスに亡命したハインリヒ・シュトゥレーベル（一八六九―一九四四）であった。これに対し右派グループは、両社会民主党の合同にさきがけ一九二一年七月下旬にビーレフェルト会議をもち、社会民主党の政策課題の主軸を国民的統合にもとめる。この会議開催の推進力となったのは、一九二一年一月中旬にキールで結成集会をもった青年社会主義者グループ（Jungsozialisten）であり、したがってビーレフェルト会議は、実質的には同グループの第二回目の会議でもあったのである。そうして青年社会主義者グループの結成、さらにはビーレフェルト会議における国民的統合の実現という基本綱領案の主唱者は、建築工出身の叙情詩人として知られた社会民主党員でもあったカール・ブレーガー（一八八六―一九四四）であった。アンチ・マルキストとして階級対立の解消をもとめ、青年社会主義者グループの拡大にエネルギーをかたむけた彼は、このビーレフェルト会議派をさらに党内に浸透させるべく一九二二年一月より機関誌 *Jungsozialistische Blätter* を発行することになるのである(1)。

一九二三年一月一一日に、フランスはベルギーを誘って、賠償計画の履行を強制するためにルール地方への出兵を断行するにいった。これに対しドイツ政府のとった手段がいわゆる消極的抵抗であるが、このときほどドイツの世論が一つにまとまったことは、一九一四年八月の開戦当時以来一度もなかったといわれる。共産党のなかでもフランス、ベルギー両軍に対する抵抗闘争を保守勢力と提携してすすめるべきであるというナショナル・ボルシェヴィキがあらわれるほど、ナショナリズムの高揚がみられたのであった。ビーレフェルト会議派が、社会民主党右派の理論リーダーであったラートブルフ、ジンツハイマー等とともに、同年三月三〇日から四月二日にかけ、カッセル近くのホーフガイスマールにおいて、社会主義と国家、国民との間に理論的架橋を構築することを目的として会議を開催したのは、このような時期であったのである。

（1）カール・ブレーガーは、後に階級対立の解決をナチスの民族協同体理論にもとめようとしたが、一九三三年五月—九月の間にダッハウ強制収容所に抑留される。その釈放後は、戦争を主題にした詩、小説、さらには児童本を書くことに生きる道をもとめようとしたが、不治の病のため戦争中に死去する。

2　ホーフガイスマール会議とジンツハイマーの人間的社会主義報告

このホーフガイスマール会議に参集したのは、社会民主党右派の労組役員、一般労働者、手工業者であり、ラートブルフ、ジンツハイマーをはじめとした学者グループとあわせてその参加者は約一〇〇余名であった。ルール占領による危機感から、ルール地方の工場労働者層、鉱山労働者層からの参加者がほぼ半数に達したが、同会議の報告者とその報告テーマを掲げておこう。カール・ブレーガーの「ドイツ人とドイツ精神」、マールブルク学派新カント主義の代表者であったパウル・ナトルプ（一八五四―一九二四）の「国民と人間性」、カッセル成人大学の主事であったヴァルター・コッホ（一八八九―?）の「ドイツの国民性とドイツ文化」、ラートブルフの「国家のなかの国民」、宗教社会主義の代表者の一人であったフライブルク大学エードゥアルト・ハイマン（一八八九―一九六七）の「国家と経済」、ジンツハイマーの「新しいドイツにおける社会主義政策」。この報告テーマをみれば、ルール占領という事態があったにせよ、ホーフガイスマール会議がナショナリズムと社会主義との統合をつよく打ちだそうとしていたグループによりリードされていたことが明らかであろう。

右の報告のうちとくに参集者に深い感銘をあたえ、ホーフガイスマール会議における討論の媒体となったのは、ジンツハイマー報告であった。そのことをまず指摘しているのは、前掲ゲールハルト・バイアーが一九八一年に刊行したその代表的著作『歴史と労働組合』においてである。(2) つぎに同様な指摘のなされているのは、一九八三年に『一労働者の生涯―ワイマールとその後の回想』と題する回想録を刊行した「ある人」の同書におけるホーフガイスマール会議記録においてである。(3) これはいわば生証人の記録というべきものであるので、それについてしばらく語りたい。同会議とジンツハイマーの社会主義観を知る上において貴重な資料なのである。その「ある人」とは、一八九五年に生れ、一〇歳代でキールの家具製造見習工、造船見習工となり、社会民主党の青年組織であった社会主義労働者青年団（Sozialistische Arbeiterjugend）のキール支部に加入するにいたったが、一九二一年一月中旬には、社会民主党の右派青年組織として結成された前掲青年社会主義者グループに転ずるとともに、二一年七月上旬にドイツ労働組合総同盟ボーフム支部の専従書記となったアウグスト・ラートマン（一八九五―　）である。彼は、第二次大戦後は、イギリス占領軍政府当局の監督下に一九四七年一月中旬設置された鉄鋼業受託者理事会の理事となり、さらに一九五一年石炭鉄鋼労働者共同決定法、五二年経営組織法の実施にともない労働者代表監査役、労務担当取締役を会員として一九五四年四月下旬に発足したハンス・ベックラー協会の理事に就任したのであった。(4) 若き日のラートマンが社会民主党左派の社会主義労働者青年団から右派の青年社会主義者グループに転ずるにいたった一つの契機は、一九一九年一一月に設置されたキール成人大学においてラートブルフの講義に接したことであった。彼は、一九二〇年の冬学期には、ラートブルフの推薦によりキール大学の聴講生にもなっている。ラートブルフの一九二二年の『社会主義の文化理論』は、彼の生涯における支えともなった。この『社会主義の文化理論』の一九四九年第三版の刊行にあたって、彼がはしがきを執筆しているのは、そのためであった。そうして一九二一年の青年社会主義者グループのビーレフェルト会議、一九二三年のホーフガイスマール会議には、労働者サイドの代表として会議の運営の責任者の一人となったのである。そのラートマンは、右の回想録において、ホーフガイスマール会議ジンツハイマー報告を「情熱的」な、そうして「心をかきたてる」ものであったとし、その報告が同会議の成果を集約したものであったと強調しているのである。ラートマンはまた、一九二八年三月におけるジンツハイマー私邸における会合のメンバーでもあった。

ジンツハイマー報告「新しいドイツにおける社会主義政策」は、つぎのように集約できるものであった。第一に、社会主義は新しい秩序を樹立していくための手段に過ぎない。それは、人間の尊厳に資するものであることを不可欠の要請とする。社会主義は、人間の価値を承認するものでなければならない。第二に、人間の創造的な意志に訴えることによってはじめて、社会主義は経済的にも文化的にも可能となる。第三に、ドイツの社会主義運動にとっては、国家と国民とを人間主義的に統合し、人間主義的な協同体を創造していくことが切実な問題になる。

人間的社会主義論を正面にすえたジンツハイマー報告であった。それはまた、彼とならんでホーフガイスマール会議の推進者となったラートブルフの社会主義哲学でもあったのである。[5] そうしてこのジンツハイマーの人間的社会主義は、ゲールハルト・バイアーのいうように、『フォイエルバッハに関するテーゼ』、『ドイツ・イデオロギー』、『経済学・哲学手稿』等のマルクスの初期の著作における人間疎外論、疎外された労働論を思考源としたものであった。[6] 実は晩年期のジンツハイマーに、「若きマルクスと法社会学」というオランダ語の論文がある。一九三六年五月九日にアムステルダムで開催されたオランダの社会問題専攻者による研究集会でなされた講演に加筆し、オランダの社会主義に関する理論雑誌であった社会主義案内（*De Socialistische Gids*）誌の一九三七年号上に発表されたものであった。この論文の書かれるにいたった動機については、晩年期ジンツハイマーの章で言及しなければならないが、それは、初期マルクスの哲学のなかにおける人間主義の存在を問題にしたものである。一九三〇年代以降、西欧諸国の多数のマルクス主義者の手で前面におしだされるようになってきた若きマルクスにおける人間疎外論、さらには人間主義的マルクス主義論の台頭を考えると、ホーフガイスマール会議報告におけるジンツハイマーの人間的社会主義の歴史的存在権をあらためて認識しておくべきである。それに付加して、つぎのこともしたためておく必要があろう。国際法学者であり、第二次大戦後における社会民主党の理論的指導者として一九五九年一一月中旬のバート・ゴーデスベルク綱領の採択にも深くかかわった前掲カルロ・シュミットが、一九六三年五月中旬にハノーファーで開催された社会民主党結成百年の集いにおいて、かつてのホーフガイスマール・グループの思潮が右綱領の母胎となったことに言及していることである(7)。カルロ・シュミットは、ワイマール期には、同じ国際法研究者でもあったジンツハイマー・シューレのハンス・モーゲンソーと親しく、また、前述のように学位請求論文作成にあたってジンツハイマーの指導をえたこともあって、同シューレの一員として行動していたのであった。

ホーフガイスマール会議参集者は、社会民主党内に党派的組織をつくるということを目的としていたものではない。しかし同会議後、参集者はホーフガイスマール・グループと呼ばれることとなった。そのメンバーの多くは、青年社会主義者グループに属する者であったが、ホーフガイスマール・グループの実質的な綱領となったものは、右のジンツハイマー報告であったのである。しかし同グループに対しては、社会民主党左派からつよい反撃があった。一九二五年四月上旬に開催された青年社会主義者グループのイェーナ会議には、左派の理論的指導者マックス・アドラーがのりこみ、「マルクス主義国家論」について報告し、ホーフガイスマール・グループを階級闘争を放棄したロマン主義者集団としてはげしく非難したのであった。青年社会主義者グループも、このイェーナ会議を契機として、アドラー派、ホーフガイスマール派に分かれることになる。

ホーフガイスマール・グループの学者集団が社会主義の理念についてさらに討議をつめるために、フランクフルトのアウフ・デァ・ケルナーヴィーゼ三番地のジンツハイマー私邸に集まったのは一九二八年三月一〇日のことであった。一九二八年といえば、五月二〇日のライヒ議会選挙の結果、一九二〇年六月以来とだえていた社会民主党首班の第二次ヘルマン・ミュラー内閣が六月下旬に成立したことであり、また経済民主主義の綱領が採択されたドイツ労働組合総同盟のハンブルク大会が九月上旬に開催されたことであった。ジンツハイマー私邸参集者は、ハイデルベルク大学に移っていたラートブルフ、社会民主党右派リーダーの一人として二三年八月、一〇月の第一次・第二次シュトレーゼマン内閣の内相もつとめたジャーナリスト出身者であり、一九三五年以降はルクセンブルクをへてアメリカに渡りフィラデルフィア大学教授等となったヴィルヘルム・ゾールマン、宗教社会主義の研究者としてベルリン政治大学客員講師、フランクフルト大学客員教授となり、一九三四年以後はオランダ亡命、アムステルダム大学客員教授就任、強制収容所収監、戦後のフランクフルト大学復帰といった道をたどったカール・メニケ、ドイツ軍のベルギー占領後は前述のように占領軍政府の全面的協力者となったヘンドリック・ドゥ・マンのほか、ドイツ労働組合総同盟ボーフム支部書記のラートマンであった。三月一〇日及び翌一一日の会合の結果、社会主義の目標は人間性の実現におくべきであり、人間の精神改造によってのみ社会主義の危機を回避しうること、社会民主党右派の労組役員、一般労働者、研究者に呼びかけ、二三年のホーフガイスマール会議につぐ第二の会議を五月下旬に開催すること、の二点について合意ができたのであった。

(2) Beier, Geschichte und Gewerkschaft, S. 514.
(3) Rathmann, Arbeiterleben, S. 66.
(4) ハンス・ベックラー協会については、久保『ドイツ労働法論』（一九七〇）一四五頁参照。
(5) Beier, Arbeiterbewegung in Hessen, S. 349.
(6) Beier, Geschichte und Gewerkschaft, S. 515.
(7) マティアス『なぜヒトラーを阻止できなかったか』の訳者の解説にも、「バート・ゴーデスベルク綱領はホーフガイスマール派の主張の結実であった」とある（三三七頁）。ホーフガイスマール・グループは、フランツ・オスターロート（一九〇〇―　）を編集責任者として機関誌 *Politische Rundbriefe* を発行することとなった。オスターロートも、ラートマンと同様に左派の社会主義労働者青年団からホーフガイスマール・グループに加わった金属工労組の組合員であったが、一九二二年から二三年にかけてフランクフルトの労働学院に学びジンツハイマーに接したことが、このグループに入る契機となった。三四年はじめにはチェコに逃れ、国外抵抗組織に加わる。その後スウェーデン、イギリスに亡命する。戦後は、社会民主党のキール支部の幹部になったこともあるが、労働運動史に関する著述に専念する。

3　ヘッペンハイム会議とジンツハイマー報告

ホーフガイスマール・グループの第二回目の会議の準備は、ジンツハイマーとラートブルフが責任者となって引受け、二八年五月三一日から六月二日にかけ、「社会主義への認識を新たにし、それを強化する」という目的のもとに、マンハイム近くのヘッペンハイムにおいて、約八〇名の参加者をえて開催される。テーマは、「社会主義の基礎固め」、「社会主義と個人の生活形成」に設定され、前者のテーマの報告者は、エードゥアルト・ハイマン、ヘンドリック・ドゥ・マンであり、後者のテーマの報告者は、ジンツハイマー、カール・メニケのほか、つぎのような人びとであった。オランダの女流作家であり、かつてはボルシェヴィキ革命について共感の立場をとったが、一九二七年以降は宗教社会主義に転向するにいたったヘンリエッテ・ローラント＝ホルスト（一八六九―一九五二）、神学者としてマールブルク大学員外教授、フランクフルト大学教授を歴任し、三三年にアメリカに渡り、四〇年以降ユニオン神学校、ハーバード大学の各教授となったパウル・ティリヒ（一八八六―一九六五）、独立社会民主党員からホーフガイスマール派に投じたアーヘン工科大学の社会学教授であり、三三年以降には保護拘禁により抑留され、その釈放後三四年にデンマークをへてイギリスに亡命し、戦後は東ドイツの歴史学界で活躍したアルフレート・モイゼル（一八九六—一九六〇）。

ジンツハイマーのヘッペンハイム会議報告は、ホーフガイスマール報告に基本的にそったものであり、あらためて記録する必要を認めない。ただここで注意しておくべきは、同会議の学者グループのうち、宗教社会主義理論の提唱者、研究者がかなりいたことであった。ワイマール社会主義理論については、宗教社会主義を無視することはできないのである。ホーフガイスマール・グループに近い人に、宗教社会主義理論の代表者アドルフ・グリメ（一八八九—一九六三）があった。彼は、ジンツハイマーと同じく、初期マルクスの著作、とくに『フォイエルバッハに関するテーゼ』をその理論の軸としていたことに注目しておきたい。(8) グリメは、社会民主党員であり、一九三〇年初頭にはプロイセン州の文教相に就任する。ナチス体制下では、危険分子として保護拘禁による抑留をくり返していたのであった。

ヘッペンハイム・グループは、一九三〇年一月より、機関誌 *Neue Blätter für den Sozialismus* を発行する。アウグスト・ラートマンが編集担当者となり、ジンツハイマーは、ゾールマン、ヘンドリック・ドゥ・マン等とともにその編集委員会のメンバーになったのであった。同誌は、ハイマン、ティリヒといった宗教社会主義者により一九二〇年から二七年にかけて発行されていた *Blätter für den religiösen Sozialismus* 誌を引継いだものであり、一九三三年四月号まで継続する。(9) ヘッペンハイム・グループと宗教社会主義グループとの精神的共同性を、そこにもみることができるのではなかろうか。(10)

(8)　ヘッペンハイム会議には、宗教社会主義学者グループとして、エードゥアルト・ハイマン、パウル・ティリヒのほか、レーオンハルト・ラガーツ（一八六八―一九四五）、マルティーン・ブーバー（一八七八―一九六五）も参加していた。ラガーツはスイス人であり、チューリヒの神学校の教授であった。一九一三年以来社会民主党員であり、国際平和運動のリーダーの一人でもあった。ブーバーは宗教哲学者であり、一九二三年からフランクフルトの労働学院で宗教学についての講義を担当し、三〇年にはフランクフルト大学の社会学の客員教授に就任する。ユダヤ人としての彼はユダヤ大学の設立を宿願としたが、一九二五年には、イェルサレムのヘブル大学の設置にこぎつけたのであった。三三年以後は諸国を転々としたが、三八年にはパレスティナに渡りヘブル大学教授となった。戦後は、アメリカ、イギリスの諸大学でも講義する。またケルン大学には、マルティーン・ブーバー研究所が設置されている。

　ジンツハイマーは、ドイツ労働組合総同盟の機関誌アルバイト一九二四年一月創刊号上の前掲論文「新労働法のための闘い」において、資本主義は、それ自体、宗教的根源性をもっていたと指摘している。注目しておきたいことである。

(9)　同誌についてはつぎの文献参照。Heimann - Walter, Religiöse Sozialisten und Freidenker, S. 254.

(10)　ヘッペンハイム・グループと宗教社会主義論者との精神的共同性を指摘するものには、たとえば、Helga Grebing, Geschichte der deutschen Arbeiterbewegung, 1966, S. 181 がある。

4　ジンツハイマーのラートブルフ宛書簡

ヘルマン・カントロヴィッチが提案者となってラートブルフのハイデルベルクの私宅において、チェルノヴィッツ大学エールリヒを主賓とした若干の少壮研究者の集会がもたれたことは既述した。一九一〇年七月二四日のことである。参集したジンツハイマーは当時三五歳、ラートブルフは三一歳という学問的情熱が厳しさを増しつつあったと思われる年齢帯にさしかかっていたのである。一九一〇年といえば、ラートブルフ『法学入門』が刊行された年であり、ジンツハイマーについていえば、その二年前に『集団的労働規範契約』第二巻が完結したことであった。ジンツハイマーとラートブルフとは、「その学問的・思想的傾向からして、かなり早い時期から親しい関係にあったと考えられる」が、両者の「直接的接触」として記録されているのは、この会合であった(11)。

カーンフロイントのいうジンツハイマーの「法律的人間学」、さらには彼の「人間的社会主義」がゆるぎない確信となって正面から提供されたのは、ホーフガイスマール会議報告、ヘッペンハイム会議報告であったのであり、両会議の開催責任者としてジンツハイマーとラートブルフの両者の関係は緊密化を増し、ワイマール共和主義体制を支え、支えなければならない基本理念を共有するにいたったのではないかと思われる。

我が国における現存の卓越したラートブルフ研究者として常盤忠允教授がある。同教授を支えているのは、抜群の語学力に加え、資料追求への強固な意志、気迫、執念であるが、同教授には、一九八九年の「ラートブルフ資料―一九二七年の手帳」という論稿がある。(12) 判読、訳出、解説という困難な作業の結実である。一九二七年当時のドイツの大学教授、知識人約四〇名の人名を中心としたメモ的な手帳のなかに、ジンツハイマーが含まれているのである。しかしそれだけでは、両者の関係を示し合うことになるものではない。それからほぼ六年を経過した一九九五年夏にハイデルベルク大学を訪問された同教授は、ラートブルフ遺蔵書のうちにあったジンツハイマーのラートブルフ宛の書簡二通を発見され、そのコピーを私に送付されたのであった。「一九三〇年一月八日付の書簡」と「一九三二年七月一四日付の書簡」である。それについて、かってつぎのように記録した。「この両書信は、ドイツの関係者にとっても未開拓の資料であろう。常盤教授による解説が論稿として提供されることを切に期待しておきたい(13)」。適切な解説とともに的確を極める訳文が提供されたのは一九九九年のことである。参考文献に掲げた常盤「ジンツハイマーの書簡」である。

以下には、同教授による右の二通のジンツハイマー書簡の解説と書簡全文を掲載しておきたい。それについては、同教授の御諒承を二〇〇〇年七月二五日にいただいたことも書きとめておこう。ただ同教授による注はカットする。久保注(a)―(e)とあるのは、私が加えたものである。

〔解説〕

周知のように、グスタフ・ラートブルフ書簡集は、グスタフ・ラートブルフ総集中の二巻(第一七巻、第一八巻、全二〇巻予定の中）として、ギュンター・シュペンデルの編集の下に刊行されている。もちろん、これはラートブルフの書簡集であって、「ラートブルフ宛書簡集」ではない。ラートブルフ宛の書簡は、発信者だけでも約二千名とされ、その蒐集分類は途方もない努力と時間を必要としよう。

偶々、一九八六年、久保敬治教授が「ある法学者の人生——フーゴ・ジンツハイマー」（三省堂）を刊行されるに当り、ラートブルフとの関連で筆者に資料の探査を求められていたこともあり、その過程で前述の書簡二通のコピーを入手し、久保教授に提供した。それは久保教授の著書の一端を補充すべき有力な資料と信じられたからであるが、同教授は「論稿として提供されることを切に期待しておきたい」とされた。学界共通の資料として公にされようとする教授の基本的な研究態度の表出といわねばならない。筆者は久保教授のジンツハイマー探究への情熱の底深さに感銘を覚えてはいるものの、その期待に応えるだけの力不足をも承知しており、その上でとり敢えず本稿の形で以下に公表し、幾分の責を果したい。

〔書簡1〕

（一九二九年一一月三〇日付G・ラートブルフからの書簡——その存在は確認されていない——に対する返信。その返信の内容から、ラートブルフがジンツハイマーに労働法の専門家の推薦を求めたことに対するものと思われるが、ラートブルフをめぐる年表では、直接それに関わる動きは明らかでない。ただ、当時ラートブルフは一九二八年一〇月よりハイデルベルク大学法学部長に在任中であった。）

フランクフルトＡ・Ｍ
一九三〇年一月八日

貴君の先月三〇日付書簡に、やっと今日御返事を差し上げます。何故なら、私は短い休暇でシュヴァルツヴァルトに滞在していましたから。貴君の新年の賀詞に心からおめでとうとお答えします。私の妻も同意見であります。私は貴君に、あなたの令夫人にも我々両人からの心からなるおめでとうをお伝え下さるようにお願いします。

貴君のお尋ねの件に関していえば、二人の問題とすべき方々を存じています。同僚ギーゼッケ氏（久保注ａ）を、私は個人的にはざっと知っているだけです。個人的印象はとても素晴らしい人です。それは第三者からも確かめられます。彼は実際的にまじめでかつ精神的に堅実な人間という印象があります。彼の作品についていえば、私は「共同経済組織の法」（久保注ｂ）と「経営協議会」という短い論文を承知しています。第一の作品についていえば、非常に丹念になされています。もちろん、特にオリジナルな考え方でなされたという印象はありません。そして共同経済上の機能の種々の問題を一つのシステム上の綜合として述べようとはしていません。経営協議会についての論文は大変によろしい。それは短く簡潔にかつＢＲＧ（経営協議会法）の構成における社会法思想に対するすばらしい理解をもって書かれています。私は、当該分野の展望が求められるという点で、この論文を経営協議会法に関する最良の諸論文の一つだといってよいと考えます。私は、ギーゼッケが彼によって論じられている諸対象を客観的に述べようと大変に努力を払ったものであり、かつ新しい経済法および労働法の社会法的思想を完全に理解しているものと確信します。第三者から見て、彼の性向は、非常に鋭敏で自主的な人間であるといえます。

より一層、私はフークを個人的に知っています。彼は私がギーゼッケについても述べたと同じ様な人格的特質をもっています。彼は極めて誠実で、精神的に正直でかつ間違いなく政治的、社会的スローガンを吟味もせずに受け入れないだろうような責任感の強い人物という印象があります。私は、彼がその取り扱う物事を客観的に見ようとする意志をもっているものと固く信じています。学問的には、私は彼の労働法上の作品をよく知っています。彼の創作物の中心は、彼の労働法教科書です。それはとくに素晴らしい。私は現在において、フークのそれに勝る労働契約法の論述を知りません。私は、若干の基本的観点において彼と一致するものではありません。私はまた、フークが現代の社会法的な動きを心底から把握しているとも思いません。しかし、私はまた彼が非常な責任感をもって、人間が客観的であり得る限り、客観的であろうと努力していることを、固く信じています。

両者とも、何らかの方法で社会反動的見解を明示的にも暗黙の中にも主張するために教壇を利用することは決してしないでしょう。彼ら二人は、世界観に従って取扱われなければならない論争点が問題となった場合には、一方的立場をとらず、むしろ何らかのやり方で、知的に衡平を求めようとするだろうと確信しています。

なお、申し述べておきたいのは、私はある仲裁裁判所で一緒に仕事をしており、かつそこでも非常に客観的かつ信頼しうる人間であるという印象を彼についてもっている、ということです。この情報になお疑問が残っているならば、どうか私に知らせて下さい。私はよろこんでそれにお答えします。

家から家への心からの御挨拶とともに。

〔書簡2〕

（一九三二年初夏《多分六月頃である》に発刊されたラートブルフの法哲学第三版（久保注c）の贈呈に対する礼状。とはいえ一九三〇年一一月八日のベルリン仲裁裁定以後のジンツハイマーの個人的苦悩を暗示する様な述懐（久保注d）が大部分を占めている点にその特徴がある。）

フランクフルト・A・M
フェルカー街一一（久保注e）
一九三二年七月一四日

今日やっと私は貴君に貴君の新「法哲学」の送付に対する私の心からなるお礼を申し述べます。既にざっと目を通しただけですが、ここには素晴らしいスタイルの、単に学問的であるだけでなく芸術的でもある成果があり、私にとって極めて関心のある一連の新しい諸問題が取扱われていることが判りました。

私は当面の休暇中にじっくりと読み、楽しむことが出来ることを望んでいます。

私は、貴君がこの様な書物をこの様な時期に書き上げることが出来たことをうらやましく思います。私は近年、はっきりいうことが出来るのですが、一年ほどこのかた、完全に打ちのめされており、何かあるものを生み出すことのできる力は全くありません。それは非常に恐ろしくなっている一般的な政治だけではありません。それは我々に振りかかっている言い様もない文化的な悲惨さなのです。我々が気を取り直さねばならないことは判っていますし、再びその力を手に入れることが出来ることも希望しています。だから私はそのことを嘆いてはいません。私は今日起きていることに何の意味もないと見ているだけです。すべてはとても無意味で、非常にでたらめで、全くの虚偽です。これ等すべてを眼にし、それを受け入れねばならないということは、しばしば私にとって恥ずかしいことで、憎悪や嫌悪の情よりも大きいものです。まさしく私のライフワークが殆ど完全にぶち壊され、水の泡とされたということは、私にとって勿論とんでもないことなのです。けれども、私は今でも恐らく再び新たによみがえるであろうし、まさに新しいかつもっと掘り下げた形であるだろうという望みをもっています。

私は貴君および貴君の夫人と近々当地で会えれば喜しいと存じます。私はとに角、三週間シュヴァルツヴァルト（アルトグラスヒュッテン）に行き、その地の静けさと緑陰を楽しみます。心からなる家から家への挨拶を申しのべます。

（11）常盤「ジンツハイマーの書簡」二七七頁。
（12）常盤忠允・只木誠「ラートブルフ資料—一九二七年の手帳」中央大学法学新報九六巻一―二号（一九八九）。
（13）信山社ジンツハイマー一五三頁注1。
（久保注ａ）ここにギーゼッケとあるのは、パウル・ギーゼッケ（一八八八―一九六七）である。彼は、テュービンゲン、ライプツィヒ両大学に学び、一九一〇年には学位号を取得する。一九一七―一九年の間はライヒ経済省に勤務する。二一年にはボン大学で教授資格を取得し、二二年以降、ロストック大学、ベルリン商科大学、マールブルク大学、ベルリン大学の商法、経済法教授となった。ベルリン商科大学時代の三三年七月にはナチス党員となっている。戦後には、ボン大学、ザールブルユッケン大学にそれぞれ経済法担当の客員教授として招請される。ワイマール時代には、労働法に関する論文も少数ながら見られる。
（久保注ｂ）ギーゼッケの『共同経済の法』とは、教授資格取得論文Die Rechtsverhältnisse der Gemeinwirtschaftslichen Organisationenであり、一九二二年に公刊したものであった。
（久保注ｃ）ラートブルフの法哲学の第一版、第二版、第三版のタイトルを掲げておきたい。Grundzüge der Rechtsphilosophie, 1914 ; Grundzüge der Rechtsphilosophie, 2. Aufl.（unveränd. Nachdruck der 1. Aufl.), 1922 ; Rechtsphilosophie, 3. neu bearbeitete und erweiterte Aufl. der Grundzüge, 1932.
（久保注ｄ）三省堂ジンツハイマー二六五―六頁、一八六―七頁参照。

（久保注e）「フェルカー街一一」（Voelckerstr. 11）とはこの書簡の書かれたときのジンツハイマーの私宅の所在地であり、三三年三月三一日の夕刻に、ここからジンツハイマーは夫人とともども前述のようにザール地域に向け「直ちに」出発したのであった。フランクフルトの中心地 Hauptwache から地下鉄（U2）を利用し、四番目の駅 Adickesallee で下車して徒歩にて五分足らずのところにある。

Ⅷ　労組大会における報告

1　自由労組センター一九一九年大会

熟年期ジンツハイマーに対しつよい期待のよせられたものには、労組大会における指針報告があった。それらは、大会代議員に深い感銘をあたえたのであり、それ自体、学術論文をなすものであった。したがって、いずれも当該労組の出版部から刊行される。そこには、彼の一貫した政策論、法理論の流れを読みとることができる。しかし他面、ワイマール共和制の推移動向を反映した彼の思考の転回のきざしもみえるのである。

ワイマール共和制の成立にともない、自由労組、キリスト教労組、ヒルシュ・ドゥンカー労組のいわゆる三派労組は、一九一九年から二二年にかけて、それぞれ従来の労組センターを改組しまたは新たな労組センターを組織するにいたった。(1) まず一八九〇年一一月にドイツ労働組合総委員会という協議体センターを設置していたアルバイター階層の自由労組は、憲法草案についての国民議会の第二読会が終了する直前の一九一九年六月三〇日から七月五日にかけてニュルンベルク大会を開催し、従来の協議体センターを連合体センターに改組し執行部体制を飛躍的に強化するとともに、あらたにドイツ労働組合総同盟（ＡＤＧＢ）と呼称することになった。このニュルンベルク大会の第一の議題は、前年の一一月一五日に三派労組とドイツ使用者団体連盟（ＶＤＡ・一九一三年四月五日結成）ならびにその加盟の代表的な使用者団体との間に締結され、エーベルト仮政府により法律として公布せられたいわゆる十一月協定・労働協同体協定の追認にあったのである。そのことは、ワイマール労働運動史上周知のところであろう。労働組合総委員会の結成以来その委員長の席にあったカール・レギーンは、同大会においてこの十一月協定の承認を獲得し、ワイマール共和制における労組勢力の支配的地位を決定づけ、さらにニュルンベルク大会のほぼ一箇月前に、労働組合総委員会のかつての書記であったグスタフ・バウアーが首班となった多数派社会民主党中心政権を擁護しようと決意したのであった。ニュルンベルク大会は結局、十一月協定を圧倒的多数をもって追認し、労働者ソヴィエト制の排撃、労使協調政策の推進、民主共和制の強化というレギーン路線を実質上承認することになるが、この歴史的ともいえる同大会の報告者はすべて労組幹部でしめられ、ジンツハイマーの名はそこにない。同大会の約二週間前に開催された多数派社会民主党の前掲ワイマール大会では、第二議題である「レーテ組織とライヒ憲法」について、ジンツハイマーは彼には珍しく政党大会調の報告を行っているのである。それは、共同報告者マックス・コーエン＝ロイス（一八七六―一九六三）を多分に意識したものであったからである。コーエン＝ロイスは、政治議会とならぶところの立法権をもつ経済議会の設置論者であったのである。(2)

　ニュルンベルク大会の開催にあたって、レギーン以下の労働組合総委員会のメンバーが、大会報告をすべて労組関係者でしめるという決定をあらかじめしていたのであろうか。あるいは、国民議会の憲法草案の審議にジンツハイマーが忙殺されていたのであろうか。ニュルンベルク大会につづく一九二二年六月中旬開催の労働組合総同盟のライプツィヒ大会では、華麗なジンツハイマー報告がみられたのであるから、ニュルンベルク大会においてジンツハイマー報告がみられなかった理由は判然としない。(3)

（1）　三派労組の一九一九年以来のそれぞれのセンターについては、久保『労働協約法の研究』三九一頁参照。

（2）　一九一九年六月中旬に開催の多数派社会民主党ワイマール大会におけるジンツハイマー報告は、つぎのように要約できる。第一に、社会主義はソヴィエト制によって達成しうるものではない。それは、暴力を肯定するものであるからである。第二に、政治デモクラシーは経済デモクラシーによって補完される。経済組織は、一定の社会的目的によって決定されねばならない。資本と労働は、この社会的目的の実現のために協力すべきものである。第三に、社会民主党の歴史と伝統は、科学的精神を重視し、連帯を強化してきたことにあった。理論を軽視してはならない。理論こそ実践の淵源である。Protokoll über die Verhandlungen des Parteitages der SPD, abgehalten in Weimar vom 10. bis 15. Juni

1919, S. 406. ジンツハイマーとともに報告者となったコーエン＝ロイスは、フランクフルト市会におけるジンツハイマーの同僚であり、また社会民主党右派に属していた。ただ本文指摘のように、政治議会とならび経済議会を設置しそれに一定の立法権を付与すべきであるというのが、彼の主張であった。しかし、それはジンツハイマーの終始排撃するところであった。その後コーエン＝ロイスは、暫定的ライヒ経済協議会において活躍する。ユダヤ系の彼は、パレスティナへのユダヤ人移住運動のリーダーでもあった。三四年にはフランスに逃れ、第二次大戦中もゲシュタポの追及を免れ、戦後もフランスにとどまる。

（3）ドイツ労働組合総同盟関係者によって、ジンツハイマーは「同志ジンツハイマー」と呼ばれていた。たとえば、一九二二年の総同盟ライプツィヒ大会におけるジンツハイマー報告をとりあげた総同盟の機関誌コレスポンデンツブラットの一九二二年七月一日号は、「同志ジンツハイマーの報告」と呼び、また一九三一年の総同盟フランクフルト大会において、総同盟本部の労働法部門の責任者であった前掲クレーメンス・ネルペルは、その報告「労働法の発展と建設」の冒頭において、ジンツハイマーを「わが同志」と呼び、ジンツハイマー集団主義労働法の目標は労働法を人権法たらしめるところにあると指摘したのであった。しかし前述したナチス時代におけるネルペルのデモーニッシュというべき変節を思うと、複雑な感じがする。

2　自由職員労組センター一九二一年大会、自由労組センター一九二二年大会における各報告

労働組合総委員会、その後身の労働組合総同盟は、いずれもアルバイター階層の労働組合のセン

ターであった。これに対し同じく自由労組系の職員及び工場マイスター階層の労働組合がセンターを結成したのは、一九二一年一〇月上旬に開催のデュッセルドルフ大会においてであった。自由職員組合総同盟（ＡｆＡ）であり、ヒトラー政権の成立時には、友誼関係にあった労働組合総同盟のナチスへの迎合的な対応とは異なり、危機の到来を深刻に受けとめ、強靭な対決行動をとるべく他の諸労組センターに訴えた組織であったのである。そのデュッセルドルフ結成大会において、ジンツハイマーは「労働法の形成の継続」と題し報告を担当したのであった。それは、翌年の労働組合総同盟ライプツィヒ大会における報告「ドイツにおける将来の労働法」とあわせ、二一年の『労働法原理―概説』において既に定立されていたジンツハイマー労働法学の実像を労組大会むけに整理したものであった。すなわち両報告とも、形成さるべき労働法は統一的、自治的、社会的でなければならないとし、とくに自治的、社会的という契機について強調したものである。したがって前者の報告「労働法の形成の継続」に対して、労働組合総同盟のコレスポンデンツブラット誌の二一年一〇月二二日号は「デュッセルドルフ大会のクライマックス」をなすものであったとし、後者の報告「ドイツにおける将来の労働法」に対して、同じコレスポンデンツブラット誌の二二年七月一日号は「内容的にいっても、演説技術からいっても見事な報告」であったと記録している。両者とも、それぞれのセンター出版部からともに一九二二年に刊行される。法社会学的方法論を全面的におしだしていたこの両報告は、多くの労働法学者の書評の絶好の対象となったのも当然であったといえよう。前掲リヒャルト・ヨーアヒム以下、ニッパーダイ、カスケル、ヘーニーガーが、それを好意的に受けとめ、あるいは正面から論難したのであった。

右の二一年デュッセルドルフ大会について付言しておきたいことがある。同大会に、ライヒ首相、ライヒ労働相の両者の代理として労働省労働立法局の局長であった一等参事官フリードリヒ・ジッツラー、ライヒ経済相の代理として経済省三等参事官ハンス・シェッファー（一八八六—一九六七）の両者が出席している。この二人は、労組センターの大会、さらには社会改良協会の大会にはかならず政府関係者として名をつらねた常連であった。カスケルをリーダーとするベルリン学派のジッツラーが、デュッセルドルフ大会、翌年のライプツィヒ大会において出席代議員の「嵐のような喝采」を受けたジンツハイマー報告をどのように考えていたのであろうか。右のシェッファーは弁護士出身の財政通であり、一九二九—三二年の間はライヒ財務省の次官となったが、ユダヤ系の故に三三年半ばにスウェーデンに亡命する。三八年にはスウェーデン国籍を取得し、戦後はスウェーデンの経済界で活躍したのであった。

3　坑夫労組一九二六年大会、製材工労組一九二七年大会における各報告、労組センターの共同経済概念

つづくジンツハイマーの労組大会報告は、一九二六年七月上旬に開催された労働組合総同盟加盟の

坑夫労組（Verband der Bergarbeiter Deutschlands）のザールブリュッケン大会においてであった。「労働協約上の基本的な権利と義務」と題する報告も、同労組の出版部より刊行される。それは、労働協約の法理及び立法の沿革と労働協約上の諸問題について労組大会むけに平易な解説を行った後、労働協約法理論が抽象的な理論課題ではなく、労働者の人間性に深くかかわる実践課題であることを強調したものであった。その報告を終えるにあたって彼は、大会代議員との間に質疑の時間を設け、三名の質問者に対し懇切に答えていることに注目したい。坑夫労組の組合長であったアウグスト・シュミット（一八七八—一九六五）が、報告と質疑応答に対し再度にわたってジンツハイマーに謝意を述べているのも、単に大会議長としての儀礼にとどまるものではなかったといえるであろう。ちなみにシュミットはナチス体制下でも生き抜き、戦後に炭坑労組が結成されるにあたってその初代組合長となり、ハンス・ベックラーと協力して労働者共同決定権立法の実現に活躍した人であった。

一九二八年九月上旬に開催された労働組合総同盟のハンブルク大会において採択され、その公認指導理論となった経済民主主義綱領は、カール・レギーン以来の総同盟執行部の改良主義的基調とこれに対峙した社会主義的基調との妥協の産物であった。同ハンブルク大会にさきだつ一九二七年の六月中旬に開催された労働組合総同盟加盟の製材工労組（Deutscher Holzarbeiter-Verband）のフランクフルト大会におけるジンツハイマー報告「労働法と労働運動」の後半は、総同盟内において一九二五年八月下旬のブレスラウ大会以来調整の行われていた経済秩序論争をおそらく意識した報告であったと思われる。そこでは、共同経済（Gemeinwirtschaft）という新しい経済秩序への移行の必要性が強調されているからである。そうして同報告は、共同経済秩序においても公的な経済権力が存在するかぎりにおいては労働者の従属性は止揚されるものではなく、したがってとくに社会的、集団的な労働法の必要性は減退するものではないと結んでいるのである。総同盟ハンブルク大会で採択された経済民主主義綱領がいかにも多義的であり柔軟性をもち過ぎたものであったことは、それが労働組合の綱領として打ちだされた以上避けえなかったことは十分に理解される。しかし経済民主主義概念にもましてジンツハイマー報告にいう共同経済概念は、多義的である。共同経済という用語は、共和国憲法（一五六条二項）にも使用されているところであり、ジンツハイマーは、あるいは共和国憲法（一六五条）に規定する企業、地方、全国各レベルの経済協議会制度の完成による資本主義経済秩序の構造的改革を考えていたとも思われる。しかしそれも抽象的な骨組みの提示に過ぎない。彼が共同経済概念によって具体的に何を描き、何を想定しようとしていたのか、把握は困難である。

ここで、ワイマール期の労組センター・サイドにおける共同経済概念についてコメントしておくことは必要であろう。ワイマール期の労組政策上、それはしばしばプログラム的に使用されていたからであった。キリスト教労組の場合、それが同労組大会上正面から取りあげられたのは、一九一九年一一月にＤＧＢというセンターを結成した一九二〇年一一月下旬開催のエッセン大会においてであった。同労組センターの委員長となった製材工出自の前掲アーダム・シュテガーヴァルトは、強制社会主義

(Zwangssozialismus)に対決するものとして共同経済システムをあげ、同システムを労使の生産過程における同権パートナーとして位置づけられるべき経済秩序として把握したのであった。しかし同大会において「キリスト教と社会主義」というテーマのもとに報告を行った前掲テーオドール・ブラウアーは、基幹企業の社会化を共同経済概念のうちに取りこもうとする柔軟性のある行動方針を展開しているのである。ブラウアーは、前述のように、当時キリスト教労組機関誌の編集責任者であった。これに対し社会民主党と緊密な関係にあった自由労組の場合には、資本制経済制度の克服、社会主義の実現という目標が当初からのシナリオであった。そのため社会化(Vergesellschaftung, Verstaatlichung)という概念が、一九世紀後半以降その労組大会においてもしばしば使用される。共同経済という概念が展開されるにいたったのは、一九一九年六月末の前掲ニュルンベルク大会においてであった。そこでは、大戦によって破壊されたドイツ経済の再建のため労使同権システムにもとづく資本制経済の存続を共同経済として位置づけ、それをワイマール労組運動の経済綱領として設定したのであった。しかし社会化による社会主義の実現は、自由労組にとって捨て難い魅力的な目標でもあった。講壇社会主義者であった前掲のアドルフ・ワグナーが、一九〇七年刊行の Theoretische Sozialökonomik, Bd. 1 において、マルクス的な社会主義経済に対決するものとして共同経済をあげ、共同経済の基本システムは資本家の自由決定にあるという明確な指摘をしたのであったが、このようないわばカタルシス的結論をとくに自由労組の場合決定づけることはできなかった。共同経済概念には、不明確さと柔軟性とが同居していたのであった。つぎに言及する一九二八年の自由労組ハンブルク大会で採決された経済民主主義綱領も、非科学的な共同経済概念のうちに埋没したのであったといって過言でない。ジンツハイマーのいう共同経済がシナリオ的、ロマン主義的、修辞句的、牧歌的に終始しているのも、以上のような背景があった。(4)

(4) ワイマール時代の三労組センターの共同経済プログラムについては、Internationales Handwörterbuch des Gewerkschaftswesens, Bd. 1, S. 574 参照。

4　自由労組センター一九二八年大会と経済民主主義綱領への関与

一九二八年九月の労働組合総同盟ハンブルク大会に提案せられた経済民主主義綱領案を作成した責任者は、フリッツ・ナフタリであった。彼は、ロンドン・タイムズとならび全欧最高の新聞といわれたフランクフルト紙の経済欄を担当した一流のジャーナリストであり、当時は、一九二七年に設立せられた労働組合総同盟の経済政策研究所の所長であった。同綱領案の作成にあたって、ナフタリはヒルファーディング、ジンツハイマーのほか、つぎのような人の協力を得る。その多くがユダヤ系であったということは、何かを暗示するようにも思われる。社会民主党の経済政策研究所の所長であり、三四年にはチェコをへてトルコに亡命し、戦後はキール大学世界経済研究所所長となった農業問題専門の経済政策学者フリッツ・バーデ（一八九三―一九七四）、労働組合総同盟の経済政策研究所のスタッフであり、三〇年にはハイデルベルク大学私講師となったが、三三年にはフランス、イギリスをへてアメリカに亡命し、戦後はアメリカの諸大学の教授を歴任したエネルギー問題専攻の経済学者ヤーコプ・マルシャック（一八九八―一九七七）、二三年にはフランクフルト労働学院の専任スタッフとなったが、ナチス体制下ではくり返し保護拘禁による抑留処分を受け、戦後は社会民主党の経済顧問となり、ノルトライン・ヴェストファーレン州の経済相にも就任したエーリク・ネルティング（一八九二―一九五三）(5)。同大会で採択された経済民主主義綱領のうちジンツハイマーの担当したのは「第三章労働関係の民主化」であるが、そこでは、一九二七年の製材工労組のフランクフルト大会報告における彼の共同経済論が依然として抽象的な表現のまま、つぎのように提示されている。同章の第一節「物権法から債務法をへて労働法へ」の末尾においてである。「労働者階級が社会的生存権を守り、たえず拡大するというだけでは十分ではない。労働者階級は経済的権力をその私的受益者から解放し、経済の共同組織に移管するように努めなければならない。労働の自由権的発展が所有の共同経済的発展と結びつくときにはじめて、労働は自由になる」。

このハンブルク大会には、同大会のほぼ一箇月後に死去したカスケルにもっとも近い関係にあった労働省職業安定局長の前掲フリードリヒ・ジールップが政府関係者として出席している。また社会政策学会の有力メンバーであり、一九一九年五月発足の統一労働法制定委員会における社会改良協会代表メンバーであったエルンスト・フランケ亡きあと社会改良協会を実質上リードしてきたヴァルデマル・ツィンマーマン(6)をはじめとしたハンブルク大学の経済学関係者も、来賓としてこれに加わっている。しかし経済民主主義綱領案の作成に直接タッチしたヒルファーディング、ジンツハイマー以下は、来賓者リストのなかに入っていない。

(5)　経済民主主義綱領案の作成には、その他、労働組合総同盟の経済政策部門の書記ハンス・アーロンス（一八八九―一九四九）、雇用対策部門の書記ブルンス・ブレッカーも加わったのであった。

(6)　ツィンマーマンは、一九一三年にベルリン大学員外教授になるとともに、同年から一八年にいたるまで社会改良協会の事務局長に就任し、同協会のゾツィアーレ・プラクシス誌の編集責任者となった。一九二五年にはハンブルク大学教授に招請される。ワイマール時代から、同協会が一九三六年四月に解散するまでの間、社会改良協会を支配してきたのであった。一九三七年五月にはナチス党に加入している。戦時中に定年になった後も、一九五四年にいたるまでハンブルク大学の社会政策論を継続して担当したのであった。ツィンマーマンについては、つぎの文献参照。Roth, Intelligenz und Sozialpolitik, S. 229.

5　製本工労組一九二八年大会、地方自治体労組一九二八年大会における各報告

共和国後半期における労働法上の深刻な課題であった一九二三年（一〇月三〇日）労働争議調整令にもとづく仲裁裁定の拘束力宣言制度をジンツハイマーがその労働法理論のうちにどのように受けとめていたかについては、後述する。彼の同拘束力宣言制度についての肯定論は、既にゾツィアーレ・

プラクシス誌一九二六年三月四日号上の論文「ライヒ鉄道の紛争についての法的諸問題」においてみられたのであった。一九二八年八月上旬（六―一〇日の間）に開催された労働組合総同盟加盟の製本工労組（Verband der Buchbinder und Papierverarbeiter Deutschlands）のデュッセルドルフ大会におけるジンツハイマー報告も、右拘束力宣言制度を「社会的国家」における不可欠の手段であると大会参加者にむけ語ったものであった。「現代の労働協約法の展開、存立及び形成について」という報告であり、同労組の出版部より同年に刊行される。そこにおいて彼は、労働法を社会を改造し社会的国家を実現するためのものであるととらえているのである。一九二七年製材工労組フランクフルト大会の彼の報告、労働組合総同盟ハンブルク大会に提示の経済民主主義綱領の彼の執筆部分における共同経済概念は、果してこの社会的国家概念に通ずるものがあったのであろうか。

一九二八年八月は、ジンツハイマーにとって多忙であった。製本工労組のデュッセルドルフ大会報告とならんで、同じ上旬（五―一二日の間）にケルンで開催された地方自治体労組（Gesamtverband der Gemeinde- und Staatsarbeiter）の大会における報告も依頼されていたからである。[7]労働組合総同盟加盟の同労組は、市町村、州勤務のアルバイター層を組織したものであったが、同労組にとっては、従来から労働協約、とくに賃金協定の競合が緊急の解決課題となっていたのであった。ジンツハイマー報告「地方自治体勤務アルバイターの労働協約の競合問題」は、それについて論じたものである。そうしてそのなかで、彼は労働協約制度が社会的経済実現の機構であることに言及する。そこにいう社会的経済は、また共同経済概念とどのような関連にあるのであろうか。ロマン主義的な空虚な修辞句に酔うジンツハイマーといって過言でないのである。

しかし、経済民主主義綱領が労働組合総同盟の出版部から刊行されたその年に共和国の相対的安定期は終わりを告げる。共同経済、社会的国家、あるいは社会的経済の前提基盤そのものが崩壊しはじめたのであった。(8)

(7)　地方自治体労組のこの一九二八年ケルン大会の次第については、同労組の後継団体ともいえる公務運輸交通労組の刊行したつぎの文献がくわしい。Furtwängler, ÖTV, S. 448.

(8)　ジンツハイマーには、また鑑定書の作成という仕事があった。たとえば、ストライキにより就労不能になった管理職員の賃金請求権の有無が争点になったエルバーフェルト州労働裁判所一九二八年四月四日判決及びライヒ労働裁判所一九二八年六月二〇日判決（Bensh. Samml., Bd. 3, S. 116に収録）に対する鑑定書の作成を、ベルリンに本部のあった管理職組合（Vereinigung der leitenden Angestellten）より依頼され、それが同組合の出版部より一九二九年二月に刊行せられる。この管理職組合は現在も存在し、エッセンに本部をおいている。

Ⅸ　仲裁裁定の拘束力宣言制度と調整官ジンツハイマーの苦悩

1　仲裁裁定の拘束力宣言制度

一九二九年一〇月二四日のニューヨークにおこった株式の大暴落は世界恐慌の導火線となったが、

ドイツにおいては一九二八年後半から既に不況の兆候があらわれていたのであった。アメリカの株式市場のブームによってアメリカ資本の出店ともいうべきドイツへの資金の流入が減少したため、それがただちにドイツの生産に影響し、失業者数は二八年一二月には一九六万人に達していたのである。したがって世界恐慌は、アメリカを除く他のどの国よりもドイツには痛撃であった。

恐慌段階における労働法上の深刻な問題となったのは、一九二三年労働争議調整令にもとづく仲裁裁定の拘束力宣言制度と大統領緊急命令による賃金切下げ政策とであった。それは、労働協約自治に対する国家政策の優位と労働協約制度の終章を決定づけたものであったが、ジンツハイマーは既に一九二六年三月の論文、及び一九二八年八月の製本工労組大会における報告において、仲裁裁定の拘束力宣言制度について肯定的態度を鮮明にし、労働協約自治に対する国家賃金政策の優位原則を正当化しようとしていたことは前述のとおりである。

一九二三年労働争議調整令による調整の機関と手続について記述は、ここでは省略する。しかし仲裁裁定の拘束力宣言制度に関する法規定のみは掲げておく必要があろう。「両当事者が仲裁裁定を受諾しない場合において、仲裁裁定に含まれた規定が両当事者の利益を正当に考量して公正と認められ、且つその実施が経済的及び社会的な理由からして必要である場合」には、ライヒ労働大臣は「調整官」の仲裁裁定に対し、また調整官は「調整委員会」の仲裁裁定に対し、それぞれ、「拘束力をもつ旨の宣言をなすことができる」（労働争議調整令六条一項、同調整令施行第二命令二三条以下）。調整官または調整委員会の各仲裁裁定の拘束力宣言をなすにあたっては、仲裁裁定を受諾した一方当事者の申請を必要とするが（調整令施行第二命令二三条前段）、しかし「公益」の要求する場合には、ライヒ労働大臣は調整官の仲裁裁定に対し、また調整官は調整委員会の仲裁裁定に対し、「職権」をもってそれぞれ拘束力宣言をなすことができる（調整令施行第二命令二三条後段）。そうして「仲裁裁定の拘束力宣言は、両当事者の仲裁裁定の受諾に代替する」（調整令六条三項）。調整官は重要な経済地域に常設されるが、個々の争議ごとに随時設置されることもあり、いずれもライヒ労働大臣によって任命されるライヒの機関である（調整令二条）。これに対し調整委員会は三者構成の州の機関である（調整令一条）。調整官は一九二三年労働争議調整令の実施当初は二〇地域に設置されていたが、その後は一六地域に整理せられ、また調整委員会も当初は二五六に達していたが、その後は一二〇、さらには一〇三に整理されていたのであった。

仲裁裁定の拘束力宣言制度は、一九二三年一月のフランス、ベルギー連合軍のルール地方占領を契機として加速度的に進行した悪性インフレーション下の応急対策であったのである。しかしそれは漸次労使関係秩序のうちに定着し、二九年以降においては、使用者側による労働協約賃金率の切下げ政策に対抗するために労組側によってその申請のなされるケースが圧倒的多数をしめるようになってきたのであった。こころみにドイツ労働組合総同盟の一九三〇年業務年報をみてみよう。一九二九年に労働争議調整令による仲裁裁定のなされた件数は七、一〇九であり、そのうち二七四裁定に対し拘束力の宣言がなされる。そうして労組サイドによる拘束力宣言の申請と使用者サイドによる同宣言との比率は、七七・二パーセント対二二・八パーセントとなっている。(1)

（1）Jahrbuch des ADGB 1930, S. 197, 203.

2　ジンツハイマーの拘束力宣言制度擁護論と社会改良協会一九二九年大会

世界恐慌に先立つ経済下降の段階で、ジンツハイマーの仲裁裁定拘束力宣言制度擁護論が重ねて決定的な形で提示されていたのであった。ライヒ労働公報一九二九年四月二五日号上の論文「仲裁制度の改正問題のために」においてである。(2) 仲裁裁定の拘束力宣言制度の改正論議のたかまっていた段階において、この論文が同制度の改正に基本的に反対であった当時のライヒ労働省の公報に発表されたことには、つぎのような背景があったものとも思われる。二八年六月に成立した社会民主党首班の第二次ヘルマン・ミュラー内閣において労相に就任したルードルフ・ヴィッセルは、前掲の週刊経済雑誌 *Magazin der Wirtschaft* の一九二九年一月一七日号上の論稿「仲裁制度は改正すべきか」において、拘束力宣言制度の強化を提案した同内閣の与党中央党に反対し、現行制度の擁護を訴えていた。彼は、労働争議調整令の改正の必要を認めず、右論稿において、労相としての任期中は拘束力宣言を緊急の場合の措置としてのみ運用していく方針を明らかにしたのであった。ヴィッセルは既にシャイデマン、バウアー両内閣において経済相を経験していた社会民主党右派の領袖であり、ジンツハイマーとはかなり以前から緊密な接触があった(3)。フランクフルト労働学院の設立のさいも、ジンツハイマーはヴィッセルに積極的に助言をもとめたことがあった。ジンツハイマーの右の論文は、このヴィッセル政策を補強しようとするものであったのである。

ジンツハイマー論文の趣旨は、つぎのように集約される。第一に、仲裁裁定の拘束力宣言制度は国家による労働協約の形成であるが、国家的利益の存する場合にはそれは正当化されねばならない。労働協約は社会的自治の一つの機構ではあるが、その存続は国家的利益にかかわることであるからである。第二に、拘束力宣言制度による労働協約の設定には、国家的利益が存するといわなければならない。それは、国家労働法の施行のための手段であり、社会的国家における労働者の生存権を保障するものであり、また争議行為の回避という国家的利益を擁護するものであるからである。第三に、ドイツ使用者団体連盟が一九二九年五月一日に公表した労働争議調整令、とくに仲裁裁定拘束力宣言規定の改正案及び改正理由は、さきのヴィッセル論稿に反駁を加え、国家による労働協約の形成は当事者の責任感を減退せしめ、否定するものであるとしている(4)。しかし拘束力宣言制度による強制協約の設定の道を封鎖すれば、現存の段階では使用者サイドの反労働協約政策を補強することになる。拘束力宣言制度は単に争議調整の問題にとどまるものではない。それは、集団的労働法の命運にかかっているることなのである。

ジンツハイマーのこのような主張は、一九二九年一〇月下旬に開催された社会改良協会マンハイム大会の報告において再度強調されているのである。ジンツハイマーの同協会大会における報告は、一九一三年のデュッセルドルフ大会以来のことであり、また仲裁裁定の拘束力宣言制度の可否に関する論議の集中したのがこの一九二九年マンハイム大会であったことでもあり、しばらく同大会についての記録をしたためることにしたい。(5)

経済不況の進行にともなう財政悪化に直面し、ヘルマン・ミュラー内閣は二九年一〇月上旬に失業保険制度を改革し、労使の掛金の増額によって失業救済費支払増加による財政負担を解決しようとしたのであった。しかしそれが直接に政府与党間の紛争の火種となり、一〇月三日には相対的安定期の象徴的存在であった外相グスタフ・シュトレーゼマンが死去し、同月二四日にはニューヨーク株式市場の大暴落がおこったのであった。社会改良協会マンハイム大会は、このようなドイツの将来に不吉な兆候のでてきた一〇月二四日、二五日の両日、「仲裁制度の改革」、「社会政策の経済的価値」をテーマに開催せられる。二四日のテーマは前者の仲裁制度の改革であった。その報告者は、仲裁裁定の拘束力宣言制度を支持するジンツハイマーとその廃止を主張するヘルベルト・フォン・ベッケラート（一八八六―一九六六）とであった。ベッケラートは当時ボン大学経済政策教授であったが、三三年には、ナチスにより国外移住を強制されてアメリカに渡り、ノース・カロライナ大学の教授となった人である。同大会には労相ヴィッセルは海外出張のために出席できなかったが、テーマの緊急性を反映して、政府、学界、労組、使用者団体各サイドから多数の著名人が参加する。さらに各地の調整委員会の委員及び調整官の大多数が出席し、労働裁判所からも参加者がみられる。実務家も含めて労働法関係者の顔ぶれをこころみにあげてみよう。「政府」サイドの労働法関係者としては、大会の常連であったジッツラーの他、リヒャルト・ヨーアヒムとヨハネス・ファイク。「学界」サイドの労働法関係者としては、ケルン大学のニッパーダイ、同じケルン大学のレーマン、フライブルク大学のヘーニーガー、マイハイム商科大学の民法教授リヒャルト・ショット（一八七二―一九三四）、マールブルク大学の民法、労働法教授ルードルフ・シュルツ＝シェッファー（一八八五―一九六六）。「労組」サイドの労働法関係者としては、労働組合総同盟のネルペル。「使用者団体」サイドの労働法関係者としては、ゲールハルト・エルトマン（一八九六―一九七四）。使用者サイドの弁護士であったエルトマンは、当時はドイツ使用者団体連盟の社会政策部門の局長であった。彼は第二次大戦後は、一九四九年一月下旬結成のドイツ使用者団体連合（ＢＤＡ）の初代事務局長に就任し、六三年一二月までその地位にあった(6)。

ジンツハイマー報告は、基本的にはライヒ労働公報上の論文を再現したものである。そこで注目すべきことは、社会的経済論をおしだすことによって国家政策の優位という原則の必然性を強調した点であった。彼は、その社会的経済といわれるものが資本主義、社会主義のいずれにも偏したものでないと述べているのであるが、それによって具体的に何を描こうとしていたのか理解の困難なことは既述した。彼と対照的なのがベッケラート報告であった。ベッケラートは、国家による賃金決定は社会主義経済システムにおいてのみ妥当性を有するものとし、現在の経済秩序下における国家賃金政策は官僚主義的な強制的賃金決定に堕する危険性のあることを明快に説き、ガス、電気等の公益事業における賃金決定の場合も含め、仲裁裁定の拘束力宣言制度に正面から反対し、当事者の「責任感と連帯感」による問題解決を訴えたのである。

一〇月二四日は、この両報告につづいて深更にいたるまで参加者による討論がつづけられる。政府側のジッツラー、学界側のニッパーダイ、労組側のネルペル、使用者団体側のルートヴィヒ・グラウエト（一八九一―一九六四）の各発言の要旨を、参考までに掲げる。ジッツラー発言「仲裁裁定により市場法則に反するような高い賃金率が設定されるということはありえない。市場法則にそった合理的な仲裁裁定のなされるであろうことを確信すべきである」。ニッパーダイ発言「ジンツハイマーの報告に原則的に賛成するが、仲裁裁定の拘束力宣言制度に代え、仲裁裁定を当事者が受諾しない場合には存続期間を経過した労働協約の効力を暫定的に延長する制度が考えられるべきである。これにより、当事者の責任感の減退するおそれのある拘束力宣言制度上の欠陥を除去することができる」。ネルペル発言「労働組合総同盟としては経済民主主義綱領の実現という基本目標があり、したがって仲裁裁定の拘束力宣言制度を受けいれる必要があろう。また拘束力宣言のなされた事例は相対的に少数にとどまり、同宣言制度にともなうとされる責任感の減退という問題点を過大視すべきではない」。グラウエルト発言「国家賃金政策を推進すべきであるというジンツハイマーの主張は、国家社会主義への道を開拓するものである」。グラウエルトは、当時ヴェストファーレン地域金属産業使用者団体の事務局長をつとめていた検察官出身者であり、仲裁裁定拘束力宣言制度の撤廃という使用者団体センターの代弁者となっていたのであった。彼は、一九三〇年代に入ると、ナチス・シンパ色を深め、ヒトラー政権の樹立直後から、親衛隊、ゲシュタポの要職を歴任する。右の社会改良協会マンハイム大会発言から、したたかなナチス幹部グラウエルトを果して予想できたであろうか。(7)

この二四日の討議を終えるにあたってジンツハイマーは閉会の辞を述べている。そこで彼は、どのようなサイドに立とうと、仲裁裁定の拘束力宣言制度を全面的に否認する人はいないこと、討議の過程で市場法則をしばしば援用した発言者があったが、それによって何を予定しようとしたのか明確でなかったこと、しかし現行労働争議調整令に反対の立場が多かったことの三点を討議の集約としたのであった。

社会改良協会の機関誌ゾツィアーレ・プラクシスの一九二九年一一月二八日号は、マンハイム大会に出席し討論にも加わったミュンヘン大学私講師ヴィルヘルム・ヴェーディンゲンの大会批評を収録している。そこで彼は、同大会をジンツハイマー対グラウエルトの対決と表現している。このヴェーディンゲンという人の経歴は不明である。しかし彼の名をここに書きとめたのは、彼はマンハイム大会において、ドイツ経済の将来は労使団体センター間の新労働協同体の結成いかんにあり、仲裁裁定の拘束力宣言制度はこの新労働協同体の結成促進の障害になるという注目すべき発言をしているがためである。恐慌の深化が労組、使用者団体に一九一八年一一月のかつての十一月協定の再来を期待せしめることになり、一九三〇年五月にそのための協議が労使団体各センター間にもたれることになるのである。そのことについては後述するが、マンハイム大会前後における労働争議調整令、とくに仲裁裁定の拘束力宣言制度についての労使団体各センターの態度を整理すると、つぎのようになるであろう。労相ヴィッセル及びジンツハイマーのように現行制度の擁護の態度をとったのはキリスト教労組センターであり、これに対し現行制度の全面改正を主張したのがドイツ使用者団体連盟であった。自由労組、ヒルシュ・ドゥンカー労組の両センターは、拘束力宣言制度の運用にきびしい条件を設定するという中間的態度をとっていた。したがってマンハイム大会における前述のネルペル発言は、労働組合総同盟の承認をえたものではなかったのである。

（2）　Zur Frage der Reform des Schlichtungswesen, *Reichsarbeitsblatt*, Nichtamtlicher Teil vom 25. April 1929, S. 149.

（3）　ルードルフ・ヴィッセルは社会民主党内で経済通として周知のところであった。彼は、労働組合総同盟の大会、その加盟労組の大会でもしばしば指針報告を行い、また労働法の専門雑誌にも寄稿する。ナチス体制下では強制収容所収監は免れたものの、保護拘禁による抑留処分をしばしば受けたのであった。ヴィッセルには、つぎのような回顧録が一九五九年に刊行されている。Rudolf Wissell. Ein Leben für soziale Gerechtigkeit, hrsg. von Otto Bach.

（4）　ドイツ使用者団体連盟の一九二九年五月一日付の改正案の全文は、クレーメンス・ネルペルの解説を付して、労働組合総同盟の機関誌 *Gewerkschafts-Zeitung* の一九二九年五月一八日号に収録されている。

（5）一九二九年マンハイム大会の詳細なレポートは、ゾツィアーレ・プラクシス誌の一九二九年一〇月三一日号においてなされる。

（6）ゲールハルト・エルトマンの詳細な履歴については、信山社ジンツハイマー一九三頁参照。

（7）グラウエルトは一九三〇年代に入ると、ヴェストファーレン地域金属産業使用者団体のナチス党への財政的援助に強力に動いたのであった。ヒトラー政権の発足とともに、彼は直ちに社会民主党の掌握していたプロイセン州警察部門の解体、再編をゲーリングの全面的バックのもとに強行し、短期間にそれを終了する。検察官グラウエルトへの回帰であった。三三年五月一日にはナチス党員となり、翌六月には親衛隊、一一月にはゲシュタポのそれぞれ幹部となった。三六年六月には、一転しライヒ経済省の幹部に転向する。彼はまた、三三年一一月に発足したドイツ法アカデミーの警察法部門の有力メンバーでもあった。グラウエルトについてはつぎの文献参照。Akademie für Deutsches Recht, Bd. VIII, S. LI.

3　一九三〇年代ベルリン金属産業仲裁裁定と調整官ジンツハイマーの苦悩

労働争議調整令にもとづく仲裁制度について、ジンツハイマーはいつまでも理論の人にとどまることはできなかった。一九三〇年三月にブリューニング内閣が成立した直後から、ジンツハイマー、フレンケル両者の顧問をしていた金属工労組と対決していたドイツ工業全国団体（Zentralverband deutscher Industrieller）は、同労組との交渉を拒否し、賃下げを断行しようという恐慌対策をとるにいたった。そのためジンツハイマーは、ベルリンの金属産業の賃下げ争議にかかる同年一一月八日の仲裁裁定に直接関与することになるのである。以下には、この一九三〇年一一月八日の仲裁裁定にいたる経過を記録することにしよう。(8) なお右のドイツ工業全国団体は、一八七六年二月に結成された前掲のドイツ工業者中央団体が一九一九年二月にその他の団体を結集して組織せられたものであった。

ブリューニング内閣が成立したほぼ二箇月後の一九三〇年五月末に、ドイツ工業全国団体の会長カール・デュースブルク（一八六一―一九三五）が一九二九年末以来提唱してきた新労働協同体結成のための協議が行われたのであった。かつてキリスト教労組リーダーであったブリューニング首相、アーダム・シュテガーヴァルト労相の両者のほか、三派労組センターの代表者、ドイツ工業全国団体をはじめとした使用者団体の代表者がこれに加わったのである。一九一八年の十一月協定にもとづくかつての労働協同体の再生にドイツ労働組合総同盟が応じ、そうしてその副委員長ペーター・グラスマン（一八七三―一九三九）をその協議の場に送ったのは、恐慌の激化にともなう使用者側の賃下げ強行策に直面し苦慮するにいたったからであった。この協議のほぼ一箇月前にライン・ヴェストファーレン地域の鉄鋼業において惹起した賃金争議に対してなされた六月一〇日の仲裁裁定は、「労働協約外賃金率」にとどまるとはいえ、五・五パーセントないし六パーセントの賃金率切下げを定めたのである。同裁定の行われた地名にちなんでバート・エインハウゼン仲裁裁定といわれる。六月二八日にエッセンで開催された金属工労組の代表者集会は、同裁定を結局受諾することに決定する。しかしこのバート・エインハウゼン仲裁裁定は、その後の使用者側の賃金切下げ強行策についての事実上の突破口となったのであった。

労働協同体の再生のための右の協議の結果は、一応協定案としてまとめられる。しかしながら、それは労組センター側の承諾するところとならなかった。とくに労働組合総同盟は、賃下げについては同時に物価引下げ政策が断行されねばならないとし、それが新労働協同体結成のための協議継続の基本的な条件であるとの態度を明確に打ちだすにいたったからである。その結果、ブリューニング首相の期待にもかかわらず、労働組合総同盟は六月二四日に協議の打切りを通告するにいたったのであった(9)。

この労働協同体設置に対する労働組合総同盟の抵抗もしかし無益であった。事態は労働協約外賃金率の引下げにとどまらず、「労働協約賃金率」そのものの引下げにまで拡大することになったからである。ベルリンの電機、機械両部門を中心とする金属産業の争議に対する仲裁裁定においてであった。

ベルリンの金属産業においては、同地の金属産業使用者団体の労働協約賃金率一五パーセント切下げ要求と金属工労組の賃上げおよび時短要求とをめぐって、一九三〇年九月から一〇月にかけて争議が継続するにいたった。これに対し調整官となったブレーメン市参事会のカール・フェルカースは、一〇月一〇日にブリューニング内閣の政策にそった仲裁裁定を当事者に提示する。一九三〇年一一月三日から労働協約賃金率を成年男子については八パーセント、年少者及び女子については六パーセント切下げというのがその内容であった。この裁定の可否について金属工労組ベルリン支部は一〇月一三日に組合員投票を実施し、一〇万六、五〇〇人がその投票に加わる。その八五パーセントがナインという意見であった。そのため金属工労組は一〇月一五日より再度ストライキを実施し、賃下げ反対とともに物価引下げ政策の実行をスト目標に加えることになるのである。

同争議がブリューニング内閣の財政政策にとって打撃となることを憂慮した労相シュテガーヴァルトは、労使当事者と協議の上、三名の大物の調査官を任命するにいたった。労働争議調整令は、とくに経済上重大な争議の場合にはライヒ労働大臣は非常勤の調整官を任命することができると規定していたからである。その三名とは、ハインリヒ・ブラウンス、金属工労組の推薦によるジンツハイマー、ベルリン金属産業使用者団体の推薦によるカール・ヤーレス（一八七四―一九五一）であった。ジンツハイマーは、労組の労働協約政策の樹立にあたって、一九二〇年代前半以降何人にもまして大きなインパクトを与えてきたというのが金属工労組の推薦の理由であった。しかしこれによって、一九二〇年五月二一日の国民議会解散の後政治の表舞台から退いていたジンツハイマーは、ワイマール共和制の危機段階において再び登場することをせまられることになった。それは結局、つぎに述べるように悲劇的ともいえる結果に終わることになるのである。(10)ブラウンスは既述のようにカトリック司祭出身の中央党の幹部であり、一九二〇年六月から二八年六月にいたるまでブラウンス労政時代をきづいた人物であった。ヤーレスは当時はデュースブルク市長であったが、産業資本家層の政党であったドイツ人民党の幹部党員であり、一九二九年三月下旬に行われた大統領選挙において右翼政党の統一候補になった人物であった。ブラウンスを委員長として構成せられたこの仲裁委員会において、ブラウンスは仲裁裁定の早急な提示を主張し、時短と賃金規制をリンクさせて処理にあたるべきであるというジンツハイマーの提唱は、ブラウンス、ヤーレス両者によって押し切られることとなった。一一月八日の仲裁裁定はつぎのような内容である。「一九三〇年一一月一六日までは現行の労働協約所定の賃金率による。一九三〇年一一月一七日から三一年一月一八日までは、労働協約賃金率を一率に三パーセント切下げる。三一年一月一九日以降はさらにそれを五パーセント切下げる。但し一八歳未満のものについては切下げ率を三パーセントとする」。そうして同仲裁裁定に対し、シュテガーヴァルト労相は「公益」の要求あるものと認め、職権をもって拘束力宣言をなすにいたった。バート・エインハウゼン仲裁裁定と異なり、このベルリン仲裁裁定は、前述もしたように労働協約賃金率そのものの引下げにつき進んだのである。このような裁定に調整官ジンツハイマーが与したという事実は打ち消しえないことであった。西ドイツの金属労組が編集し一九六六年に刊行された『産業別組合七五年史—金属工労組から金属労組へ』は、このベルリン仲裁裁定に関し、金属工労組の推薦した調整官ジンツハイマーの態度に同労組は失望と憤激を感ぜざるをえなかったこと、同仲裁裁定の直後に開催された金属工労組の拡大中央委員会は、同仲裁裁定と調整官ジンツハイマーへの抗議を決議したこと、同仲裁裁定はその後の大統領緊急命令による労働協約賃金率の強権的切下げ政策の突破口となったことを記述している。(11) またこれまで数度にわたって取りあげた一九七五年一二月一日開催のジンツハイマー生誕百年の集いにおいて、開会の言葉を述べた金属労組の組合長オイゲーン・ローデラー（一九二〇―一九九五）は、この一九三〇年ベルリン仲裁裁定におけるジンツハイマーに言及している。つぎのような趣旨のものである。「ジンツハイマーは当時の金属工労組によって推薦せられた調整官であったが、彼は労働協約賃金率を第一段階で三パーセント切下げ、第二段階でさらに三パーセント切下げるということもやむをえないとし、それは企業経営の悪化を防止するという緊急の必要ある場合にのみ実施すべきであると主張したのであった。しかし彼は、結局、ブラウンス、ヤーレス両調整官の第一段階三パーセント切下げ、第二段階五パーセント切下げという提案に同意する。ジンツハイマーのこのような態度に金属工労組は深い失望感をいだいたのである。それはジンツハイマーにとっても痛烈な体験であったであろう」。フランクフルト警察長官、国民議会議員といった人生経験はあったにせよ、ジンツハイマーは所詮は学界の人であり、法曹人であった。苛烈の度を深める恐慌下において調整官という社会的にも政治的にもきびしい制約を課せられた地位におかれた場合には、その思想も学問も空虚と化する。ベルリン仲裁裁定のほぼ一箇月後に、彼は共和主義裁判官協会のユスティーツ誌一九三〇年一二月号の時評において、同裁定について筆をとり、失業率の増大という状況に対処するための賃下げという政策には物価引下げが先行あるいは並行しなければならないとし、賃金についてのみ強権的な切下げ政策を実施しようとするブリューニング・プログラムは社会法の基本理念に反すると述べる。それは空しい弁明であった。仲裁委員会における討議の過程で、さらにはこの時評の執筆過程で、ジンツハイマーは自分の学問、思想の無力さを、あるいは感じていたのかもしれない。

（8）一九三〇年五月ごろからの鉄鋼、電機、機械産業における賃下げ争議の経過については、75 Jahre Industriegewerkschaft, S. 276 ; Steiger Kooperation, Konfrontation, Untergang, S. 176, 栗原『ナチズム体制の成立』三二〇頁参照。

（9）一九三〇年における新労働協同体再現の動きとその打切りについては、*Gewerkschafts-Zeitung* の一九三〇年六月一四日号、六月二〇日号、Steiger, Kooperation, Konfrontation, Untergang, S. 176, 栗原『ナチズム体制の成立』三二〇頁参照。

（10）Schulz, Jude und Arbeiter, S. 165.

（11）75 Jahre Industriegewerkschaft, S. 277.

4　大統領緊急命令権と労働協約制度の崩壊

ベルリン仲裁裁定は、翌一二月から開始された大統領緊急命令（憲法四八条二項）による労働協約賃金率の強権的切下げ政策への転機となるものであった。労働組合総同盟のたび重なる物価引下げ要求は無視されたままであり、労働協約体制はこれにより実質上終焉を迎えるのである。参考までに、一九三〇年末から翌三一年末までの一連の賃下げ緊急命令を掲げておこう。

一九三〇年一二月一日間の「経済・財政安定のための第一次緊急命令」、そのうちには、官吏の俸給・年金の六パーセント引下げと、労働協約の適用をうける公勤務者の賃金を引下げるために労働協約を解約する可能性についての規定が含まれる。

一九三一年六月五日の「同第二次緊急命令」、そのうちには、官吏も含めた公勤務者の給与を四パーセントないし八パーセント引下げる旨の規定が含まれる。

一九三一年一〇月六日の「同第三次緊急命令」、そのうちには、公勤務者、民間労働者を問わず、労働協約賃金率を適正な基準にまで切下げる権能を使用者側に付与する規定が含まれる。

一九三一年一二月八日の「同第四次緊急命令」、そのうちには、労働協約賃金率を一九二七年一月一日水準にまで引下げる旨の規定が含まれる。これにより平均一〇パーセントないし一五パーセントの引下げということになる。同命令は、正式には「経済・財政安定及び国内平和擁護のための第四次緊急命令」と呼ばれたのであった。

さらに一九三二年六月成立のパーペン内閣は、ライヒ経済省とライヒ労働相のもとで本格的な経済政策の樹立を急ぎ、それが一九三二年九月四日の「経済振興のための緊急命令」、翌九月五日の「就労機会の増加維持のための緊急命令」というパーペン・プログラムとなって結集する。それは、既に終末に近づきつつあった労働協約自治原則に対する死刑の宣告に等しいものであった。すなわち後者の緊急命令は、三二年八月一五日現在の雇用数もしくは同年六月ないし八月の平均雇用数よりも五パーセントないし二五パーセント雇用量を増大させた場合には労働協約賃金率を一〇パーセントないし五〇パーセント切下げる権能を使用者に付与し、また事業の継続が困難な企業の場合には、労働争議調整令所定の調整官の認可をえて労働協約賃金率の二〇パーセントまでの切下げの権能を使用者に認めるにいたったからである。この九月五日の緊急命令は、パーペン内閣につぐシュライヒャー内閣によって三二年一二月一四日に廃止される。それは、労働組合総同盟の機関誌 *Gewerkschafts-Zeitung* 一九三二年一二月二四日号の宣伝したように労働組合の反対闘争の成果といえるものではない。雇用量の増加というパーペン・プログラムの実効性がほとんどなく、またシュライヒァー内閣はその成立にあたり、労相のほかに無任所相という地位をもつ労働創出政府委員を新設し、ドイツの重要な穀倉地帯であった東部地域に対する労働力投入政策を失業対策として推進しようとしたからであった(12)。

以上のような緊急命令政策を正面から取りあげたジンツハイマーの論稿はない。ユスティーツ誌一九三〇年一二月号上の前述のようないかにも弁解じみたベルリン仲裁裁定に関する時評以後、彼の最終時評となる一九三一年八月号上のそれにいたるまでのテーマ及びその筆致をみると、それまでの彼の独自のトーンが急に落ちこんでいるようである。ベルリン仲裁裁定の体験が彼に予想以上の打撃をあたえるにいたったのであろうか。共和国終焉への予感と不安とが彼におそいかかっていたのであろうか。一九一九年にワイマール制憲議会が大統領に緊急命令権という例外的権力を認めたのは、当時のドイツに異常な危機的状況が存在していたからであった。しかしその後のワイマール期の多くの国法学者は、大統領の緊急命令権の限界を設定すべく学説を展開してきたのであった。一九三〇年以降の政治的カオスと破局的経済不況に直面し、大統領緊急命令権が共和国を救済する唯一の手段となりうるか、否それは独裁制への道を開くものであるのか、緊急命令権が当時において残された最後の政治的選択であったのであろうか。これについてぐさりとふみ込んだジンツハイマーの時評は、おそらく期待できなかったであろう。

（12）　労働創出政府委員（Reichskommissar　für　Arbeitsbeschaffung）に任命せられたギュンター・ゲーレケ（一八九三―一九七〇）は、一九二四年以来国家人民党（一二五頁参照）所属のライヒ議会議員であり、一九二八年に結成されていたキリスト教国家農民党（ＣＮＢＬ）に移ったのであった。一九三二年には、失業対策の観点からのみならず、農業保護政策、軍事政策の面からも、ポンメルン、シュレージエン、東プロイセンへの労働力投入を推進しようとしたのであった。一九三三年には、ナチス農業政策に反対して二年半の懲役刑を宣告される。戦後は東ドイツに移り、キリスト教民主同盟所属のニーダーザクセン州の首相代理兼食糧相となったが、五二年には東ドイツに移り、CDU-OST において活躍した。農業問題のエキスパートとして生涯を一貫させた人であった。

5　社会改良協会一九三三年大会とジンツハイマー報告の中止

ヒトラー政権の成立する直前の一九三三年一月二七日、二八日の両日に社会改良協会のハノーファー大会が開催される。一九二九年マンハイム大会につづくものであったが、その一月二八日には、ライヒ議会解散を大統領に要請し拒否せられたシュライヒァー内閣が総辞職する。同内閣のジールップ労相は大会に出席を予定していたが、ベルリンに釘付けとなるという危機、混迷の交錯する段階の大会であったのである。同大会のテーマ「国家政策の推移過程における社会政策」について、ジンツハイマーはその報告者の一人に予定されていた。しかし白熱化する討論のため時間切れとなり、ジンツハイマー報告は中止となったのであった。同ハノーファー大会の審議過程を収録したゾツィアーレ・プラクシス誌の三三年二月九日号には、参集者から大きな期待感をもたれていたジンツハイマー報告が中止になったのは遺憾であった旨の記述がみられる。その報告がなされたのであれば、彼のドイツ時代の大会報告、会議報告の終章となるはずであった。しかし一九三〇年以降の彼の論調のままでは、ワイマール共和制への葬送曲となりえたであろう充実した報告を期待することはできなかったのではあるまいか。(13)

(13)　社会改良協会ハノーファー大会の報告予定者は、ジンツハイマーを含めて四名であった。しかしジンツハイマーと女性の社会政策学者フリーダ・ヴンダーリヒ（一八八四—一九六五）を除いたほかの二名は、二流の研究者であり、したがって中止になったジンツハイマー報告への期待がとくにつよかったことであった。ヴンダーリヒは、一九二四年以来社会改良協会の事務局に勤務してゾツィアーレ・プラクシス誌の編集にあたり、一九三〇年にはベルリンの職業教育研究所のスタッフとなる。三三年一月下旬には社会改良協会の事務局長となったが、ユダヤ系の彼女は同年五月には退任してアメリカに渡り、亡命大学といわれたニューヨークの New School for Social Research の教授となり、三九年にはその学長に就任したのであった。

第三章　晩年期のジンツハイマー

Ⅰ　ナチス体制と大学

1　ヒトラー政権の成立と大学パージ

一九三三年一月三〇日に大統領ヒンデルブルクによって首相に任命せられたヒトラーは、唖然とするほど迅速且つ徹底的にワイマール法治国家体制の破壊に着手していったのであった。集会、報道の自由を大幅に制限し、公共の秩序を概する虞れのある出版物の警察による押収、発行停止について規定した一九三三年二月四日のドイツ民族の防衛のための大統領緊急命令は基本権剝奪の第一弾であったが、ライヒ国会議事堂が怪火で炎上した翌日の二月二八日には、民族と国家の防衛のための大統領緊急命令が間髪をいれず発令される。二月四日の命令をさらに強化した悪法であり、火災緊急命令ともいわれたものであった。集会・結社の自由、表現・出版の自由、電信・電話の秘密等に関する共和国憲法の規定を包括的に停止し、その違反者に対し司法統制ぬきの警察による逮捕、保護拘禁の全面的許容について規定したものである。両緊急命令はいずれも共和国憲法四八条二項所定の緊急命令権を一九三〇年三月以降のブリューニング、パーペン、シュライヒァーの大統領内閣時代には許されなかったような方法で行使したものであった。ナチス党は、これにより三月五日に予定されていたワイマール体制を打倒するための最後のライヒ議会選挙を有利に進めることになった。しかし三月五日のこの選挙においてナチス党が絶対多数を獲得できなかったことが、三月二四日の民族と国家の困難を除去するための法律を生む決定的契機となる。(1) このいわゆる全権委任法によってワイマール憲法はその生命を断ってしまった。ジンツハイマーがかつてその長官をしていたフランクフルト警察当局により、ゲーテ通にあった弁護士事務所において逮捕され保護拘禁処分により抑留せられたのは、三月上旬のことであった。既に一九二八年五月以来ライヒ議会議員とプロイセン州議会議員とを兼任し、プロイセン州警察を徐々に掌握しつつあったゲーリングは、ヒトラー内閣に無任所相として入閣するとともに、プロイセン州内相をも兼ね、かつては社会民主党の支配していたプロイセン州警察の大規模な粛清を断行し、政治秘密警察ゲシュタポを創設するとともに、警察の非合法的な補助機関としての突撃隊、親衛隊の増強に着手し、反ナチス派の抑圧、反ナチス派に対するテロ行為を公然と行うにいたった。ヒトラー政権の成立した一月三〇日の夕刻には突撃隊、親衛隊は共産党本部を襲撃し、二月上旬からは、各地の労組会館の占拠、破壊、労組役員への暴行といった事件があいついで発生する。他方、ライヒ議会選挙の終了した直後から、共産主義者、社会民主主義者、さらには共和制支持の著名人に対する電撃的な検挙が開始され、保護拘禁者が激増するにいたった。ジンツハイマーの拘禁されたのは、そのさいであった。三三年の三月から四月にかけて保護拘禁により抑留された人は、バイエルン州でもほぼ一万人に達したといわれる。(2) そのため一種の保護拘禁所として強制収容所がダッハウ、ホイベルク、エスターヴェーゲン等に設置される。ジンツハイマーにつづいて、四月上旬にはフランツ・ノイマンもベルリンの前記したアルテ・ヤーコブ通にあったエルンスト・フレンケルとの合同弁護士事務所で逮捕され、保護拘禁処分を受けたのであった。しかし両者ともほぼ一箇月後に釈放される。ジンツハイマーは、その釈放された三月三一日の夕刻に直ちにザール地域に出発し、ノイマンも釈放された五月上旬に即刻ロンドンに向け出国したのであった。(3)

一九三三年四月上旬に入ると、ベルリン、ケムニッツ、カイザースラウテルン、ブレスラウ等において、ユダヤ人裁判官、司法官僚、弁護士の裁判所、司法行政官庁への立入りに対する暴力的阻止事件が突撃隊、親衛隊によって実施される。ナチス党の機関新聞フェルキッシュ・ベオバフター（四月一九日・二〇日号）もそのライヒ・レベルへの拡大を要求する。(4) それとともに、それに先立つ一九三三年二月上旬ごろより、既に多くの大学では、ユダヤ系の教授の講義ボイコットがナチス学生団組織によって開始されていたが、ナチスによる大学パージが実施されたのは、ジンツハイマーが既にフランクフルトを離れ、国際連盟の管理地域にあり、親族の居住していたザール地域においてオランダにむけ待機中のことであった。四月七日には、アーリア系でない官吏及び政治的に好ましくない官吏の追放を規定した職業官吏制再建法が制定される。(5) 同法は、行政官、裁判官、検察官のみならず、大学教授にも適用されたからであった。ジンツハイマーは、この再建法によりフランクフルト大学正客員教授を四月下旬に休職処分になり、アムステルダム大学特任教授に就任する直前の三三年九月下旬に罷免になったのであった。彼と同様に三三年四月に休職処分になったユダヤ系法律学者のうち、既にこれまでに記録した者には、たとえばヘルマン・カントロヴィッチ（キール大学）、ヘルマン・ヘラー（フランクフルト大学）、ハンス・ケルゼン（ケルン大学）、フランクフルト労働学院の初代主事であったオイゲン・ローゼンシュトック＝ヒュージィ（ブレスラウ大学）等がある。(6) 五月六日には職業官吏制再建法施行第三命令が制定され、追放の対象となる大学教員には、正教授、員外教授、客員教授のみならず、私講師もそれに含まれることになる。またナチス学生団の告発も加わり、休職処分者、罷免処分者の数はさらに増大するにいたった。

一九三三年の四月から五月にかけてのナチス・パージは、ドイツの大学に深刻な打撃をあたえることになる。その二箇月の間、大学教授の約一一パーセントが休職処分、罷免処分を受けたといわれる。とくにユダヤ系の有名教授が集中していたベルリン大学、自然科学の分野でヨーロッパ最高の大学として三本の指に数えられていたベルリン工科大学、及びフランクフルト大学の受けた損害は致命的ですらあった。(7) ベルリン大学、ベルリン工科大学では、一九三〇年ごろより勢力を伸張していたナチス学生団組織の告発により、ユダヤ系教授につづき非ナチス系の教授の追放が断行せられ、三四年末までは、約三二パーセントのスタッフが罷免せられる。またプロイセン州立のフランクフルト大学は、プロイセン州内相ゲーリングのとくに憎悪するところであった。三三年末までに教授陣の約三分の一が追放せられ、付置施設も含めた同大学の追放教授のうち人文科学、社会科学関係の著名人には、ジンツハイマー、ヘラーのほか、西欧マルクス主義におけるフランクフルト学派のリーダーであったマックス・ホルクハイマー、知識社会学の代表者の一人であったカール・マンハイム、ゲシュタルト心理学の創始者であったマックス・ヴェルトハイマー（一八八〇―一九四三）、ルーヨ・ブレンターノ理論の後継者と目され宗教社会主義学者でもあったアドルフ・レーヴェ（一八九三―一九九五）があった。

（1）　西欧諸国の新聞のうち伝統的に国際関係の記事に重点をおいてきたスイスの代表的新聞である新チューリヒ新聞の三三年三月一一号も、「ハーケンクロイツのもとで」というタイトルの論説において、ナチス党が三月五日のライヒ議会選挙において絶対多数に達しなかったことが、反ってナチス党＝ヒトラー党の暴力的支配を一層強化させるであろうと警告したのであった。参考文献にあげた Neue Zürcher Zeitung 1933-1944.

（2）　村瀬興雄『ナチス統治下の民衆生活―その建前と現実』（一九八三）一二二頁。

（3）　ヒトラー政権の成立直後より一九三三年一〇月にいたるまでの間、ドイツからの出国者と出国先はつぎのとおりとなっている。その多くを占めるのは、政党、労組の各指導者グループ、大学その他の施設の研究者、ユダヤ系を中心とした企業家及びビジネスマン、芸術家、音楽家、出版業者といった社会上層グループであった。フランス三五、〇〇〇人、ベネルックス一五、〇〇〇人、チェコ五、〇〇〇人、国際連盟管理地域ザール五、〇〇〇人、スイス二、〇〇〇人、スカンディナビア一、〇〇〇人、イギリス一〇〇人。Bachmann, Zwischen Paris und Moskau, S. 31.

（4）Wassermann, Studien zur Justizgeschichte, S. 82.

（5）職業官吏制再建法以降の法令上の「ユダヤ人」の定義規定、定義経過については、ヒルバーグ『ヨーロッパ・ユダヤ人の絶滅』上五一頁以下の叙述が詳細であり、的確である。

（6）ナチスによるユダヤ系大学教授パージについては、参考文献に掲げたGöppinger, Juristen Jüdischer Abstammungが詳細である。また四宮恭二『ヒトラー・一九三二―一九三四』下巻（一九八一・ＮＨＫブックス）五五頁は、社会科学・人文科学分野の主要な追放教授のリストを掲げている。

（7）大学におけるナチス学生団組織は一九二八年ごろより急速に勢力を伸張させるが、ボン大学で三三年四月下旬に行われた学長選挙では、同大学で二三年以来法史学を担当していた当時の学長アドルフ・ツィハー（一八七一―一九四八）は、夫人がユダヤ人であるというナチス学生団のはげしい攻撃のために、一一一票のうちわずか一二票しか獲得できなかった。既にナチス党に加入していた医学部教授が、ナチス学生団の完全にコントロールしていた同選挙で圧勝したのである。また女子学生の比率が高かった同大学であるが、ヒトラーのマイン・カンプフにおける性イデオロギーから、ナチス学生団は女子学生の追放を既に一九三三年前に打ちだしていた。100 Jahre Frauenstudium. Frauen der Universität Bonn, hrsg. von Annette Kuhn, 1996, S. 60. ちなみに一九三三年二月三日のライヒ選挙法改正に関する緊急命令は、女子の選挙権、被選挙権を含めてその市民権を停止し、女性議員は失職ということになった。ナチス性イデオロギーの具体化の第一歩であった。

一九三三年四月一二日のプロイセン州文教省令は、ナチス学生団組織を公法上の自治団体として承認する。

2　禁書リストと焚書事件

大学パージと並行して行われたのは、禁書リストの作成とその廃棄処分、宣伝効果をねらった焚書という暴挙であった。三三年四月一六日にナチス党の文化担当者によって設置されたライヒ著作物会議所（Reichsschriftumskammer）のつよい要求にこたえ、各地の公立図書館はみずから公立図書館再編委員会を設置するとともに、五月一〇日には歴史、芸術、社会科学関係の禁書リスト第一号を公表する。その社会科学関係のうちには、マルクス、エンゲルス、レーニン、トロツキー、ラッサール、カウツキー、ベルンシュタイン、ルクセンブルク等の全著作、ベーベルの『婦人論』（一八八三年）、ヒルファーディングの『金融資本論』（一九一〇年）、リープクネヒトの『反戦の階級闘争』（一九一九年）、プロイスの『国家・法・自由』（一九二六年・テーオドール・ホイス編集）、ナフタリの『経済民主主義』（一九二八年）等とならんで、前述のようにフレンケルの一九二七年『階級司法の社会学のために』があげられていたのである。(8) ジンツハイマーの作品はこの第一号リストには入っていない。しかし前述したように、一九二五年冬学期にケルン大学にニッパーダイが赴任するまで同大学で労働法講義を担当していたシュティア＝ゾムロの全著作物はリストに入っている。典型的な法実証主義者ではあったが、禁書リストの著作の多くがユダヤ人であったように彼もユダヤ系であり、且つ一九三二年三月に死去するまで、ワイマール法治国家体制にそった多くの国法学上の作品を物していたからであった。ジンツハイマーの著作が、カントロヴィッチ、ヘラー等のそれとともに禁書リストにあげられるにいたったのは、彼がオランダで充実した書斎生活に没入し、法社会学の原理的研究に専念していた三五年四月のことであった。一九三五年四月二五日のライヒ著作物会議所長命令は、非アーリア系研究者の全著作物を禁書リストにあげ、その廃棄処分を規定したものであったのである。

三三年五月二日の労働組合総同盟及びその加盟労組の強制解散につぐ五月一〇日のドイツ労働戦線（ＤＡＦ）の結成当日には、劇的効果をねらった焚書の夕べがベルリン、ブレスラウ、フランクフルト、ゲッティンゲン等の各大学においてナチス学生団組織主催のもとに行われる。ベルリン大学では蔵書二万五、〇〇〇冊が、ブレスラウ大学では蔵書一万冊が火葬の犠牲になったのであった。その前後にもこのような焚刑という演出が各地において続発する。とくにヒトラーの憎悪していたハインリヒ・ハイネの本は火刑のターゲットとされ、ほとんど焼かれてしまったといわれる。

五八歳の誕生日を前にしたジンツハイマーが保護拘禁、オランダへの亡命、フランクフルト大学からの追放という人生行路に直面した三三年におけるドイツの事態をナチスによる大学パージという面から記録したが、オランダ時代のジンツハイマー像を把握するために、さらに三三年以降のドイツ動乱の一面について筆をすすめることにする。

（8） Gerhard Sauder（Hrsg.）, Die Bücherverbrennung zum 10. Mai 1933, 1983, S. 131.

3　大量の頭脳流出

ヒトラーの政権掌握の直後よりドイツから出国のつづいたユダヤ系知的亡命者は膨大な数に達する。また彼等の専門分野も多彩である。これによってドイツの文化的水準は一挙に引き下げられ、ドイツ文化の黄昏は現在のドイツまで大きく尾を引いているのである。哲学、物理学は、アメリカの植民地となったのではないかとさえいわれる。とくに一九〇〇年前後生れの若手研究者の国外流出は、ドイツの学問にとり返しのつかない致命傷をあたえることになる。問題はそれにとどまらない。一九世紀から二〇世紀にかけてほぼ自由に活躍しうるようになった西ヨーロッパ・ユダヤ人の優秀な才能は、ヨーロッパの先進文明社会を支える有力な源泉となっていたのである。のみならず、それは世界をはかり知れないほど豊かにする力でもあった。その才能の源泉を追放し、さらには破壊したドイツ、ドイツ以上に激しい反ユダヤ政策を強行させたオーストリアは、「ある意味で尊属殺人を集団で犯すに等しい愚行」によって、ヨーロッパ文化の旗手であるという自負を放棄したものであった。

一九三三年初頭から独ソ戦勃発の直後にユダヤ人移住禁止の措置のとられる四一年一〇月二三日まで、ドイツ及びドイツ軍占領諸国から出国したユダヤ人は約三〇万人に達するといわれる。二〇世紀最大規模の民族移動となったのであった(9)。しかし一般庶民層に属した圧倒的多数のユダヤ人にとっては、亡命への道は、まず経済的にいって不可能なことであった。身の危険に直面しつつ逃避もできない彼等を待ちうけていたのは、死の強制収容所への道であった。三三年早々に亡命できた人びとはたとえ身一つで国境を越えたとしても、また亡命後の生活不安にさらされたとしても、きわめて恵まれていたといわねばならなかったであろう。さらにヒトラーの政権獲得の直後の亡命者のうち、オーストリア、チェコ、フランスあるいはジンツハイマーのようにオランダといった近隣諸国に出国した人びとのうちには、ナチス体制はいくらか長続きのするカップ・クーデターであり、早晩倒れるであろうという現象的な見方をしていた者もあったであろう。(10) ジンツハイマーはおそらく予想をこえる苛烈な事態の連続に対する悲痛感をいだきつつオランダに亡命したと思われるが、その段階で、彼はドイツ文化の凋落、さらにはドイツの破滅を既に予期していたであろうか。

(9) 一八〇〇年には、ユダヤ人口の八三・二パーセントはロシアを含めヨーロッパに、ついで九・一パーセントは近東に居住し、ユダヤ人の社会的、文化的「二極構造」がみられたのであった。しかし一九九三年には、北米四八・二パーセント、近東二九・三パーセント、ヨーロッパ一九・九パーセントという分布が示すように、アメリカを頂上とした「三極構造」になっている。Joanne O'Brien - Martin Palmer, Weltatlas der Religionen, 1994, S. 28.

一九三〇年末には、世界のユダヤ人総人口は一、八〇〇万近くであった。しかし一九八五年ごろになっても、一、三五〇万にとどまっている。ホロコーストによる損失がまだ取り戻されていないのである。ジョンソン『ユダヤ人の歴史』下四二〇頁。

(10) Ｊ・Ｆ・ノイロール／山崎章甫＝村田宇兵衛共訳『第三帝国の神話―ナチズムの精神史』(一九六三) 一一頁。

4　ナチス・モデル大学、キール大学突撃隊学部

ユダヤ系諸教授の追放とともに、ナチス体制への大学及び大学人の順応、さらには屈服が三三年三月ごろから始まったのであった。反ナチス教授も、アーリア系である限り、罷免された者は少数に過ぎない。職業官吏制再建法にいわゆる政治上の理由により三三年四月二八日にアーリア系教授罷免第一号としてハイデルベルク大学より追放せられたラートブルフは、その少数に属するケースであった。三月五日には、約三〇〇人の教授がナチス体制及びヒトラーの支持を表明し、その後も多くの大学人がこれにならった。前年の一〇月上旬にダンツィヒで開催されたドイツ大学連盟（Verband der Deutschen Hochschulen）の大会ではファシズムの排撃が決議されていたにもかかわらず、四月二一日には、同連盟は大学の自己浄化を声明する[(11)]。一九一八年一一月以来大学人の間に底流となっていた共和国に対する反感、敵対的態度は、ナチズムの温床となっていたといっても過言でない。三三年三月一三日に宣伝相に就任したゲッペルスは、とくにナチス・モデル大学の育成に執着したのであり、ジンツハイマーが学位号を取得したハイデルベルク大学等もそのターゲットとされたのであった。ジンツハイマーが『賃金と相殺』により一九〇一年にハイデルベルク大学より授与されたドクター称号を一九三七年に剝奪されたのも、同大学のナチス・モデル大学への転落という学問的荒廃の故であったであろう[(12)]。同剝奪時のハイデルベルク大学の学長が、『団結権』（一九二三年）という代表的作品のあった前掲の労働法・民事訴訟法学者ヴィルヘルム・グローであったことを付記しておきたい。グローは一九

三七年にはナチス党に入党し、三九年にはナチス先鋭学者としてベルリン大学に招請されているのである。また、かつてラートブルフの在職し、さらに三三年四月下旬に休職処分になるまでカントロヴィッチの二九年以来在職していたキール大学法学部は、三三年冬学期には突撃隊学部（Stoßtruppen-fakultät）に計画的に編成替えを行ったのであった。

ヒトラー政権の科学文教省が一九三三年一〇月下旬に打ちだした高等教育機関の単一化方針は、指導者原理にもとづき大学自治の全面的否定を明確にしたものであったが、それを先取りしたのがキール大学、とくにその法学部であった。その策動の中心人物となったのが、法史学、民法学者カール・エックハルト（一九〇一—一九七九）、ラートブルフ門下であった刑法学者ゲオルク・ダーム（一九〇四—一九六三）、国法学者であったパウル・リッターブッシュ（一九〇〇—一九四五）の三者であり、ダームとリッタブッシュの両者は、三五年から四一年にかけて全学がナチス・モデル大学化したキール大学の学長にあいついで就任し、伝統的な大学自治原則を全面的に否定したのであった。このナチス・トリオメンバーと積極的に提携したのは、民法、労働法のヴォルフガング・ジーベルト（一九〇五—一九五九）、国法学のエルンスト・フーバー（一九〇三—一九九〇）の両者であった。フーバーは、カール・シュミット門下の国法学者エルンスト・フォルストホフ（一九〇二—一九七四）とならんで、ナチス国家理論の若手研究者の双璧となったのであった。エックハルト以下は、いずれも三三年五月に競ってナチス党に入党している。そうしてまた、フーバー、ジーベルトの両者は、西ドイツ労働法学の初期的段階においては、指導的学者のうちに入っていることを注目しておきたい[13]。ナチス・モデル大学に編成替えを行ったキール大学につづいて体制の全面的転換を行ったのは、辺境大学といわれたケーニヒスベルク、ブレスラウの両大学であった。

(11) 一九三三年における大学のナチスへの急速な順応、さらには屈服の過程について要領よくまとめたものには、つぎのものがある。Bruno W. Reimann, Die Selbst-Gleichschaltung der Universitäten 1933, in : Jörg Tröger (Hrsg.), Hochschule und Wissenschaft im Dritten Reich 1984, S. 38 ; Hattenhauer, geistesgeschichtlichen Grundlagen des deutschen Rechts, S. 305.

(12) ハイデルベルク大学のナチス化過程を描いたものには、つぎの文献がある。Jörg Schadt - Michael Caroli (Hrsg.), Heidelberg unter dem Nationalsozialismus, 1985, S. 412. また村井勇吉「異国における青春」常盤敏太博士喜寿記念論集2（一九七六）一六頁には、ラートブルフの追放とともに、ハイデルベルク「大学の新講堂の入口の壁に掲げられていたフリードリヒ・グンドルフ（一八八〇―一九三一）の撰文になる『生ける精神のために!』という標語は『ドイツ精神のために!』と改められた。本来グンドルフはハイデル精神組の一人であったが、当時すでに故人となっていたのである。筆者の胸には『正義は力なり』というよりも、いよいよ『政治は力なり』の感を深くしたのである」という記述がある。

(13) キール大学のナチス・モデル大学の過程については、つぎの文献をあげておきたい。Festschrift zum 275 jährigen Bestehen der Universität Kiel, S. 442 ; Muscheler, Hermann Kantorowitz, S. 107 ; Säcker, Recht und Rechtslehre im Nationalsozialismus, S. 37 ; Schäfer, Reichsuniversität Strassburg, S. 21, 149.

5　イェーナ大学、ストラスブール大学の人種学講座

イェーナ大学では、既に一九三〇年に人種学講座が開講され、「人種論ラッセ」と呼ばれた人類学者ハンス・ギュンター（一八九一—一九六八）がその担当教授となっていた。ナチス心酔学者であったが[14]、三三年夏学期または冬学期には、多くの大学が競ってイェーナ大学にならったのであった。ドイツ軍のベネルックス三国及びフランス侵攻により、ストラスブールは一九四〇年六月一九日にドイツの占領下に入り、ストラスブール大学は同年七月にドイツ民政局の管轄下に入ったのであった。民政局は同大学に優先的にナチス・イデオロギー論、人種学の両講座の設置を進め、同大学が翌四一年四月にライヒ科学文教省の管轄下に入るとともに、両講座の各教授を決定する。同大学のナチス化に先鋭的指導を行ったのは、右にあげたゲオルク・ダームとエルンスト・フーバーの両者であった。フーバーは三七年に、ダームは三九年にそれぞれライプツィヒ大学法学部の突撃隊学部化のためにキール大学より同大学に移っていたが、四一年七月には、新ストラスブール大学法学部の突撃隊学部編成責任者として同大学に招請されたのであった[15]。大学社会のナチス化計画推進の請負人であったのである。

(14)　Nunweiler, Bild der deutschen Rechtsvergangenheit, S. 31.
(15)　Schäfer, Reichsuniversität Strassburg, S. 17, 30, 55, 58, 65.

6　ゲオルク・フラトウ、リヒャルト・ヨーアヒムの悲劇

知的階層に属するユダヤ人の大量亡命は、三九年九月に第二次大戦が勃発する前後まで続出したのであった。しかし諸種の事情で亡命の機会を失ったために、あるいは、亡命の地がやがてドイツ軍の占領下におかれるにいたったために強制収容所に連行され、悲劇的な死をとげた者もあるのである。ワイマール労働法学史にその名をとどめているゲオルク・フラトウ、リヒャルト・ヨーアヒムの両者の一九三三年以後の運命を、重複をいとわず再録しておこう。ヨーアヒムは、職業官吏制再建法により三三年四月にライヒ労働省から追放され、そのまま国内にとどまっていた。しかしドイツ全土の都市でシナゴーグ、ユダヤ人の商店と住宅が破壊され、焼き打ちにあい、二万六、〇〇〇人以上のユダヤ人が逮捕された一九三八年一一月九日から翌日にかけてのいわゆる水晶の夜事件のさいに彼は保護拘禁により抑留され、直ちにザクセンハウゼン強制収容所に移送され、一九四二年一〇月にそこで殺害される。フラトウも、ヨーアヒムと同様に三三年四月にプロイセン州商工省から追放される。またベルリン大学客員教授というポストも剝奪され、国内にとどまっていた。しかし水晶の夜事件のさいに逮捕され、ザクセンハウゼン強制収容所に収監されるが、年来の親友であり、また亡命人ジンツハイマーを手厚く保護したアムステルダム大学の憲法教授であった前掲ジョルジュ・ファン・デン・ベルク教授の尽力で釈放になり、翌三九年二月にオランダに逃れ、アメリカへの渡航を準備していたのであった。しかし四〇年五月のドイツ軍のオランダ占領により、潜伏生活にはいるが、四三年八月に

ゲシュタポにより逮捕されテレージエンシュタット強制収容所に連行される。しかしまもなくアウシュヴィッツに移送になり、四四年一〇月にヘートヴィヒ夫人ともどもそこで殺害される。[16] アウシュヴィッツで悲惨な最後をむかえた者には、ラートブルフがヘラーと協力した一九一九年一一月に創設したキール成人大学の初代主事であったエルンスト・カントロヴィッチがあった。職業官吏制再建法にさきだち三三年三月下旬にフランクフルト大学客員教授の地位から追放せられた彼は、同年九月上旬に復職するが、間もなく罷免される。三八年一一月の水晶の夜事件のさいに逮捕され、ブーヘンヴァルト強制収容所に連行され出国を強制される。オランダに亡命したが、四三年七月にはゲシュタポに逮捕され、夫人とともにテレージエンシュタット強制収容所をへてアウシュヴィッツに移送される。ガス室で殺害されたのは、フラトウと同じく四四年一〇月のことであった。

(16)　ゲオルク・フラトウの詳細な履歴については、信山社ジンツハイマー一九六頁参照。

II　オランダにおける研究生活、潜伏生活

1　一九四〇年五月までの学究生活

急速にナチス化を完了していたフランクフルト警察による保護拘禁処分から釈放された三三年三月三一日の夕刻に、ジンツハイマーはパウラ夫人とともに、ヴェルサイユ講和条約により国際連盟の管理下におかれていたザール地域[1]に直ちに出発する。ナチス突撃隊による再逮捕の危機が翌日にせまっ

ていたからであった。四月一日早朝に突撃隊隊員がフェルカー通にあった彼の自宅のベルを激しく押しつづけたことを、残された四人の子女のうち三女が後に語っているのである。間一髪のところであった。四人の子女も、同日に両親の後を追いザール地域にむかったのであった。同地域から五月上旬にアムステルダムに入ったジンツハイマーは、同市におけるドイツ亡命者第一号となった。彼がオランダを選んだ理由を直接知る資料はない。オランダ時代のジンツハイマーを物心両面から支えたアムステルダム大学のヨハン・ファルクホフ教授は一九六七年に西ドイツの労働法雑誌レヒト・デァ・アルバイトに寄稿した論文において、ジンツハイマーを一九三三年冬学期にアムステルダム大学法社会学特任教授に推薦したのは、同大学のファン・デン・ベルク教授であったと指摘する。(2)おそらく同教授からの心をこめた招請が身に危険のせまりつつあるジンツハイマーにあったのではないか。ジンツハイマー一家はアムステルダム南部地区のミネルヴァラーンの仮住いをへて、同じ地区のルーベンス通三六番地に居を構えたのであった。

オランダに亡命したジンツハイマーには好機が待ちうけていたのであった。オランダの諸大学の講座充実のための財団が一九三三年に設立されるとともに、社会主義系の労組センター・オランダ労働組合総同盟（NVV）の全面的援助のもとに、労働法・法社会学研究振興財団（Stichting tot bevordering der studie van het arbeidsrecht en de rechtssociologie）も同年六月に設立されたからである。(3)そのためオランダ最大規模のアムステルダム大学にまず法社会学の講義科目が設置せられ、同大学の著名教授であった憲法学のファン・デン・ベルクの推薦にもとづき三三年一〇月上旬に法社会学担当の特任教授に就任するにいたった。それは、右研究振興財団の発足によって設けられたポストであった[4]。出国した多くの知識人のまず直面したのは、亡命につきものの経済的困難であった。ジンツハイマーが特任教授とはいえ安定した地位を確保できたのは、幸運であったといわねばならない。一九三三年一一月六日に行われた彼のアムステルダム大学法社会学教授就任講演「法における人間の問題」には[5]、同大学の教職員、学生のみならず、アムステルダム市会議員も聴講者のうちに加わったのであった。精神的苦痛と重圧をにないオランダに亡命したジンツハイマーを、アムステルダム大学は温かく迎える。同講演を終えるにあたって、ジンツハイマーはファン・デン・ベルク教授の深い友情を謝し、それに応える責務を述べるとともに、学生も含めた聴講の各層に対しそれぞれ真情のこもる謝辞を捧げたのであった。一八四八年の二月革命の影響のもとで新憲法が制定され自由主義的な近代国家へと進んだオランダでは、堅実なヒューマニズムが定着していた。ジンツハイマーは、ファン・デン・ベルク、ファルクホフ等のアムステルダム大学の同僚スタッフの心温まる友情とオランダのヒューマニズムの伝統のもとで、法社会学専任者としての彼に課せられた責任の遂行と法社会学の原理的研究に残された人生のすべてを捧げる決意がその段階で固まっていたのであろう。

経済的困難、精神的重圧とならんで亡命生活につきまとうものに言語上の問題がある。後にも取りあげるが、二〇世紀第一流のオランダの文化史学者、文化形態学者にヨハン・ホイジンガ（一八七二

―一九四五）があった。その代表作の一つである『中世の秋』（一九一九年）のドイツ語版の出版（一九二三年）にあたって、ホイジンガは「ドイツ語は多少共オランダ語の味を感ぜしめるものがある」といっている。(6) 言語学的にはたしかにそうであろう。ドイツ語とオランダ語は同系統の言語であるからである。しかしアムステルダム大学教授就任当時のジンツハイマーは、その就任講演をドイツ語で行い、最後の「以上でもって終わりとします」という言葉も「ひどいドイツ語なまり」のオランダ語でしかいえないような状況であった。同講演に列席したファルクホフ教授の回想していることである。(7)しかし法社会学、さらには立法学の研究と並行してオランダ語の学習にも力をかたむけ、一九三六年二月にオランダ最古の大学であるライデン大学の労働法特任教授に迎えられたさいの就任講演「労働法の背景」は、ドイツ語なまりなしのオランダ語で行ったのであった。しかしオランダ語で論文を書くまでにはいたらなかった。一九四〇年五月にオランダがドイツ軍に占領されるにいたるまでにオランダ語でしたためられた作品は、いずれもパウラ夫人の翻訳という献身があったのである。オランダでの学究生活、オランダ占領下の絶望的な潜伏生活は、パウラ夫人なくしては、ありえなかったのであった。潜伏生活中に書きつづけた『立法の理論』が一九四九年にオランダで出版されるにあたって、パウラ夫人は、ファルクホフ教授の絶対的ともいえる友情に心からの謝意をその序文で捧げている。オランダでの晩年期のジンツハイマーの生活と研究をささえ、彼の生きねばならぬ道を開かしめたのは、夫人とファルクホフ、そしてファン・デン・ベルクの両教授であった。苛酷な環境下におかれたとはいえ、晩年のジンツハイマーはむしろ人間として充実した精神生活を送りえたのではないだろうか。

一九三六年二月上旬に、ジンツハイマーは一五七五年創立のオランダ最古のライデン大学に移ったのであった。二月一四日になされた前掲の「労働法の背景」と題する就任講演においても、ジンツハイマーは、彼を温かく受け入れた大学関係者に謝意を表すとともに、その責任の重大さを謙虚に吐露している。そのうちにおいては、オランダの法律学について彼が進めてきた勉学の跡が提示されていることも注目される。とくに一九一〇年前後からライデン大学法学部を代表していた国法学のフーゴ・クラッベ（一八五七—一九三六）の法理論の分析が、その講演のうちにおいて見事になされているのである。(8) カーンフロイントの表現によれば、ドイツ時代と異なりいわば瞑想的生活（vita contemplativa）に没入していたジンツハイマーの研究の深化は、(9) 予期以上に進んだのであろう。また亡命にともなう精神的な状況が、ジンツハイマーにかえって危機的な鋭敏さを一層あたえたともいえるのではなかろうか。

（1） ザール地域は国際連盟により統治管理されていたのみならず、ザール鉱山はフランスが対独賠償として一五年間保持していたのであった。しかし一九三五年一月一三日に行われたザール地域の帰属投票で、有権者の九〇パーセントがドイツ復帰に賛成し、三五年三月一日にドイツの統治下に正式に入ったのであった。

(2)　Valkhoff, Hugo Sinzheimers Arbeiten, S. 82.

(3)　当時のオランダの労組センターには、本文に掲げた社会主義系の Nederlands Verbond van Vakverenigingen のほかに、カトリック系、プロテスタント系の各センターがあった。そのうち社会主義系、カトリック系の両センターは、一九七五年に統合して Federatie Nederlandse Vakbeweging となっている。またジンツハイマーが亡命した当時のオランダで法学部のある大学には、アムステルダム、ライデンの両大学のほか、ユトレヒト、ナイメーヘン、フローニンゲンの三大学があった。ちなみに、オイゲン・エールリヒは、一九一七年八月にフローニンゲン大学より名誉学位号を授与されている。

(4)　ジンツハイマーがオランダに亡命した当時のオランダの大学における教員ポスト及びそのステイタスについては、信山社ジンツハイマー三八頁参照。

(5)　アムステルダム大学教授就任講演は、注を付して、同年にそのままのドイツ語でオランダ北部のフローニンゲンのノールドホッフ社より刊行される。教授就任講演は、オランダでは、オラーツィー（Oratie）と称される。

(6)　ヨハン・ホイジンガ／兼岩正夫＝里見元一郎共訳『中世の秋』（一九五八）序文。

(7)　Valkhoff, Hugo Sinzheimers Arbeiten, S. 82.

ジンツハイマーは、終始、オランダ語については耐え難い不安に悩まされた。三六年二月のライデン大学への採用にあたって、同大学の管理委員会はジンツハイマーのオランダ語による講義能力について支障なしという結論をだしてはいたが、ゼミナールはドイツ語で行っていたのであった。四五年九月一六日のジンツハイマーの死去の日まで、精神的、肉体的に傷つきながら父母とともに潜伏生活をともにした末子であった三女ウルズラが、一九八八年に刊行された父ジンツハイマーに対する追想記で明らかにしているところである。Ursula Postma, In Memoriam, S. 213, 信山社ジンツハイマー一〇八頁、四〇頁参照。

（8）フーゴ・クラッベは、従来の権力主義的な主権概念をしりぞけ、法主権説をとなえたオランダの代表的な国法学者であり、そのつぎにあげる代表的著作は、ハーグで出版されるさいに、同時にドイツ語にも翻訳され刊行される。Lehre der Rechtssouveränität, 1906 ; Die Moderne Staats-Idee, 1919. クラッベの法主権説については、Valkhoff, Recht, Mensch und Gesellschaft, S. 50, 156, 166, ヘルマン・ヘラー／安世舟訳『国家学』（一九七一）二八八頁参照。

（9）Kahn-Freund, Hugo Sinzheimer, S. 9.

2　オランダへ亡命した人びと、カール・カウツキーの死

ユダヤ人亡命者のうち、当初は、ウィーン、プラハ、アムステルダム、コペンハーゲン、パリ等を安全だと思っていた者もかなりあったであろう。また前述のように、これらの都市に亡命した人びとのうちには、ナチス体制は早晩崩壊するであろうと楽観していた者もあった。さらに安全なアメリカへの渡航も、経済的負担に加え、一九二四年移民法による移民割当枠の問題もあってこれを断念し、近隣諸国を選ぶにいたった者もあったであろう。ドイツ軍がオランダを占領した一九四〇年五月当時には、オランダには一四万人のユダヤ人が在住していたが、そのうち三三年以降に、ドイツ、オーストリア、チェコからオランダに亡命した者は二万五、〇〇〇人に達していたといわれる。そのうち法

律学者としては、まずゲオルク・フラトウ、エルンスト・カントロヴィッチがあげられる。そのほかに著名な法律学者としては、ベルリン大学国際法客員教授エーリヒ・カウフマン（一八八〇—一九七二）、同大学ローマ法教授フリッツ・シュルツ（一八七九—一九五七）があった。カウフマンは、ワイマール時代には外務省法律顧問としてハーグの国際司法裁判所に提訴するにあたってドイツ国の代理人として活躍した事情もあり、一九三四年に罷免された後もヒトラー政権は彼を放逐しなかった。しかし三九年には出国を強制され、オランダに亡命する。オランダ占領後は、ゲシュタポによるユダヤ人狩りが深刻になりつつあった段階で潜伏生活に入り、戦後は西ドイツ政府の法律顧問、ボン大学、ハイデルベルク大学の客員教授となった人である。これに対してシュルツは三五年に罷免された後にオランダに亡命しアムステルダムのジンツハイマー宅をしばしば訪問したのであったが、三九年にさらにイギリスに移住する。戦後はフランクフルト大学、ボン大学の客員教授に就任する。オランダへ亡命した知識人にも、このようにさまざまな行方が待ちうけていたのである。

オランダへの亡命者には、ベルンシュタインとならぶエンゲルス門下の双璧とされたかつての社会民主党の指導的理論家カウツキー（一八五四—一九三八）があったことも記憶にとどめたいことである。彼は一九二四年に三人の子息のいるウィーンに移住し、著作活動に専念する。しかし一九三八年三月一三日のナチス・ドイツによるオーストリア併合の直後、ドイツにもまして激化するオーストリア・ナチスによる反ユダヤ政策のため、チェコをへて空路アムステルダムに亡命せざるをえなかった。

彼はルーベンス通にあったジンツハイマー宅をしばしば訪ねたのであったが、両者間にはどのような語らいがあったのであろうか。カウツキーは、三八年一〇月中旬に貧窮のなかで夫人ルイーゼに看とられつつ死去したのであった。ウィーンに残った三人の子息のうち二人はアメリカに移住し、残る一人は、ダッハウ、ブーヘンヴァルト、アウシュヴィッツにおいて生き抜き、戦後は歴史学者、文筆家としてグラーツ、ウィーンの両大学の講師をつとめ、オーストリア社会党の一九五八年綱領の作成に深くかかわる。その人は、前掲のベネディクト・カウツキーであった[10]。

一九三七年四月一四日には、ジンツハイマーは、国籍剝奪法（一九三三年七月一四日）によりドイツ国籍を抹殺されるにいたった。

(10)　カウツキーは、オランダへの亡命に際して世界各国の社会主義者の書簡を携行したようである。それは現在、アムステルダムの国際社会史研究所（ＩＩＳＨ）に収庫されている。Jaap Haag - Atie van der Horst (eds.), Guide to the International Archives and Collections at the IISH, Amsterdam 1999, p. 118, 412.

3　オランダの法社会学、労働法学の状況

ジンツハイマーが一九三六年二月にライデン大学に移ったのは、つぎのような事情があった。オランダ労働組合総同盟が中心となって労働法・法社会学研究振興財団が設置されたにもかかわらず、オ

ランダの諸大学には法社会学の専攻学者といえるものは存在しなかった。彼がアムステルダム大学に迎えられたのも、そのためであった。ただ社会学の分野においては、経験科学的社会学者として著名なサバルト・スタインメッツ（一八六二―一九四〇）がつよい影響力をもっていたのである。ジンツハイマーがアムステルダム大学教授に就任した段階ではスタインメッツは同大学を退いていたが、スタインメッツ社会学をひきつぐ社会学者ウィリアム・ボンガーが同大学の法学部スタッフとして在籍し、刑事社会学の講義を担当していた。ジンツハイマーはボンガーと同じ学部の同僚ではあったが、労働法学を通じて法社会学へつき進んだジンツハイマーは、原理論、方法論に取組んだのであった。これに対しスタインメッツ社会学派のボンガーは、実証主義者であり、大学における講義も叙述的、調査的方法によりつつ進めていたのである。そうして両者は、人間的にも接触はなかったといわれる。しかし一九三六年の夏学期からは、ボンガーがアムステルダム大学法社会学の正教授に就任することに決定する。ファン・デン・ベルク、ファルクホフ両者の友情にもかかわらず、ジンツハイマーが法社会学特任教授としてアムステルダム大学にとどまることに若干の抵抗があったようである。ジンツハイマーのアムステルダム大学、ライデン大学時代のオランダにおける法社会学の状況は以上のようなものであった(11)。ジンツハイマーの心友となったファルクホフも経済法学者であるとともに、法社会学者であったのであり、一九三三年刊行の『堕胎行為と刑法』もオランダ的な実証的研究そのものであった。したがって思弁的、観念的なジンツハイマーの法社会学はオランダの学界風土には容易に受け入れられなかったのではないか。労働法学者であるとともに法社会学者でもあったユトレヒト大学のヨーゼフ・ファン・デル・フェン教授（一九〇七―一九八八）も、ジンツハイマーとあるいはコンタクトがあったかもしれない。しかし一九五八年に西ドイツの雑誌に寄稿した論文では、ジンツハイマーの思弁的、人間主義的法社会学にはきわめて批判的な態度をしめしている。(12) オランダの学問的風土においては、ジンツハイマーは異邦人にとどまらざるをえなかったようである。オランダ人の精神と思想は、伝統的に抽象的よりも具体的な傾向を帯び、それは自然科学の領域においても、社会科学の領域においても顕著に認められるところである。

ジンツハイマーがアムステルダム大学の特任教授に就任した当時のオランダの労働法学について概観しておきたい。オランダにおいて雇用契約に関する包括的規定が民法典に編入されたのは、一九〇七年七月一三日の民法一部改正法によってであった。これを契機に、民法典改正に深くかかわったライデン大学のエドゥアルト・メイエース（一八八〇―一九五四）は、労働契約、労働協約の研究にオランダではじめてアタックするにいたった。一九一〇年には彼は編集者として労働法雑誌（Tijdschrift voor arbeidsrecht）を創刊する。メイエースは、反ナチスの自由人の拠点であるという理由でライデン大学が一九四一年二月に閉鎖になるとともに、同大学から追放される。さらに四二年には、ユダヤ人である彼は潜伏生活に入らざるをえなかったのであった。(13)

したがって当時のオランダの労働法学はまだ端緒的段階にあったといって過言でない。労働法の体系書としては、一九二六年からアムステルダム市立大学の私講師として労働法の講義を始めたマリーウス・レーヴェバッハ（一八九六―一九八二）が一九二六年に刊行した『法の一部門としての労働法』（Arbeidsrecht als deel het recht）があるのみであった。[14] 同書はエァヴィーン・ヤコービ理論によりつつしたためられていたので、ジンツハイマー理論はその関心の外であった。メイエースのとくに労働協約論の場合も、また同様であった。レーヴェンバッハは第二次大戦後はオランダ労働法学を代表するリーダーとなったが、一九三三年設立の前掲研究振興財団の理事というポストについていたのであった。つぎにアムステルダム大学では、弁護士ウィレム・ノーレン（一八八五―一九七〇）という人が員外教授として、一九二〇年代に既に労働法の講義を担当していた。ジンツハイマーの三六年二月のライデン大学労働法特任教授就任の講演では、右のレーヴェンバッハとノーレンの両者に言及していることに注目しておきたい。彼のオランダ労働法学への関心を示すものであるからである。

ジンツハイマーは、右のようにライデン大学には労働法の担当者として招請されたのであった。アムステルダム大学の場合と同様、前掲労働法・法社会学研究振興財団にもとづくポストにおいてであった。ところがライデン大学ではジンツハイマーの赴任にさきだち、メイエースは民法講義に専任し、一九二七年以降、私講師アントニー・モレナール（一八八八―一九五八）が労働法の講義を担当していたのである。したがって、ライデン大学がジンツハイマーを受け入れるにあたって障害となるのではないかと考えられたのは、モレナールの存在であった。しかし彼は、ジンツハイマーの労働法教授としての招請については積極的に働いたのであった。ジンツハイマーの赴任後、モレナールはジンツハイマーの場合と同様、前掲研究振興財団による特任教授として社会保険法の講義に当たることになった。モレナールはジンツハイマーの死去後は、ライデン大学の労働法講座のいわば二代目の担当者となったのである。[15]

(11) オランダの法社会学の状況については、Valkhoff, Hugo Sinzheimers Arbeiten, S. 81 ; derselbe, Recht, Mensch und Gesellschaft, S. 48, 131, 160, 石村善助「オランダの法社会学」川島武宜編『法社会学講座』2（一九七二）九四頁参照。

(12) Joseph J.M. van der Ven, Zur Aufgabe der Rechtssoziologie. Eine Auseinandersetzung mit Hugo Sinzheimer, *Archiv für Rechts -und Sozialphilosophie*, II/1958, S. 241. ; derselbe, Ius humanum, S. 329.
ジンツハイマー法社会学に対しオランダの学界がきわめて批判的であったということは、反面、ジンツハイマーがオランダの法学潮流にインパクトを与えたということを意味するであろう。そのことについては、Stiefel - Mecklenburg, Deutsche Juristen im amerikanischen Exil, S. 211 に同様の重要な指摘がある。

(13) 弁護士を経てライデン大学の民法教授となったエドゥアルト・メイエースには、一九二〇年刊行の『労働協約論』(De arbeidsovereenkomst) という著作がある。メイエースについては、Holthöfer, Justizgeschichte der Niederlande, Belgiens und Luxemburgs, S. 208, 228 にくわしい。

(14) このマリーウス・レーヴェンバッハの『労働法』については、ニッパーダイが *Neue Zeitschrift für Arbeitsrecht* 一九二七年七月・八月合併号四九六頁上の文献紹介において取りあげている。

(15) ライデン大学に労働法・社会保険法の講座が設置され、五〇年を経過した一九八六年に、ジンツハイマーから数えて四代目になるマックス・ロート（一九二七―　）は、それを記念し、日本、アメリカ、イギリス、ドイツ、イタリア等の諸教授の協力をえて『労働法・社会保障五〇年』を編集し、刊行している（信山社ジンツハイマー三九頁）。
ジンツハイマーがアムステルダム大学特任教授に就任した前後のオランダの労働法学の状況については、信山社ジンツハイマー三九頁、一〇九頁参照。また本文に掲げたオランダの法学者については、つぎの文献参照。Holthöfer, Justizgeschichte der Niederlande, Belgiens und Luxemburgs, S. 289.

4　国際運輸労連との接触

オランダの法律学界との関係は以上の通りであるが、ここで亡命初期のジンツハイマーのかくれた一面について筆を加えておく必要があろう。それは、ナチスに対する国際的な抵抗運動の一つの中核組織となった国際運輸労連（ＩＴＦ）との接触であった。

さきにはフランクフルト労働学院におけるジンツハイマー講義の強烈な印象について、西ドイツの公務運輸交通労組の初代組合長アドルフ・クンマーヌスが一九六四年に愛惜の念をもって語っていること、そうしてそのなかにおいて「ナチスに対する国内抵抗運動の苦しい時代にも、労働学院でジンツハイマーから学んだことは、私の心の支えとなった」と述べていることを記録したことである。クンマーヌスは、先述のように、三一歳のときに運輸労働者組合から派遣され労働学院の一九二六年度課程に入学したのであった。その彼は、一九三三年五月二日の労働組合総同盟及びその加盟労組のナチスによる強制解散措置にいたるまでの運輸労働者組合のナチス順応政策に失望し、同組合の加盟していた国際運輸労連と密接に連絡しつつ、三三年五月以降、ナチス抵抗の労働者組織の結成に取組むにいたった。一八九三年にチューリヒで創立せられた国際運輸労連の本部は、当時アムステルダムにおかれ、アムステルダム・インターナショナルのリーダーの一人であったオランダ人のエド・フィメン（一八八一―一九四二）が一九一九年三月以来この国際運輸労連の書記長であった。そうしてエド・フィメンの強力な協力者となったのが、ドイツ人ヴァルター・アウエルバッハ（一九〇五―一九七五）であった。アウエルバッハは、ジャーナリストをへて労働組合総同盟加盟の公企業関係の労組（Gesamtverband der Arbeitnehmer der öffentlichen Betriebe und des Personen -und Warenverkehrs）の書記、ついで書記長となり、同労組のナチスによる強制解散の日に保護拘禁処分となり、その釈放後に直ちにアムステルダムに亡命する。そうして国際運輸労連に迎えられたのである。彼がドイツを離れたのは三三年五月中旬のことであり、したがってジンツハイマーと相前後してオランダに亡命したことになる。その段階でジンツハイマーとアウエルバッハとは、国際的な抵抗組織づくりについてしばしば接触したのであった。(16)

他方クンマーヌスも、国際運輸労連及びフィメン書記長と密接に連絡しつつ、一九三五年四月二〇日には、デンマークのシェルラン島北部にあるロスキルデで秘密集会をもつことに成功する。六五名の参集者のうち四〇名はドイツ国内の抵抗労働者組織のメンバーであったが、同集会のチーフ役をつとめたフィメンをはじめとして、オランダ、デンマーク、スウェーデン、ノルウェー、フランス等の労組リーダーも二五名加わったのであった。国際運輸労連は既に三三年六月からナチス抵抗連帯活動のための機関誌を発行していたが、このロスキルデ集会でドイツの代表者によってなされた報告に諸外国の代表者は愕然としたといわれる。国際運輸労連は、オランダが占領された後はその本部をロンドンに移し、国際的な反ナチス連帯組織の中心となったのであった。しかしジンツハイマーとフィメンとの接触、あるいはかつてのフランクフルト労働学院の学生クンマーヌスとの接触について知るべき資料はない。また四〇年五月以降のオランダ占領下において、地下生活に入った亡命ドイツ人を中心に抵抗組織がアムステルダムにつくられるにいたったが(17)、ジンツハイマーのそれとの接触の記録もない。亡命当初の段階を過ぎ、学究生活に専念するにいたったジンツハイマー、既に六〇歳前後の晩年期に達していたジンツハイマーにとっては、抵抗組織、抵抗運動とのコンタクトは、その関心視野からまもなく遠ざかっていったことであろう。

(16)　ジンツハイマーと国際運輸労連入りした当時のアウエルバッハとの接触について指摘するのは、ゲールハルト・バイアーである。彼が一九八一年五月上旬に労働学院新年度開講にあたって行った「啓蒙主義、ロマン主義、現実主義・労働学院六〇年」と題する講演において、そのことに言及し、さらに彼は、国際運輸労連の三三年以降の反ナチス国際連帯運動について、フィメンの活動も含めて興味のある事実を明らかにしている。その講演は、参考文献にあげた Beier, Aufklärung, Romantik und Realismus に収録されている。また反ナチスの国際連帯運動における国際運輸労連の地位については、つぎの文献も参照さるべきである。75 Jahre Industriegewerkschaft, S. 314 ; Gerhard Beier, Die illegale Reichsleitung der Gewerkschaften 1933-1945, 1981, S. 56 ; Dittrich - Würzner, Niederlande und das deutsche Exil, S. 91 ; Sigrid Koch - Baumgarten, Gewerkschaftsinternationalismus und die Herausforderung der Globalisierung, 1999, S. 90.

（17）　この地下抵抗組織（Vereinigung deutscher und staatsloser Antifaschisten）の中心人物は、ワイマール期において裁判官であり、共和主義裁判官協会のメンバーであったパウル・カッツ（一九〇四―　）であった。

5　潜伏生活、アンネ・フランクとヨハン・ホイジンガ

アムステルダム大学、ついでライデン大学において学究生活を送ったジンツハイマー及びジンツハイマー一家は、一九四〇年五月一〇日のドイツ軍の電撃的オランダ侵攻、五月一五日のオランダ軍の降伏にいたるまではかなり自由な亡命生活を送っていたのであった。三四年春には、夫人はフランクフルトを訪ね、三八年はじめには、さらに同夫人の親族のいるヴュルツブルク、ニュルンベルクに旅したからであった。しかし四〇年五月を境として情勢は一変する。詳細は付章における長女メーンザー女史の回想記にゆずるが、占領地域のうちドイツの支配がもっとも苛酷であり、ユダヤ人が最大

の危険のうちに暮らさざるをえなかったのはオランダであった[18]。長女ゲルトルート、次女エーファ（一九一八―？）は強制収容所送致となり、長男ハンス（一九一五―　）はキューバをへてアメリカに亡命し、末子の三女ウルズラ（一九二二―一九九八）のみ、オランダ解放の日まで両親とともに潜伏生活を送ることになった。

ドイツ軍の占領直後に、ジンツハイマーは単身イギリスに渡航しようとしたのであった。それが失敗し、ドイツ北部のツェレ、ついでハンブルクにおいてそれぞれ拘禁されるが、夫人パウラのドイツ警察当局に対する必死の懇請の成果、幸運にもその二カ月後に釈放され、ドイツとの国境をこえオランダの家族のもとに帰ったのであった。それから約二年間、三人の子女の離散というなかアムステルダム及びその近郊のハールレムにおいて不安と恐怖の亡命生活を送っていたジンツハイマーであるが、一九四二年八月にはナチス親衛隊の完全な支配下に入っていたオランダ警察当局によって、三女ウルズラを残したままパウラ夫人とともに逮捕される。そうしてドイツ、チェコ、ポーランド、占領ソ連下の各強制収容所にユダヤ人を移送するための通過キャンプであったオランダ北部のウエステルボルク収容所[19]に収監のためアムステルダムの仮収容所に連行されたのであった。ところがナチス親衛隊により一九四一年二月に強制的に結成されていたアムステルダムのユダヤ人協議会[20]の議長がウエステルボルク収容所に移送予定のユダヤ人の中から若干の除外者を認める旨の許可を当局にもとめ、そのうちにジンツハイマー夫妻が入ったのであった。その釈放直後直ちに夫妻及び三女ウルズラは、ライデン大学時代のゼミナール学生の必死の協力により、アムステルダム近郊の潜伏家屋にまず入り、ついでハールレム近くのブルーマンデールの南部地区にあるオーバヴェーンにおいて、オランダ解放の日まで潜伏生活を送ることになった。

降伏したオランダは、ヒトラーに直接責任を負うライヒ弁務官（Reichskommissar）の統治のもとにおかれ、一九三七年三月にオーストリア首相となったオーストリア・ナチスの首領アルトゥル・ザイス＝インクヴァルト（一八九二―一九四六）がライヒ弁務官としてホロコーストの総指揮者となるにいたった。ライヒ弁務官のもとにおかれたのはほかにノルウェーがあったが、ノルウェーでは、完全な傀儡政権とはいえヴィドクン・クヴィスリング（一八八七―一九四五）政府が存在した。しかしオランダでは政府の存在は認められず、ザイス＝インクヴァルトの命令は絶対的であった。これに反し、ベルギーは軍政地域とされ、形式的にせよ中央政府があった。オランダでのホロコーストがドイツ国内でのそれに匹敵するほど徹底的であったのは、ヒトラー・ドイツのこのような特別な政策があった。そのオランダにおける残忍極まるユダヤ人迫害の故に、ザイス＝インクヴァルトはニュルンベルク裁判でA級戦犯として絞首刑を宣告される。一九四六年一〇月一六日早朝には、リッベントロップ、カイテル、カルテンブルンナー、ローゼンベルク、フランク、フリック、シュトライヒァー、ヨードゥル、ザウケルにつづいて処刑され、彼等の遺骨は泥水のあふれる溝の中に投棄されたのであった。そのザイス＝インクヴァルトの指揮のもとに四一年二月ごろからゲシュタポによる組織的なユダヤ人狩りが強行せられ、当時オランダに在住していた一四万人のユダヤ人のうち一〇万五、〇〇〇人が逮捕され、強制収容所連行という事態になった。オランダにおけるユダヤ人の定住パターンがいわゆる都市型であり、占領当時にはアムステルダムだけでも八万人が住んでいた。罠の中で暮らしていたユダヤ人であった。それだけに、あえて残酷な表現をすれば、彼等は効率的に破壊されてしまったといってもい過言でないのである。そのさいゲシュタポ将校としてユダヤ人狩り、レジスタンス狩りに猛威をはせたクラウス・バルビー（一九一三―一九九一）が、約四〇年間にわたる逃亡生活の末にイスラエルのナチス戦争犯罪人追跡工作員により、ボリビアの首都ラ－パスで逮捕されたのは一九八三年一月二五日のことであった。ジンツハイマーの一九三三年五月のオランダ亡命は、したがって死との闘いであったといわねばならない。

潜伏生活といえば、全人類にとってかけがえのない遺産となったアンネ・フランクの日記を胸をつかれる思いで連想することであろう。フランク一家は、ジンツハイマー一家に数箇月おくれ、三三年七月にフランクフルトを後にし、母方の祖母の在住していたドイツとオランダの国境の町ア－ヘンをへて同年一二月にアムステルダムに亡命する。ドイツ軍の侵攻までは、ジンツハイマー一家の場合と同様にかなり自由な生活を送っていたのであった。スイス東南部のイン川上流の深い谷間にある同地方最高の避暑地として知られ、前述したように一八八一年から八八年にかけてニーチェが毎年逗留したことで知られるジールス・マーリアに一九三五年六月、アンネ一家は滞在したこともあったのであった。[21] そのアンネ一家の隠れ家が発見され逮捕されたのは、連合軍がノルマンディーに上陸後ほぼ二箇月経過した四四年八月四日早朝のことであり、ウエステルボルク収容所から九月三日に約一、〇〇〇人のユダヤ人を乗せた最後の移送列車により、九月六日にアウシュヴィッツに到着する。しかし反攻ソ連軍が怒濤のようにアウシュヴィッツ方面にせまっていた四四年一〇月二八日に、アンネと姉のマルゴットは北ドイツの荒野リューネブルク・ハイデにあったベルゲン・ベルゼン収容所に逆送される。ナチス指導部は収監ユダヤ人がナチス犯罪の生き証人になることをおそれ、ベルゲン・ベルゼンその他のドイツ国内の収容所に移管しようと必死になっていたからである。そこでウエステルボルク収容所から移送されていた旧知のメーンザー夫人と再会したことについては、付章で記録する。ベルゲン・ベルゼン収容所はソ連軍の捕虜を収容するための国防軍の施設ではあったが、アンネ、マルゴットが到着したころより、チフスその他の悪疫が手をつけられないほど蔓延し、想像を絶するほど悲惨なカオスの極限状態になった。そのため、四五年二月下旬から三月中旬の間、チフスのためまずマルゴットが、その数日後にはアンネがその短い一生をそこで終えたのであった。その直後の三月二六日には、米軍戦車隊はフランク一家、ジンツハイマー一家のハイマートであったフランクフルトの西部地区に突入する。四月一日には、英軍がベルゲン・ベルゼンを解放する。私が戦後駐留米英軍の演習基地となっている同地を訪れてみたのは、一九六九年九月のことであった。どこまでものびる鉄条網と荒涼としたリューネブルク・ハイデの風景であった。[22]

アンネ・フランク一家がフランクフルトに住んでいた最後の家は、メルトン通（Mertonstr.）にあった。メルトン通は、現在フランクフルト大学の構内にあり、ジンツハイマーのドイツ時代の一つの拠点であった労働学院もそこに所在する。

オランダ占領後、ザイス＝インクヴァルトは反ナチスの自由人の拠点であるという理由でライデン大学を強制閉鎖したのであった。一九四一年一〇月のことである。ライデン大学の学長もつとめ、『中世の秋』により文化史学者として、さらには西欧的知性の代表者として名声の確立していたヨハン・ホイジンガは、同閉鎖に強硬に抵抗し自由と正義を守ろうとしたために、数箇月間、エイントホーフェンの北にあった政治家、知識人の抑留施設シント・ミヒルスヘステル（Sint Michielsgestel）の収容所に収監される。七〇歳に近いホイジンガであったが、収容所内でも、オランダの勝利を宣言し毅然とした態度をとっていたのである。病気のため収容所から釈放された後もライデンに帰ることを許されず、アルネム近郊のデ・ステークの仮住まいにおいて孤独の生活を送り、その間、自伝『歴史への私の道』（刊行は死後の一九四七年）、さらには『汚された世界』（刊行は死の直後の一九四五年）の執筆に没頭し、四五年二月一日、アルネム奪回の英軍の砲声が遠雷のごとくとどろくなか、その寓居において永眠したのであった。ホイジンガをここに引きだしてきたのは、彼が一九三八年に刊行した傑作『ホモ・ルーデンス（遊戯的人間）』に対し、ジンツハイマーが翌三九年にユトレヒト新聞（一九三九年三月二九日号）に書評をしたためているためである。遊びを一つの文化形式とみることによって鋭い文明批評を行った同書は、次第に切迫しつつあった戦争への動向に対し、西欧社会の自由の伝統を守ろうとするヨハン・ホイジンガの魂がこめられていたのであった。すぐれた歴史家であったホイジンガは、つねに人間を対象とした研究活動、人間性に対する敬虔で真摯な態度を一貫させていた。[23] 法律的人間学者ジンツハイマーはそれに対し限りない共感と感激をおぼえていたことであろう。

潜伏生活においてジンツハイマーが残された人生を賭して書きつづけたのは、再三にわたって言及した『立法の理論』であった。それは、学究人ジンツハイマーの終章的作品となったものであり、オランダ時代の心友ファン・デン・ベルクとファルクホフの手により、ハールレムのティエンク・ウィリンク出版社から一九四九年に刊行される。オランダ解放後、心身とも衰弱していたジンツハイマーは、潜伏地であったブルーマンデールにそのままとどまっていたのであった。ブルーマンデールは前述したようにハールレムの近くにあり、アムステルダムから鉄道を利用しても三〇分ほどの距離にある。一九八〇年初頭の人口は約一八、〇〇〇人であり、北海にも近い別荘地の一つであるとともに、その町名の示すように園芸農業の栽培地、集散地となっている。[24] その南部地区のオーバヴェーンにあるプリンス・マウリツラーンの寓居において、一九四五年九月一六日、ジンツハイマーは永遠の眠りについたのであった。七〇歳であった。

(18)　ドイツ占領下のオランダの状況については、ヒルバーグ『ヨーロッパ・ユダヤ人の絶滅』上四三三頁以下が詳細である。

(19)　ウエステルボルク収容所は、ドイツ軍の侵攻前にはオランダに流入してきたユダヤ人難民のためにオランダ政府が建設した「難民キャンプ」であったが、オランダ占領後は、ユダヤ人を絶滅収容所に移送するための「通過キャンプ」となったのであった。通過キャンプの全容が明らかになったのは、『アンネ・フランクの日記』とならんで受難ユダヤ人の三大日記とされる『エティ・ヒレスム（一九一五―一九四三）の日記』と『フィリプ・メカニクス（一八八九―一九四四）の日記』によってである。ヒレスム、メカニクスの両者はオランダ系ユダヤ人であり、前者は四三年一一月に、後者は四四年一〇月にアウシュヴィッツで殺害される。ヒレスムの日記については、早稲田大学大社淑子教授による参考文献に掲げた訳書『エロスと神と収容所』がある。さらに、同じく参考文献に掲げたオランダ系ユダヤ人エディス・フェルマンス（一九二五―）による日記『エディスの真実』にも、ウエステルボルクについての詳細な記録がある。

(20)　ユダヤ人を支配し、操縦し、最後には絶滅収容所に送るためにナチスが巧妙に組織し、狡猾に利用したのがユダヤ人協議会（Jüdischer Rat）であった。ドイツ本国のみならず、占領各地においても、ナチスは強制的にそれを結成させ、いわゆる最終解決のための準備作業をさせたのであった。同協議会一般については、ヒルバーグ『ヨーロッパ・ユダヤ人の絶滅』上三四五頁、四四〇頁参照。

(21)　Müller, Mädchen Anne Frank. Biograpie, S. 111.

(22)　オランダ亡命後にジンツハイマーと同様な地下潜伏生活に入った一人に、オット・ランズベルク（一八六九―一九五七）があったことを書き加えておきたい。ジンツハイマーと同じく社会民主党右派に属する弁護士であったランズベルクは、一九一九年二月成立のシャイデマン内閣の司法相となり、ついでヴェルサイユ条約の調印のためのドイツ代表団の一員となった。三三年三月にチェコに亡命し、その後スイス、ベルギーをへて同年八月にオランダに落ちついたのであった。四〇年五月以降はオランダの友人が彼を庇護し、潜伏生活に入る。戦後は、社会民主党の機関誌 *Neuer Vorwärts* の編集責任者となる。

ベルゲン町のベルゼン地区にあった強制収容所は、本文記載のようにソヴィエト軍の捕虜を収容するために一九四三年四月に建設されたものであった。アンネ・フランクの死後四〇年をへた一九八四年七月にベルゲンの町会の社会民主党議員から、ベンゼン地区の中心通を「アンネ・フランク通」と改称しようという提案がなされる。しかしキリスト教民主同盟、自由民主党所属の町会議員の反対により否決される。ナチスの傷跡を同町民がいつまでもかかえていくことは問題だという理由によるものであった。

参考文献に掲げたエディス・フェルマニス『エディスの真実』には、祖母、父母、次兄をホロコーストで奪われ、地獄から一人生き残ったオランダ系ユダヤ人の前掲エディスの一九四五年七月一日付日記にはつぎのような言葉がある。「あまりにもひどい、そんなことをしたやつは全員に、あの卑劣な国全体に、同じ仕打ちをしてやりたい。殺人者なんて言葉じゃ手ぬるい」（三一八頁）。この言葉は、命を削って読むべきものだと思われるので、一九九八年にニューヨークで刊行の *Edith's Story* における原文を掲げておきたい（二三〇頁）。「Oh, isn't it terrible - if only we could pay back those executioners, that entire wretched nation. Murderers, worse than murderers they are.」

(23)　ヨハン・ホイジンガについては、河出書房新社刊の『ホイジンガ選集』全六巻新装版（一九八九―一九九一）各巻の解説が参照されるべきである。

ライデン大学につづきアムステルダム大学も強制閉鎖になったが、ファン・デン・ベルク教授もその直後にドイツのブーヘンヴァルト強制収容所に連行され、約一年間拘留されたのであった。その間の事情については、ヒレスム『エロスと神と収容所』参照。

(24)　一九八二年九月にブルーマンデールの町役場（Gemeentebestuur van Bloemendaal）より送付されてきた「ブルーマンデール一九四〇―一九四五年」という小冊子は、四〇年五月一〇日から四五年五月五日の解放の日までのドイツ軍占領下の主要な記録をつづったものである。ゲシュタポによる反ナチス分子の逮捕、強制収容所連行の状況、社会主義者に対する軍事裁判の実状、駐屯ドイツ軍に対する町民の組織的なサボタージュ運動の過程、カナダ軍によるブルーマンデールの解放の感激がそこにえがかれている。同旨の記述は、一九九一年七月四日午前にブルーマンデール駅近くの意外と思われるほど地誌類のそろった本屋で入手した『ブルーマンデール教会・村落三五〇年史』（Bloemendaal 350 jaar kerk en dorp, 1986）にもみられる。

ジンツハイマーの死去した寓居のあったプリンス・マウリツラーンは、ブルーマンデール・オーバヴェーン駅から歩いて一〇分ほどのところにあった。オランダの村落の匂いのする住宅の点在する町並みであった。七月四日の夕刻に近いころであった。

Ⅲ　ナチス体制と法学界

1　ナチス体制と法学界の再編成

三三年四月七日の職業官吏制再建法によるユダヤ系教授及び反ナチス教授のパージ、ナチス・モデル大学と突撃隊学部の形成等とともに強行せられたものに、法学界の再編成がある。その指揮者となったのがハンス・フランク（一九〇〇―一九四六）であった。彼は一九三九年一一月八日には、ヒトラー政府の無任所相からポーランド占領地域総督に任命せられ、ユダヤ人絶滅政策の総指揮者の一人ともなった。四六年一〇月一六日には前述のようにA級戦犯として処刑されるが、ニュルンベルク刑務所で処刑を待っている間にヒトラーの父方の祖父がユダヤ系であるという告白をしたといわれている。(1)

一九二三年一一月のミュンヘン一揆にも参加したナチス党の古参党員であり、二八年一月中旬にバイエルン州で組織せられたナチス法律家連盟の会長でもあった弁護士フランクは、三三年五月下旬にヒトラーより法学界の再編成の指令を受ける。それに先立つ五月中旬に、フランクは、一九〇九年結成のドイツ裁判官協会のほか、ドイツ弁護士協会、ドイツ公証人協会等の法曹団体を右のナチス法律家連盟に統合したのであったが、彼は同連盟を母胎として、三三年九月三〇日から一〇月三日にかけて、ライプツィヒでナチス版ドイツ法曹大会を開催するにいたった。それについては、つぎのような経過を書きとめておく必要がある。一八六〇年八月下旬に結成され、一九三一年九月中旬のリューベック大会にいたるまで三六回に及ぶ大会をもったドイツ法曹会議は、前述もしたように、ドイツの立法史、司法史、法学史に大きな足跡を残してきたのであった。そうして三三年一月中旬にもたれた法曹会議の理事会では、三七回大会は民事訴訟法、著作権法等の改正をテーマに、同年九月一一―一四日の間ミュンヘンで開催することを決定したのである。ところがこれに対抗するかのように、三三年初頭にバイエルン州司法相に就任したフランクは、ナチス法律家連盟の第四回大会を同じミュンヘンで、しかも同じく九月一一―一四日の間に開催することを公表する。ながい伝統をもつドイツ法曹会議の自主的解散を強要する措置であった。そのためドイツ法曹会議の四月上旬に招集せられた理事会では、ミュンヘン大会の無期延期を決定する。同法曹会議は、公式的には三七年五月二七日の官吏団体規制法により解散になり、その財産はナチス護法者連盟（Nationalsozialistischer Rechtswahrerbund）に吸収される。護法者連盟とは、ナチス法律家連盟が三六年五月に改称されたものである。しかし三七回大会延期の決定は、ドイツ法曹会議の事実上の終焉を告げたものであり、それが再生の時を迎えたのは、四九年九月中旬のケルン大会（三七回）であった。

「ナチズムを通してドイツ民族にドイツ法を」というスローガンのもとに強行せられた右のナチス版ドイツ法曹大会には、パージ教授を除いた法学界の全員が参加する。恐怖から、保身から、オポチュニズムから、あるいは熱狂からと、参加の動機はさまざまであったであろう。同大会では、ナチス法律家連盟が正式に全国組織として承認されるとともに、ナチズムによる法の革新のために、大学人グループによる組織が発足することとなった。フランクを会長とするドイツ法アカデミーであり、約一五〇名がその会員となったのである。三三年一一月五日には、同アカデミーの第一回ベルリン会議が開催され、有力会員三名のナチス法キャンペーンの報告がなされるにいたった。三者と、それぞれの親ナチス的報告のテーマは、つぎのとおりである。三三年五月一日にはナチス党に入党して急速にハンス・フランクに接近し、一〇月にはケルン大学教授からベルリン大学教授へというプレステージを獲得していたカール・シュミットの「公法の再編成」、アカデミーの民法部門の最高責任者となったイェーナ大学ユストゥス・ヘーデマンの「民法の改造」、アカデミー商法部門の有力者となったハンブルク大学ハンス・ヴュステンデルファー（一八七五—一九五二）の「海法の改正」。このベルリン会議では、さらにナチス法体制の建設という名目のもとに二九の委員会が設置されることになり、シュミットは国法学・行政法委員会の委員長に、ヘーデマンは民法委員会の委員長に任命される。労働法委員会の委員長には、カスケル亡き後のベルリン学派のリーダーとなっていたヘルマン・デルシュが就任する。その略歴については既述した。ここには、ベルリン・オリンピックの開催された一九三六年に彼に再会した孫田秀春の感懐の一端を掲げておきたい(2)。「デルシュ教授はもうすっかりナチスの空気に溶け込んでしまっているらしく、ナチス理念に追随するというよりは、むしろ進んでナチスの労働法理を育成するといった積極的な態度であるように見えた」。ワイマール労働法学集団の一翼をになったヘーデマンについては、一九三八年に刊行された彼の六〇年記念論文集にローラント・フライスラー（一八九三—一九四五）が編集責任者の一人となっていることに注目しておきたい(3)。フライスラーは一九二五年にナチス党に加入した筋金入りの党員であり、四二年八月には、司法次官から、政治犯を裁く特別裁判所として三四年四月二四日法により設置された民族裁判所の長官に任命され、四五年二月三日のベルリン空襲で爆死した悪逆非道な男なのであった。ヒトラーの政治的尖兵

を自称していたフライスラーは、生きておれば、あるいはA級戦犯として処刑されたことであろう。(4)

ナチス御用法学者の役割を演じたのは、シュミット、ヘーデマン、デルシュにとどまらなかった。ドイツ法アカデミーは、一九三四年初頭よりフランクを編集責任者として機関誌 *Zeitschrift der Akademie für Deutsches Recht* を刊行するが、法律学教授は競ってそれに投稿する。(5) ナチスの法学界改造の試みは、予想以上の速度で進行し、予期以上のナチズム信奉教授を輩出せしめることになるのである。その後の法学界のナチスへの加担の過程、多くのオポチュニスト教授、狂信的教授の行状については、いくらでも記述を重ねることができるであろう。しかしそれは精神的、学問的荒廃の歴史である。以上の記述にとどめておかねばならないであろう。ただ亡命人ジンツハイマーをして『ドイツ法律学のユダヤ人の著名学者』の執筆に駆りたてた一九三六年一〇月開催の反ユダヤ主義キャンペーンのためのベルリン会議については、同書の序章という意味においても、つぎに記録しておく必要がある。

(1)　ハンス・フランクに関するモノグラフィーにはつぎのものがある。Christian Schudnagies, Hans Frank. Aufstieg und Fall des NS-Juristen und Generalgouverneurs, 1989.
(2)　孫田『労働法の開拓者たち』一五〇頁。
(3)　ヘーデマンの六〇年記念論文集については、広渡『法律からの自由と逃避』九頁参照。
(4)　フライスラー時代の民族裁判所は、起訴事件のほぼ半数を死刑判決として結実させたのであり、典型的なテロ裁判所であった。Günther Wieland, Das war der Volksgerichtshof, 1989, S. 83, 99.
(5)　ナチス労働法の専門雑誌 *Deutsches Arbeitsrecht* のみならず、このドイツ法アカデミー雑誌にも、デルシュ、ニッパーダイ、フーク、ニキシュ、モリトール、ジーベルト等の労働法学者は、ドイツ法アカデミー会員の肩書きを付して競って投稿する。同アカデミー雑誌の記事で書きとどめたいことがある。それは、一九三九年九月号五六七頁に、人種主義にもとづくナチス公法理論、国法学の第一人者を自認していたオットー・ケルロイター（一八八三―一九七二）が、一九三九年に東京滞在中に執筆したVon Universitäts- und Rechtsleben in Mandschukuoと題する解説小文のあることである。一九三八年に現在の中国東北部の長春において創設されたかつての建国大学についての記事である。また法協五七巻一号（一九三九）には、ケルロイターの講演記録「国民社会主義的法治国家」が収められていることに言及しておきたい。ナチス体制下においてカール・シュミット攻撃を重ね、彼を遂に失脚状態にまで追いこんだケルロイターは、イェーナ大学教授時代の一九二一年冬学期には、労働法の講義を担当している。

2　一九三六年一〇月のベルリン・キャンペーン会議とジンツハイマーの回答書

ベルリン・オリンピックのほぼ二箇月後に、ナチス護法者連盟が主宰者となって、「法律学におけるユダヤ主義」をテーマにいかにも奇怪な会議がベルリンにおいて開催されることとなった。三六年一〇月三、四両日のことである。護法者連盟の会長ハンス・フランクの振る指揮棒のもとに、全ドイツから参集した法律学、経済学の教授が競って展開した反ユダヤ主義のキャンペーン報告は、ドイツの知性の退廃を示したものであり、ドイツの輝かしい学問的伝統を徹底的に破壊したものである。護法者連盟の大学部会の議長としてフランクと密接な関係にあったカール・シュミットは、「ユダヤ精神と闘うドイツ法律学」と題する閉会の演説も行ったが、そのなかで、「私は、アドルフ・ヒトラー総統が『わが闘争』のなかでユダヤ人問題について書かれたすべての言葉、とくにユダヤ的弁証法に関する総統の所説がもっと読まれるべきことをここに繰り返し強調したい」と叫んだのであった(6)。大学教授としての理性の完全な放棄であり、最悪のドイツ語で書かれた『わが闘争』を聖書化したシュミットであったのである。しかし同会議のいずれの報告も、それ以上でもそれ以下でもなく、自制心を喪失した反ユダヤ的な暴言に終始したものであった。

かつてのユダヤ人解放は、ドイツの法律学に有害な結果を招来したのであり、したがって法律学の分野における非アーリア的要素を排除し根絶することがこの会議の目的であるという趣旨の開会宣言において、フランクは、参集者を前につぎのような要求をつきつけたのである。ユダヤ人を法律学から一切排除すること、ユダヤ人の著書になる法律書の続刊を停止すること、図書館から彼等の手になる法律書を抹消すること。つづくシュミットの開会演説は、フランクにもまして扇動的な言辞を羅列したものであり、ユダヤ系の法律家の残した多くの著作を「偽造物」ときめつけたのであった。なんらの論証なしの暴言であった。世界の最高水準にあったドイツの物理学界の巨人アルベルト・アインシュタイン（一八七九―一九五五）、ジェームズ・フランク（一八八二―一九六四）をユダヤ物理学者として追放し、空虚な精神的アーリア物理学、ゲルマン物理学を唱導することによって科学的研究を自己崩壊せしめた物理学界を想起せしめるものがある。(7) フランク、シュミットにつづく同大会における一、二の報告の要旨を以下に参考までに掲げておきたい。

ゲッティンゲン大学教授カール・ジーゲルト（一九〇一―　）の「刑事訴訟法におけるユダヤ主義」と題する報告は、ドイツの著名大学の刑事訴訟法講義担当者はユダヤ人によって占められていたとし、彼等の執筆した作品はドイツ固有の共同体理念に対決しようとするユダヤ的精神の所産であったと指摘する。つぎにロストック大学において一九二三年冬学期以来労働法の講義を担当していた前掲タターリン＝タルンハイデンの「国法学、国家論におけるユダヤ主義の影響」と題する報告は、ユダヤ主義による深刻な打撃を受けてきたのは国法学、国家論の分野であり、近代的な国家論の創始者といわれるユダヤ人フリードリヒ・シュトール（一八〇二―一八六二）は、ドイツ的なものに巧妙に同化することによってユダヤ主義を隠蔽せしめていると指摘する。タターリン＝タルンハイデンのその後のナチス直線コースは、前述のように、ソ連軍当局による一〇年の強制労働刑となって結末を告げたのであった。その他の有名教授の報告も、どのような動機によるにせよ、キャンペーン的文言の羅列であった。

一九三三年以降ドイツ法学界がナチズムに露骨に傾斜していく過程をジンツハイマーはどのような気持で注視していたであろうか。しばらくは沈黙がつづいたのであった。しかしドイツ法学史における悪しきユダヤ主義の足跡を強調し、法律学からのユダヤ主義の排撃を声高に唱和した三六年一〇月のベルリン会議に対しては、ジンツハイマーの感性、知性は黙認を許さなかった。一九三八年にアムステルダムのメノ・ヘルツベルガー出版社から刊行された『ドイツ法律学のユダヤ人の著名学者』は、このベルリン会議に対するジンツハイマーの冷静な回答なのである。そのことは、同書の西ドイツにおける再刊にあたって序文をしたためたフランツ・ベームも指摘する。既述したところである。ベームが記述しているように、著名なユダヤ系研究者がいかに学問的ガイストに徹していたかを深い愛情をもって筆にしたのが同書なのである。そこに掲げている学者は、フリードリヒ・シュタール以下、ライヒ最高裁判所の初代長官であったエードゥアルト・ジムゾン（一八一〇—一八九九）[8]にいたるまで一二名であるが、ジンツハイマーのような学殖と心情の持主である他の亡命ユダヤ人教授が同書を若し執筆していると仮定すれば、ジンツハイマーも、そのうちに当然に組み入れられるべきものであったであろう。

一九三六年ベルリン会議の次第は、同会議の直後にオランダの法律雑誌 *Nederlands Juristenblad* の一九三六年一〇月三一日号に、**de Joden en de Duitsche Rechtswetenschap** というタイトルのもとに紹介される。ジンツハイマーはただちに同書の構想にとりかかったのであろう。その序文の終わりにおいて、アムステルダム大学図書館の職員その他に対し謝意を述べた後、「アムステルダムにて、一九三七年八月」と記している。短い期間に全エネルギーをそそいだことであろう。悲境におかれた晩年期のジンツハイマーが心血を傾けた著作であることを痛切に受けとめるべきであろう[9]。同書の一九五三年再刊にあたっては、それは、かつてジンツハイマーを追放したフランクフルト大学の法律学・経済学双書の七巻に加えられる。それについては、戦後同大学教授となったフランツ・ベームの尽力があったのであった。その再版の書評をシュトゥットガルト新聞（一九五四年七月七日号）において行った人にリヒャルト・シュミット（一八九九―一九八六）があったことを書き加えておきたい。シュミットは、ワイマール体制下では、フレンケル、ノイマンと親交のあった共和主義裁判官協会所属の弁護士であったが、三三年以降はシュトゥットガルトにおいて国内抵抗組織のリーダーとなり、一九三八年にはソ連に旅行した故をもって懲役刑を受ける。その釈放後、さらに四〇年には民族裁判所により反逆罪を宣告され、三年の懲役生活を強いられたのであった。戦後は検察官、裁判官として活躍したシュミットに対し、フランクフルター・ルントシャウ新聞の一九八五年三月一九日号は八五歳になった彼をたたえる記事を掲げたのであった(10)。

(6)「ユダヤ精神と闘うドイツ法律学」というカール・シュミットの閉会演説は、ベルリン会議の直後に、当時彼が編集責任者となっていた *Deutsche Juristen-Zeitung* の一九三六年一〇月一五日号の巻頭にその全文が掲載されるとともに、ナチス党の各種報道誌においても大々的に取りあげられる。

(7) バイエルヘン『ヒトラー政権と科学者たち』参照。

(8) エードゥアルト・ジムゾンの孫にあたる法学者にエルンスト・ヴォルフ（一八七七―一九五九）があった。有名な弁護士であったが、一九三八年一一月の水晶の夜事件直後にイギリスに亡命する。一九四六年に西ドイツに帰国後、イギリス占領地域を管轄する最高裁判所の長官となり、またケルン大学の客員教授となる。四九年九月中旬に開催されたドイツ法曹会議再生のケルン大学では、法曹会議の議長に選任されたのであった。

ライヒ最高裁判所の一九四五年にいたるまでの長官名をあげておきたい。

一八七九年一〇月―一八九一年一月の間は、エードゥアルト・ジムゾン（一八一〇―一八九九）。

一八九一年二月―一九〇三年一〇月の間は、オットー・フォン・エールシュレーガー（一八三一―一九〇四）。

一九〇三年一一月―一九〇五年四月の間は、カール・グートブロート（一八四四―一九〇五）。

一九〇五年六月―一九一九年一二月の間は、ルードルフ・フォン・ゼッケンドルフ（一八四四―一九三二）。

一九二〇年一月―一九二二年七月の間は、ハインリヒ・デルブリュック（一八五五―一九二二）。

一九二二年一〇月―一九二九年三月の間は、ヴァルター・ジーモンス（一八六一―一九三七）。

一九二九年四月以降は、エァヴィーン・ブムケ（一八七四―一九四五）。

（9）『ドイツ法律学のユダヤ人の著名学者』の一九三八年初版に対しては、法史学者であり、一九五三年以来フライブルク大学教授であったハンス・ティーメ（一九〇六―二〇〇〇）の書評がある。**Hans Thieme in ZRG**（*Zeitschrift der Savigny-Stiftung für Rechtsgeschichte*）・**GA**（*Germanistische Abteilung*）, **Bd. 67**（**1950**）, **S. 51**.

この一九三八年著書をもって一九三六年ベルリン会議に対決したジンツハイマーの深部には、過剰なユダヤ人意識があったとみられないこともない。ジンツハイマー・シューレの一員であったフランツ・メスティッツも同様な指摘を行っているのである。**Rasehorn, Justizkritik in der Weimarer Republik,**

S. 53.

(10)　リヒァルト・シュミットの死去一年前には、八五年祝賀論文集 Festschrift für Richard Schmid zum 85. Geburtstag が刊行される。また彼の代表的作品は、西ドイツ憲法の批判的著作 Unser aller Grundgesetz? Praxis und Kritik, 1971 である。

3　ナチス労働法学界とユダヤ人に対する死の労働政策

ワイマール労働法学団のうちナチス体制下において壊滅してしまったのは、いうまでもなくジンツハイマーを頂点とするフランクフルト学派であった。またジンツハイマー・シューレのうちエルンスト・フレンケル、フランツ・ノイマン、ハンス・モーゲンソーは、それぞれ亡命地アメリカにおいて政治学者に転身する。それについては、さきに、ジンツハイマーの学問にひそむ学際的水脈を三者が異なる問題領域において展開させ、発展させていったのではないかと指摘したことであった。ジンツハイマー労働法学を異国において開花させたといえるのは、オット・カーンフロイントのみであった。ジンツまた一九三三年以降、労働法学の世界から隔絶してしまった者に、ライプツィヒ学派のエァヴィーン・ヤコービがある。ユダヤ系教授ヤコービがライプツィヒ大学を免職処分になった後に出国を強制されることもなく、また強制収容所連行という悲境にも直面せず、国内隠遁の研究生活をつづけられたのは幸いであったといわねばならないであろう。その間の経過については既述した。さらに職業官吏制再建法によりライヒ労働省をパージになった後、ナチス体制への迎合的姿勢をとろうとし、ナチス労働法の解説者として生活の道をもとめようとしたハインツ・ポットホフが、三七年三月の解説論文を最後に学界社会から消え去ってしまったことについてもさきに記録した。

残るベルリン学派、ケルン学派、さらにはヤコービを除くライプツィヒ学派の各メンバーは、三三年九月のナチス版ドイツ法曹大会、同年一一月のドイツ法アカデミーの第一回会議に全員参集し、ヘルマン・デルシュを委員長とする同アカデミー労働法委員会あるいはユストゥス・ヘーデマンを委員長とする同アカデミー民法委員会のメンバーとなったのであった。そのうち有力メンバーとなったのは、ニッパーダイ、フーク、モリトール及びデルシュの四者であったが、これにつぐ学界地位を固めたのは、ヴァルター・ハルシュタイン（一九〇一―一九八二）、アルトゥル＝フィーリップ・ニキシュ、エードゥアルト・ベッティハー（一八九九―一九八九）、ルードルフ・ラインハルト（一九〇二―一九七六）、ロルフ・ディーツ（一九〇二―一九七二）、ゲオルク・イーゼレ（一九〇二―一九八七）、シュノール・フォン・カロルスフェルト（一九〇三―一九八九）、エーリヒ・フェヒナー（一九〇三―一九九二）、ヴォルフガング・ジーベルト等々である。(11)これらの名前をみれば、それが西ドイツ労働法学の第一世代の人脈と合致することに注目したい。それに関し、つぎのような西谷敏教授の的確な指摘がある。「彼らは、ワイマール、ナチス、戦後西ドイツというまったく異質な政治体制、労働法制の下で、それぞれの時代に適合的な理論活動を展開してきたわけである。彼らのこの強靭な神経には驚嘆するほかないが、おそらく彼らは、法学者を法律の忠実な下僕とみる例の法実証主義者特有の論理で自己を正当化しえたのであろう」[12]。アーリア系ではあったが反ナチスの故に大学パージにあった労働法関係の研究者は、皆無に近いのである[13]。

右のうちナチズム礼賛者のナンバー・ワンは、ジーベルトであった。また一九二〇年代末期から、ニッパーダイは、その学殖、学界における中庸をえたスタンスから労働法学界におけるリーダー的地位を固めつつあったが、ケルン大学内において反ユダヤ主義勢力が反対していたハンス・ケルゼンのケルン大学への招請にニッパーダイは積極的に動いたことであった。ケルゼンは一九三〇年一一月に同大学に着任する。しかしほぼ二年半後、ケルゼンは一九三三年四月の職業官吏制再建法により同月に休職処分に追いこまれることとなったが、当時の同大学法学部長であったニッパーダイは、その処分の撤回を多くの学部同僚教授とともにつよくプロイセン州文教省に嘆願するにいたったのであった[14]。しかしそのような嘆願は成功せず、ケルゼンは同年九月に亡命者としてジュネーヴに去る。ニッパーダイはその後は、ナチス体制に対し柔軟な協力姿勢を終始とることになり、ナチス労働法学界においてもひきつづきリーダー的地位をたくみに維持することになるのである。

つづいて、ハルシュタインとニキシュについてコメントしておきたい。ハルシュタインは、一九三〇年にベルリン大学私講師からロストック大学教授に迎えられ、商法、経済法、国際取引法とともに労働法の講義も三三年冬学期から担当していた。四一年にはフランクフルト大学教授に就任する。戦後はアデナウアー首相の対外問題のアドバイザーとなり、東西冷戦時代の五五年一二月に外務次官ハルシュタインの打ちだしたハルシュタイン・ドクトリン、すなわち東ドイツと外交関係を結んでいる国に対しては西ドイツはその外交関係を断絶するという原則の立案者として知られる。ニキシュがライプツィヒのゲヴァントハウス管弦楽団、さらにはベルリン・フィルハーモニー管弦楽団の総指揮者として知られ二〇世紀はじめの最大の指揮者といわれるアルトゥル・ニキシュの長男であること、一九二三年からドイツ金属産業使用者団体連合の法律顧問であったことについては既述した。(15)彼の弟もピアノ演奏者と知られ、また彼の夫人もドレースデン・オペラ劇場の歌手であった。一九三三年まではドレースデン工科大学の私講師、員外教授に過ぎなかったニキシュは、ナチス体制下において学界地位を不動のものとし、キール、ストラスブール、ライプツィヒの諸大学の労働法、民事訴訟法担当教授となった。フランクフルト学派の消滅、法実証主義労働法学の制覇という環境がニキシュの地位を確立せしめたといえばいい過ぎであろうか。

ドイツ法アカデミー労働法委員会が着手した中心的な作業に、労働契約法案の作成があった。三八年五月には、労働関係法草案がまとまる。かつて一九一九年五月に発足した統一労働法制定委員会の労働契約法小委員会が一九二三年七月に労働契約法草案を完成させたことは前述した。同小委員会のメンバーであったヘーデマン、その一九二三年草案に対する批判書を一九二五年に刊行したモリトール、フーク、さらにはジーベルト、ニキシュは、ドイツ法アカデミー労働法委員会の委員として三八年草案の作成に参加する。彼等がどのような感懐をもっていたのであろうかと臆測するのは、無益というものであろう。この草案を契機に、労働法学界は労働関係の契約的性質を主張するグループと編入的性質を主張するグループとに分かれ、ナチス体制下では無意味としか思えない論争を展開しはじめているからである。同草案は、ドイツ法アカデミーの会長であるハンス・フランクの意をうけ、経営協同体を神聖化し、同協同体への労働者の忠誠義務を具体化し、絶対化しようとするものであったのである。かつてのベルリン学派においてカスケルのよき協力者であったフリードリヒ・ジッツラーは、前述のようにナチス体制下においては三四年まではＩＬＯ事務局に勤務し、その後は一八九二年以来の伝統をもつゾツィアーレ・プラクシス誌の編集責任者となり、同誌の四三年一月廃刊にいたるまでナチス社会政策の広報者となった。そのゾツィアーレ・プラクシス誌の三八年七月一日号の巻頭に、かつてのライプツィヒ学派にぞくしていたルッツ・リヒターの一九三八年労働関係法草案に関する論文がある。彼は、ニッパーダイ、フーク、デルシュ等とならんでナチス労働法学のリーダー的地位を占めていたのである。右論文は、草案にもられたナチス・イデオロギーを強調し、労働関係を従者という名称を付された労働者の経営協同体への倫理的な編入行為として把握すべきことを訴えたものである。率直すぎる所説ではあるが、ナチス法体制のもとでは契約的な要素を入れる余地はなかったであろう。

フランクフルト学派の実質上の機関誌であったアルバイツレヒト誌、ベルリン学派の機関誌であった*Neue Zeitschrift für Arbeitsrecht*，労働裁判所連盟の機関誌であった*Das Arbeitsgericht*の三誌は一九三三年八月に統合されて*Deutsches Arbeitsrecht*となり、ドイツ軍のイギリス上陸作戦、航空作戦が崩壊し、戦局の行方が混沌とした様相を帯びてきた四〇年一二月にいたるまで刊行される。その編集責任者となったのが、在郷軍人団・シュタールヘルム出身者であり、ライヒ労働省の一等参事官であった前掲ヴェルナー・マンスフェルトであった。マンスフェルトは一九四〇年四月下旬にノルウェー占領地域ライヒ弁務官事務所に転出するまで、ワイマール労働行政をささえていたジッツラーに代わり、ライヒ労働省の実質上の支配者となるのである。彼はまた、ハンス・フランクの意をうけたドイツ法アカデミー労働法委員会の監視者であった。このマンスフェルト編集責任の*Deutsches Arbeitsrecht*の編集協力者に名をつらねている者には、ニッパーダイ、デルシュ、フリードリヒ・ジールップのほかに、ハレ大学のルードルフ・エールゲスがある。しかしエールゲスは、同誌が廃刊になった翌年に、ナチスに対する抵抗の姿勢の故にハレ大学を追放になっているのである。(16)

右のようなナチス労働法学界という明の側面の裏に、死の労働という暗の側面があった。一九三八年一一月の水晶の夜事件以降、この暗の側面が本格的な規模で展開されていたことを特筆しておかねばならない。とくに軍需工場に強制的に動員されたユダヤ人労働者に対してであった。すなわち一九四〇年に入ると、ユダヤ人労働者に対する労働保護法規の適用が実質上無視されてきたのであり、ライヒ労働省もナチス人種政策の貫徹という名目でそれを容認したのである。(17)独ソ戦開始のほぼ三箇月半後の一九四一年一〇月三日に制定された「ユダヤ人の就業に関する命令」（Verordnung über die Beschäftigung von Juden）は、それまでのユダヤ人に対する死の労働政策を明文化したものであった。同命令は、さらに新たに、ユダヤ人年少者の無制限の就労を認め、安全確保のために必要な防護服、防護眼鏡、防護手袋をユダヤ人労働者から剝奪する規定をおくにいたったのであった。苛酷な労働、死の労働を法認することによって、ユダヤ労働者の絶滅という最終解決を意図したものである[18]。このような想像を絶する事態をドイツ法アカデミー労働法委員会に結集したメンバーは果して認識していたのであろうか。

オランダにおいて法社会学、立法学の理論研究という人生最後の大業に取組みつつあったジンツハイマーは、かつてのワイマール労働法学界の同人達のナチス・ラッシュという姿勢にどのような感慨をもっていたであろうか。どのような隔絶感をいだいていたのであろうか。それを語るべき彼の小論すら残念ながら無いのである。

（11）ナチス体制下の労働法学であるが、その概説的文献としてつぎのものをあげておきたい。Blanke, Quellentexte zur Geschichte des Arbeitsrecht, S. 232; Hientzsch, Arbeitsrechtslehren im Dritten Reich; Wahsner, Arbeitsrecht unterm Hakenkreuz; Theo Mayer-Maly, NS und Arbeitsrecht, *RdA* 1989, S. 233.

（12）西谷『ドイツ労働法思想史論』四七〇頁。

（13）アーリア系の労働法研究者のうちパージになった者にグスタフ・ベーマー（一八八一―一九六

九）がある。彼は、ハレ大学においてルードルフ・エールゲスとならんで一九三〇年夏学期から労働法講義を担当していたが、ナチスのユダヤ人政策を批判したが故に一九三三年に休職処分になり、三五年に漸くマールブルク大学に迎えられる。また第二次大戦後は各種の労働法関係コンメンタールの編集者として知られ、連邦労働省の一等参事官であったカール・フィッティング（一九一二―一九九〇）は、労働法の研究を志していたが、反ナチスの言動の故に、兵役の後に、四二年から四五年にかけて、占領ポーランドの収容所にもまして苛酷をきわめた環境下にあったオーストリアのマウトハウゼン強制収容所に収監されていたのであった。

(14) Stolleis, Geschichte des öffentlichen Rechts, S. 283, 長尾龍一「ケルゼン＝シュミット・シンポジウム覚え書き」日本法学六五巻三号（一九九九）五七頁、信山社ジンツハイマー八七頁。ニッパーダイのこのケルゼンに対する処分撤回の嘆願運動は、ニッパーダイの祖母がユダヤ人であったため、自らの危険を賭けたものでもあったといわれる。

(15) 金属産業使用者団体連合顧問ニキシュが一九三〇年に刊行した『労働法』については、ドイツ使用者団体連盟の機関誌 *Mitteilungen der Vereinigung der Deutschen Arbeitgeberverbände* の一九三〇年一〇月一〇日号は、同書を使用者サイドに立つ概説書として推薦しているのである。ニキシュの詳細な年譜については、信山社ジンツハイマー二二六頁参照。

(16) *Deutsches Arbeitsrecht* の一九三三年八月創刊号に論文をよせている大学人には、デルシュ、ニッパーダイがあること、その一九四〇年一二月終刊号に論文をよせている大学人には、デルシュのほか、西ドイツ労働法学の初期段階で注目に価する諸論文を発表している後のフライブルク大学教授グスタフ・ブラ（一九〇三―一九六六）があることを、付記しておきたい。ブラは、ナチス体制下では、ドイツ労働戦線の法律顧問として活躍したのであった。ブラの年譜については、信山社ジンツハイマー一八五頁参照。また西ドイツの行政法、経済法の両学界で長老的地位を確保したかつてのナチス信奉者エルンスト・フーバーも、ドイツ法アカデミーの有力メンバーであったのであり、*Deutsches Arbeitsrecht* 上において、さらに *Zeitschrift der Akademie für Deutsches Recht* 上において、しばしばナチス労働法関係の論文を発表していたのである。

(17)　ライヒ労働省の広報誌ライヒスアルバイツブラットの一九四一年二月二五日には、Die vorläufige arbeitsrechtliche Behandlung der Juden という記事がある。それを明らかにしたものである。

(18)　ユダヤ人労働者に対する「死の労働」については、ジョンソン『ユダヤ人の歴史』下三〇二頁参照。

Ⅳ　法社会学、立法学の研究

1　法律学徒としてのナチズム批判と国際連邦主義の提唱

オランダに亡命後のジンツハイマーは、四〇年五月のドイツ軍のオランダ侵攻にいたるまで、ファン・デン・ベルク、ファルクホフ両教授をはじめとしたアムステルダム、ライデン両大学の同僚教授の温かい友情空間のなかでドイツ時代にはるかにまさる学究生活に没入したのであった。四二年八月におけるオランダ警察による逮捕、アムステルダムの仮収容所への連行をはさんだ四〇年五月以降のほぼ五年にわたる不安と恐怖の潜伏生活は、晩年期のジンツハイマーにとって精神的、肉体的苦痛が極限に達した日々の連続であったであろう。しかしその間も、遺著となった『立法の理論』の執筆に、書斎も書籍もない環境下において死力を傾けたのである。

だが彼は、あくまで法律学者としての道を孤独に生き、その道のなかにきびしく生きたのであった。したがってジンツハイマー・シューレのフレンケル、ノイマンあるいはモーゲンソーのように、ナチズム自体をその学問的裁きの庭に正面から引きだし、学問判事としてそれに対決し審判していくという本格的作品はないのである。ヒトラーの政権掌握により西欧文明社会の危機の様相がひろがりつつあった段階以降、亡命人ジンツハイマーは、基本的に書斎人として、そうして法律学徒として徹しようとしたからであった。しかし一九三四年に発表されたフランス語の論文「法源論と労働法」をはじめとする若干の論稿では、法理論を通しての彼の冷静なナチズムの批判を看取することができるのである。以下には、オランダ亡命以降彼の学問上、したしく接触したギュルヴィッチをからめつつ、それを検証してみよう。

一九三一年に当時ボルドー大学私講師であったジョルジュ・ギュルヴィッチ（一八九四―一九六五）が主唱者となり、フランソワ・ジェニー（一八六一―一九五六）、ロスコ・パウンド（一八七〇―一九六四）、ハロルド・ラスキ、アルフレート・フェアドロス（一八九〇―一九八〇）、グスタフ・ラートブルフ、ハンス・ケルゼン等が協力者となって発足した研究集団があった。法哲学・法社会学国際協会（L'Institut International de Philosophie du Droit et de Sociologie Juridique）である。同時に機関誌と年報が刊行される。ジンツハイマーがアムステルダム大学特任教授に就任した直後の一九三三年一〇月七日から一〇日にかけて、この国際協会の第一回パリ会議が実定法の淵源をテーマに開催され、そのさいジンツハイマーは同協会の協力者となるとともに、「法源論と労働法」についてフランス語で報告したのであった。それは、翌三四年に「実定法の淵源の問題」というタイトルのもとに刊行せられた年報に収録される。(1) そこでは、ナチズムと法についてつぎのような趣旨のくだりがある。「法の創造的契機は国家のうちにあるのではなく、集団的勢力の自主的生活にあることを認めるかぎり、全体主義国家の理念は、現在の支配のために未来を犠牲にして、法におけるあらゆる創造的衝動を殺すに等しいものである。自由の尊重は、法の発展における創造的勢力の承認を意味するものである」。三五年には、オランダ語で書かれた『法社会学の課題』が刊行される。彼のドイツ語の原稿をパウラ夫人がオランダ語に翻訳したものであるが、それは、ギュルヴィッチが一九四七年に英語版にして出版した『法社会学』の指摘したように、「労働法に関するこの著者のものしたおおくの重要な準備的労作についであらわれたものであった」(2) のである。そこでも、右の一九三三年報告、三四年論文と同じ内容のつぎのような趣旨の叙述がある。「全体主義国家は、社会的現実にもとづく学問にとって友人たりえない。民族の社会的生活を国家的統一と合致せしめようとする全体主義国家の根本問題は、社会学的認識の跛行性を暴露したものであり、真実性、現実性の観念を排除したものである」、「集団的労働法の分野にみられるように、社会的自己決定は法を受容せしめ、新たな法規範を創造せしめるものである。しかしファシズムは、法における社会的自己決定という生産的な勢力を死滅せしめるにいたる」。

一九三二年に刊行されたギュルヴィッチの『社会法の観念』に対し、ジンツハイマーは書評をかねた論稿を一九三六年に発表しているのである。フェアドロスが責任編集のオーストリアの公法雑誌においてである。(3) 一九三六年といえば、オーストリアの併合の二年前であり、同年七月にはドイツ・オーストリア友好協定が締結されたのであったが、三三年四月にケルン大学を休職処分になり、九月にはジュネーヴに亡命したケルゼンがプラハ大学教授として同誌の編集協力者に加わっているのである。そこにおいては、つぎのような趣旨の記述がある。「ファシズム法学は美辞麗句を羅列した指導者の言葉をならべたてて引用するだけであって、現実に機能する社会秩序にしたがった法規範を問題とするものではない」、「社会団体の経済的、社会的機能を認めず、それをすべて国家が独占するという全体主義国家体制のもとでは、人間としての自由、人間としての理念の実現は不可能である。ギュルヴィッチのいうように、全体主義国家観に対する闘争は、倫理的な根本理念のための闘争であり、ヒューマニズムのための闘争である」。

ジンツハイマーのナチズム観は、このように基本的には法理論の展開のなかで提示され、そのうちにとどまろうとしているのである。一九三八年の『ドイツ法律学のユダヤ人の著名学者』においても、このような態度は一貫している。そうしてナチズムに対する抵抗は、政治的な問題である前に、何よりも自由の問題であり、ヒューマニズムの問題であるというのが彼の信条であった。それ故にかえって、ナチズムに対する審判者としての眼がそこに強烈にひめられているると考えるべきではないか。彼が正面からナチズムを取りあげたのは、一九三六年にアムステルダムで発行された『経済建設における労働運動』という冊子に収録された「労組運動と協同体思想」のみである。(4)

ナチスの御用学者カール・シュミットの唱導したものに広域理論（Großraumtheorie）があった。それはナチス・ドイツ軍のチェコ侵攻のほぼ二週間後の三九年四月一日に、ナチス・モデル大学化していたキール大学の政治・国際法研究所主催の講演でシュミットが国際法研究のナチス的原理として打ちだしたものである。(5)小国分立の状況では現代の政治的、経済的、社会的な各要請に応じられないが故に、欧州大陸を打って一丸とする広域体制を確立すべきであるというのがシュミット理論であった。それは、ナチス・ドイツの中、東欧圏の支配、さらには欧州大陸の制覇を正当化しようというものであったのである。この広域理論が第二次大戦中の大東亜共栄圏のスローガンを国際法体系のうちに取りいれようとしたオポチュニスト、たとえば安井郁（一九〇七―一九八〇）によって援用されたものであったことは、横田喜三郎（一八九六―一九九三）が指摘するところでもある。(6)要するにシュミット広域理論は、ナチス国家観の延長に過ぎず、またナチス人種主義にもとづく外交政策に学問的粉飾を加えようとしたものであったのであった。

これに対し、ジンツハイマーは既にワイマール体制下において、第二次大戦後の欧州経済共同体のような機構の必要性を説き、さらにオランダ時代には国際連邦制度を構想するにいたっている。いずれもヨーロッパの文化の危機に対決し、それを克服しようとするヒューマニズムにもとづくものであったといえるであろう。

ワイマール・デモクラシー体制のスポークスマンといわれたフランクフルト新聞は、一九二五年から二六年にかけて、ヨーロッパの国民経済についての特集号をだすにいたった。(7) そこでジンツハイマーは、「欧州と経済民主主義の理念」を執筆している。破局的様相をみせていた敗戦ドイツの経済は漸く安定段階に入ってきたとはいえ、経済不況の幻影は欧州諸国に潜行していたのであった。経済民主主義が人間性を確保するためのものであり、その実現のための労組の使命が重大であることを説いた後、ジンツハイマーは、経済民主主義は、欧州経済を単一ブロック化するための有力な実現手段となること、そうして欧州経済の制度的統合が政治デモクラシーの強化につながることを、強調しているのである。ついで記録せねばならないのは、ギュルヴィッチが責任編集の法哲学・法社会学国際協会機関誌における彼のフランス語の論文「現代の国家と社会」である。同誌一九三四年の「国家の危機」特集号には、ジンツハイマーのほか、ハロルド・ラスキ、アメリカに亡命するまでの間パリに滞在していたオット・キルヒハイマーも執筆に加わったのであった。ジンツハイマーは右の論文で、欧州各国に広範にひろがりつつあるインフレーションの加速、失業者の増加、貧困の増大、青年層の生活意識の喪失等は、社会生活における混迷を招来し、精神生活における荒廃を惹起せしめていることを訴える。そうして事態をさらに悲劇的ならしめているのは、右のような事態が国家レベルでは解決しえないことにあることを率直に述べる。そうして問題の根本的解決のためには、国際連盟をさらに強化した国際連邦機構の創設が期待されるとするのである。ワイマール・ドイツ時代の彼の強烈ともいえる国家ロマン主義については、熟年期ジンツハイマーのところで述べた。ナチス・ドイツの制覇は、彼のかつての国家優位観を崩壊せしめるにいたったのであろうか。国際連邦制度が、またファシズムに対抗し、それを終結せしめる道であることをこの論文は強調するのである。

(1) ジンツハイマーの一九三三年報告、一九三四年論文については、つぎの紹介がある。後藤清・立命館大学法と経済二巻五号（一九三四）八三八頁。
(2) ギュルヴィッチ／潮見俊隆＝寿里茂共訳『法社会学』（一九五六・復刊版一九八七）二〇四頁。
(3) Eine Theorie des sozialen Rechts, *Zeitschrift für öffentliches Recht*, 1936, S. 31.
(4) ジンツハイマーの De Vakbeweging en corporatieve Gedachten, in : De Vakbeweging in de Economische Opbouw, 1936 という論文では、協同体思想として、ジョルジュ・ソレル（一八四七―一九二二）の提唱したサンジカリズム、一九三一年五月一五日のローマ法皇ピウス十一世の社会回勅、サンジカリズムを借用したムッソリーニのファシズムの三者をあげ、それらが国家、労組、議会制民主主義を排除し、否定しようとするものであることを明らかにしている。ソレルが、晩年には反民主主義的立場をとり、その思想がムッソリーニに利用され、ムッソリーニによって「ファシズムの精神的な父」と呼ばれたことは、周知のところでもあろう。この論文も、パウラ夫人によってオランダ語に翻訳されたものと思われる。
(5) カール・シュミット講演のテーマは Völkerrechtliche Großraumordnung mit Interventionsverbot für

raumfremde Mächte であり、同三九年にキール大学の同研究所の双書として刊行され、さらにその続編も四〇年、四二年に刊行される。

（6）有斐閣法学教室二九号（一九八三）所収の「横田喜三郎先生に聞く」第二回四一頁。シュミットの広域理論については、Stolleis, Geschichte des öffentlichen Rechts, S. 389, ベンダースキー『カール・シュミット論』三〇七頁参照。

大東亜共栄圏のスローガンについては、前述のように一九三九年に来日経験のあったオット・ケルロイターが一九四三年に二つの雑誌論文において紹介している。Die japanische Staatsidee und die ostasiatische Wohlstandssphäre, *Geist der Zeit* 1943, S. 199; Die politische Gestaltung der ostasiatische Wohlstandssphäre, *Reichsverwaltungsblatt* 1943, S. 7.

（7）Europas Volkswirtschaft in Wort und Bild, hrsg. von der Frankfurter Zeitung 1925-1926. フランクフルト新聞は、同紙の対外影響力を利用したいというナチス宣伝省の方針により、一九四三年八月三一日まで発行が許される。それについては、つぎの文献参照。Helmut Kampmann, Zeitung. Geschichte und Geschichten um die Presse, 1986, S. 85.

2　法社会学の作品とジョルジュ・ギュルヴィッチ

熟年期ジンツハイマーの章においては、彼の法社会学理論について記録したことであった。その要旨はこうである。一九〇九年五月になされた報告をもとにまとめた同年冊子『私法学における社会学的方法論』は、オランダ時代のジンツハイマーが心血をそそいだ法社会学の理論研究の源流をなすこと、同論文はエールリヒの『法社会学の基礎づけ』の四年前に発表されたことに注目すべきこと、一九二一年の著作『労働法原理―概説』に対し加えられたカスケル、ニッパーダイ両批判に答えた一九二二年論文「労働法学における社会学的及び法実証主義的方法論について」も一九〇九年冊子のレジュメ的作品であったこと、法社会学を含めてのジンツハイマー法理論の価値視点をなすものが法律的人間学にあり、そのことは、とくに一九二八年論文「法律家の世界像の変遷」、一九三〇年論文「労働法における人間」に息づいていること、三三年一一月に行われたアムステルダム大学教授就任講演「法における人間の問題」にも、彼の基本思考がいわば弁証法的発展をみせていること、であった。

オランダ時代の法社会学者ジンツハイマーの生んだ代表的作品は、再三にわたってあげた三五年の『法社会学の課題』であった。アムステルダム大学法社会学特任教授に任用された彼がその責任感から全力を傾けて書きあげたものであり、またオランダ語の同書はパウラ夫人とのいわば夫婦愛の結晶でもあった。そしてファルクホフの記述によると、その土台となったものは、三四年一二月上旬にオランダの法学部学生協会主催の講演会でなされた報告であったようである(8)。

さきには、ジンツハイマーの思弁的、観念的ともいえる法社会学理論がオランダの学界風土には容易に受け入れられなかったこと、ユトレヒト大学のファン・デル・フェン教授もジンツハイマーの法社会学にはきわめて批判的な態度を一九五八年論文でしめしていることに言及した(9)。しかしギュルヴィッチの一九四七年英語版『法社会学』では、ジンツハイマーがその『法社会学の課題』で提示した法社会学研究上の四段階の分類に疑問を投じつつも、それを的確に評価していることを注目すべきである。

大部にわたる『法社会学の課題』であるが、それをつぎのように集約し、整理しておきたい。

「法秩序は、規範的な法、理念的な法、存在的な法によって構成される複雑な世界であるが、規範的な法を問題とするのが法実証学であり、理念的な法を追求するのが法哲学であるのに対し、法社会学はこの存在的な法を対象とするものである。存在的な法は存在するが故に通用するものである。したがって、法源論は法社会学においては意義のあるものではない。法源論は規範的な法の世界においてのみ問題とされるべきものであるからである。存在的な法を慣習法と同視すべきではない。それ以上のものである。また存在的な法は、それが規範的な法及び理念的な法に合致するか否かは問うところではない。現に存在し、またその存在にかかる生活形態に関する法の総体をそれはさすからである。さらに存在的な法は現実的な法ではない。現実的な法とは、裁判官によって創造される規範的な法であり、それは、法実証学の領域に属する法であるからである」。

「法社会学の対象である存在的な法は、規範的な意味をもつ必要はない。また理念的な意味をもつ必要もない。さらに現実的な法と代替させてはならない。法社会学は存在性の科学である点において社会学と共通するが、社会学はそれを全面的に取りあげるのに対し、法社会学はそれを一面的にのみ問題とするに過ぎないのである。法社会学が法律学であることを拒否し、それが法律学の異端の科学であるという主張がある。しかしそれは、法律学の任務についての誤った認識にもとづくものである」。

「法社会学の研究については、つぎのような段階をふむべきである。第一に記述的法社会学がある。それは、存在的な法を選抜し、それについて分析を行い、それを整序し、その結果について解明する過程に分かれる。解明はヴィジョンの問題でもある。第二に批判的法社会学がある。それは、規範的な法が存在的な法のうちにおいて果している機能を明らかにし、規範的な法が存在的な法からいかにして生成するのか、規範的な法はどのような存在性をもっているのか、そうして規範的な法と存在的な法との間にどのような矛盾があるのかを検討するものである。第三に発生的法社会学がある。それは、法の発生と変動を問題とするものである。第四に理論的法社会学がある。それは、存在的な法の原動力となる精神的要素を問題とするものであるが、そこにいう精神的要素とは、理性的人間のガイストであり、それこそが存在する法に規範性を付与するものである」。

「存在的な法についてさらに注目されねばならないのは、それは第一に、社会的な法であるということである。第二には、社会的な法であるが故に、人間の生存を確保するものでなければならないということである」。

同書の参考文献の引用も豊富且つ詳細であり、おそらくアムステルダム大学図書館にこもって原稿を書きあげたことであろう。

オランダ時代のジンツハイマーに強い影響を与えたのは、ギュルヴィッチであった。そのことは『法社会学の課題』以下の作品を精読すれば容易に理解されるところであるが、その点を的確に強調しているのはファルクホフである。(10)そのギュルヴィッチが『法社会学』でとくに取りあげているのは、記述的法社会学以下の段階設定であった。したがってそれに対するギュルヴィッチの批判を左に書きとめて、参考に供したい。「もしわれわれの法社会学を構成する研究の諸様式を明確に区分し、かつ配列しようという考えのみを是認することができるとしても、なおわれわれは、ジンツハイマーのやりかたに疑問があると考えざるをえない。じじつ、『記述』とは明確な基準なしでは不可能であると思われるし、『批判』とは、固定的な規則の体系と実際的な慣行や行為とをあまりにも遠くへだてすぎており、どちらかといえばむしろウェーバーの偏見につよくむすびついている。さいごに、社会学的な『理論』は、ジンツハイマーにあっては、たんに法の発生における諸因子の研究であるにすぎないかのようである(11)」。

ギュルヴィッチの主著ともいえる一九三二年の『社会法の観念』に対し、ジンツハイマーは、前述のようにオーストリアの雑誌 *Zeitschrift für öffentliches Recht* の一九三六年号に書評を兼ねた論文を寄稿する。同誌の三一頁から五七頁にいたるボリュームのものであり、晩年期のジンツハイマーのギュルヴィッチ法社会学の研究の深みを見せるものとなっている。ギュルヴィッチは、同書で、社会法に関する理論の総合化をこころみ、個人法とならんで存在する社会法はコミュニオンの自主的な法であり、国家法よりもはるかに広範なものであるとして、国家法に対する社会法の優位を説いているのである。そうしてそこにいうコミュニオンとは自我が融合しつつ最高度に且つ最大限に集合化したものである、とする。これに対しジンツハイマーは、ギュルヴィッチの社会法概念の特色は、国家のみが社会的な共同利益を積極的に設定しうるという国家観からの解放にあり、それに加え、それが法秩序の多元論に立脚したものであると述べる。的確な指摘であるといわなければならない。つづいて彼は、ギュルヴィッチ社会法の問題点は、コミュニオンとしての社会法が果して国家と無縁に存在しうるものかどうか、そうしてその社会法によってさまざまな集合的利益をどのようにして調整しうるのかという二点にあることをあげる。

ジンツハイマーの法社会学上の作品としてつづいて記録しておくべきは、一九三八年のオランダ語でしたためられた「法社会学における変遷の問題」という論文であり、カーンフロイントとラムの共同編集のもとに一九七六年に刊行されたいわばジンツハイマー著作集に収録されているものである。そこでは、法の変転、変化の契機をなすものがひとり経済的条件であるという唯物史観的立場によるべきではなく、宗教、芸術等によって形成されるべき人間の意識も、経済的条件とならんで、それにもましてその契機をなすことを強調する。それは実は、前年に論文としてまとめられた「若きマルクスと法社会学」の後章をなすものであったといえようか。

法律的人間学に対するジンツハイマーの確信的信条は、その後、時代的危機感からくり返し書きとどめられることになった。三三年のアムステルダム大学教授就任講演「法における人間の問題」、三六年のライデン大学教授就任講演「労働法の背景」、三七年の「若きマルクスと法社会学」は、その作品であろう。

「法における人間の問題」は、前述のように、同年フローニンゲンのノールドホッフ出版社から公刊される。そこでは、民法における形而上的、抽象的人間像が、労働法においては現実的、社会的、階級的人間像へと転換をとげ、やがて経済法においては共同経済を組成する主体的人間像へと発展していくべきことを指摘するのである。彼のワイマール・ドイツ訣別論文となった三三年一月の「労働法の危機」では、経済秩序の変革、すなわち世界恐慌の克服なくしては集団的労働法の再生はありえないことを結びにおいて強調する。既述したところである。アムステルダム大学での講演のなされたのは、同論文の発表後約一〇箇月であったのであるから、そこにいう経済秩序の変革はあるいは共同経済システムによる世界恐慌の克服を志向していたとも思われる。しかし彼のいう共同経済という概念があまりにも幻影的であり、多義的であり、且つロマン主義的であったことは、熟年期ジンツハイマーのところで言及したことである。

ハーレムのティエンク・ウィリンク社から刊行されたライデン大学特任教授就任講演には、オランダの法律学についての彼の勉学の跡がとくにライデン大学の著名国法学者であったフーゴ・クラッベの研究において見事にあらわれていることは前述した。労働法研究上の不可欠な要請である法社会学的考察においては、法感情、法意識が法形成の一つの重要な要素をなすこと、をそこで明らかにしたものであった。そうして法哲学の基礎に情緒心理学をおいたレオン・ペトラジッキィ（一八六七―一九三一）の理論、法感情を法の正義の基礎をなすものとしたクラッベの理論を参照しつつ論述をすすめている。一九三一年五月にプラハで死去したペトラジッキィは、法は主観的、心理的体験としてのみ理解されるとし、法多元論に多大の寄与をしたロシアの法哲学者であり、同じロシア生まれのギュルヴィッチとは学問上も深い交友関係にあったのである。(12)

一九三七年にオランダの社会主義案内（*De Socialistische Gids*）という理論雑誌に発表された「若きマルクスと法社会学」という論文は、三六年五月上旬にアムステルダムで開催された社会問題の専攻者による研究集会でなされた講演に筆を加えたものである。同論文のはしがきにコメントされていることであるが、ソ連のマルクス・エンゲルス研究所より一九二七年から本格的なマルクス・エンゲルス全集が編集刊行され、ジンツハイマーの右の講演の前年の一九三五年までには、一二巻までが発行される。そのうちに収められた一八三七年から四七年にかけての初期マルクスの諸労作は、西欧諸国の多数の人の注目のまととなった。そのうちでとくに重要視されたのは、手稿のままにとどまっていたマルクスの『経済学・哲学手稿』（一八四四年）、『ヘーゲル国法論批判』（一八四四年）、『フォイエルバッハに関するテーゼ』（一八四五年）、その大要のみ刊行されていたに過ぎなかったマルクス・エンゲルスの『ドイツ・イデオロギー』（一八四四—四五年）であったのである。ジンツハイマーはこの全集刊行の文献史における重大な意義を評価した後、初期マルクスの作品における精神的、人間主義的な要素の存在をあげ、そうして唯物史観への移行の萌芽がどのようにして形成されはじめたかを右の論文で説明したものである。一九三〇年代以降、西欧の多くのマルクス主義者の手で初期マルクスの諸労作における人間主義とか人間疎外といった観念、いわばヒューマニズム的マルクス主義といった立場がいちじるしく前面に押しだされるにいたったことを踏まえて理解すべきである。(13)

(8)　Valkhoff, Hugo Sinzheimers Arbeiten, S. 84.

(9)　ファルクホフの右の論文によれば、法律家雑誌（*Rechtsgeleerd Magazijn*）というオランダの雑誌の一九三七年号に、ファン・ブラーケルという人のジンツハイマー『法社会学の課題』に対する書評があるようである。

(10)　Valkhoff, Hugo Sinzheimers Arbeiten, S. 82.

(11)　前掲潮見＝寿里共訳『法社会学』二〇五頁。

(12)　ペトラジッキィの死去にあたっては、ギュルヴィッチは、法哲学・法社会学国際協会の機関誌に一文を寄せているのである。Une Philosophie Intuitionniste du Droit : Léon Petrasizky, *Archives de Philosophie du Droit et de Sociologie Juridique*, 1931, p. 403.

(13)　初版マルクス・エンゲルス全集であるリャザーノフ版についてのドイツでの本格的な研究書が、一九九七年に刊行されている。コメントしておきたい。Carl - Erich Vollgraf u. a.（Hrsg.）, David Borisovič Rjazanov und die erste MEGA（Beiträge zur Marx-Engels Forschung : Sonderband ; N. F., 1）, 1997.

3　ヨハン・ファルクホフ、立法学の作品とその意義

法社会学についでジンツハイマーの終章的研究となったのは、立法学であった。その作品として残っているのは、論文「法哲学における形式主義について」及び遺著『立法の理論』であるが、既にこれまで書きとめたことの要旨をまとめて掲げたい。

第一に集約しておくべきことはこうである。ジンツハイマーが一九〇一年にハイデルベルク大学に提出した学位請求論文「賃金と相殺」の作成過程でハレ大学ルードルフ・シュタムラーにしたしく接触したこと、一九〇二年に同論文が処女作として公刊されるにあたってはシュタムラーに深い謝意を捧げていること、一九三九年にしたためられた論文「法哲学における形式主義について」は、前年に死去したシュタムラーを偲び、立法理論とからめてシュタムラー理論をあらためて分析、検証しようとしたものであったこと。第二に集約しておくべきことはこうである。『立法の理論—法における発展の理論』は、『法社会学の課題』、『ドイツ法律学のユダヤ人の著名学者』とともに、オランダ時代のジンツハイマー作品の三部作をなすこと、それはジンツハイマーの心の友、魂の友となったアムステルダム大学のファン・デン・ベルク、ファルクホフ両教授が協力して、ジンツハイマーの潜伏生活中に書きつづけた遺稿を整理し、ハールレムのウィリンク社から刊行したものであること、同書に付された序文において、ファルクホフは同書の出版を故ジンツハイマーに対する名誉ある義務であると謙虚に述べていること。

一九七六年刊行のジンツハイマー著作集では六五頁に達する『立法の理論』の序文をしたためたファルクホフは、ジンツハイマーの原稿が未完であり、判読の困難な多くの手書きのメモもあったが、ファン・デン・ベルクと協力して出版にこぎつけたのは、その遺稿が動乱の七〇年間を生き抜いたジンツハイマーの法律学の貴重な集大成であったことを述べ、それがオランダにおいてドイツ語で出版されたことは、彼が労働法、法社会学等にわたる基礎作業をドイツで行い、オランダでジンツハイマー法律学を完成させたことを意味するものとして、実に象徴的であると結んでいるのである。五八歳を過ぎて亡命人となったジンツハイマーは決して悲劇の人ではなかったといわねばならない。心情と信義の友ファン・デン・ベルク、ファルクホフ両教授に遭遇した晩年のジンツハイマーは、両者の友情環境のなかで人生の最後を賭した大業に取組めたからであり、その遺稿が遺著としてまとめられ公開せられたからであった。ファルクホフの序文につづき、一九六〇年に夫と同じく七〇歳で逝去したパウラ夫人は、夫フーゴを支えつづけたオランダの温かい友人に、そうして遺著を完成させたファルクホフ教授に心をこめた感謝を捧げている。

大部にわたる『立法の理論』は三部に分かれる。立法規制の対象となる社会生活の主体、形態、その動態を論じた第一章と、立法行為の機能を論じた第二章と、立法行為のもつ理念を明らかにした第三章であるが、『法社会学の課題』にもましてその内容は思弁的、観念的である。それに加えて注目すべきことは、唯心論的な立場をつよくその行間にかぎとることができることである。それは、非マルキストであり、法律的人間学者であったジンツハイマーの生きる支えでもあった。それが故に、同書は、ジンツハイマーの人生の終章の言葉として胸をつくものがある。(14) シュタムラーの正法の理念(Idee des richtigen Rechts)を立法学においても全面的に援用すべきであると指摘する一九三九年の論文「法哲学における形式主義について」の結びの行間にも、同様の感じをつよく受けるのである。

エピローグとして、まずチューリヒ大学マンフレート・レービンダー（一九三五—）のジンツハイマー『立法の理論』に対する基本的評価を掲げておきたい。「法社会学は、オイゲン・エールリヒによる創設以来、社会的過程の所産として把握する法と社会の相互依存関係の研究における発生史的視点を中心にしてきたので、法社会学が立法機関における制度化された立法手続の研究を長い間なおざりにしてきたことは、実際おどろくべきことである」。法社会学は「裁判官による法創造の事象に研究を集中してきた結果、立法の研究は、長い間、政治学または政治社会学といった他の研究分野に委ねられていたのである。最近になって漸く法社会学の特別の領域としてひろく認められるようになった立法学が発達してきたのであるが、それはフーゴ・ジンツハイマーに始まったものである。すなわち『立法の理論』（ハールレム・一九四九）であり、ついで先駆的作品としてペーター・ノル『立法理論』（一九七二）があり、現在ではたとえば、ハンス・シュナイダー『立法理論』（第二版一九九一）がある」(15)。

つぎには、レービンダーと同旨の指摘を既に信山社ジンツハイマーにおいて行ったことがあったので、その所要部分を若干モデレートして本書に再録しておきたい。「(ジンツハイマー)の一九〇九年の冊子(私法学における社会学的方法論)以降の労働法に関する多くの作品において注目すべきことは、生ける法の発見、適用という次元を超え、とくに労働協約立法という問題を媒介として、立法学を法社会学の不可欠の領域としてとらえ構成していくという方法をとっていることであった。ジンツハイマー、エールリヒ、ウェーバーの三者の法社会学を、三者の出自、政治的立場等を認識基準として把握しようとした野心的論稿をベルリン自由大学フーベルト・ロットロイトナー(一九四四―)は発表している(Rottleuthner, Drei Rechtssoziologien, S. 236)。一九八六年のことであるが、ロットロイトナーは、そのなかで右の点をジンツハイマー法社会学の特質として掲げる(ロットロイトナーの一九八七年刊行の Einführung in die Rechtssoziologie, S. 27 においても同様)。またエールリヒ研究の第一人者とみられるチューリヒ大学のマンフレート・レービンダー『法社会学』においても、同様の指摘がなされている[16]」。

(14)　ファルクホフによれば、『立法の理論』については、その刊行の翌一九五〇年に、社会主義と民主主義(*Socialisme en Democratie*)というタイトルの雑誌に、アムステルダム大学、ライデン大学の国法学教授であったルーロフ・クラーネンバーク(一八八〇―一九五六)の書評がある。**Valkhoff, Hugo Sinzheimers Arbeiten, S. 86.**

(15)　**Rehbinder, Rechtssoziologie, S. 245.**

ペーター・ノル（一九二六—一九八二）はチューリヒ大学の刑事法、立法学教授であった人であり、一九八二年に『立法理論』初版を刊行したハンス・シュナイダー（一九一二—　）は、テュービンゲン大学教授、ハイデルベルク大学教授を歴任した公法学者である。

ペーター・ノルには、その死後の一九八四年に刊行された『死と向かいあう』がある。末期膀胱がんに直面した彼の口述記録であり、杉山茂夫・美甘保子による共訳（河出書房新社・一九八八）がある。

(16)　信山社ジンツハイマー三七頁。

付章　メーンザー女史（ジンツハイマー長女）回想記

Ⅰ　プロローグ

一九一四年三月一三日にフランクフルトにおいて出生したジンツハイマーの長女ゲルトルート（英語ではガートルード）・メーンザー女史の手元にある「フーゴ・ジンツハイマー宛の書簡集」ともいうべき原資料のコピーの提供を西谷敏教授から受けたのは、一九八二年一二月二四日のことであった。そのことについては、さきにコメントした（九三頁）。

メーンザー女史と書信を通じてコンタクトがえられるようになったのは、三省堂ジンツハイマーの同女史への送付が契機となった。一九八六年七月及び一〇月のことである。その経過については、信山社ジンツハイマーに記録した（一二四頁）。一九八六年五月中旬に西谷教授より連絡のあったメーンザー女史のニューヨーク市セントラル・パークにある弁護士事務所のアドレスを前にして、実は「心のざわつき」があったこと、「不安もひとしお」であったことは率直に語っておかねばならない。

一九九九年に入ってまもなく、アメリカのオレゴン州立大学の分子生物学教授ジョージ・ローマンという人から一月一五日付の書信があった。「私が南アフリカの大学に在任中の一九七二年一二月に、スワジランドの空港においてアフリカを旅行中のメーンザー夫人と会って以来、家族ともども親交を重ねているが、九八年八月にニューヨーク市郊外にある夫人の別荘を訪れたさいに、九九年三月に学術交流のため日本を訪問すると語ったのであった。同夫人は日本へ行くのであれば、亡父ジンツハイマーの研究者である久保教授に会ってもらいたい旨のつよい要請があった。東京での学術交流の集いが終われば京都への旅行も予定しているので、京都あるいは神戸で会いたい」という内容であった。ジンツハイマー研究というエンドレスな課題に取りくんでいる著者にとってはおどろきでもあった。しかしローマン教授に面接できることは、ジンツハイマー研究というジグソー・パズルの各片を相当数まとめてしかるべき場所に納めていくためには、またとない機会でもあった。ローマン教授及びルイーズ夫人と京都で会ったのは三月一一日のことであったが、ニューヨーク市におけるメーンザー夫人及びローマン夫妻との数枚の写真を入手できたことも幸いであった。ジンツハイマーの長女であるメーンザー夫人の弟ハンス（一九一五―）は、オランダに亡命後ベルギーに移り、第二次大戦勃発後にフランス、スペイン、ポルトガルをへてニューヨークに移住するが、一九九九年三月現在存命中であること、次女エーファ（一九一八―）は、テレージエンシュタット強制収容所生活を子供とともに耐えぬきオランダにおいて戦後生活を送っていたが、一九六〇年代の半ばに自殺という不幸な結果に

写真7　Mainzer 女史と Rohrmann 教授夫人 Louise、ニューヨーク市郊外、1998年夏

なったこと、一九四九年に結婚して以来アムステルダム近郊のハールレムに住んでいた三女ウルズラ（一九二二―）は、一九九八年に死去したことをローマン教授は伝えてくれたことである。よきアメリカを代表するような誠実な同教授、これまで書信を通じてその人間性の推察できたメーンザー夫人の両者にとっての謎は、おそらく、極東における名も無き一研究者のジンツハイマー論追求の動機であったことであろう。両者にとっては、あるいは小説よりも奇なることであったに違いない。三月一一日には、ローマン教授のもとに数回留学された奈良先端科学技術大学院大学の分子生物学の研究者が同席されたとはいえ、典型的なブロークン・イングリッシュの私の解説にその謎がクリアーされたとはとうてい思われない。

三月下旬に帰国したローマン教授は、四月下旬

に西海岸のオレゴンからニューヨークに飛んで詳細に三月一一日のことをメーンザー夫人に報告されたようである。同教授とメーンザー夫人とのほぼ三〇年間にわたる緊密な交流を思わせることであったが、四月二二日付のローマン教授の書信では、「メーンザー夫人は、久保ドイツ語版ジンツハイマー、信山社ジンツハイマーに付されたドイツ語レジュメから、久保教授の研究に感銘を受けていること、父ジンツハイマーについてのコレクションはフランクフルト大学に寄贈することとし、その旨の合意を同大学としたこと、三月にコロラドでメーンザー夫人はスキー事故にあったこと、三月一一日の会合のさいにアメリカ大リーグ選抜チーム一九三四年来日時のニューヨーク・ヤンキーズのベーブ・ルース、ルー・ゲーリッグについて語った久保教授の言葉をメーンザー夫人に伝えたところ驚愕されていたこと」がしたためられていた。八〇歳半ばでスキーという文面には想像の域を超える感じがしたことである。

それからほぼ二箇月後の九九年六月一七日に、メーンザー夫人の六月一一日付の書信が届いたのであった。判読に難渋をきわめる手書きの文面である。卓越した語学能力の持主浜田冨士郎教授だけが頼りということになったが、毎年の行事となっているスイス休暇旅行に出発されるにさきだち、父ジンツハイマーの写真とともにつぎのような重要な連絡がそこにしたためられていたのである。「私が家族法の講義を担当しているニューヨークのイエシヴァ大学（Yeshivah University）のカードーゾ・ロー・スクール（Cardozo School of Law）(1) の法律心理学の教授がインタビューアーになった私の自叙伝のトランスクリプションがあるが、あなたの研究に必要であるならば送付したいと思う。御希望であれば、六月一七日から七月一五日までの間スイスのエンガーディン地方のジールス・バーゼルギアのホテル・マウグナに休暇のため滞在するので、そちらに連絡いただきたい」。ジールス・バーゼルギア滞在のメーンザー夫人宛の書信を発送したのは六月二四日のことであった。七月下旬にはローマン教授より、前掲の**写真3**を添えて、トランスクリプションの小包郵便が届けられたのであった。本付章の資料である。右のスイスの避暑地ジールス・バーゼルギア、それに近接したジールス・マーリアについて、さらには、ジールス・マーリアとニーチェのツァラトゥストラ、ジールス・マーリアとアンネ・フランクについては既述した。極東の一研究者にとっては、そこに何か見えざる手に導かれた運命的なものがあると思われると書きとめて、このプロローグを終わりたい。

(1)　ニューヨーク市にあるイエシヴァ大学は、一八九七年創設のラビ・アイザック・エルハナン神学校を母胎としたユダヤ教正統派の大学であり、男性のためのイエシヴァ・カレッジ、女性のためのスターン・カレッジがある。非宗教的な学科も含まれている。そのロー・スクール施設がカードーゾ・ロー・スクールである。ベンジャミン・カードーゾ（一八七〇—一九三八）は、スペイン系ユダヤ人を祖先にもつ法律家であり、一九三二年に連邦最高裁裁判官となり、ニューディール政策を支持する。在任中の一九三八年に死去する。連邦最高裁裁判官の詳細な年譜については参考文献に掲げたCushman, Supreme Court Justices 参照。

Ⅱ　回想記トランスクリプションのあらすじ

メーンザー女史に対するインタビューアーによるインタビューは一九八四年一〇月二七日の第一回にはじまり、九八年五月一三日の第一三回をもって終了しているので、ほぼ一五年間にわたって行われたことになる。既にグランドマザーになっていたメーンザー女史七〇歳のときから八四歳に達するまでの回想記である。その間のトランスクリプションにみられる女史の語り口には、いささかのブレもなく、懐旧のうちに人と事件が生き生きと蘇ってくるようないわば臨場感をいだかせるものがある。かけがえのない人間ドキュメントである。一九九九年現在、前掲カードーゾ・ロー・スクールにおける家族法の講義を継続して担当し、世界各地へ休暇旅行にでかけ、その間、ニューヨークの事務所でソーシャル・ワーカーを兼ねた弁護士業務も行っているという驚嘆すべき充実した生活は、定年退職後の老後の楽しみといった凡庸の人生感覚をはるかに超越しているというほかない。

つぎには、インタビューの日付とそれぞれのテーマを掲げておきたい。

△第一回　一九八四年一〇月二七日

家族と家庭内における父ジンツハイマー、ユダヤ教徒としての戒律、ヒトラー政権の成立と一般大衆、一九三三年早春における父の行動、オランダへの亡命、幼女アンネ・フランクとの出会い、リヒァルト・メーンザーとの結婚、ドイツ軍侵攻後の一家の状況、夫リヒャルトの単身キューバ行きまでの苦渋、オランダでの潜伏生活。

△第二回　一九八四年一〇月二八日

潜伏生活の破綻とウエステルボルク強制収容所への連行、父との訣別、ゲシュタポの協力機関としてのユダヤ人協議会、ウエステルボルクから二人の幼児とともにベルゲン・ベルゼン強制収容所への移送、ベルゲン・ベルゼンから二人の幼児とともにビーベラハ強制収容所への移送。

△第三回　一九八五年八月一八日

潜伏生活中におけるオランダ人の犠牲的援助と崇高な行為、ユダヤ人を保護した名もなきオランダ市民とドイツに対するデモーニッシュな憎悪、潜伏生活中におけるロシア文学、ロシア社会についての勉学、潜伏生活中における父母との連絡、ホロコースト受難体験の受けとめ方、ベルゲン・ベルゼン、ビーベラハ両収容所における母親としての苦悩、ベルゲン・ベルゼン収容所でのアンネ・フランクとの再会、アンネ・フランクとその日記へのコメント、ベルゲン・ベルゼン収容所収監前におけるパラグアイのパスポート取得、ドイツの敵国で抑留されているドイツ人との交換要員、代替要員としての収容所ユダヤ人[(1)]。

△第四回　一九八五年八月一八日

ベルゲン・ベルゼン、ビーベラハ両収容所における幼児二人への母親としての教育、大戦終結とビーベラハ収容所。

△第五回　一九八七年六月六日
四五年五月八日のドイツ軍降伏とビーベラハ収容所の状況、夫リヒャルトのキューバでの生活、強制収容所体験について語ることへの抵抗、アメリカ軍兵士としてフランクフルトに進駐していた弟ハンスとのビーベラハ収容所解放時の再会、(2) 骨と皮ばかりの母子、父亡き後に母、妹ウルズラの暮らしていたオランダ・ブルーマンデールへ子供とともに到着、ドイツ及びドイツ人に対する感情、フランクフルトのギムナジウムにおける一女性教員への思い、父と母への思い、二人の幼児の精神的回復状況、夫リヒャルトの待つキューバへの渡航とハバナ到着、アメリカへの入国と移民法上の手続。
△第六回　一九八八年三月二日
アメリカ移住までのキューバでの楽しい日々、アメリカ移住への願望、アメリカでの初期の生活、夫のロー・スクール修了と弁護士資格取得、ライブラリアンとしての仕事、ロー・スクールへの就学の願望、オランダ在住の母の一九六〇年死去、フランクフルト時代の父、シェークスピア・ベニスの商人のシャイロック、同ハムレットをリーガル・ケースとしての父のホーム講義、文学、心理学、社会学についての父の語り口、著名な刑事弁護士としての父、卓越した弁護士であった夫の一九六六年死去。
△第七回　一九八八年七月一三日
グランドマザーとしてのロー・スクール入学、ケース・ローとしてのアメリカ法の魅力、ロー・ス

クールにおけるノーマン・ドーセン教授(3)その他の人びとと、連邦最高裁裁判官エイブ・フォータス(4)との接触、死去した夫リヒァルトの追想、弁護士資格取得とメーンザー・ソロモン合同法律事務所へ、親しくしていた弁護士ロバート・ソロモン、弁護士バーナード・バーンスタイン(5)その他の弁護士、ロー・スクール時代のゼミナール報告とアルバート・ブロースタイン教授(6)、六五歳にて家庭裁判所裁判官への任命、新しい仕事へのチャレンジ。

△第八回　一九八八年九月一七日

家庭裁判所裁判官任命に関するニューヨーク市社会サービス局の異論、ニューヨーク市ブルックリン地区家庭裁判所、同ブロンクス地区家庭裁判所、少年事件の処理、ソーシャル・ワーカーとしての裁判官、裁判官退任後におけるカードーゾ・ロー・スクールその他のカレッジでの家族法の講義、ニューヨーク市のバー・アソシエーションの少年法委員会における活動。

△第九回、第一〇回

一九八九年から九三年の間、メーンザー女史に対するインタービューは二回行われる。しかし第九回は、雑談に終始したためトランスクリプションは無い。また第一〇回は、第八回までの記録の検証にもっぱらあてられたために同様にトランスクリプションは無い。

△第一一回　一九九四年一〇月一八日

八〇歳になった人生のこれから、一九五二年のドイツ連邦補償法による年金、仕事に対する義務感と漸く得られたカタルシス、カードーゾ・ロー・スクールでの家族法の講義とゼミナール、自伝についての見方、オランダ時代に学んだ筆跡学。

△第一二回　一九九五年四月四日
ニューヨーク州の検認後見裁判所の判決を素材とした生物学上の母と育ての母に関する所論の展開。

△第一三回　一九九八年五月三〇日
亡き夫への追想、亡き父への追想、ヒューマニストに終始した父、人間主義と父の法社会学、立法学、社会正義の実現と父以上にがんこな（Stubborn）な私。

右の記録には、メーンザー女史のプライベートな生活意識について率直に語られている部分もある。それを活字にすることは許されない。アメリカでのローヤーとしての生活についても、フーゴ・ジンツハイマー論という本書の性格上、最少限度の記述にとどめるべきである。さらに一九九四年一〇月一八日（第一一回）分のトランスクリプションにつぎのようなメーンザー女史の語らいがある。「ある著名なアメリカの歴史学者教授が六〇歳を過ぎたころ、つぎのようにいったことがある。他人についての伝記は、歴史家としての研究分野に当然に入れられるべきである。しかし自伝を書くことはできない。というのは、自分自身をあまりにも知り過ぎているからであると。私はこの立場に全面的に与したい」と。記録という点では自伝は作られた記録、すなわちストーリー（物語）であるという私の年来の思い込みは、あるいは極論であるかもしれない。しかし完全論者（perfectionist）であることを自認するメーンザー女史（第七回　一九八八年七月一三日）には、自伝に対するこのような意識が確信に近いものとして存在するのではなかろうか。したがってこの付章では、目次に掲げたような項目について、可能なかぎり、若干の文献によるコメントを藉りつつこのトランスクリプションを追っていきたい。

以下のカッコ内は、女史の語り口である。

（1）ドイツの敵国で抑留されているドイツ人あるいはドイツ軍捕虜との交換要員、代替要員としてユダヤ人を収監している強制収容所の一つが、ビーベラハ収容所でもあった。

いわゆる東ヨーロッパユダヤ人として生涯の大半をポーランドで過した著名な詩人イツハク・カツェネルソン（一八八六―一九四四）が、イディシュ語で書かれた最後の大作『滅ぼされたユダヤの民の歌』をフランスのヴォージュ山脈のふもとの小さな町ヴィッテルにあった強制収容所で残しえたのも、妻と二人の息子をトレブリンカ絶滅収容所で殺害されたにかかわらず、彼が交換用の代替ユダヤ人として右収容所に移送されたからであった。交換が不可能になった彼は、ナチス・ドイツにとってもはや無価値となった。そのため、四四年五月に残った一人の息子とともにアウシュヴィッツに移送された日にガス殺されるのである。イツハク・カツェネルソン／飛鳥井雅友＝細見和之共訳『滅ぼされたユダヤの民の歌』（一九九九）一一〇、一二一、一二七各頁参照。

（2）さきにコメントし、参考文献にも掲げた『エディスの真実』のオランダ系ユダヤ人エディス・フェルマンスは、占領下のオランダで父を病気で失い、祖母、母、次兄を前述したようにアウシュヴィッツで殺害され孤独に取り残されるが、アメリカに戦時中移住し、四五年早春のマーストリヒト攻略線にアメリカ軍兵士として加わっていた長兄と同年五月に五年ぶりに再会するのである。
（3）ノーマン・ドーセン（一九三〇―　）は、二〇歳代半ばにはロンドンのLSEで学ぶ。社会福祉法の分野で知られるロー・スクールの教授である。
（4）エイブ・フォータス（一九一〇―一九八二）の両親はイングランド系ユダヤ人であるが、彼は会社法、証券法関係の弁護士として名をなし、第一七代大統領となったアンドリュー・ジョンソンと古くから親交関係があった。ジョンソン大統領によって連邦最高裁裁判官に一九六五年に任命せられ、六九年までその職にあった。彼の離任は、連邦最高裁におけるいわゆるジューイッシュ・シートの伝統にピリオドを打ったとされる。
（5）メーンザー女史の夫リヒャルトと合同法律事務所を経営していたロバート・ソロモン（一九二八―　）、さらにバーナード・バーンスタイン（一九二九―　）は、いずれもとくに商事法分野の弁護士である。
（6）アルバート・ブロースタイン（一九二一―　）は、一九九一年に定年退職するまで憲法関係のロー・スクールの著名な教授であった。

Ⅲ　オランダにおける亡命生活、潜伏生活

一九一四年生まれのメーンザー女史のティーンズ時代、ロー・ティーン時代は、父ジンツハイマーの輝ける活躍期であった。「すばらしい少女時代」であったと女史は語っている。「著名な刑事弁護士であった父は、一二歳になったころから、裁判所のこと、刑事裁判のことについて折りにふれ子供の

理解力に合わせて話をするようになったのであった。そうして日曜日には、両親、三人の弟妹とともにフランクフルト西方のタウヌス山地にハイキングに出かけることになっていた。そこには父はセカンドハウスをもっていたからであった」。

典型的な同化ユダヤ人であったジンツハイマー家であったが、「ユダヤ人であるということについてはつよく意識していた。したがって、ユダヤ教の宗教的戒律であるミツバ（Mitzvah）は当然守っていた」。三女ウルズラの追想記においても、フランクフルト在住時代の少女期にシナゴーグのラビのもとで宗教教育を受けていたことが述べられている。(1)「ヘブライ語を学んだことはなかったが、ユダヤ人の歴史についてては勉強していた」。ユダヤ人意識、ユダヤ教がジンツハイマー一家をカバーしていた一つの重要なモメントであったことを受けとめるべきである。したがって一九三三年一月三〇日のヒトラー政権の成立は、当時一八歳になっていたゲルトルートにとっては「泣き叫びたいほどの衝撃であった」。通学していたギムナジウムのアーリア系教員の問に対し、「終わりの始まりという事態である」と、答えたことであった。「このような空気のなかで、大学入学資格試験に合格し大学進学資格を取得してドイツの大学へ行くという気持ちは完全に失せてしまった。三三年二月に入ると、国民大衆のみならず大学全体も、ヒステリカル、クレージーになってきたからである」。

「一九一八年のフランクルフト市警察長官への就任にはじまる父の政治経歴から、ナチス化への編成を急速に進めていたフランクフルト市警察当局に逮捕される危険性のせまっていること、弁護士業務も暴力的に阻止されるであろうことは、十分に予測できたことであった。弁護士業務の継続の可能性をもとめて父は三三年二月にベルリンの状況をたしかめに行ったことがあるが、三三年三月上旬には保護拘禁処分になったのであった。解放された三月三一日当日の夕刻に、父と母が直ちに親戚の居住していたザール地域に出発したのは、再拘禁の危機の情報をもたらした友人の勧告の結果であった」。

ジンツハイマーがオランダを亡命地にえらんだのは、前述のように、アムステルダム大学の憲法教授ジョルジュ・ファン・デン・ベルクから心をこめた招請があったからであった。その点について、メーンザー女史はつぎのように語っている。「父がオランダ亡命を早く決めたことは有利な道のように思えたが、結果的には不利な道に入ってしまったことになる。というのは、三九年までの間、ユダヤ人の知識層の多くは、イギリス、スイス、フランスあるいはパレスティナを経由地としてアメリカに移住しているからである。父はアムステルダム大学、ライデン大学においてそれぞれ安定した地位をえられ、研究生活に没頭していたが故に、アメリカの大学関係者からの招請があったとしても、オランダを離れる意志は全くなかったのであった。また父は、オランダが亡命地として安全だと思っていた」。ジンツハイマーがアメリカへの移住の意図の全くなかったことは、三女ウルズラの追想記にも指摘がある(2)。そのことはさきにコメントした。アムステルダム、ライデン両大学時代は、ワイマール・ドイツ時代と異なり、前述もしたように学究生活という瞑想的生活にのみ没入していたジンツハイマーであった。亡命を重ねるということは彼の念頭には全くなかったのは当然であったであろう。また彼が心のうちで大事に育てていたドイツ文化の源泉が国境を隔ててそこにあるという意識が、深化をみせていたということもいえるのではないのか。メーンザー女史も「父はドイツを愛し、ドイツ文化を愛していた。ドイツ文化の研究が寸断されることは、父にとって耐え難い打撃であった。一九三八年刊行の父の著作『ドイツ法律学のユダヤ人の著名学者』は、著名なユダヤ人法律学者がいかにドイツ法律学の建設に貢献したか、いかにドイツ的な学問精神に徹していたかを語った作品であった。父のドイツ社会科学の優位に対する深い愛情がこの著作を生みだしたのである」と語っている。

フランクフルトの中心地ゲーテ通に弁護士事務所をもっていたジンツハイマーのドイツ時代は、経済的にもハイ・クラスであったであろう。前述したように一九二二年一〇月下旬にベルリンからフランクフルトに移り、同年冬学期に「定員外」の教授（一五一頁に記述したいわゆる正客員教授）ジンツハイマーのアーベント・フォアレーズングを聴講した若き日の滝川幸辰も、一九三七年刊行の回想録において、ジンツハイマーの「弁護士の仕事も相当はやっていたのであろう。商業区域の中心ゲーテ通に事務所をもっていた」と記録しているのである。(3) したがってメーンザー女史は、つぎのように語っているのである。「オランダに来てから、生活は日々にきびしくなってきた。三三年当時、一五歳になっていた妹エーファ、一一歳になっていた妹ウルズラはそれぞれオランダの学校に入学したが、一八歳になっていた弟ハンスはビジネスの世界に入ることを決意し、ダイヤモンド取引業の実習生への道をえらんだのであった。ベルギー、オランダにおけるダイヤモンド研磨業、仲買業、取引業は昔からユダヤ人の活躍分野であったからでもあるが、ハンスは、一九三八年にアントワープでダイヤモンド取引業をしていた伯父をたよってベルギーに移ることになる。私はアムステルダム大学の法学部に入るべくアビトゥア合格のためギリシャ語も含めた勉学をはじめ、まもなく同学部に進むが、フランクフルトの弁護士事務所に勤務し、私たちとともにアムステルダムに亡命していたリヒャルト・メーンザーと一九三六年に結婚し、アムステルダム東方のヘイゼン（Huizen）に居住する。しかし翌三七年に長女ガブリエーレ（通称ガービ）が生れたために、学業を中断する。種苗場においてパートとして就労しつつ造花スクールで学びそのコースを終了した後、同スクールの年少者むけのティーチャーとなった。フランクフルト大学付近に居住し三三年一二月にアムステルダムに亡命してきたアンネ・フランクとその姉マルゴットと会ったのはこのコースであったが、まもなく夫と私とは、アンネの両親オットー、エーディトと親しくなったのである」。

メーンザー女史の夫リヒャルトは、フランクフルト時代から典型的な在野法曹家であったようである。「オランダに移ってまもなく、リヒャルトはユダヤ人企業の法律顧問として就業するにいたった。実質的には弁護士として活動していたのである。しかし四〇年五月にオランダがライヒ弁務官の絶対的な支配下におかれるにいたって、リヒャルトの弁護士活動は禁止になった。ドイツ政府の許可なしに外国で弁護士業務を行ったという理由によるものである。それに先立ち、長男フランクの生れる前年の三八年ごろより、彼は自由な弁護士活動の保障されるアメリカへの単身移住を内心に秘めていたようである。アメリカのヴィザをもとめて動いていたからであった。夫は、父や私ほどにドイツ及びドイツ文化への愛着はなかったと思われる。彼のアメリカ単身移住に結局同意するにいたったのは、自らの人生に忠実に生きようとしてオランダから動く意志を全く持たなかった父を置き去りにすることは耐え難いことであったからであった。しかし今にして思うと（インタビューの行われた一九八四年）、夫リヒャルトのそのときの決断には、すさまじい内心の闘いがあったと思われる。彼は、父を何にもまして敬愛していたからであり、その故に父のアムステルダムへの亡命にあたっては、自らの犠牲を顧みず全面的な協力を惜しまなかったからである」、「リヒャルトのオランダでの弁護士活動が禁止になってまもなく、彼はドイツ政府の許可なしに外国で弁護士活動を行ったという理由でゲシュタポに逮捕され、ハンブルクの刑務所に収監されるにいたった。そこで彼はよきアドバイザーたる弁護士に遭遇するにいたった。彼の助言もあって、一九四一年八月に、夫はオランダを経由せずスペインにむけ直接出国するという条件でハンブルクの刑務所から釈放されたのである。収監中に、右の弁護士の全面的協力もあってスペインのヴィザを取得していたからであった。スペインには私のいとこが居住していたが、そのいとこを通じて、夫はキューバのヴィザとリスボン、ハバナ間の乗船券を入手できたのであった(4)」。

四〇年五月一〇日のドイツ軍オランダ侵攻の直後に、メーンザー一家がまず決断したのはオランダを脱出することであった。「オランダ系ユダヤ人と既に結婚していた次妹エーファ一家とともに、イギリスにむけ小さなボートに乗船しようとした。弟ハンスの友人が北海に面した小さな港町アイムイデン（Ijmuiden）に住んでいたが、その彼がボートを調達したのであった。そのとき、レジスタンスの手によるものと思われる爆発がアイムイデンの港湾一帯に発生し、イギリス渡航は失敗する。夫の逮捕されたのはその二週間後であった。その間、ウィーンからオランダに亡命していたユダヤ人歯科医師夫妻が二人の幼女とともに投身自殺したのを目撃する。制服の色からグリューネ・ポリツァイと呼ばれたゲシュタポ及びその支配下にあったオランダ警察によって、路上におけるユダヤ人狩りが四一年に入るとしばしば強行されるようになった。当初はアムステルダム市内に両親とともに潜伏生活をしていたのであった。しかしユダヤ人の圧倒的に集中しているアムステルダムは危険であるというので、ライデン大学時代の父のゼミナール学生が、郊外に、両親及び三女ウルズラのための潜伏場所を、それと別箇に夫の去った後の私と長女ガービ、三九年に生まれた長男フランクのための潜伏場所をそれぞれ手配するという労をとってくれたのであり、四二年初頭からその隠れ家に身をひそめることになった。父の隠れ家及び父の外出には、その学生はとくに苦慮したようである。父はユダヤ人特有の長い鼻の持ち主であったからである。妹エーファの夫は名の知れたオランダ人の彫刻家であり、エーファ夫妻と二人の幼児の逮捕の危険性はまずなかった。(5) 既にベルギーにおけるダイヤモンド取引業の中心地アントワープに移っていた弟ハンスは、私の夫リヒャルトの妹が三八年にアメリカに入国していたので、彼女が身元引受人となってアントワープのアメリカ領事館でヴィザを入手し、ドイツ軍のベルギー侵攻の直前にニューヨークに亡命していたのである。アメリカ市民権を獲得しアメリカ陸軍に入隊していたハンスと再会したのは、四五年にビーベラハ収容所から解放されたときであった」。

オランダにおけるユダヤ人の根絶過程は、ドイツ国内におけると同様に徹底的であった。軍政地域であったベルギーにはともかく中央政府が存在していたのであったが、オランダではナチス党員で固めたライヒ弁務官府が一切の権限を掌握していた。その上にオランダにおけるユダヤ人の定住パターンは、前述もしたようにアムステルダムに圧倒的に集中しているという都市型であり、オランダにおけるユダヤ人はいわば罠のなかで生活しているという状況であった。しかも警察部門をはじめとする占領下オランダ人の行政機構は、ドイツ人に対して従順であったのであった。しかし二人の幼児をかかえたメーンザー夫人をかくまったプロテスタント教徒のオランダ人は、危険と犠牲を顧みず、最大限の援助を惜しまなかった。「四四年一月にウエステルボルク収容所に収監されるまで私たち母子を受け入れたトラールバハ（Traarbach）家の母と娘は、同家に入ったときに四歳半になっていた長女のガブリエーレという名前が余りにもユダヤ人的ひびきをもっているというので、オランダ流にマリエケ（Mariyke）と呼ぶことにし、ゲシュタポまたはオランダ警察がふみこんだ場合を想定して、トラールバハ夫人をマリエケの伯母という約束をすることとし、二歳のフランクには難しいとして、ガービにはそのことをくり返し念を押したのであった。戸外で遊んでいる幼児を拉致して潜伏中のユダヤ人両親を逮捕するというゲシュタポ、それに全面的に加担するオランダ警察の手口は熟知していた。しかし幼稚園に通園させることを禁止し、家外に出すことまでも一切押しとどめることはできなかった。トラールバハ家の主婦、すなわちガービとフランクの〝伯母〟と娘は、ある日、戸外に二人を遊びに連れだしたところ、〝伯母〟と娘、ガービとフランクはオランダ警察に逮捕され、ウエステルボルク収容所に連行されることになった。一九四三年一二月のことである」。密告者がいたのであろう。「密告者が誰か、誰も知らないし、誰でも密告者となったとも考えられる。これを判定しうるジャッジはいないであろう(6)」。同じオランダ人、そのうちのあるオランダ人はユダヤ人を狩りだすことに協力し、そのうちのあるオランダ人はユダヤ人を身体を張り、いのちをかけて護る。生きるだけの人間もいれば、生き切っていこうという人間もいる。

トラールバハ家の母娘と二人の幼児の後を追いメーンザー夫人が単身ウエステルボルク収容所に出頭するまでの間「潜伏生活に入った私たち母子をかくまったトラールバハ家の人たちの勇気と崇高さには、いまでもつよい感動を受ける。その人たちの蒙った犠牲が大きかっただけに尚更である。それはいくら強調しても強調し過ぎることはない。私たちを受入れたときには、トラールバハ家には一片のパンも一片の肉もなかった。同家の母娘は必死で僅かにせよ食料を手に入れたのである。しかし私たちとくに二人の幼児にそれを提供し、自分たちはそれに一切手をつけようとしなかった。専業主婦であったトラールバハ夫人、家事の手伝いをしていた娘のアガーテは、一日中交代で窓ぎわに座っていた。ゲシュタポ、オランダ警察の動きを監視するためであった。戦後、夫人亡き後の同家を訪れたとき、トラールバハ家の主人はガービとフランクのための医薬品を豊富に用意していたと語ったことである。あらためて胸にせまるものがあった。お互いに分かちあえる食料は乏しくとも、深い善意はあまりあるほど同家にあった。ホロコーストの犠牲者については多くの記録が公刊され、提供されている。しかしそれに比して、ユダヤ人の安全と生命を守るために大きな犠牲を払った名も無き市民の記録はきわめて少ない。ホロコーストの犠牲者と、ホロコーストからユダヤ人を助けだした人びとは、前者には選択の余地はなかったということで区別できるかもしれない。しかし後者の人びとは、絶対的な生存の危険を進んで引受けたのである。ユダヤ人をかくまったということが露見されたならば、強制収容所収監への道が到来したからである。後者の人びとも、一たんユダヤ人をかくまうという行為をとれば、それが人間性への信頼にもとづく行動であっただけに選択というものは全くなかったのである。トラールバハ家の彼女たちはたえず絶対心配しないようにといいつづけていた。その間食糧が少しでも多く手に入ると、すばらしい料理を私たちに提供しようとしたのである。ポテトの入った肉汁、チーズ入りの野菜サラダはいまだに忘れられない。トラールバハ家の人びとのような名も無き一般市民は、目立ったことを行っているという意識は全くなかったことであろう。トラールバハ夫人は本当に心やさしい人であった。私の人生において、これほど心豊かな生き方を教えてくれた人はほかに見出すことはできない。二人の幼児とともに連行された夫人と娘は、その後ウエステルボルク収容所から釈放される。しかしその直後に精神的、肉体的打撃のために夫人は他界し、潜伏生活中は私にとってこの上ない話し相手であり、私にとって太陽ともいえる存在であった娘アガーテは、ゆううつ症に悩みつづけ、大戦終結まで生と死の間をさまよう状況になった。私たち母子をかくまったときから、トラールバハ家の生活は、私たちを絶対守るという強固な信念にささえられていたのであった」、「トラールバハ家の主人は、当初は夫人、娘と異なりいつまでもかくまうという意図はなかったようである。しかしときとともに絶対的な擁護者になってきたのであった。商事会社の簿記係であった彼はオランダの社会民主党の一般党員としての立場から、迫害されている人びと、傷ついた人々を保護することは社会正義実現の第一歩であるという信念にささえられていたのである。トラールバハ夫妻とも学歴というものはほとんどなかったようである。しかし他に代えがたい心の学歴があった。これらのオランダの人びとは、ドイツを憎悪していた。しかしユダヤ人をかくまい保護することが目立った行為であるとは全く思っていなかった。平凡な市民としての当然の生き方をしたのだということであった。潜伏生活中アガーテとロシア語のレッスンをしたのであった。彼女はそれによって、世界に眼をむける視野をもちえたことを心から楽しんでいた。彼女が戦後にインドネシアの独立にいたるまでの間ジャカルタに職を進んで求めたのは、そのためであった。このような名も無きオランダの善良な市民をささえたのは、あるいはキリスト教であったかもしれない。しかしドイツ人に対するすさまじい（tremendous）憎悪がその決定的動機であったように私には思える」、「占領下のベルギーは軍政地域であり、ナチス親衛隊、ゲシュタポの支配がほとんど排除されていたのであり、ホロコーストはドイツ国防軍にとって副次的な問題に過ぎなかった。これに対しスイスのユダヤ人政策は残酷であった。国境をこえてスイスに入国しようする一般ユダヤ人をドイツに直ちに追い返すか、スイス国内の収容所に全員収監するかという対策を冷酷に強行したのであった。だがドイツ弁務官の直接支配下におけるオランダの場合ほど、ホロコーストが残忍な根絶過程をとりつつ徹底的に履行された国はほかにないと思われる」。

メーンザー夫人がビーベラハ強制収容所の解放後、父ジンツハイマーの死去直後にブルーマンデールのオーバヴェーンに居住する母パウラのもとにひとまず帰るや、同夫人はトラールバハ家を訪れている。四四年一月に同夫人が幼児二人の収監されているウエステルボルク収容所に自ら出発するにさいして「同家の主人に託して贈った宝石をアガーテは大切に保管していることを聞き、あらためて亡き夫人を含めてのその人たちの人間性の重みが私の胸をつよく打った」、「恐怖と不安の潜伏生活をネガティヴに受難者、犠牲者というレベルでともすればとらえる傾向がある。しかし私は、事態をポジティヴにとらえたい。トラールバハ家の人びとを通じて人間性への信頼を得たことは、私の以後の人生にとって限りないプラスとなったのである」、「戦後にヨーロッパに旅行し、あるいはオランダ在住の妹エーファ、ウルズラのところに立寄ったさいには、かならずアガーテを訪ねたのであった。彼女に対する感謝の気持ちは年とともにつよまっているからである。またトラールバハ家潜伏時代には幼児であったフランクも、医者となって成人してからは、家族ともどもアガーテに会うオランダ旅行を楽しみにしている」。

（1）Ursula Postma, In Memoriam, S. 218, 信山社ジンツハイマー四八頁。
（2）Ursula Postma, In Memoriam, S. 214, 信山社ジンツハイマー五〇頁。
（3）滝川『随想と回想』四三頁、信山社ジンツハイマー一六八頁。
（4）当時のアメリカ政府の公式の立場では、ドイツ及びドイツ占領地域に居住する者のアメリカ領事館へのヴィザ申請は却下すべきであるが、いわゆる中継国に渡航し、そこに所在するアメリカ領事館に申請すれば、一箇月ないし二箇月でヴィザの取得が可能であり、その中継国としては、アメリカの全面的支配下にあり、連合国について第二次大戦に参戦したキューバがもっとも望ましいというものであった。参考文献に掲げた Kingreen, Jüdisches Landleben, S. 178 の指摘するところである。同書は、フランクフルトの東北部にあるニーデナウ地方（Kreis Niddenau）の三つの小都市ヴィンデッケン、オストハイム、ヘルデンベルゲンにおけるユダヤ人集団の生活史及び一九三三年以降のポグロムによる悲惨な離散の経過を聞きとり調査によって詳細且つ丹念に追ったものである。ポグロムを耐え抜きニーデナウ地方に生存しているユダヤ人の語り口の匂いが伝わってくるすばらしい力作であるというのが、同書の読後感であった。著者のモニカ・キングリーン（一九五二―　）は、ボン、ドルトムントの両大学で教育学を学んだギムナジウムのティーチャーであるが、一九八三年以来、ドイツ系ユダヤ人の地方史の研究を継続している。

（5）しかしメーンザー夫人の妹エーファも、夫、二人の幼児とともに四四年に入るとまもなくウエステルボルク収容所に連行され、ついでテレージエンシュタット収容所に収監になり、そこで大戦終結をむかえる。しかし幼児二人とも結核におかされていたため、しばらくスイスで静養した後オランダに帰国する。前述したように一九六〇年代の半ばに彼女は自殺している。Ursula Postma, In Memoriam, S. 215, 218.

（6）アンネ・フランク一家が隠れ家でともかく二年あまりを生き延びることができたのは、アンネの父オットの事務所に勤務していたミープ・ヒース（一九〇九―　）及びその夫ヤン・ヒース（一九〇六―一九九三）の献身的な援助があったからであった。アンネ事件の密告者に関する戦後のオランダ警察の調査に対し、オット・フランクはつぎのように答えたという。「もしミープを疑っているんだったら、（アンネの父である）この私もまた疑われているということなんでしょうな」。ヒース『思いでのアンネ・フランク』三五七頁参照。

Ⅳ　母と子のウエステルボルク、ベルゲン・ベルゼン、ビーベラハ各強制収容所と解放

街頭で逮捕されたトラールバハ母娘とガービ、フランクの二人の幼児は、アムステルダムの刑務所に連行され、そこからオランダ北部のウエステルボルク収容所に送致され、収監されるにいたった。ウエステルボルク収容所については既述したところであるので、ここでは再録しない。(1)「四人がウエ

ステルボルクに移送されたことは、アムステルダムのユダヤ人協議会で働いていた妹エーファの友人が彼女に告げたのであった」。オランダ占領後直ちにゲシュタポの指令により結成されたアムステルダムのユダヤ人協議会は、ドイツ、オーストリアその他占領各地に結成された同協議会のうちでもゲシュタポにきわめて従順な機構であった。逮捕者リストの作成、個々人の収容所収監の延期及び免除についてのゲシュタポへの申請、収容所収監前における住居の鍵及び未使用の生活物資配給券の同協議会への手交、強制収容所移送に要した鉄道運賃の負担といったさまざまな課題を着実にこなしたユダヤ人協議会は、ユダヤ人がユダヤ人を逮捕し殺害するという残酷な作業を強いられたのであった。この点についてメーンザー女史は、「戦後、ユダヤ人協議会のことについてハンナ・アレント（一九〇六―一九七五）と話しあったことがある。彼女は、とくにアムステルダムのユダヤ人協議会メンバーは全員犯罪者であり、自己防衛ということは免罪符にならないという自論を展開した。しかし私はこれに反対であった。画一的なホロコーストの強行に対し抵抗し、一部ユダヤ人を助けたという面を切り捨ててはならない」。このトランスクリプションには、メーンザー女史のこのようなリアルな思考が随所にでてくるのである。

メーンザー夫人は、別の隠れ家にひそんでいた両親と妹ウルズラに別れを告げ、「みずからガービとフランクの母親であると自白し、すすんでウエステルボルク収容所に収監されるために四四年一月に出発したのであった。さようならといい父の隠れ家を離れつつ窓を見上げると、カーテンごしに父は私を見守っていた。再び父に会うことはなかった。とてもつらい一瞬であった。隠れ家を変わるとき以外は外出できない父であった。顔は青ざめ体も弱っていた」、「ウエステルボルク収容所に到着しまずトラールバハ母娘に会ったのであった。彼女たちは、ガービ、フランクとは別棟の石炭倉庫の中にある女性キャンプに収容されていた。五〇人ばかりのユダヤ人女性とトラールバハ母娘を含めて四人のオランダ人女性が一室に収容されていたが、新しい収容者は最初の夜は看守に殴打され、靴で徹底的に痛めつけられる。アガーテが同収容所から釈放後に生と死の間をさまよう意識のまま暮らさざるをえなかったのも、そのためであった。二人の幼児に対してゲシュタポは両親のことをしつこく尋ねたようである。フランクは夢遊状態であったようであるが、六歳になっていたガービは子供心にも危険を察知して何も知らないとくり返し答えたようであった。二人とも女性キャンプに入れられたのは幸いであった。しかしガービは始めは私に一言もしゃべらなかった。その直後フランクは小児病棟に収容されることになったが、三箇月たったある日、〃マミー、わたしのとなりに坐って、マミーのここに来るまでに起こったことを話すから〃といってガービは話しだした。その間、ガービには大人の想像しえないような心のもつれがあったのであろう。これからの収容所生活を考え、私はつとめて冷静にガービの言葉に耳を傾けたのであった」。

ウエステルボルク収容所は既述のようにいわゆる通過キャンプであった。四四年四月にはメーンザー母子は、ベルゲン・ベルゼン収容所に移送される(2)。

「ウエステルボルクでは、毎週火曜日にアウシュヴィッツその他の収容所に移送される人びとの名前が、収容所名とともに読みあげられた。そのためのリストの作成には、ユダヤ人協議会も関与していた。リストにあげられた人びとは、翌日の早朝に、アニマル・トレインにつめこまれてウエステルボルクを後にしたのであった。絶滅収容所であることを全員が熟知していたアウシュヴィッツに私たち母子が移送されず、ベルゲン・ベルゼン向けのトレインに乗せられることになったその理由は、分らない」。

「ベルゲン・ベルゼンでは、二人の子供のために生き抜くということが、私の絶対的な使命となった。同収容所では、いろんなグループがさまざまな意図をもって存在していた。それらと関わりをもとうということは念頭に全くなかった。そのなかで心をともにしたある女性があった。収容所内で夫を亡くしながら残された子供のために絶対生きねばならないというしっかりした目的意識をもっていたのが彼女であった。彼女は現在イスラエルで生存中であり、長い交友関係がつづいている」、「ベルゲン・ベルゼンに来てから体重は三六キロまで減ってきた。しかし体力の消耗につれ、生への執着がますますつよくなってきた。ガービとフランクがみなし子になったらこれから先どうなるのだろうかという思いにたえず駆られたのであった」、「収容所内では、男女を問わず大人にはさまざまな労役が科せられていた。そのうちでも作業時間がとくに長いのが製靴部門であり、そこに配属される作業時間中、ガービとフランクの世話を同じバラック棟に入れられていた子供づれの女性に託したのであった。彼女は、別棟に収容されていた夫とともにフランクフルトからここに連行されたのであったが、病気のため作業を免除される。ある日の夜作業からバラック棟に帰ると、ガービとフランクがどこにもいない。私は狂気のようになった。この事件以来、収容所内では他人を信用してはならないこと、子供たちを守るのは私ひとりだということ、三段ベッドの中段で寝るときも子供たちを離してはならないことを心に決めたのであった。収容所内では朝食はブラック・コーヒー、昼食抜きの夕食は僅かなパンと赤蕪の根の入ったうすいスープだけであった。夕食後にはガービには数の算え方について、フランクには童話についてスクールをこころみたが、二人とも食べ物のことしか頭にうかばなかった。無理もない。貧しくとも暖かい心のこもったトラールバハ家の食事のことをフランクさえもおぼえていただけにつらいものがあった。バラック棟の外に放置されていた生ゴミから何かを取り出そうとしていたフランク、スープのブリキ缶の底をえぐった指をなめようとしたフランクを叱ることもできなかった」。

四五年に入ると、アウシュヴィッツその他ポーランドにあった強制収容所から大量に移送者がベルゲン・ベルゼンに到着するという状況になった。前述したように怒濤のようにおしよせる反攻ソ連軍によって収容所が解放されるにさきだち、ユダヤ人最終解決の最高責任者アイヒマンは、収監ユダヤ人がナチス犯罪の生き証人になることをおそれ、ベルゲン・ベルゼンその他のドイツ国内の収容所に逆送することを決定し、その実行に必死になっていたからである。そのためベルゲン・ベルゼンの環境は、想像を絶するような地獄の様相を帯びてくるのである。「オランダにおける造花スクールの年少者コースのティーチャー時代に会ったアンネと姉マルゴットと再会したのは、このベルゲン・ベルゼンにおいてであった。四五年一月のことである。オランダのスクール時代のアンネ、マルゴットはとても可愛い女の子だった。その後どんなことが彼女たちを襲ったのか。二人はそれについて多くを語ろうとしなかった。ただアウシュヴィッツで母が死亡したという情報はそのとき耳にいれていたが(3)、父の行方については知らないということであった。二人は少女時代の面影をやどしてはいたが、無残にも骨と皮といえるほどやせ衰えていた上に、発疹チフスの感染源であるシラミが全身にわいていた。既にベルゲン・ベルゼンでは発疹チフスの大量流行という危険きわまりない状況になっていたのである」、「オランダ時代にはアンネの両親と親しくつき合っていたが、父オットー・フランクのその後のことは折りにふれ気にかけていた。アンネの日記についてのテレビ出演のためニューヨークに来たオットと再会したのは一九五七年のことである。ニューヨークのユダヤ人協会における彼の講演にも出席したが、そのさいに五三年に再婚した二度目の夫人にも会った。彼女もアウシュヴィッツ体験があり、娘一人を残してほかの肉親をホロコーストで失ったのであった。オットからはアンネのストーリー作成についての協力の要請があった。しかしそれははっきりと断った。余りにも複雑な思いが私にはあり、ストーリーにすることには賛成できないことであった。それは現在（第三回目のインタービューの行われた一九八五年八月）でも変わらない」、「アンネの日記についての読後感をつたえたい。私はそれをオランダ語版で読んだ。それは典型的なティーン・エージャーの日記ではあるが、成人の女性感情にも通ずるものがあるというのが読後感であった。一九二九年生れの彼女は、一九二二年生れの妹ウルズラとそれほど距たりのない年齢であったが故に、ティーンズの彼女には夢と現実、希望と絶望がいりまじっていたことは十分に理解できる。隠れ家時代、アンネは日記を書くことで、妹のウルズラは絵を画くことで感情の整理をしていたのではないか。父母の隠れ家と私たち母子の隠れ家を必死で探しだした父のライデン大学時代のゼミナール学生に対するウルズラのほのかな思いと、アンネのペーターに対する思いにも相通ずるものがあった」。

再びベルゲン・ベルゼンにおけるメーンザー夫人の母と子のつながりについての語らいに筆を転じてみたい。人間のさまざまな関係のうちいちばん結びつきのつよいのは、そうしてもっともヒューマンなつながりのあるのは、母親とその子供たちの関係であろうが、メーンザー夫人の場合には、強制収容所という極限的な環境下にありながら、それが何ごとにも動じない冷静さの上に立っているのである。「自己崩壊という危険に対決して私たちを守っていくためには、心を氷魂のようにしなければならなかった。ガービ、フランクといったちっちゃい子供をかかえた場合、感情、愛情をあらわにし、ともに笑い、ともに泣くことは誰にもできることであろう。しかし強制収容所という飢餓、破滅の危険地帯に追いこまれたときには、それは絶対にやってはならないことであった。ガービも、フランクも私のアイ・ラブ・ユーという言葉を聞きたがったであろう。それを言ったことはなかった。ある夜、突然にガービは〝ダディーのところに行きたい〟といって泣き叫んだことがあった。彼女が泣き叫んだことは、これが最初であり最後であった。彼女は片時も父リヒャルトのことを忘れたことがなかったに違いない。泣いてはいけない、必死に辛抱しなければならないとカービは小さな胸に刻みこんでいたことであろう。しかし耐えきれなくなった彼女であった。同じバラック棟の数人から、〝泣くのを止めろ〟というかん高い声があがった。これを無視した私であった。ガービに〝うんと泣きなさい〟と叫んだのであった。これでもう二度とガービが泣くことは絶対ないと確信したからであった。私とフランクが黄疸のため数日ダウンしたことがあったが、ガービは泣き顔もみせずみごとなナース役を演じ、バラック棟の掃除もこなしたのであった。まだ七歳のときであった。子供たちをつよくするためには、母親が泣いたり笑ったりしてはならない。ウエステルボルク収容所にみずから出頭してからは、子供たちへの態度を一八〇度変えたのであった。それが子供たちの将来にとって悪かったか良かったかという問題ではない。そうしなければ、私も子供も、精神的、肉体的に崩壊し、自滅してしまったであろう」、「四五年一月に入ると、地獄のような様相になってきた。僅かの食糧の配給すら途絶するようになったのであった。ベルゲン・ベルゼンの犠牲者は、飢餓か悪疫によるものである。一片のパンすら無い状態が数日つづいたので、フランクが履くことが無理になったハイキング・シューズを幼児をかかえた同じバラック棟の女性の手に入れていたパンと交換したことがあった。フランクが裸足になるか、ボロ切れをヒモでくくった足になるかということよりも、ともかくパンを、ガービとフランクに与えたかったのである。しかし結果的には、その女性の申出があったにせよ、その女性の子供からパンを取上げたことになり、その子供の生死にかかわることでなかったか。今でもそのことへの罪悪感が消えることはない」。

ベルゲン・ベルゼンにそのまま収監されていたならば、破滅の危険性は高かったであろう。メーンザー母子が四五年二月下旬にドイツ南西部のビーベラハ収容所に移送になったのは、つぎのような経過があった。連合国に抑留されているドイツ人及びドイツ軍捕虜との交換要員、代替要員としてユダヤ人をあてたいとドイツ側は考えたのであった。そのため、強制収容所に収監されているユダヤ人のうち連合国に加担した国のパスポートを取得している者を一つの収容所に集中することとなった。ビーベラハ収容所はその一つであった。メーンザー夫人は、四四年一月はじめに既に南アメリカのパラグアイのパスポートを手に入れていたのであった。パラグアイは、手数料取得のためにパスポートを大量に売り出していた国であったこともあり、ロッテルダムに在住していたユダヤ人の友人から、ウエステルボルクに収監される直前にメーンザー夫人はパスポートの手交を受けていた。両者はオランダでの潜伏生活中にパラグアイのパスポート取得について話し合い、既に手数料をその友人に渡していたのであった。「二月下旬にベルゲン・ベルゼン収容所の当局は、パラグアイその他の南アメリカ諸国のパスポートを取得している六〇〇人の収監者のうち二〇〇人をまずビーベラハ収容所に移送し、そこで、連合国に属する国に抑留されているドイツ人との交換のための折衝を行うことになった。

そのなかに私たち三人が入ったのであった。しかしその交渉は思うように進まず、ベルゲン・ベルゼンへの収監者の返送もドイツ国内事情の逼迫のため困難になり、そのままビーベラハ収容所に抑留されることになった。同収容所は、中立国であったスウェーデンの赤十字社の監視下におかれた施設であった。(4) しかし同収容所も四五年三月以降悲惨な状況になっていた。犬好きのガービですらおびえていた猛犬が収容所の内外に配置されていたのである」、「ベルゲン・ベルゼンからビーベラハに連行される直前にパレスティナへの移住が許されたグループがあり、そのなかに親しくしていた女性がいたのである。パレスティナへ到着すればキューバに移住していた夫リヒャルトへ連絡する旨の申出が彼女からあったが、夫のアドレスは分からなかった。そのため夫リヒャルトのキューバへのヴィザ取得、リスボン、ハバナ間の乗船券入手に奔走した前記スペイン在住の私のいとこのアドレスを、ベッドのシーツを引きさいてしたためて彼女に手渡したのである。強制収容所ではトイレット・ペーパーすらない状態であったので、そうしたのであった。ハバナで夫と会ったとき、パレスティナ在住の女性及びスペインのいとこを経由してハバナに着いた私の手紙を大切に保存していた。パレスティナからスペインへは、パレスティナ在住のラビがみずからの手で運んだのであった。その手紙には、ドイツにとどまっていたリヒャルトの伯母が強制収容所で殺害されたことも書かざるをえなかった。私の手紙がともかく夫の手に渡ったことは、大戦末期の混乱をきわめた世界情勢を考えるとミラクルであったというほかない」、「ベルゲン・ベルゼンを去る直前には、腸チフスのような症状があらわれるにいたった。野外のトイレとベッドの間をたえず往復するという状況であり、それをストップするにはアヘンしかなかった。パラグアイのパスポートの入手に尽力した友人とその夫は、どこからかそのアヘンを入手し、ビーベラハ行きのアニマル・トレインの発車直前にデッキの上の私にそのアヘンを、ガービとフランクには乾パンとドロップをさしだしたのであった。お互い明日の見えない状況下であった。それは友情という次元を超越した行為であったと思う。人生三〇歳にしてはじめてヒロイズムに打たれ、アニマル・トレインに深く坐りこんだ私であった。その友人と夫はパラグアイのパスポートを手にしながら、ビーベラハ行きのリストから除外されていた。そのことを今思うと、その人たちのヒロイズムの光が私の胸をしめつける」、「ビーベラハでは、ガービのみならずフランクすら、泣きもしなかったし、笑いもしなかった。感情を表に出さないことが自己防衛のために絶対必要だということを、五歳のフランクすらしっかり認識するようになっていたのであった」。

ノルマンディーに上陸した連合軍がパリ、ついでアントワープ、ブリュッセルを占領した四四年八月下旬から九月上旬にかけて、ベルゲン・ベルゼンにおいても、収監者のみならず、ナチス親衛隊においても動揺がみられるにいたった。「その最初の事件がパリ陥落の八月二三日の数日後に発生したラ・マルセイエーズ事件であった。幼児をかかえた若いフランス系ユダヤ人女性が突然バラック棟内においてマルセイエーズを高らかに歌いあげ、それに驚愕した親衛隊員が午後八時以降の各バラック棟の出入を厳禁するという措置をとった。その女性が連合軍のパリ占領をどうして耳に入れたのか、その若い美人の女性がその後どうなったのかは分からないが、骨と皮ばかりになりつつあった私には、彼女は素晴らしく魅力的に映ったのであった」、「四五年五月にビーベラハ収容所を解放したフランス軍は、収容所内に進入する前にフェンスごしに歓声をあげてワイン・ボトルを一せいに収容者に投げたのであった。やっと八歳になっていたガービは、それによって戦争が終わったことを知って泣いた。ベルゲン・ベルゼンにおける〝ダディーのところに行きたい〟からこらえつづけていた彼女であり、〝アイ・アム・フリー〟と何回も叫んでいた。しかしフランクは、ガービの叫ぶフリーの意味が理解できなかった。生れてまもなくドイツ軍のオランダ侵攻ということになったからである。夜間にフランクをつれて外出したことはなく、したがってフランクにとって夜とは窓からみた燈火管制下の暗い道路であったようである。潜伏生活に入ってまもなく、必要にせまられてフランクを伴って父の隠れ家を夕方訪ねたことがあった。帰ろうとしたときムーンライトが暗い道路をてらしていた。〝マミー、あれなに〟とフランクはいった。月をそれまで見たことはなかったのである。また農村地帯にあったビーベラハの収容所解放後そこにとどまっていたときに、収容所前の道路を耕作用の馬車が往来していた。そこでフランクに、〝収容所の外では自由があるのよ、馬車が自由に行ききしているでしょう〟と話しかけた。フランクはそのため、自由とは馬のための言葉だととらえたようである。別の日に収容所の外の歩道にフランクをつれだしたことがある。フランクは〝マミー、ここを自由に歩いていいの〟と話しかけてきた。ほんの少しではあるが、自由が分かったようであった。たしかに環境というものはメンタリティーを支配する」。

「ビーベラハの解放後、私たち収監者全員に国際赤十字社から小包のプレゼントがあった。そのなかの煙草を収容所近くの農家の人の持ってきたブルーと白のチェックの入った生地と交換し、バラック棟の私たちのベッド近くにそれを飾った。すると収容所を去り難いような気持になってきた。この生地のことは記憶から消え去ることはない」、「フランクフルトのアメリカ軍政部に配属になっていた弟ハンスがビーベラハを訪れてきたのは、四五年六月のことであった。たくましい兵士になっていた。アメリカ軍政府のナチス犯罪捜査セクションから要請を受けそのスタッフとなっていたドイツ人医師ニーダラードのはずれにあるイーゼンブルク所在のこの医師のすてきな住宅に案内し、同医師の好意で九月末までそこに滞在することになった。同医師宅へは厚い冬コートをまとい重い靴をひきずりながら入った。すさまじい身なりの母と子であったであろう。その間、フランクフルト時代に一家でハイキングにでかけたタウヌス山地にも足を運び、周囲の風景をながめつつ父のことを思ったことである。また廃墟となってしまったフランクフルトの町並みをハンスとともに徘徊し、平和を獲得するためには無残な犠牲が強いられることを眼でたしかめつつあったときに、ある思いがつよくよみがえってきた。それは、ギムナジウムにおけるある女性教員のことである。彼女には、さまざまな追想があるが、私の母あての連絡ノートに〝ゲルトルートさんにはクリティカーという素質があると思われますが、それが他人を傷つけることを楽しんでいるという過度の傾向があるようにみえます〃とあった。その当時の私をズバリついた言葉であった。それ以来他人を傷つけることを絶対してはならないというのが自戒となった。私の人間形成にとって大きなインパクトを与えたのは、両親に加えてこの女性教員であった。彼女がドイツで死去するまで、私はこの女性教員に対する敬愛の念をドイツ旅行のさい会うごとに新たにしたのであった」。

「イーゼンブルクの医師は、二人の助手とともに、ガービと私の肝炎、フランクのジフテリヤの治療に全力を傾けたのであった。骨と皮になりながら漸く治癒し、ガービとフランクはこの医師の娘たちと楽しく遊ぶまでに精神的にも回復のきざしをみせてきた四五年九月にビーベラハ収容所にもどることになった。両親と妹ウルズラの住んでいるオランダのブルーマンデールに帰るためには、収容所発の難民輸送バスを利用するしか手段がなかったのである。戦争終結直後にはヨーロッパの交通網は寸断されていた上に、ドイツは米、ソ、英、仏の各軍政府によって分割占領せられていたからである。オランダに向う難民バスに乗車し、一〇月のある日の深夜、母と妹ウルズラの待つかつての隠れ家に到着した。母パウラが九月半ばに死去した父の遺族年金の受給資格を取得していたことを、そこで知ったのであった」。後にもコメントするところであるが、ホロコーストのためにユダヤ人個人の受けた生命、健康の損害、自由の剝奪、財産の押収または破壊による損害の補償のために西ドイツにおいて統一的な連邦補償法（Bundesgesetz zur Entschädigung für Opfer der nationalsozialistischen Verfolgung,

Bundesentschädigungsgesetz）の制定されたのは、一九五三年九月一八日のことであった。この法律は、ユダヤ人個人の犠牲者に対する賠償金の支払を早急に定めたドイツ占領アメリカ軍政府命令をオリジナルとするものであったといわれる。(5)右のようにジンツハイマー夫人が遺族年金資格を既に取得していたとメーンザー夫人はいい、ウルズラ追想記にもその旨の記述があるのは、(6)おそらく、アメリカ軍政府がフランクフルトに設置されてまもなく、受難ユダヤ人個人のうち、生命、健康、財産に加えられた損害の明らかになった関係者への早急な補償を占領下の州政府に緊急に命令した結果と思われる。

（1）ウエステルボルク収容所の全容が明らかにされたのは、既述したように（三五三頁）、ホロコーストの犠牲となったオランダ系ユダヤ人エティ・ヒレスムの遺稿日記 Het verstoorde leven. Dagboek van Etty Hillesum, 1981 と、同じくオランダ系ユダヤ人フィリップ・メカニクスの遺稿日記 Philip Mechanicus, In Dépôt, 1989 によってである。

（2）ベルリン北方には母子専用の強制収容所があった。ラーフェンスブリュック収容所である。参考文献に掲げたミュラー『母と子のナチ強制収容所』は、そこでの記録である。

（3）アンネの母エディトがアウシュヴィッツ・ビルケナウで死去したのは四五年一月六日のことであり、したがってアンネがメーンザー夫人とベルゲン・ベルゼンで再会したのは、おそらく一月中旬か下旬のことであったであろう。二月に入ると、メーンザー夫人はビーベラハに移っているからである。

（4）ドイツ本国及び占領地にあった強制収容所に対する抗議、非難を、収容所の管轄組織であったナチス親衛隊も無視することはできなかった。そのため、国際赤十字社、とくに中立国スウェーデンの赤十字社の若干の収容所に対する視察を受入れざるをえなくなったのである。

（5）ヒルバーグ『ヨーロッパ・ユダヤ人の絶滅』下三七四頁。ドイツがこれまで放置していた「強制労働」の補償という現在的問題については、つぎの資料参照。ボルカー・クライン「ドイツの強制労働補償問題を追う」雑誌正論二〇〇〇年六月号二九〇頁。

（6）Ursula Postma, In Memoriam, S. 218, 信山社ジンツハイマー一〇九頁。

V　中継地キューバでの生活

父ジンツハイマーの死去のほぼ一箇月後にブルーマンデールに帰着したメーンザー夫人は、夫の待つキューバへの渡航準備に直ちに入るにいたった。アムステルダムのキューバ領事館でヴィザは取得できたが、ハバナ行きの乗船券を入手することは容易ではなかったようである。前述したようにヨーロッパ諸国のアメリカ領事館はアメリカ入国への中継国としてキューバをあげ、キューバのヴィザを取得することをアメリカ移住希望者に勧めたのであり、夫リヒャルトもその方法をとったのであった。

さきには、フランクフルト東北部にあるニーデナウ地方の小都市におけるユダヤ人集団の生活史及び一九三三年以降のポグロムによる悲惨な離散の経過をまとめたすぐれたドキュメントのことについて言及した。そこには、一九四一年一一月にアメリカ移住のために中継地キューバへ渡航した一ユダヤ市民の詳細な経過が掲げられている。そのユダヤ市民の場合は、ハバナ到着後二箇月をへてアメリカへの入国が許可されたというラッキーともいえるケースであるが、アメリカ入国までに要した経費を参考までに左にあげておきたい(1)。

リスボン―ハバナ間の船賃　三五〇ドル
キューバでの二箇月間の生活費　五〇〇ドル
ハバナ―アメリカ（到着港不明）間の船賃一五〇ドル
キューバ、アメリカの両ヴィザ料金　四〇〇ドル

リスボンでスペイン船籍のマゼラン号に乗船し約三週間後にハバナにメーンザー母子が到着したのは、一九四六年三月のことであった。「二人用の船室のため私はフロアに寝なければならなかった。船室は極端にせまく、航海中の食事は豆ばかりであった」ということであったから、最低またはそれに近いクラスであったのであろう。右の四一年一一月のハバナ行きの船賃三五〇ドルの場合も、おそらく同様のクラスの船室であったことと思われる。

「ハバナ港でほぼ五年ぶりに再会した夫リヒャルトをガービ、フランクの二人は忘れていたかと心配もしたが、杞憂に終ったのは幸いであった。同じマゼラン号に乗船していたオランダ系ユダヤ人、ドイツ系ユダヤ人の多くはキューバに到着後まもなくアメリカ入国のヴィザを取得したが、私たちはそれに三年を要した。その確たる理由は分からない。夫がキューバのコミュニスト・メンバーであった移民局のヘッドとキューバ渡航以来交友関係にあったこと、夫がドイツのスパイであったという匿名の手紙がハバナのアメリカ領事のもとに届けられていたことが、あるいはマイナス要因になってい

たことも考えられる。そこで私たちは、かつて父の弁護士事務所に勤務していたハンス・モーゲンソーに連絡し、アメリカ入国についての協力を依頼したのであった。一九三七年にアメリカに移住していたモーゲンソーは、当時シカゴ大学の国際政治学教授として既に名声を獲得していたのであった。モーゲンソーの宣誓供述書の結果ヴィザを取得することになるが、結局三年余のキューバ生活を送ることになった」。メーンザー夫妻はあるいはマッカーシー旋風の前兆の余波をもろに受けたのかもしれないが、当時のアメリカの国内事情、さらにはアメリカの移民法、移民ヴィザ、入国手続等については、この付章でこだわるべき問題ではない。

ほぼ三年のキューバ生活が後にメーンザー女史に幸いすることになる。弁護士であった同女史が、ニューヨーク市のブルックリン区の家庭裁判所の裁判官に任命されたのは六五歳のときであり、それから五年にわたってブルックリン区、ついでブロンクス区の各家庭裁判所の「グランドマザー・ジャッジとしてのチャレンジングな生活に入ったのであったが、ブルックリン、ブロンクス両地区ではスペイン語を日常語とする人口が多数をしめていたことはラッキーであった。オランダ時代にはロシア語を、キューバ時代にはスペイン語をマスターできたのであったが、裁判官への任命にはスペイン語のことがあるいは考慮に入っていたのではないかと思われる」。

一九四〇年に連合国側に立って第二次大戦に参戦し、四五年には国連に加盟したキューバであったが、アメリカの経済支配下にあったとはいえ、五九年一月のカストロ政権までは政治的方向の見えない激動の段階にあった。しかしアメリカ移住までの間、メーンザー一家は、オランダ亡命後の生と死の限界極限生活を耐えた後の新鮮な生活をキューバの地に見出したようである。「夫リヒャルトはアメリカに渡航し、ロー・スクールをへて弁護士というつよい願望をいだいていたし、私もそれを心から期待していた。しかしリヒャルトは会計士として既に十分の収入を得ていたので、ハバナの海岸ぞいの小さいながら快適なアパートでキューバ生活がはじまったのであった。温暖な季節には、海をながめつつテラスで食事をしたこともある。四七年に女の子スーズィーが生れてからは、ハバナ近郊に農園付きのコッテージを賃借し、夏期の休暇には、一家五人がそこで過したのであった。ガービとフランクはハバナのアメリカン・スクールに通学する。そこでは午前の授業は英語で、午後の授業はスペイン語で行われたので、子供たちはバイリンガルになることが可能になった。将来のことを考えると、二人には大きなプラスになったことである。家事の多くはハウスメードに委ねていたので、体力の回復にあてることもできたし、スペイン語の十分なレッスンもできたのであった。アメリカ移住当初は余りにもきびしい生活環境下におかれ、死ぬためにアメリカに来たのではないかという耐えがたい気持になったこともある。それだけに、キューバの生活は天の与えた恵みであったという思いがつよいのである」。

（1）　Kingreen, Jüdisches Landleben, S. 178.

Ⅵ　アメリカでの生活とグランドマザー・ローヤー

一九四六年三月にキューバに到着後三年余のハバナ生活をへてメーンザー一家がアメリカに入国したのは四九年であり、アメリカのいわゆる市民権を獲得したのは、それからほぼ六年を経過した五五年のことであった。アメリカでの夫妻の生活、グランドマザー・ローヤー、グランドマザー・ジャッジとしてのメーンザー女史の活躍については、できるだけ簡潔に言及するにとどめたい。

右にはアメリカ移住当初の余りにもきびしい生活環境についてメーンザー女史が「死ぬためにアメリカに来たのではないかという耐えがたい気持になったこともある」と語っていることについて記録した。つづいて、「キューバからアメリカに渡った最初の二年間は昼も夜も泣きたいほどの気持であった」とも語っている。弁護士資格取得前の「夫リヒャルトは、ロー・スクール受講の後にある弁護士事務所での雑務の仕事をこなしてから午前一時ごろ帰宅し、私もスーズィーの育児の合間に清掃婦として働きはじめたので、疲れ切って帰宅した。その住いは、ニューヨーク市東部のクイーンズ地区の極端にせまい粗末なアパートであった。私たち夫婦はリビング・ルームで寝なければならなかった。誰にも助けをもとめることができない状況であった」。それは、一九三六年から戦争終結直後までにアメリカに移住した一般のユダヤ人市民の宿命であったであろう。名門アインシュタイン家の血筋をひく南西ドイツ出自のユダヤ人女医ヘルタ・ナートルフ（一八九五―一九九三）が、イギリスをへて夫とともに四〇年二月にニューヨーク港に到着した当時の様子をナートルフの日記にはつぎのように書きこまれている。「私たちは待ちに待った。非常に多くの船客たちがすでに呼ばれて去った。……私たちを迎えにきてくれた人は、ひとりもいなかったのだろうか。ようやく！　ほとんど最後に私たちは船をおりることができた。親戚や友人たちは、私たちを迎えにきてくれていたのだ」、しかしそのうち誰からか「あなたたちはこれからどこに住むつもりなのと尋ねる声が聞こえてきた。どんな質素な部屋でさえも、誰ひとり私たちのために借りておいてくれなかったし、宿を手配しておいてもくれなかった。たぶんそんなことをしたら、彼らがあらかじめ宿代を支払わなければならないという心配からだろう」、出迎えにやっとあらわれた人びとは、「到着の最初の数時間後にはもう私たちを離ればなれにした。なんという悲しい前兆だろう」、漸くラビの開設していた「よるべのない人びとのための保護施設に宿泊の場所」を見つけることができたが、急いで立去った人たちはなぜ「私たちが到着した際、すぐにここを宿泊所とするように手配してくれなかったのだろう」、「あまりの無理解と無情さにショックを受けて」いた上に、ニューヨーク生活をはじめると、「たびたび汚い難民」といわれ、「汚いナチのスパイ」といわれたのであった(1)。

メーンザー夫妻がキューバからニューヨーク市をめざしたのは、弁護士事務所開設という夫リヒャルトの宿願によることではあったが、当時からニューヨークは地上最大のユダヤ人都市であった(2)。そのなかでリヒャルトはブルックリン・ロー・スクールに通学していたが、五三年ごろになると、「ハウスワイフ及びマザーとしての生活にとどまるか、キャリア・ウーマンの道をめざし、たとえばリヒャルトにつづいてロー・スクールに進むか」の選択をせまられることになった。後者のルートをめざすというのが不動の目標であったが、四七年生れのスーズィーの育児が困難になり、家事も不可能になるおそれがあったので、午後の早い時間に帰宅できるライブラリー・スクールに通学することになった。その後ロー・スクールの課程を修了したリヒャルトは、五五年に一家が市民権を取得した直後に、ニューヨーク市のバー・アソシエーションに入会申請をし、それが許可されて弁護士活動に入るにいたったのであった」、「夫リヒャルトは、ドイツでギムナジウムの課程を修了したころより化学者の道をとるのが夢であった。ところが彼の両親の友人であった化学専攻の大学教授は、ドイツではユダヤ人出自の化学者に対し企業はいまだに閉鎖的であることを告げ、同化ユダヤ人であっても生活の安定のためには法学部に進学しローヤーの道をとるべきことをつよく勧めたのであった」、「その結果、リヒャルトは弁護士となり父の事務所に入ることになったが、父の学殖とその人間性に加えその刑事弁護人としての能力に圧倒され、父を敬慕するにいたったのであった。父に対する彼の姿勢には偶像崇拝というべきものがあった。彼もまた、きわめて有能なすぐれた弁護士であったと思う。依頼人の多くは彼を心から信頼していた。彼の取扱った事件のうちには、ナチスにより不法に押収、破壊された財産の補償に関するものがかなりの部分を占めていた。夫は多額の報酬を得るようにもなっていたが、私は彼の法律事務所に足をむけることは一切しなかった。リヒャルトの仕事にプライベートな面で影響を与えるおそれがあると考えたからであった」、「ライブラリー・スクールの課程修了後マスターの資格を取得し、ニューヨーク市のフィンチ・カレッジで五六年から六二年まで司書として勤務するにいたった。その後ライブラリー・スクール側からスクールのスタッフに登用したいという意向も示され、ロー・スクール進学という年来の希望にも障害があらわれたように思えたのであった。ところが戦後もオランダのブルーマンデールに住んでいた母パウラが一九六〇年に死去したのであった。アメリカ移住後、毎年、私も、またガービ、フランク、スーズィーも母を訪ねていたのであったが、その遺言によって九〇〇〇ドルを受取ることになった。それを授業料としてロー・スクールへ進学することを決意し、ライブラリー・スクールのスタッフ登用の申出を辞退することにしたのである。母の死は、ロー・スクールへの道を決定的にさせたといってよいのであるが、もともと私は決めた目標に対しては執念深い人間だと思っている。一九六三年にブルックリン・ロー・スクールに進学したときには四九歳であり、唯一人のグランドマザー・スチューデントであった。みんなのマザー、みんなのグランドマザーだと思ったことであった。ガービは既に結婚し、フランクはメディカル・スクールに在学し、スーズィーはハイ・スクールに通学中であった。したがってロー・スクールでの勉強には障害はなくなっていた。一六歳になっていたスーズィーは〝ママはいつも戦っている〟といっていたが、私の気質を彼女なりにつかんでいたと思われる」、「そのころより高血圧に悩んでいた夫は腎臓病にかかり、胃にも発作が起きていた。法律事務所における業務が多忙をきわめていたので、十分な治療時間をとることも困難となっていた。そのため一九六六年にリヒャルトは死去したのであった。夫は多額の報酬を得ていたのでかなりの遺産があり、ローヤーへの道は経済的にも家庭的にも問題はなかったのであった。というのは、家庭事件、少年事件を含めた社会福祉事件専門の弁護士というのが私の目標であり、報酬のいかんは関心外であったからであった。亡き夫の両親も、私の目標を諒解したのであった」。メーンザー女史の人生目標を実現したいというリビドーにはすさまじいものがある。トランスクリプションを読みつつそれに圧倒される思いであった。前記したことでもあるが、同女史はその性格を「自分は完全論者である。何をなすべきかを決めたときは、それをなしとげねばならないと思う。何とかなるということは、私の拒否するところである」と語っているのである。

　リヒャルトの死去直後にメーンザー女史は待望の弁護士資格を取得するにいたった。一九六六年のことであり、五二歳のグランドマザー・アトーニーの誕生であった。セントラル・パークにリヒャルトの開設していたソロモン・メーンザー合同法律事務所に入ったのであるが、「共同経営者であったソロモンは、頭の切れる有能な弁護士であったが、最初から、私にオーバー・ペイドと思われる報酬を支払ってくれたのみならず、遺言執行人としての仕事をまず委ねられたのである。彼の厚意によるものであった。しかし弁護士業務に習熟するにしたがい、年来の目標であった家庭事件、少年事件を含めた社会福祉関係の事件を引受けるにいたった」。その過程でメーンザー女史は、六五年七月から六九年五月まで連邦最高裁裁判官であった前掲エイブ・フォータスと接触することになった。その契機となったのが、メーンザー弁護士が最初からかかわったある少年事件であった。同事件にかかわる一九六七年五月一五日の連邦最高裁判決後、フォータス裁判官から、メーンザー女史のロー・スクール時代の指導教授であり、社会福祉法への道を同女史につよく勧めた前掲ノーマン・ドーセンを通じ、同教授とともに社会福祉法の研究をしていたある女性に対しメーンザー・アトーニーのキャリアについて問合せがあった。メーンザー女史の弁論にひかれたためである。その女性は、ソーシャル・ワーカーとしてメーンザー女史とロー・スクール以来親交関係があった。フォータス裁判官の問合せに対する右女性の返信は、メーンザー女史にたしかめつつ書かれたものであり、その写しがメーンザー女史の手元にある。「ディア・エイブ」ではじまるこの返信の一部をつぎに掲げておきたい。「あなたの手紙に指摘しているガートルード・メーンザー夫人のことであります。ニューヨーク市のバー・アソシエーションに加入してから僅か三箇月しかたたない彼女を弁護士に依頼するように当事者に勧めたのは、つぎのような歴史的背景があります。連邦最高裁にまで上訴の可能性のあった本件においては、少なくとも五年の実務経験のある弁護士でなければならないでしょう。しかし彼女にはそれを上回る社会体験と能力がそなわっております。彼女は五〇歳を過ぎておりますが、ドイツにおけるユダヤ人の多くがそうでありましたように同化ユダヤ人の出自であります。ヒトラーが政権を掌握すると、彼女は、彼女の父の法律事務所で働いていたメーンザー氏とともにアムステルダムに亡命し、そこでメーンザーと結婚しました。メーンザー夫妻はアンネ・フランク一家と親しい関係にあり、生前のアンネを知っている数少ない一人であります。ヒトラーがオランダに侵攻した後、彼女の夫はオランダを離れ、キューバに亡命の地をもとめましたが、彼女は二人の幼児とともにオランダの知人のところに潜伏しました。ある日、二人の子供が路上でゲシュタポの支配下にあったオランダ警察に連れ去られるということになりました。彼女の友人がオランダのウエステルボルク収容所に二人の子供がいることを伝えたため、彼女は同収容所に出頭し、親子三人でそこに収監ということになりました。まもなく、アンネ・フランクが四五年三月に死去したドイツ北部のベルゲン・ベルゼン収容所に連行され、ついでドイツ南西部のビーベラハ収容所に移送され、戦争終結までそこに収監されていました。生と死の境界線にありながら生き抜いたのであります。子供と一しょに耐えたことがベストであったと彼女は語っております。すさまじい生への闘いであったと聞いております。戦後はキューバをへて四九年にアメリカに移住し、市民権を獲得しました。夫はドイツ時代と同様に弁護士として活躍しておりましたが、残念なことに六六年に死去しました。キューバ時代に女の子が一人生れ、三人のマザーでありますが、子供たちの成長とともに、心のうちにひめていたロー・スクールをへてアトーニーという彼女の宿願を実現することが可能になり、夫の死去の直後に、ニューヨーク市のバー・アソシエーションに加入し弁護士となりました。ヨーロッパ大陸法と異なるアメリカの法システムは、彼女の法意識にアダプトしたと思われます。弁護士となってからは、社会福祉法、とくに少年法関係の事件の処理が彼女の主たる仕事となっております」。前述したように、エイブ・フォータスは第一七代大統領ジョンソンと古くから緊密な関係にあり、同大統領によって連邦最高裁裁判官に任命されたのであった。ちなみに一九三〇年代初期よりアメリカのユダヤ人は圧倒的に民主党支持であり、一九八〇年代に入ってその支持率は若干落ちこんでいるもののその傾向は続いているのである。(3)

一九七九年三月に六五歳になったメーンザー女史は、その二箇月後に家庭裁判所の裁判官に任命せられ、前述したように、以後五年間にわたりニューヨーク市のブルックリン区、、ついでブロンクス区の各家庭裁判所における生活がはじまるのであった。「ニューヨーク市の家庭裁判所裁判官委員会の任命の決定は、全く予想しえないことであった。政治的な動きは元来私の関心外であったし、家庭事件、少年事件を主体とした弁護士業務が軌道にのり、充実したアトーニー生活を送っていたからである。しかし、任命にさきだつ右委員会のインタビューを受けるさいに、ある尊敬すべき先輩の女性ローヤーのことが念頭に浮かんだのである。彼女は、ニューヨーク市のバー・アソシエーションの少年法委員会の創設者であったのみならず、家庭裁判所の女性裁判官の第一号であった。同裁判所における指導的裁判官として名声を博していたのであった。ついで、ロー・スクール時代の前掲アルバート・ブロースタイン教授のゼミナールにおいて私の行った〝家庭裁判所における当面の課題〟という報告及びゼミ・レポートに対し、同教授、さらに同ゼミナール報告を傍聴していた右の女性ローヤーから、温かいサポートを受けたことも思いだしたのであった。委員会のインタビューに対し、これまでヤング・アトーニー、ヤング・ローヤーであるという意識でもって事件処理にあたってきたと答えたのであった。七〇歳になったときにリタイアの勧告が右の裁判官委員会からあったのは意外であった。その勧告がエージ・ディスクリミネーションであるという私の主張を委員会が受入れたので、それを諒として退職したのであった」、「裁判官になったときには、私たちを受入れたこの国アメリカにペイバックしなければならないと心から思った」、「少年事件の審判にあたってニューヨーク市の社会サービス部門の担当者からしばしば裁判官として偏向的であるという批判のなされたことがあった。問題をかかえた少年はできうる限り親元に帰すことが精神的外傷をいやす良薬であるというのが私の信念であった。苛酷な強制収容所時代にガービ、フランクの二人の幼児を絶対手元から離さず、しかも劣悪な環境を耐えぬく精神をたたきこんだという経験からえられたものであった。したがって養護施設への収容という予防的サービスを絶対視する市の社会サービス部門の主張を肯定することはできなかった。ブルックリン、ブロンクス両区の家庭裁判所の審判でも、この信念の正当性が立証せられたと思う」、「よき家庭裁判所の裁判官はソーシャル・ワーカー、ケースワーカーでなければならない。単なるジャッジであってはならない」、「当時マンハッタンのウエストサイドに住んでいたので、マンハッタン区の家庭裁判所に勤務したいと思ったこともある。ブルックリン区の裁判所の入っているビルはエアコンもなく、動物の飼育施設と呼ばれていたほどのひどい裁判所のたたずまいであった。しかし同僚裁判官はいずれもすぐれた人柄であり、持参のサンドウィッチを食べながら過ごすランチタイムの会話を私はこよなく愛したのであった。自宅から出てブルックリン・ブリッジを渡るときは、いつもマイ・ソングを楽しく口ずさんでいた。ブロンクス区の裁判所の雰囲気も同様であった。さらに手狭な同裁判所にはランチタイムを過ごす部屋がなかった。しかし公園でもったサンドウィッチ・タイムのお互いの討論も、ブルックリン区の裁判所と同様に有益であった」。このくだりのトランスクリプションを読みすすむと、アメリカ渡航の経験のないだけに、ブロンクス、ハーレム、セントラルパーク、ウエストサイドをへて、マンハッタン・ブリッジを渡りブルックリンへと徘徊してみたいという気持が思わず走る。

「家庭裁判所を一九八四年に去ったときは虚脱状態であった。再びカムバックしたいとも思った。しかししばらくすると、同裁判所での経験を活かして家族法の講義をしたいという意欲がわいてきた。まず五六年から六年間司書として勤務したフィンチ・カレッジでは、〝法学及び家族法入門〟について講義を行い、ついでロー・スクール時代からの親友であり、社会福祉法の研究者であった女性の尽力により、同じくニューヨーク市のハンター・カレッジで〝女性のための法律〟について講義を担当することになった。いずれも一学期のイブニング授業であった。その終了直後に、イエシヴァ大学のカードーゾ・ロー・スクールの学部長モンロー・プライスから(4)〝家族法概論〟と〝親子関係と国家秩序〟についての講義の招請があった。この講義はその後も継続している。他方、ニューヨーク市のバー・アソシエーションの少年法委員会の委員長、家庭裁判所・家族法委員会の委員としての仕事もある。カードーゾ・ロー・スクールへの出講にはニューヨーク郊外の自宅から車で一時間ほど要するが、リーガル・レポートを読むことは思考と発想の刺戟となっているのである」。

八〇歳をこえてほぼ六箇月後の一九九四年一〇月一八日になされたインタビューにおいては、つぎのような言葉がある。「これまでは働くことが絶対的な義務だと思っていた。かつての典型的なドイツ人であるからであろう。仕事のことが、心の奥に深く入りこんでいた。それをこなさなければ満足はえられなかった。バケーションをとり、レジャー・タイムを設け、ウィークエンドを楽しむ前に仕事を徹底的にやりとげなければ、それは罪悪だと信じていた。ウィークデイにマチネに行くこと、ノーベルを日中に読むことは、同様に罪悪そのものであったし、その時間もなかった。義務のために生きることがマイ・ウェイであった。しかし八〇歳に到達したことを、生活と余暇を楽しむための人生へのターニング・ポイントにしたいと思う。そのように気持を切りかえると、キッチンに立つことすら楽しくなってきたのであった。これまでのチャレンジャーからクィーンになったようである」。最終回の一九九八年五月三〇日のインタビューで、女史は「頑固者であるが故に、これまでの人生に悔いはない」と語っている。頑固者であり、人生をすさまじく歩きつづけてきたメーンザー女史だけに、ターニング・ポイントという言葉にはとどめを刺すような重みがある。

さきには、ホロコーストによるユダヤ人個人の犠牲者に対する賠償金の支払を定めた一九五三年九月一八日の西ドイツ連邦補償法に言及した。それについてメーンザー女史はつぎのように語っている。「私は弁護士として高額の報酬を受取ったことはない。ドイツの連邦補償法により十分な年金を取得している。その年金は年々増額になっている。一九九四年現在の年金額は月額一八〇〇ドルないし一九〇〇ドルであり、ドイツ政府とアメリカ政府とのアグリーメントによって無税となっている。それによってホロコーストで蒙った精神上、身体上の損害がもちろんペイされることはないが、ドイツ人が私のグッド・ライフのためにかなりの犠牲を払っているのだとして納得している」

（1）　ナートルフ『ユダヤ人女医の亡命日記』一八八頁。

（2）　世界的にみて、ユダヤ人口は大都市居住型であるが、もっとも顕著な都市集中がみられるのはアメリカである。一九八〇年代後半の統計をみると、突出しているのがニューヨーク市の二〇〇万であり、ついでロサンジェルス市の四五万となっている。ジョンソン『ユダヤ人の歴史』下四三〇頁。

一九三三年以降ニューヨークに移住したドイツ系ユダヤ人の居住地域は、つぎの三つであった。セントラルパークの西七〇番街―一〇〇番街の間、イーストサイドの六〇番街―八五番街の間、北マンハッタンのワシントンハイツ。ナートルフ『ユダヤ人女医の亡命日記』二三頁。

（3）　ジョンソン『ユダヤ人の歴史』下四三〇頁。

（4）　モンロー・プライス（一九三八―）は、ウィーンに生れた翌年に両親とともにアメリカに移住し、八六年から九一年までの間カードーゾ・ロー・スクールのディーンの地位にあった。

Ⅷ　父ジンツハイマー

さきには、メーンザー夫人が、ウエステルボルク収容所に連れ去られた幼児二人を絶対手放せないという必死の思いで一九四四年一月に両親及び妹ウルズラに別れを告げ、同収容所に出頭したことについて言及した。「さようならといい父の隠れ家を離れつつ窓を見上げると、カーテンごしに父は私を見守っていた。再び父に会うことはなかった。とてもつらい一瞬であった」という夫人の語りから、映画ゲルトルートができるとすれば、その第一部のラスト・シーンになるのではないかという思いがふと浮かんでくる。

ドイツ時代、ジンツハイマーはその担当していた刑事事件について折りにふれメーンザー夫人に語っていたようである。労働法学者としての父、社会民主党の有力メンバーとしての父よりも、ハイ・ティーン時代の同夫人に強烈な印象を与えたのは刑事弁護士としての父ジンツハイマーであった。ロー・スクールをへて弁護士へという人生をアメリカで生き切っているのは、「ドイツ時代に著名な刑事弁護士の一人であった父の影響によるものであり」、「理論と実務の両面を統合させつつみずからの法理論を開拓していた父の与えた知的へゲモニーにははかり知れないものがあった」と同夫人は語っている。九八年五月三〇日になされた最終のインタビューには、父ジンツハイマーについてのつぎのような言葉がインタビューアーに返ってきている。「父は理想を追った人であった。アムステルダム大学法学部に私が進学しようとするとき、実務もおろそかにしてはならないが、法の理念の勉強にまず情熱を燃さなければならないと語ったのであった。法による人間性の回復、人間性の実現が父のいわんとするところであった。法社会学から立法学へ向った父のオランダ時代の研究には、無類の頑固さがあった。私の頑固さも父から受けついだものであろう。夫リヒャルトは実務家としてすばらしい弁護士であったが、父を心から敬愛していた彼も、社会正義の実現、人間性の実現を事務処理のパトスとしていたのであった」。一九九八年にオランダのハールレムで死去したジンツハイマーの三女ウルズラの前掲追想記でも、父ジンツハイマーが「最後まで一貫して度し難い理想主義者」であったことを書きつらねているのである。(1)

ハイ・ティーン時代にメーンザー女史が父ジンツハイマーから受けた最初の講義は、シェークスピア・ベニスの商人にあらわれているシャイロック裁判の場面であり、ついでシェークスピア・ハムレットにおける犯罪心理の描写であった。「父の講義から文学作品に目が向けられるようになったのみならず、心理学的な、法律学的な視点というものが若い私に提供されるようになった。進んでホメロス・オデュッセイアを読み、復讐という思想とこれに対立する愛と慈善の思想をつかみとったのも、父の指導の賜物であった。哲学、心理学、社会学が法のベースをなすということは私の信念となっている。それは父から授かったいわば遺伝的な信条である」。メーンザー女史のような人生を闘って生き、生き抜こうとする人はだんだんいなくなってくる。

(1) Ursula Postma, In Memoriam, S. 211, 信山社ジンツハイマー一〇八頁。

信山社

〒113-0033 東京都文京区本郷6-2-9-102
TEL 03-3818-1019　FAX 03-3818-0344

著者紹介――

久保敬治（くぼ・けいじ）

1920年　神戸市に生まれる
1944年　東北大学法文学部卒
現　在　神戸大学名誉教授
主要著書（1984年神戸大学を定年退職後の）
『ある法学者の人生　フーゴ・ジンツハイマー』（1986，三省堂）
『新法学入門』（1990，三省堂）
『労働法』（1993，ミネルヴァ書房）
『労働協約法の研究』（1995，有斐閣）
Hugo Sinzheimer-Vater des deutschen Arbeitsrechts : Eine Biographie, Köln : Bund-Verlag, 1995
『フーゴ・ジンツハイマーとドイツ労働法』（1998，信山社）

新版　ある法学者の人生　フーゴ・ジンツハイマー

2001年（平成13年）4月15日　第1版第1刷発行

著　者　久　保　敬　治
発行者　今　井　貴
　　　　渡　辺　左　近
発行所　信　山　社　出　版
〒113-0033　東京都文京区本郷 6-2-9-102
TEL　03（3818）1019
FAX　03（3818）0344

Printed in Japan.

印刷・製本／松澤印刷・大三製本

ISBN 4-7972-2198-4　C3332

事項索引

あ 行

か 行

さ 行

た　行

な　行

は　行

ま　行

や　行

ら 行

わ　行

人名索引

A

Abendroth, Wolfgang（1906-1985）……237
Adickes, Franz（1846-1915）……110-1, 128, 140
Adler, Emanuel（1873-1930）……206, 243, 247
Adler, Max（1873-1937）……240, 261, 267
Alsberg, Max（1877-1933）……63
Altmann-Gottheiner, Elisabeth（1874-1930）……115
Andrè, Fritz（1859-1927）……171
Antrick, Otto（1909-1983）……147
Arendt, Hannah（1906-1975）……420
Arons, Hans（1889-1949）……291
Arons, Martin Leo（1860-1919）……102-3
Auerbach, Walter（1905-1975）……344-5
Aufhäuser, Siegfried（1884-1969）……210

B

Baade, Fritz（1893-1974）……289
Barbie, Klaus（1913-1991）……349
Baron, Julius（1834-1898）……99
Baron, Passfield（Webb, Sidney James）（1859-1947）……240
Barth, Theodor（1849-1909）……6, 103
Bauer, Gustav（1870-1944）
……131, 134, 137, 139, 156, 164, 169, 179, 242, 244, 250, 281, 296
Bauer, Stephan（1865-1934）……174-6
Baum, Georg（1874-1933）……68, 73-4, 95, 171, 174, 176, 242, 247
Baumgarten, Arthur（1884-1966）……227, 226-7
Beckerath, Herbert von（1886-1966）……298-9
Beier, Gerhard（1937-　）……52, 54, 56, 137, 263, 265, 345
Bendix, Ludwig（1877-1954）……255, 259-60

Bendix, Reinhard（1916-1991）……260
Benjamin, Walter（1892-1940）……97, 130
Bergh, George van den（1890-1966）…9-10, 329, 331-3, 339, 352, 354, 374, 390-1, 408
Bernhard, Ludwig（1875-1935）……76, 78-9
Bernstein, Eduard（1850-1932）……101, 240, 321, 337
Beseler, Georg（1809-1888）……104, 136, 202
Bettmann, Otto（1903- ）……28
Binding, Carl（1841-1920）……185
Blank, Theodor（1905-1972）……146
Blaustein, Albert Paul（1921- ）……403, 406, 445
Böckler, Hans（1875-1951）……220, 286
Böhm, Franz（1895-1977）……18, 21-2, 140, 363-4
Boehmer, Gustav（1881-1969）……372
Bötticher, Eduard（1899-1989）……367
Bonger, William Adrian……339
Boos, Emma（1857-1932）……91
Boos, Roman（1889-1952）……21, 85, 87-9, 91-2, 94, 96
Booth, William（1829-1912）……53
Brakel, G. J. van……389
Brandes, Alwin（1866-1949）……210
Brauer, Theodor（1880-1942）……120, 144, 147, 288
Braun, Adolf（1862-1929）……49
Braun, Heinrich（1854-1927）……49, 58
Braun, Marie（1874-1964）……243
Braun, Otto（1872-1955）……14-5
Brauns, Heinrich（1868-1939）……244, 304-5, 306-8
Breitscheid, Rudolf（1874-1944）……6, 103, 106
Brenner, Otto（1907-1972）……154
Brentano, Franz（1838-1917）……44
Brentano, Lujo（1844-1931）…5, 17, 37-8, 40, 42, 44-9, 51-8, 76-7, 104, 130, 195, 196, 198, 201, 240, 245-6, 248, 257, 319
Briand, Aristide（1862-1932）……19
Brinz, Alois（1820-1887）……98

Broecker, Bruns ……291
Bröger, Karl (1886-1944) ……261-2
Brünneck, Alexander (1941-) ……216
Buber, Martin (1878-1965) ……271
Bulla, Gustav Adolf (1903-1966) ……273-4
Bumke, Erwin (1874-1945) ……365
Burckhardt, Walther (1871-1939) ……99
Butler, Nicholas Murray (1862-1947) ……225

C

Cardozo, Benjamin Nathan (1870-1938) ……399
Carolsfeld, Ludwig Schnorr von (1903-1989) ……367
Celan, Paul (1920-1970) ……72
Cohen-Reuss, Emanuel Max (1876-1963) ……281-3
Conrad, Michael (1846-1927) ……38
Curtius, Ludwig (1874-1954) ……16-7, 37, 40-3, 45, 47, 54, 93, 139

D

Dahm, Georg (1904-1963) ……326, 328
Dankwardt, Heinrich ……100, 102
Delbrück, Hans (1848-1929) ……91, 160
Delbrück, Heinrich (1855-1922) ……365
Dersch, Hermann (1883-1961) ……151, 176-8, 182-3, 222, 358-60, 367, 370-1, 373
Dietz, Rolf (1902-1971) ……367
Döblin, Emil (1953-1918) ……74, 78
Döring, Diether (1939-) ……52
Döring, Erich (1904-) ……63
Dohna, Alexander Graf zu (1876-1944) ……128
Dorsen, Norman (1930-) ……403, 406, 443
Duisburg, Carl (1861-1935) ……304

E

Eckhardt, Karl August (1901-1979) ……326

Ehrlich, Eugen (1862-1922) …23, 69, 71, 100-2, 108-9, 198, 201-2, 255, 335, 382, 392-3
Eichhorn, Emil (1863-1925) ……122, 126
Einstein, Albert (1879-1955) ……361, 438
Engel, Christian Ernst (1821-1896) ……44, 53, 104
Erdel, Anton (1875-1928) ……172, 255
Erdmann, Gerhard (1896-1974) ……299, 302
Erkelenz, Anton (1878-1945) ……240
Eyck, Erich (1878-1964) ……135-6

F

Fechner, Erich (1903-1991) ……367
Feig, Johannes (1873-1936) ……240, 248, 299
Fimmen, Edo (1881-1942) ……344-5
Fitting, Karl (1912-1990) ……373
Flatow, Georg (1889-1944) ……10, 15, 150, 176-8, 232, 240, 256, 329-30, 337
Flesch, Karl (1853-1915) ……140-1, 147, 196-8, 223
Fontane, Theodor (1819-1898) ……39, 42
Forsthoff, Ernst (1902-1974) ……326-7
Fortas, Abe (1910-1982) ……403, 406, 442, 444-5
Fraenkel, Paul Ernst (1898-1975) ……2, 4, 18-9, 22, 62, 77, 79, 87, 128, 140, 143, 154, 156, 175, 192, 207-16, 219, 221, 223, 227, 229, 231, 234, 236-7, 239-41, 254-7, 303, 321, 364, 366, 375
Francke, Ernst (1852-1921) ……242, 290
Frank, Anne (1929-1945) ……349-51, 354, 400-1, 419, 424-5, 443-4
Frank, Hans (1900-1946) ……348, 356-62, 370-1
Frank, Hans F. (1911-　) ……238, 359, 370
Frank, James (1882-1964) ……361
Frank, Ludwig (1874-1914) ……71
Freisler, Roland (1893-1945) ……358-9
Freudenthal, Berthold (1872-1929) ……238-9
Fried, Alfred Hermann (1864-1921) ……118, 120
Fritsch, Theodor (1852-1933) ……126
Fuchs, Ernst (1859-1929) ……109, 113, 202, 258

Fuchs, Karl（1865-1934）……83
Furtwängler, Franz Josef（1894-1965）……145-6, 148
Furtwängler, Wilhelm（1886-1954）……17
福本和夫（1894-1983）……112

G

Gambetta, Léon（1838-1882）……19
Gans, Eduard（1797-1839）……60-1, 64-5, 156
Gény, François（1861-1956）……375
Gerecke, Günther（1893-1970）……312
Gerloch, Wilhelm（1880-1954）……143
Gierke, Julius von（1875-1960）……14, 24
Gierke, Otto von（1841-1921）……14, 21, 59, 67, 85-6, 88-9, 92, 94, 96-8, 112, 114, 198-9, 223, 246
Gies, Miep（1909-　）……419
Giese, Friedrich（1882-1958）……143
Giesecke, Paul（1888-1967）……275-6, 279
Gnauck-Kühne, Elisabeth（1850-1917）……40
Gneist, Rudolf von（1816-1895）……66, 104, 136
Göppinger, Horst（1916-1996）……11, 13
Goldschmidt, Levin（1829-1897）……59, 104, 137
Grassmann, Peter（1873-1939）……304
Grauert, Ludwig（1891-1964）……300-1, 303
Grimme, Adolf（1889-1963）……270
Groh, Wilhelm（1890-1964）……170, 325
Grünberg, Siegmund……206
Günther, Adolf（1881-1958）……83-4
Günther, Hans（1891-1968）……328
Gumbel, Emil（1891-1966）……258
Gundorf, Friedrich（1880-1931）……327
Gurvitch, Georges（1894-1965）……375-7, 379, 382, 385-6, 388-9
Gutbrod, Karl（1844-1905）……365

H

Hachenburg, Max (1860-1951) ……256-8
Hallstein, Walter (1901-1982) ……367-8
Hašek, Jaroslav (1883-1923) ……9
Harnack, Adolf von (1851-1930) ……160
Hausmann, Conrad (1857-1922) ……134, 136
Hedemann, Justus (1878-1963) ……90, 195, 247, 358-9, 367, 369
Heilberg, Adolf (1858-1936) ……120
Heilfron, Eduard (1860-1938) ……28
Heimann, Eduard (1889-1967) ……263, 269-71
Heine, Heinrich (1797-1856) ……65, 322
Heinitz, Ernst (1902-1998) ……231-2
Helfferich, Karl (1872-1924) ……119
Heller, Hermann (1891-1933) ……113, 118, 149-50, 155, 219, 222, 258, 318-9, 322, 330
Henke, Alfred (1868-1946) ……133-4
Hepple, Bob Alexander (1934-) ……20, 204, 233
Herkner, Heinrich (1863-1932) ……56, 160
Heuss, Theodor (1884-1963) ……219, 321
Heyde, Ludwig (1888-1961) ……119, 239
Hilferding, Rudolf (1877-1941) ……107, 144, 212, 289-90, 321
Hiller, Friedrich (1868-) ……159
Hillesum, Etty (1915-1943) ……353, 355, 433
Hitze, Franz (1851-1921) ……128
Hochenburger, Ritter von ……69-70
Hoeniger, Heinrich (1879-1961) ……77, 188-90, 193, 285, 299
Holtzendorf, Franz von (1829-1889) ……66
Horkheimer, Max (1895-1973) ……220, 319
Horneffer, Ernst (1871-1954) ……137
Hrusa, Ernst (1856-1909) ……71
Huber, Ernst Rudolf (1903-1990) ……326, 328, 374
Hueck, Alfred (1889-1975) ……15, 171, 176, 188-1, 247, 276, 360, 367, 369-70
Huizinger, Johan (1872-1945) ……332-3, 335, 351-2, 354

I

Ihering, Rudolf von (1818-1892) ……66, 253
Imle, Fanny (1878-) ……81-2, 90
Isay, Rudolf (1886-1956) ……192
Isele, Hellmut Georg (1902-1987) ……367

J

Jacobi, Erwin (1884-1965) …15, 171, 173-4, 181, 183, 185-9, 199-200, 240, 341, 366-7
Jarres, Karl (1874-1951) ……306-7, 308
Jaurès, Jean (1859-1914) ……19
Joachim, Richard (1891-1942) ……177, 255-6, 284, 299, 329
Joerges, Rudolf (1868-1957) ……170, 188-90, 371-2
Joseph, Franz M. (1905-) ……238
Jung, Erich (1866-1950) ……109, 113

K

Kahn-Freund, Otto (1900-1979) ……2-4, 10-1, 18-9, 20-2, 62, 80, 117, 154, 159, 175, 196, 203-5, 207, 210-4, 223, 227-35, 272, 334, 366, 386
Kantorowitz, Ernst (1892-1944) ……149, 330, 337
Kantorowitz, Hermann Ulrich (1877-1940) …48, 108-9, 113-4, 149, 202, 255, 272, 318, 322, 325
Kaskel, Walter (1882-1928) …15, 20, 22, 151, 170-1, 174, 176-9, 181-5, 187, 194, 199, 203, 219, 231-2, 235, 240-2, 244-5, 285, 290, 358, 370, 382
Katz, Paul (1904-) ……346
Katzenelson, Itskhak (1886-1944) ……405
Kaufmann, Erich (1880-1972) ……337
Kautsky, Benedikt (1894-1960) ……240, 338
Kautzky, Karl (1854-1938) ……101, 240, 321, 337
Kelsen, Hans (1881-1973) ……17, 255, 318, 368, 375, 377
Kingreen, Monica (1952-) ……418
Kirchheimer, Otto (1905-1965) ……72, 77, 106, 220, 224, 254-6, 379
Klausing, Friedrich (1877-1944) ……143, 159

Knorre, Susanne (1961-)……13
Kobatsch, Rudolf (1868-1929)……68
Koch, Walter (1889-)……263
Köhler, Ludwig von (1868-1953)……171
Koehne, Carl (1863-1932)……171
Koellreutter, Theodor Otto (1883-1972)……360, 381
Koenen, Wilhelm (1886-1963)……133-4
Köppe, Hans (1861-1946)……66, 83
Kohler, Josef (1849-1919)……90, 118
Krabbe, Hugo (1857-1936)……334, 336, 387-8
Kranenburg, Roelof (1880-1956)……393
Kroner, Wilhelm (1870-1942)……251-3、256, 259
Kummernus, Adolph (1895-1979)……145-6, 148, 343-5

L

Landsberg, Otto (1869-1957)……353-4
Lask, Emil (1875-1915)……14, 113-4
Laski, Harold (1893-1950)……219, 375, 379
Lass, Ludwig (1860-1935)……152, 170
Lassalle, Ferdinand (1825-1864)……35, 71, 321
Lederer, Emil (1882-1939)……149
Legien, Carl (1861-1920)……114, 119, 245, 281, 286
Lehmann, Heinrich (1876-1963)……169, 180, 299
Leipart, Theodor (1867-1947)……245
Leuenberger, Hermann (1901-1975)……146
Levenbach, Marius Gustaaf (1896-1981)……341-2
Lewald, Hans (1883-1963)……231
Liefmann, Robert (1874-1941)……83
Lilienthal, Karl von (1853-1927)……63-4
Liszt, Franz von (1851-1919)……63
Loderer, Eugen (1920-1995)……308
Löning, George Anton (1900-1946)……179
Löwe, Adolph (1893-1995)……319

Lotmar, Philipp（1850-1922）………77, 79-80, 83, 94-5, 97-102, 107, 162-3, 166, 176, 196-8, 223, 243
Lotz, Walther（1865-1941）…………52, 54
Luthardt, Wolfgang（1948- ）…………204, 229, 233
Luxemburg, Rosa（1870-1919）…………71, 321

M

Mackauer, Christian Wilhelm（1897-1970）…………145
Mainzer, Gertrud（1914- ）……5, 29, 30, 33, 94, 226, 346, 347, 350, 395-7, 443, 449
Mainzer, Richard（ -1966）……226, 400, 402, 406, 410-1, 428, 434-6, 438-44, 451
Mann, Hendrik de（1885-1953）…………144, 268-70
Mann, Thomas（1875-1955）…………14
Mannheim, Karl（1893-1947）…………219, 232, 319
Mansfeld, Werner（1893-1953）…………190, 371
Marcuse, Herbert（1898-1979）…………217, 220
Marr, Heinz（1876- ）…………159
Marschak, Jakob（1898-1977）…………290
Matthai, Walter…………170
Mayr, Georg von（1841-1925）…………167-8
Mechanicus, Philip（1889-1944）…………353, 433
Meijers, Eduard Mauritz（1880-1954）…………340-2
Meineke, Friedrich（1862-1954）…………160
Meissinger, Hermann（1884-1957）…………2-4, 175-6
Mennicke, August Carl（1887-1959）…………144, 268-9
Menzer, Paul（1873-1960）…………40
Merk, Walter（1883-1937）…………171
Merton, Wilhelm（1848-1916）…………110
Mestitz, Franz（1904-1994）…………19, 62, 94, 143, 175, 199, 207, 226, 236, 365
Meusel, Alfred（1896-1960）…………269-70
Michel, Ernst（1889-1964）…………145
Michel, Max（1888-1941）…………143
Mittermaier, Karl（1787-1867）…………251
Mittermaier, Wolfgang（1867-1956）…………7, 27, 251

Molenaar, Anthonie Nicolaas（1888-1958）……341-2
Molitor, Erich（1886-1963）……171-2, 181, 185, 247, 360, 367, 369
Moltke, Helmut von（1907-1945）……143
Mommsen, Theodor（1817-1903）……137
Morgenthau, Hans（1904-1980）……19, 62, 175, 207, 212, 214, 226-7, 266, 366, 375, 436
森山武市郎（1891-1948）……22-3, 68, 162

N

Naphtali, Fritz（1888-1961）……144, 149, 289, 321
Nathorff, Herta（1895-1993）……438-9
Natorp, Paul（1854-1924）……263
Naumann, Friedrich（1860-1919）……6, 47, 103, 105-6, 224
Neukamp, Ernst……79, 81
Neumann, Franz Leopold（1900-1954）……18, 22, 62, 143, 154-5, 175, 207, 209, 212, 214, 217-8, 221-4, 227, 229, 231, 237, 239-41, 254-5, 364, 366, 375
Neumann, Siegmund（1904-1962）……219
Neurath, Otto（1882-1945）……130
Nikisch, Arthur（1855-1922）……17, 186, 369
Nikisch, Arthur Philipp（1888-1968）……15, 17, 186, 191, 360, 367-9, 373
Nipperdey, Hans Carl（1895-1968）……15, 17, 20, 118, 160, 169-70, 176, 180, 187, 191-2, 194-5, 198-9, 203, 220, 222-3, 225, 240, 285, 299-300, 321, 342, 360, 367-8, 370-1, 373, 382
Nölting, Erik（1892-1953）……290
Nörpel, Clemens（1885-1945）……150, 192, 233-5, 283, 299-300, 302, 303
Nolen, Willem（1885-1970）……341
Noll, Peter（1926-1982）……392, 394
Noske, Gustav（1868-1946）……156
中村武（1892-1988）……187

O

Öhlschläger, Otto von（1831-1904）……365
Oertmann, Paul（1865-1938）……68, 79, 81, 176, 183, 242, 247
Oppenheimer, Franz（1864-1943）……144

Ostrroth, Franz（1900-　　）……268-9

P

Peters, Hans（1896-1966）……187
Petrasizky, Léon（1857-1939）……388-9
Pius XI, Papst（1857-1939）……380
Planitz, Hans（1882-1954）……180
Pollock, Friedrich（1894-1970）……221
Posadowski-Wehner, Arthur von（1845-1932）……46
Postma, Ursula（1922-1998）……30, 335, 347, 397, 402, 407-9, 412, 417, 420-1, 432-3
Potthoff, Heinrich（1938-　　）……249
Potthoff, Heinz（1875-1945）……4, 7, 14, 52, 56-7, 67-8, 70, 72-3, 75, 91, 99, 103, 105, 115, 140, 147, 150, 163-4, 166-7, 173-4, 183, 189, 192, 195, 197-9, 206, 213, 240, 244, 247, 249, 367
Pound, Roscoe（1870-1964）……375
Preuss, Hugo（1860-1925）……127, 129, 134, 258, 321
Price, Monroe（1938-　　）……447, 449

Q

Quisling, Vidkun（1887-1945）……348

R

Raade, Paul（1857-1940）……76
Radbruch, Gustav（1878-1949）……7-8, 12, 27, 41, 48, 57, 62, 107-9, 113-4, 118, 139, 149-50, 152, 155, 192, 204, 247, 250-1, 253, 260, 262-5, 267, 269, 272-4, 277, 279, 325-6, 327, 330, 375
Ragaz, Leonhard（1868-1945）……271
Ramm, Thilo（1925-　　）……4, 77, 174, 233, 241, 254, 386
Rasehorn, Theo（1918-　　）……94
Rathmann, August（1895-　　）……264, 268, 270
Rehbinder, Manfred（1935-　　）……392-3
Rehm, Hermann（1862-1917）……200
Reinemann, Otto（1902-1976）……238

Reinhardt, Rudolf（1902-1976）……367
Renner, Karl（1870-1950）……198, 232
Richter, Lutz（1891-1945）……150, 171-3, 181-2, 185, 233-4, 255, 370
Richter, Willi（1894-1972）……145
Riesser, Jakob（1853-1932）……128
Riezler, Erwin（1873-1953）……181, 247
Riezler, Kurt（1882-1955）……145
Ritterbusch, Paul（1900-1945）……326
Rohrmann, George F. ……396-9
Roland-Holst, Henriette（1869-1952）……269
Rood, Max Gustaaf（1927-　）……343
Rosenfeld, Kurt（1877-1943）……64, 261
Rosenstock-Hüssy, Eugen（1888-1973）……118, 142-3, 318
Rosenthal, Eduard（1853-1926）……83, 90
Rosin, Heinrich（1855-1927）……174-6
Rothschild, Walther（1879-1967）……26-8
Rottleuthner, Hubert（1944-　）……393
Rückert, Joachim（1945-　）……100, 102, 163
Rundstein, Szymon（1876-1942）……74, 78, 84, 90, 94-6
Ryazanov, David Borisovich（1870-1938）……389

S

Salz, Arthur（1881-1963）……144
Sassenbach, Johan（1886-1940）……240
Savigny, Friedrich Carl von（1779-1861）……43-4, 61, 136, 202
Schäffer, Hans（1886-1967）……285
Scheuner, Ulrich（1903-1981）……220-1
Schlicke, Alexander（1863-1940）……138
Schmid, Carlo（1896-1979）……237, 266
Schmid, Richard（1899-1986）……364, 366
Schmidt, Richard（1862-1944）……170
Schmitt, August（1878-1965）……286
Schmitt, Carl（1888-1985）……186-7, 213-4, 219, 222, 224, 358-62, 364, 378, 380-1

Schmoller, Gustav von (1838-1917) ……………………………17, 40, 47, 55, 58, 104
Schneider, Hans (1912-　　) ……………………………………………392, 394
Schott, Richard (1872-1934) ……………………………………………………299
Schücking, Walther (1875-1935) …………………………………………168, 194
Schultz, Fritz (1879-1957) ……………………………………………………337
Schultz, Hermann von (1873-　　) ………………………………………………84
Schultz, Rudolf (1874-　　) ……………………………………………170, 188
Schultze, Ernst (1874-1943) …………………………………………………185-6
Schultz-Schaeffer, Rudolf (1885-1966) ………………………………………299
Schumpeter, Josef (1883-1950) …………………………………………………71
Seckendorff, Rudolf von (1844-1932) …………………………………………365
Seyss-Inquart, Arthur (1892-1946) ………………………………………348, 351
Severing, Carl (1875-1952) ……………………………………………………14-5
Siebert, Wolfgang (1905-1959) ……………………………326, 360, 367-9
Siegert, Karl (1901-　　) ………………………………………………………362
Silberschmidt, Wilhelm (1862-1939) ……………………67, 171, 174-5, 192
Simitis, Spiros (1934-　　) ……………………………………………………154
Simmel, Georg (1858-1918) ……………………………………………………17
Simson, Eduard von (1810-1899) ……………………………………………363-5
Simons, Walter (1861-1937) ……………………………………………………365
Sinzheimer, Ludwig (1868-1922) …………………………5, 37, 51-4, 56-9, 66, 135
Sinzheimer, Paula Johanna (1890-1960) ……5, 30, 32, 333, 346-7, 376, 380, 391, 402, 412, 432, 441
Sitzler, Friedrich (1881-1975) ……………………176-8, 285, 299-300, 370-1
Söllner, Alfons (1947-　　) ……………………………………………224, 229
Sollmann, Wilhelm (1881-1951) …………………………62, 260, 267, 270
Sombart, Werner (1863-1941) …………………………………………………91
Sorel, Georges (1847-1922) ……………………………………………………380
Spengler, Oswald (1880-1936) …………………………………………………92
Spiethoff, Arthur (1873-1957) …………………………………………………40
Stahl, Friedrich Julius (1802-1861) …………………………………………362-3
Stammler, Rudolf (1856-1938) ………50-1, 94, 96, 172, 188-9, 258, 390, 392
Stark, Johannes (1874-1957) ……………………………………………………61

Stegerwald, Adam（1874-1945） ……240, 287, 304, 306-7
Stein, Lorenz von（1815-1890） ……161-2
Steiner, Rudolf（1861-1925） ……88-9
Steinhoff, Fritz（1897-1969） ……146
Steinmetz, Sebald Rudolf（1862-1940） ……339
Stier-Somlo, Fritz（1873-1932） ……168-170, 321-2
Ströbel, Heinrich（1869-1944） ……261, 362
Strupp, Karl（1886-1940） ……221, 240
Sulzer, Georg（1844-1929） ……99
Syrup, Friedrich（1881-1945） ……176, 178, 240, 290, 312, 371
末弘厳太郎（1888-1951） ……15, 23
孫田秀春（1886-1976） ……14-5, 23-4, 101, 184, 203, 358

T

Tatarin-Tarnheyden, Edger（1882-1966） ……171-2, 362
Thieme, Hans（1906-2000） ……365
Thomas, Albert（1878-1932） ……240
Thomas, Theodor（1876-1955） ……110-1, 129, 139, 141-2
Tillich, Paul（1886-1965） ……269-71
Titze, Heinrich（1872-1945） ……159, 162-3, 247
Toller, Ernst（1893-1939） ……130
Troeltsch, Ernst（1865-1923） ……156
Tucholsky, Kurt（1890-1935） ……254, 259
滝川幸辰（1891-1962） ……23, 238, 409
常盤敏太（1899-1978） ……15, 18, 27

U

Umbreit, Paul（1868-1932） ……115, 242-3

V

Valkhoff, Johan（1897-1975） ……9, 11, 331-3, 339, 352, 374, 382, 385, 389-91, 393
Velmans, Edith（1925- ） ……353-4, 405-6
Ven, Josephus J. M. van der（1907-1988） ……340, 382

Verdross, Alfred (1890-1980) ……375, 377
Völkers, Carl ……305
Vollmar, Georg (1850-1922) ……101

W

Wachenheim, Hedwig (1891-1969) ……215
Wagner, Adolph (1835-1917) ……58, 288
Weber, Adolf (1876-1963) ……193
Weber, Max (1864-1920) ……57, 127, 385, 393
Weddingen, Wilhelm ……301
Wehrle, Emil (1891-1962) ……170, 188
Weil, Felix (1898-1975) ……111-2
Weizsäcker, Richard von (1920-) ……43
Wertheimer, Max (1880-1943) ……319
Wiese-Kaiserswaldau, Leopold (1876-1969) ……76
Wissell, Rudolf (1869-1962) ……129, 137, 139, 296-7, 302
Wölbling, Paul (1868-) ……83-4
Wölfflin, Heinrich (1864-1945) ……89
Wolff, Ernst (1877-1959) ……364
Wolzendorf, Kurt (1882-1921) ……194, 242, 258
Worringer, Wilhelm (1881-1965) ……99
Wüstendörfer, Hans (1875-1951) ……358
Wunderlich, Frieda (1884-1965) ……313

Y

横田喜三郎 (1896-1993) ……378, 381

Z

Zimmermann, Waldemar (1876-1963) …66-7, 70, 84-6, 91, 94, 96, 100, 115, 119, 290-1
Zycha, Adolf (1871-1948) ……320